普通高等教育“十一五”国家级规划教材

精细农业

Precision Agriculture

汪懋华　主编

中国农业大学出版社
·北京·

内容简介

本书介绍精细农业的基本概念、技术思想、技术支撑及国内外发展概况，重点介绍精细农业学科的最新发展动态和技术体系，包括卫星定位技术、地理信息系统、遥感技术及其在精细农业中的应用，面向精细农业的农业信息采集与数据处理技术，变量作业技术及其关键设备，农业装备自动化及农业机器人技术，以及精细农业技术的集成与应用等。

图书在版编目(CIP)数据

精细农业/汪懋华主编. —北京：中国农业大学出版社，2011.6(2021.8 重印)
(普通高等教育“十一五”国家级规划教材)
ISBN 978-7-5655-0296-5

Ⅰ.①精…　Ⅱ.①汪…　Ⅲ.①精细农业　Ⅳ.①S127

中国版本图书馆 CIP 数据核字(2011)第 094733 号

书　名　精细农业
作　者　汪懋华　主编

策划编辑　张苏明　　**责任编辑**　张苏明
封面设计　郑　川　　**责任校对**　陈　莹　王晓凤
出版发行　中国农业大学出版社
社　址　北京市海淀区圆明园西路 2 号　　**邮政编码**　100193
电　话　发行部 010-62818525,8625　　读者服务部 010-62732336
编辑部 010-62732617,2618　　出 版 部 010-62733440
网　址　http://www.cau.edu.cn/caup　　**E-mail**　cbsszs @ cau.edu.cn
经　销　新华书店
印　刷　北京溢漾印刷有限公司
版　次　2011 年 6 月第 1 版　　2021 年 8 月第 3 次印刷
规　格　787×1 092　16 开本　17 印张　420 千字
定　价　45.00 元

主　编　汪懋华

副主编　张　漫　李民赞　刘　刚

编　者

邝朴生	河北农业大学
王　熙、庄卫东	黑龙江八一农垦大学
陈树人	江苏大学
刘燕德	华东交通大学
刘　卉	首都师范大学
孙旭东	江西农业大学
孟志军	国家农业信息化工程技术研究中心
汪懋华、张　漫、李民赞、刘　刚、张彦娥、李　莉	中国农业大学

前　言

精细农业是现代农业的发展趋势，是从 20 世纪 90 年代发展起来的基于信息和知识的现代农业管理与经营理念，是实现农业可持续发展的技术支撑。它是充分利用现代信息技术，根据作物生长状态、土壤条件、水肥状况、环境和气候条件等因子的时空变异，定位、定时、定量地进行农田作业和农资投入的现代农业管理体系，以最少的或最节省的投入获得同等收入或更高收入，并保护和改善环境，高效地利用各类农业资源，取得最佳的经济效益和环境效益。精细农业也是可持续发展农业，对于提高农业产量、降低农业生产成本和保护生态环境都具有重大意义。

从 20 世纪 90 年代中期开始，中国农业大学致力于引进、传播和推广精细农业理念，并于 1998 年成立了我国第一个精细农业专门研究机构——中国农业大学精细农业研究中心，从事精细农业的研究和人才培养。随着精细农业理念的深入与推广，东北农业大学、吉林大学、沈阳农业大学、黑龙江八一农垦大学、河北农业大学、浙江大学、江苏大学、华南农业大学、西北农林科技大学、南京农业大学等我国一些知名大学都相继开展了相关的研究与教育，并分别获得了国家科技攻关计划、国家 863 计划、国家自然科学基金等的资助，已经取得了一些适合我国国情的研究成果，并通过研究生培养造就了一大批精细农业高级技术人才。2002 年在中国农业大学精细农业研究中心的基础上，教育部批准成立了"现代精细农业系统集成研究"教育部重点实验室，成为第一个相应的部级重点实验室，为精细农业的教育与科研提供了新的平台。

随着精细农业理念的传播，我国一些研究机构也相继开始了精细农业的相关研究，其中有中国科学院、中国农业科学院、国家农业信息化工程技术研究中心等国家级研究院所。在过去的 10 年里，我国"十五"和"十一五"期间的 863 计划项目中都安排了相关的专项和重大专题，在"十五"攻关课题和"十一五"科技支撑计划中也设置了相关研究与开发项目。在国家"十二五"科技计划中，精细农业继续被列入重点发展项目。我国农业技术和相关信息产业、工程制造业的发展以及智能控制技术的广泛应用，为进一步研究实践精细农业提供了良好的基础。

为了适应我国精细农业教育和研究的飞速发展，为教学和科研提供合适的教材和参考书目，作为普通高等教育"十一五"国家级规划教材项目，我们编写了这本《精细农业》。

本教材共 8 章。前言由汪懋华和李民赞编写，第 1 章概述由汪懋华、李民赞编写，第 2 章卫星定位技术及其在精细农业中的应用由庄卫东、张漫编写，第 3 章地理信息系统及其在精细农业中的应用由李莉、刘刚编写，第 4 章遥感技术及其在精细农业中的应用由张彦娥、李民赞编写，第 5 章面向精细农业的农业信息采集与数据处理技术由陈树人、张漫、刘卉、李民赞编写，第 6 章变量作业技术及其关键设备由张漫、邝朴生、李民赞编写，第 7 章农业装备自动化及农业机器人技术由刘燕德、刘刚、张漫、孙旭东、李民赞编写，第 8 章精细农业技术集成与应用由刘卉、王熙、孟志军、张漫编写。最后由汪懋华、李民赞、张漫对全书进行了统稿。

本书的编写出版得到了国内同行和专家的大力支持，他们中有中国工程院院士、华南农业大学教授罗锡文先生，中国农业大学副校长傅泽田教授，国家农业信息化工程技术研究中心主任赵春江教授、副主任王纪华教授以及黄文江教授，国家农业智能装备工程技术研究中心主任陈立平教授，中国农业科学院农业资源与农业区划研究所金继运教授、白由路教授，黑龙江八一农垦大学副校长汪春教授、工程学院院长张伟教授、信息技术学院院长衣淑娟教授，华南农业大学区颖刚教授、洪添胜教授，浙江大学农业生命环境学部副主任，“长江学者”、国家教学名师应义斌教授，浙江大学求是特聘教授、国家教学名师何勇教授，南京农业大学原副校长曹卫星教授和朱艳教授，江苏大学农业工程研究院院长毛罕平教授、胡永光博士，河北农业大学刘俊峰教授，西北农林科技大学机械与电子工程学院院长何东健教授、杨青教授，还有中国农业大学信息与电气工程学院院长杨仁刚教授以及李道亮教授、王鹏新教授、朱德海教授，中国农业大学工学院院长、“长江学者”韩鲁佳教授和“长江学者”李洪文教授，中国农业大学水利与土木工程学院副院长李保明教授、“长江学者”康绍忠教授，中国农业大学资源与环境学院院长、“长江学者”张福锁教授和苗宇新博士，在此表示深深的感谢。

中国农业大学出版社以及责任编辑为本书的出版付出了辛劳和心血，保证了书籍的按时出版，在此向出版社和责任编辑表示深深的敬意和感谢。

本书可供从事现代农业、精细农业、农业信息化技术研究、开发的科技工作者和大专院校师生，以及农业、区域规划与管理等部门的有关技术人员和管理人员使用参考。在编写中我们精益求精、一丝不苟，努力把一部优秀教材奉献给读者，但是书中难免存在缺点乃至错误，恳请各位读者批准指正，也敬请各位专家、学者多提宝贵意见。我们将根据各方意见和精细农业技术与应用的最新发展，在再版时修正、完善。

作　者
2011 年 1 月

目　录

第1章 概 述

1.1 现代农业与精细农业

精细农业是从 20 世纪 90 年代发展起来的基于信息和知识的现代农业管理与经营理念，是实现农业可持续发展的技术支撑。精细农业技术体系是农学、农业工程、电子与信息科技等多种学科知识的集成，其应用研究与发展涉及直接面向农业生产者应用服务的电子信息高新技术，农田信息快速采集与可视化表达技术，农田耕作、土肥管理、农药利用、污染控制等适用技术和农业工程装备及其产业化技术。

精细农业即国际上已趋于共识的“Precision Agriculture”或“Precision Farming”学术名词的汉语意译。这一技术体系的早期研究与实践始于 20 世纪 80 年代初期，当时发达国家从事作物栽培、土壤肥力、作物病虫草害防治的农学家在进行作物生长模拟模型、栽培管理、测土配方施肥和植保专家系统应用研究与实践中，为进一步揭示出农田内小区作物产量和生长环境条件的明显时空差异性，提出对作物栽培管理实施定位、按需变量投入，或称“处方农作”(site-specific crop management)。另一方面，传统农业的发展在很大程度上依赖于生物遗传育种技术，以及通过化肥、农药、矿物能源、机械动力等投入的大量增加而实现。由于化学物质的过量投入引起生态环境和农产品质量下降，高能耗的管理方式导致农业生产效益低下，资源日显短缺，在农产品国际市场竞争日趋激烈的时代，这种管理模式显然不能适应农业持续发展的需要。这种农业资源与环境的压力促使科学家和农民努力寻求一种在继续维持并提高农业产量的同时，又能有效利用有限资源、保护农业生态环境的新的可持续发展农业生产方式，并进行了多种探索，提出了多种解决途径，如自然农业、有机农业、生态农业等，最终催生了精细农业这一基于信息和知识的现代农业管理与经营理念或技术。精细农业已成为合理利用农业资源、提高农业作物产量、降低生产成本、改善生态环境的一种重要的现代农业生产形式。

1997 年，美国国家研究委员会(National Research Council)曾组织美国科学院、美国工程院和美国医学科学院等的专家进行评估，在其形成的研究报告中对“Precision Agriculture”作了如下的定义：“Precision Agriculture 是一种管理策略，它利用信息技术从多种来源获得的数据，为作物生产管理提供科学的决策支持。”报告还指出：“传统农业管理和精细农业之间的关键差别在于，后者是应用现代信息技术以提供、处理和分析多方面高时空分辨率的数据信息来制定管理决策和实施作物生产管理。”20 世纪 80 年代初期个人计算机技术的突破和应用逐步普及，国外开始了有关作物生产定位管理技术思想的早期实践，曾使用过“spatially-variable crop management”(空间变量作物管理)、“site-specific management”(SSM，定位管理)、“prescription agriculture”(处方农业)等名称，到 90 年代中期国际上才统一为“Precision Agriculture”,在科技与产业界广泛采用,欧洲基于面向大田作物和动物饲养精细管理的实践,多用“Precision Farming”的学术名词。它实际上容纳了两层含义,即:“precision”,可译作“精密”、“精确”、“精细”、“精准”(如小汤山国家精准农业研究示范基地);“agriculture”,译作“农业”,“farming”则可译为“农作”、“耕作”等。作物生产涉及时空变异的农田生态环境,它既需要从技术角度更精细地认识和管理农田土壤与合理利用各种物质投入,谋求基于空间变量信息实现管理决策的精细化;同时又需要考虑实施方案的技术经济与环境效益的可行性。基于农田小区差异性进行精细农作管理的理念是一种近似概念,是随着技术进步和不同地区社会经济发展不断改善和优化农作管理使之精细化的发展过程。同时,“精耕细作”本是中华民族传统农业的精华,采用“精细农作”或“精细农业”的学术名词,既是传统“精耕细作”思想的继承,又能体现基于现代信息高新技术实施大面积“精耕细作”技术思想的发展。“精细农业”应是为了达到优质、高产、高效益,适应不同地区社会、经济、科技发展需求的信息时代的现代农业精细管理与经营技术。

图 1.1 是精细农业思想的示意图,实施精细农业的关键包括对土壤和作物特征的差异程度的调查和理解,在理解了土壤和作物特征差异的基础上对产量的预测和分析,以及进一步的基于土壤和作物特征差异的农田管理。上述农田管理的核心即按需投入。这一过程可描述为在获取农田小区作物产量和影响作物生长的环境因素(如土壤结构、地形、植物营养、含水量、病虫草害等)实际存在的空间和时间差异性信息的基础上,分析影响小区产量差异的原因,采取技术上可行、经济上有效的调控措施,区别对待,按需实施定位调控。因此精细农业技术体系就包括了信息获取与数据采集、数据分析与可视化表达、作业决策分析和精细农田作业的控制实施等主要组成部分。

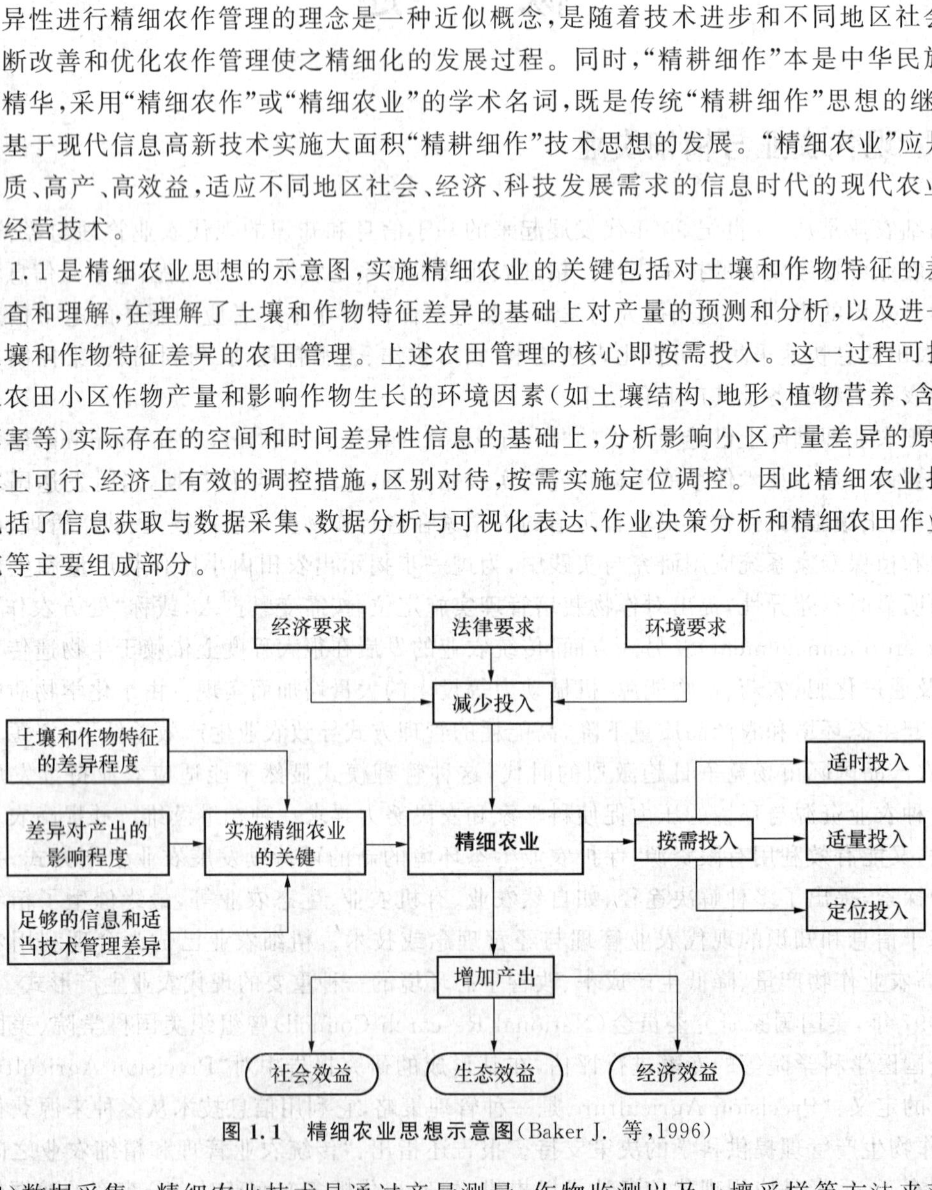

图 1.1 精细农业思想示意图(Baker J. 等,1996)

(1)数据采集 精细农业技术是通过产量测量、作物监测以及土壤采样等方法来获取数据,以便了解整个田块的作物生长环境的空间变异特性。①产量数据采集。在农作物收获的同时,实时记录每一小区的产量,记录数据还包括产量数据对应的位置信息和其他必要的农产品特性信息(如谷物含水量等)。②土壤数据采集。土壤信息一般包括土壤含水率、土壤肥力、土壤有机质含量、土壤 pH、土壤压实程度、耕作层深度等。土壤采样以及采集土壤特性数据时也需要记录位置信息。③苗情、病虫草害数据采集。记录作物长势或病虫草害的分布情况。④其他数据采集，例如地块边缘测量，农田近年来的轮作情况、平均产量、耕作和施肥情况，作物品种、化肥、农药、气候条件等有关数据。

(2)数据分析　采集的数据一般以文本表形式表示，需要利用一些数学方法进行处理，生成分布图。①产量数据分布图。由于产量数据是通过连续采样获得的，一般需要对数据进行预处理，以消除采样测试误差。②土壤数据分布图。由于土壤采样是非连续的采集，需要估计采样点之间的数据，这种估计过程称为插值。③苗情、病虫害分布图。该数据采样既不像产量测量那样连续采样，也不像土壤采样那样以栅格形式采集，而是在行走中人为定点，记录数据。

(3)决策分析　精细农业技术是根据田间采集到的不均衡空间分布数据及有关作物的其他信息，经过决策分析，来控制投入方式和施用量。决策分析是精细农业的核心，直接影响精细农业技术的实践效果。GIS 被用于描述农田空间的差异性，而作物生长模拟技术则被用来描述某一位置上特定生长环境下的生长状态。只有将 GIS 与模拟技术紧密地结合在一起，才能制订出切实可行的决策方案。GIS 作为存储、分析、处理、表达地理空间信息的计算机软件平台，其空间决策分析一般包括网络分析、叠加分析、缓冲区分析等。作物生长模拟技术是利用计算机程序模拟在自然环境条件下作物的生长过程。作物生长环境除了不可控制的气候因素外，还包括土壤肥力、墒情等可控因素。GIS 提供田间任一小区、不同生长时期的时空数据，利用作物生长模拟模型，在决策者的参与下，提供科学的管理方法，形成田间管理处方图，指导田间作业。

(4)控制实施　精细农业技术实施的目的是科学管理田间小区，降低投入，提高生产效率。支持精细农业技术的农业机械设备包括精细收获、精细播种、精细施肥、精细除草以及精细灌溉机械等。

现代农学技术与电子信息技术的发展，使定量获取这些影响作物生长及最终收成的空间差异性信息，实施基于知识和现代科技的分布式调控，达到田区内资源潜力的均衡利用和获取尽可能高的经济产量成为可能。图 1.2 是精细农业技术循环的示意图，其实施过程可描述为：带定位系统和产量传感器的联合收获机自动采集田间定位及对应小区平均产量数据→通过计算机处理，生成作物产量分布图→根据田间地形、地貌、土壤肥力、墒情等参数的空间数据分布图，作物生长发育模拟模型，投入、产出模拟模型，作物管理专家知识库等建立作物

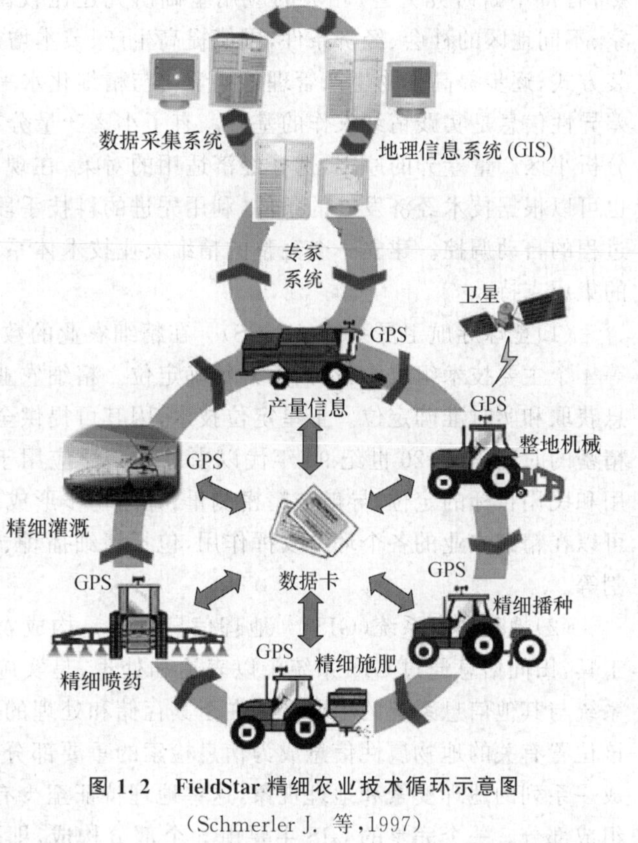

图 1.2　FieldStar 精细农业技术循环示意图

(Schmerler J. 等，1997)

管理辅助决策支持系统，并在决策者的参与下生成作物管理处方图→根据处方图采用不同方法与手段或相应的处方农业机械按小区实施目标投入和精细农业管理。上述精细农业技术体系在许多发达国家的试验和应用表明，可以显著节约投入，获得良好的经济效益，受到农户的欢迎。

1.2 精细农业关键技术

精细农业是基于田间小区农作条件的空间差异性实现优化作物生产系统目标的，但工程支持技术的开发研究，对实现这一技术思想起着关键的作用。例如：农田信息采集与处方农作的空间定位，需要依靠全球导航卫星系统（Global Navigation Satellite System，GNSS）；地理空间信息管理和数据处理，需要应用地理信息系统（geographical information system，GIS）；未来大量地理空间数据的更新，需要遥感技术（remote sensing，RS）的支持；作物产量计量与小区产量图的生成，需要能按秒记录收获机累计产量和对应地理坐标位置的智能型收获机械以及计算机数据处理和产量图自动生成技术；田区空间变量信息的快速实时采集，需要研究基于新原理的传感技术与信号处理技术；按小区实施自动处方农作、调控目标投入，需要变量处方农业机械；制订科学的农作处方，需要计算机作物管理辅助决策支持系统的支持；作为一个能协调运作的智能化系统，需要有高效的信息集成以及有关信息传输、标准化技术的研究；等等。迄今为止，精细农业在发达国家也不过十几年的应用试验历史，部分支持技术手段还不十分成熟，有待不断研究完善，相关的应用基础研究还比较薄弱。精细农业应用实践可根据不同国家、不同地区的社会、经济条件，围绕提高生产、节本增效、保护环境的目标，采用不同的技术组装方式，逐步提高作物生产管理的科学化与精细化水平。其中，获取农田小区产量空间分布的差异性信息是实践精细农作的基础。有了小区产量分布图，农户既可以根据自己的经验知识，分析小区产量差异的原因，选择经济适用的对策，在现实可行条件下采取适当措施实施调控；也可以根据技术经济发展的条件，利用先进的科技手段或智能化变量处方农业机械实现生产过程的自动调控。建立一个完整的精细农业技术体系，需要有多种技术知识和先进技术装备的集成支持。

(1)全球导航卫星系统(GNSS)　在精细农业的数据采集、数据分析、决策分析、控制实施等 4 个主要技术组成中，都离不开精确定位。精细农业广泛采用全球导航卫星系统来实现信息获取和实时准确定位。卫星定位技术，因其可提供全天候、实时、高精度三维位置、速度以及精密的时间信息，20 世纪 90 年代以来已被广泛应用于陆地、海洋、空间和航天领域内各类军用和民用目标的定位、导航与精密测量，并已初步形成一个新兴的高科技产业。卫星导航技术可以在精细农业的各个环节发挥作用，包括精细播种、精细施肥、精细喷药、精细灌溉、精细收割等。

(2)地理信息系统(GIS)　地理信息系统是构成农作物精细管理空间信息数据库的有力工具，田间信息通过 GIS 系统予以表达和处理，是实施精细农业的关键技术之一。地理信息系统与其他信息系统的主要区别在于其存储和处理的信息是经过地理编码的，地理位置及与该位置有关的地物属性信息成为信息检索的重要部分。在地理信息系统中，现实世界被表达成一系列的地理要素和地理现象，这些地理特征至少有空间位置参考信息和非位置信息两个组成部分。一个完整的 GIS 主要由 5 个部分构成，即硬件、软件、数据、人员和方法。硬件和软件为地理信息系统建设提供环境；数据是GIS的重要内容；方法为GIS建设提供解决方案；人员是系统建设中的关键和能动性因素，直接影响和协调其他几个组成部分。

(3)遥感技术(RS) 遥感技术是精细农业实践中支持大面积快速获得田间数据的重要工具，它利用高分辨率传感器，在不同的作物生长期实施全面监测，根据光谱信息，进行空间定性、定位分析，为定位处方农作提供大量的田间时空变化信息。精细农业实践中，RS虽不能直接测量土壤水分、植物冠层营养水平、籽粒与生物产量等信息，但可通过多光谱测量推断出结果。由测量引导推理的过程，需利用数据分析工具寻求传感数据与土壤或植物的相关关系，一旦这种关系建立起来，就可以对大面积的条件进行推理。现有的RS软件均与流行的主要GIS软件具有数据通信接口，容易将RS分析与图像数据组装到GIS图层中支持作物生产管理决策分析。

(4)农田信息采集与处理技术 农田信息包括过去积累的信息和作物生产过程中实时收集的信息，如何合理利用这些信息必须首先从获得信息的方法入手，尽量以低成本的方法获得多方面的生产信息，为农业生产提供更多的决策依据。这些信息包括：产量数据，土壤数据(含水率、肥力、有机质含量、pH、压实程度、耕作层深度)，苗情、病虫草害数据以及其他数据(如地块边缘测量，农田近年来的轮作情况、平均产量、耕作和施肥情况，作物品种、化肥、农药、气候条件等)。

(5)变量作业控制技术 精细农业是基于时空变异的现代农业经营、管理技术，因此变量作业控制技术(variable rate treatment，VRT)是精细农业的核心，变量作业机械是实现这一核心必不可少的关键手段。变量作业控制技术包括基于作业处方图(map-based)的VRT和基于传感器(sensor-based)的VRT。基于作业处方图的变量作业技术，为得到作业处方图，首先必须全面获取作物产量、土壤参数等的时空变异信息，接着还要根据植物生长模型以及气象等环境条件，预测作业的发芽率、长势以及养分需求，然后综合上两步的分析结果，再利用地理信息系统和决策支持系统(DDS)得到所期望的作业处方图。由于这张处方图是建立在试验分析基础上的，因此它与实际的农田需要(如施肥需求量)总是存在一定差异。因此，人们期望在条件允许的情况下应用现代传感技术实时监测作物(或土壤)的需肥量，然后实时控制机器进行变量作业，从而实现更精细的因时、因地、按需施肥，但这种基于传感器的变量作业技术需要具备能实时监测作物需要或土壤成分或病虫草害分布的技术与设备，要达到实用程度还有一定的困难。

在现代精细农业中，变量技术应用于农作物的播种、施肥、灌溉等环节。精细播种是将精细种子工程与精细播种技术有机结合，要求精细播种机播种均匀、精量播种、播深一致。精细播种技术既可节约大量优质种子，又可使作物在田间获得最佳分布，为作物的生长和发育创造最佳环境，从而大大提高作物对营养和太阳能的利用率。精细施肥要求根据不同地区、不同土壤类型以及土壤中各种养分的盈亏情况及作物类别和产量水平，将N、P、K和多种可促进作物生长的微量元素与有机肥加以科学配方，从而做到有目的地施肥，既可减少因过量施肥造成的环境污染和农产品质量下降，又可降低成本。这就要求有科学合理的施肥方式和具有自动控制的精细施肥机械。化学农药精细喷洒是根据田间杂草的分布情况在有杂草分布的地方喷洒农药，在没有杂草的地方不喷洒农药。化学农药喷洒时根据田间杂草分布处方图，通过计算机程序或者人工半自动方法按照喷洒处方图实现化学农药的喷洒。通过上述方法尽量减少化学农药的使用数量，减少化学农药对环境造成的污染。精细灌溉是在自动监测控制条件下的精细灌溉工程技术，如喷灌、滴灌、微灌和渗灌等。根据不同作物不同生育期间的土壤墒情和作物需水量，实施实时精量灌溉，可大大节约水资源，提高水资源有效利用率。

随着科学技术的不断发展，信息技术的前沿成果不断被精细农业技术体系所吸收。例如无线传感器网络技术（wireless sensor network，WSN）正在精细农业的各个方面发挥越来越重要的作用。在旱作区大田里，WSN 被用来监测土壤墒情，为精细灌溉和抗旱保墒提供基础信息。在温室栽培环境，WSN 被用来监测环境温湿度、土壤（或栽培基质）温湿度、温室内 CO_2 浓度等指标，成为温室自动化控制和精细管理的关键环节。WSN 还被用于精细养殖和农产品的可追溯系统，WSN 与移动通信技术、互联网技术相结合，正在成为精细农业的又一支柱技术。此外，物联网技术、云服务技术也正在成为精细农业技术体系的组成部分，现代信息技术的发展必将进一步推动精细农业技术体系的发展与普及。

1.3 精细农业的发展

1.3.1 国外精细农业技术的普及与发展

精细农业作为一种基于知识的农业技术体系，是知识经济在农业中的最好体现，也是农业创新体系的主要组成部分，对于实现“高产、高效、优质、持续”的农业发展将会起到重要作用。作为精细农业的发源地，美国国家研究委员会 1997 年已建议将精细农业的研究纳入国家发展战略，欧洲各国也相继开展了精细农业的研究与实践，日本政府还专门启动了“21 世纪农业机械紧急开发计划”，亚洲的韩国及马来西亚也相继开展了这方面的研究。特别是近年来与精细农业有关的配套产品也相继开发销售，这些农业领域的高技术产品展现了很好的市场前景。

在国外，最先接受精细农业技术的多是比较年轻的、受过较好教育的农户和经营规模较大、利润较高的农场，这些农场首先在有关生产厂家的帮助下开展精细农业技术示范。随着这些技术的日益完善，在其他区域相继获得了大面积的推广使用。虽然它作为一个新的技术体系在科技界、产业界都有了共同的认识，并开展了比较广泛的研究及产品产业化开发，但迄今还有许多技术装备手段仍处于研究和完善阶段。目前发达国家进行的精细农业实践，多是使用者通过其相关部分技术环节的组装来实施的，目前农场主多数采纳的技术是土壤信息定位采集、土壤肥力定位管理、定位使用化学农药、收获机械流量监测与产量空间分布信息的自动生成。从精细农业最近几年的发展趋势来看，完整技术体系的组装与应用取决于农户通过采用这项新的技术后能否获得更好的经济效益和能否适应环境保护的法律要求。精细农业一个可喜的趋势是农业生产资料销售商和各国农业推广服务部门对精细农业技术服务的兴趣日益增长，如化肥和农药供应商同时为农户提供土壤空间信息采集、测土配方和机械化定位施肥、农田作物病虫害诊断和选用农药、实施机械化精细定位施药的综合服务；农机服务商为规模较小的农场提供收获、计量和产量分布信息采集服务；农业咨询商根据农户获得的田间信息提供农田资源的综合利用与农作物病虫害诊断业务及处方决策咨询服务等。过去大多数研究涉及的是关于土壤、作物生长条件与产量分布的空间差异性，杂草和病虫害空间分布规律，产量图的分析方法，产量与土壤和作物管理的相关关系，土壤采样密度设计和合理确定处方农作管理单元，应用遥感技术直接进行土壤参数和作物苗情的识别等领域。在北美地区，精细农业应用最广的作物是玉米，之后是小麦、大豆、棉花、甜菜、土豆等。近年来一些亚洲国家开始研究应用甘蔗、茶叶、水稻等产量信息采集技术，如日本京都大学和三菱公司联合开展有关粮食计产系统的研制。为了减少获得土壤信息的成本，实时土壤参数传感与空间分布信息处理技术成为目前研究的热点，利用机载土壤电导率传感器实时测量土壤参数的研究已取得实用的商品化成果。

日本的农田经营规模与我国相似，日本的精细农业研究对我国更具借鉴意义。日本是工业化强国，也是农业机械化强国。日本不仅引进了欧美的大型农业机械，更根据日本农业自己的特点开发出了独具特色的产品。日本的农业生产基本上全面实现了机械化，其食品自给率尽管很低，但是高效的农业生产一方面提供了尽可能多的优质农产品，另一方面也为国家的工业化输送了优质的劳动力。日本最具代表性的农业机械是半喂入水稻联合收获机和水稻插秧机，目前这些农业机械也已经在我国大量生产，也成为保证我国粮食生产的重要工具。

但是，从20世纪80年代开始，日本的农业逐渐面临新的问题。主要有：农业劳动力缺乏和高龄化，熟练的农业操作人员数量减少以及全国范围内粮食自给率下降（低于40%，粮食安全问题凸显）。日本的农业机械专家们经过研究思考得出结论，只有进一步提高农业劳动生产率，才能解决面临的困境。进一步提高农业劳动生产率的途径，就是要将信息技术应用于农业机械，开发出新的基于现代信息技术的农机产品。这种新一代农机产品也被称做农业机器人，是精细农业的重要组成部分。

日本政府为了促进新型农业机械的开发，从1993年开始投入巨资，实施了每5年一期的农业机械紧急开发项目。在紧急开发项目中对以农业机器人为代表的新型农业机械和装备的开发给予了高度重视。第一期（1993—1997年）项目名称为“农业机械等紧急开发事业”，开发的代表性产品有蔬菜全自动移栽机、蔬菜栽培管理作业车、萝卜收获机械、大葱收获机械等。第二期（1998—2002年）项目名称为“21世纪型农业机械等紧急开发事业”，在这一期里鉴于精细农业技术可以在降低环境负荷的同时提高生产率，对精细农业相关装备的开发给予了特别重视，开发了土壤采样和分析装备、农作物生长信息测定装备、高精度水田除草机械等精细农业机械，另外还开发了大葱产后加工装备、挤奶机单元自动移动装备、山区用半喂入联合收获机、山坡地果树栽培多用途单轨吊车等多项效率高、能减轻劳动负担的新型农业机械。第三期（2003—2007年）项目名称为“下一代农业机械等紧急开发事业”，在这一期项目里为了配合日本的农业结构调整，开发了蔬菜嫁接机器人自动供苗装置、自动跟随型蔬菜搬运车、通用型饲料收获机械、自动测产联合收获机、牛活体信息自动监测装备以及其他促进农业可持续发展和建立循环型社会的多种农业机械。第四期（2008—2012年）项目名称为“第四期农业机械等紧急开发事业”，目标是通过采用高新技术，进一步完善农业机械化体系，计划开发的机械和装备有草莓收获机器人、加工用甘蓝收获机械、洋葱产后加工装备、高机动性果树栽培高台作业车、可变直径式全混合日粮成形密封装备、高精度甜菜播种机、农药飞撒自动控制型果树防除机械、高精度高速施肥机、高精度旱田中耕除草机等。

1.3.2 精细农业在我国的研究进展与示范

我国与欧美及日本等经济发达国家相比，在精细农业技术水平和普及程度等方面还存在一定的差距。但是经过我国科技人员十几年的研究探索，在精细农业研究方面已取得了一批高水平的成果。我国农业技术和相关信息产业、工程制造业的发展以及智能控制技术的广泛应用，为进一步研究实践精细农业提供了良好的基础。在过去的10年里，我国“十五”和“十一五”期间的863计划项目中都安排了相关的专项和重大专题，包括车载农田土壤信息快速采集关键技术与产品研发、多平台作物信息快速获取关键技术与产品研发、精细农业生产设计与管理决策模型技术研究、农田作业机械智能导航控制技术与产品研发、精细农业智能变量作业装备研究开发、精细农业技术集成平台研究与开发、精细作业系统构建与应用示范等课题。在“十五”攻关课题和“十一五”科技支撑计划中也设置有相关研究与开发项目。在国家“十二五”科技计划中，精细农业继续被列入重点发展项目。

我国精细农业技术的主要进展如下：

(1)3S技术应用研究　GPS和GIS技术已经被熟练地应用于我国精细农业的实践中，利用GPS不仅可以精确定位、测算农田面积，还可进行变量作业机械的控制和导航；GIS技术则被用于从生成产量(或土壤水肥参数)分布图到给出精细农作处方图的农田精细管理各个环节；RS虽主要用于宏观监测和决策，但最近在田间生物信息获取方面显示出了巨大潜力。

(2)信息获取与数据采集技术研究　在这方面已有了一些接近成熟的成果，例如测产系统的开发、GPS嵌入式田间计算机的开发、土壤水分传感器的开发、土壤肥力先进传感器的开发、土壤电导率传感器的开发、移动式农田信息采集系统的开发、基于无线传感器网络的温室环境监测系统的开发、作物长势先进传感技术的开发等。这些技术已经在科学研究和实际生产中得到应用，为精细农业技术体系的建立和普及发挥着重要作用。

(3)精细作业机械开发　在消化吸收国外同类产品的基础上，我国科研人员相继开发了一些精细农作业机械。激光平地机通过平整土地，不仅可以改善灌溉条件、达到节水的目的，还能够改善另一个重要的栽培条件——种床，中国农业大学已完成了面向50马力轮式拖拉机的激光平地机的开发，正在进行进一步的中试和推广；北京农林科学院、中国农科院土肥所、吉林大学都进行了变量施肥机的研究，田间试验表明取得了良好效果；中科院、中国农科院系统等的有关单位也都在进行在土壤水分测量的基础上实施变量灌溉的研究；华南农业大学开发的自走式拖拉机和自走式插秧机已经达到田间作业实用化的水平。

(4)其他　在数据采集设备、系统集成研究等方面也都有了一些进展和成果。我国在北京、上海和东北农垦都建立了精细农业示范工程项目。东北垦区已分别引进了美国CASE IH(凯斯)和John Deere(约翰迪尔)公司生产的大型变量作业机械，已经成为旱作农业作业的主要机型，成为东北垦区粮食生产稳产、高产的保证。由国家农业信息化工程技术研究中心、中国农业大学、中国科学院等单位联合建设的“精准农业关键技术研究与示范”项目在精细农业生产农田信息采集、农田采集信息分析处理和精细农业变量实施等关键技术上均取得了重要突破，具有高的创新性和实用性。项目在国内外率先提出了以土壤养分变异尺度特性为基础、地统计学空间分析为手段、机械作业效率和资源效益最佳组合为临界点，合理划分变量作业单元的理论方法体系；开发了联合收获机产量数据处理系统，精细农业GIS管理系统，变量施肥、灌溉、喷药处方图生成系统，可提供基于像元、农机作业单元、作业区和地块尺度的精细管理决策处方。项目实现了作业导航、变量实施、谷物测产等作业环节共性关键技术的突破，研发了农田作业机械通用总线技术和电子控制单元技术，开发了基于CAN总线的导航控制系统和智能控制终端，初步建立了适合我国国情的精细农业装备技术体系。

精细农业追求综合效益最大化原则，在不降低产出的前提下，通过实施精细农业，减少资源的投入，降低农业生产对环境的破坏。精细农业从技术上保证了农业的可持续发展，符合科学发展观的原则。在政府的重视和支持下，在广大农业科技工作者的努力和辛勤工作下，精细农业技术在下一个十年一定会上一个新的台阶。

参考文献

[1] 邝朴生,蒋文科,刘刚,等. 精确农业基础[M]. 北京:中国农业大学出版社,1999.
[2] 田魁祥,王建江,陈素英. 精确农业研究[M]. 北京:气象出版社,1999.
[3] 王长耀,牛铮. 唐华俊. 对地观测技术与精细农业[M]. 北京:科学出版社,2001.
[4] 汪懋华. 精细农业发展与工程技术创新[J]. 农业工程学报,1999,56(1):1-8.
[5] 汪懋华. 实现现代集约持续农业的工程科学技术——以色列、荷兰科技考察观感[J]. 农业工程学报,1998,14(3):1-9.
[6] 汪懋华. 精细农业的实践与农业科技创新[J]. 中国软科学,1999,4:21-25.
[7] 梁士东,李德明. 黑龙江垦区引进精准农业技术的几点建议[J]. 现代化农业,1999,6:2-4.
[8] 严泰来,朱德海,杨永侠. 精确农业的由来与发展及其在我国的应用策略[J]. 计算机与农业,2000,1:3-5.
[9] 金继运. "精准农业"及其在我国的应用前景[J]. 植物营养与肥料学报,1998,4(1):1-7.
[10] 李德仁. 空间信息技术与农业发展[J]. 大自然探索,1999,18(1):1-6.
[11] Baker J, Colvin T S, Jaynes D B. Potential environmental benefits of adopting precision agriculture[C]//Proceedings of the 3rd International Conference. Minneapolis, Minnesota, June 23-26, 1996:1051-1052.
[12] Stafford J V. Implementing precision agriculture in the 21st Century[J]. J Agric Engng Res, 2000, 76:267-275.
[13] Schueller J K. Technology for precision agriculture[C]//Proceedings of the First European Conference on Precision Agriculture. Warwick University, UK, September 7-10, 1997:33-44.
[14] Ancha Srinivasan. Precision farming in Asia: Progress and prospects[C]//Proceedings of the 4th International Conference on Precision Agriculture, July 19-22, 1998, St. Paul, MN:623-640.
[15] Zhang Naiqian, Wang Maohua, Wang Ning. Precision agriculture—A worldwide overview[C]//Proceeding of International Conference on Engineering and Technological Sciences 2000, October 11, 2000, Beijing, China:121-132.
[16] Jutta Rogasik, Dirk Schoeder, Ewald Schnug, et al. Operational precision agriculture on a large scale farm in eastern Germany[C]//Proceedings of the 4th International Conference on Precision Agriculture, July 19-22, 1998, St. Paul, MN:885-896.
[17] Simon Blackmore. Developing the Principles of Precision Farming[C]//Proceeding of International Conference on Engineering and Technological Sciences 2000, October 11, 2000, Beijing, China:133-136.
[18] Zhao Chunjiang, Wang Maohua. Progress of Beijing demonstration project on precision farming[C]//Proceeding of International Conference on Engineering and Technological Sciences 2000, October 11, 2000, Beijing, China:142-146.

[19] Yang Qing, Yang Fuzeng, Han Wenting et al. Implementation of precision agriculture technique systems based on network in the development of the west China[C]//Proceeding of International Conference on Engineering and Technological Sciences 2000, October 11, 2000, Beijing, China: 147 - 149.

[20] Stan G Daberkow, William D McBride. Adoption of precision agriculture technology by U. S. corn producers[C]//Proceedings of the 4th International Conference on Precision Agriculture, July 19 - 22, 1998, St. Paul, MN: 1821 - 1832.

[21] Sidney Cox. Information technology: The global key to precision agriculture and sustainability[C]//Proceeding of International Conference on Engineering and Technological Sciences 2000, October 11, 2000, Beijing, China: 15 - 27.

[22] Ma Chenglin, Piao Xianshu, Zuo Chuncheng. Discussion on developing precision farming in Jinlin Province of China by steps[C]//Proceeding of International Conference on Engineering and Technological Sciences 2000, October 11, 2000, Beijing, China: 150 - 153.

[23] Yang Xingwei, Duan Xiangsuo. The primary design for demonstration base of precision farming in Shanghai[C]//Proceeding of International Conference on Engineering and Technological Sciences 2000, October 11, 2000, Beijing, China: 154 - 157.

[24] Casady W W, Pfost D L. Farmer-dealer relationships in precision agriculture[C]//Proceedings of the First European Conference on Precision Agriculture, Warwick University, UK, September 7 - 10, 1997: 975 - 982.

[25] Schmerler J, Jurschik P. Technological and economic results of precision farming from a 7200 hectares farm in east Germany[C]//Proceedings of the First European Conference on Precision Agriculture, Warwick University, UK, September 7 - 10, 1997: 991 - 998.

[26] Leiva F R, Morris J. Mechanization for sustainable arable farming system: A precision farming perspective[C]//Proceedings of the 3rd International Conference, Minneapolis, Minnesota, June 23 - 26, 1996: 1063 - 1078.

[27] Simon Blackmore, Godwin R J, Taylor J C, et al. Understanding variability in four fields in the United Kingdom[C]//Proceedings of the 4th International Conference on Precision Agriculture, July 19 - 22, 1998, St. Paul, MN: 3 - 18.

第2章 卫星定位技术及其在精细农业中的应用

全球导航卫星系统(GNSS)是一种空间无线电定位系统,包括一个或多个卫星星座,可为地球表面、近地表和地球外空任意地点用户提供24小时三维位置、速率和时间信息。目前,GNSS包含了美国的全球定位系统(GPS)、俄罗斯的全球轨道导航卫星系统(GLONASS)、中国的北斗导航卫星系统(BeiDou Navigation Satellite System,BDS)、欧盟的导航卫星系统(GALILEO),可用的卫星数目达到100颗以上。美国GPS投入运行以来,以其全球通用、定位精确、全天候、实时、多功能和使用方便等特性,迅速在各行各业得到广泛应用,推动了部分传统产业的升级改造并形成了一系列新型产品和产业。

GNSS是在已知卫星某一时刻的位置和速度的基础上,以卫星为空间基准点,通过测站的接收设备,测定测站至卫星的距离或多普勒频移等观测量来确定测站的位置和速度(图2.1)。GNSS的突出优点是经济实用,可以在交通运输等各领域广泛应用。随着技术的不断发展,GNSS接收机已微型化到仅有几条集成电路的程度,变得非常经济,使此项技术几乎可为每个人利用,新的应用领域和类型正在不断涌现。GNSS的应用已经远远超出其最初设计目标,目前从导弹、战机和军舰到汽车、民用飞机、个人电脑乃至手持式通信设备,几乎都能用到卫星导航定位技术。

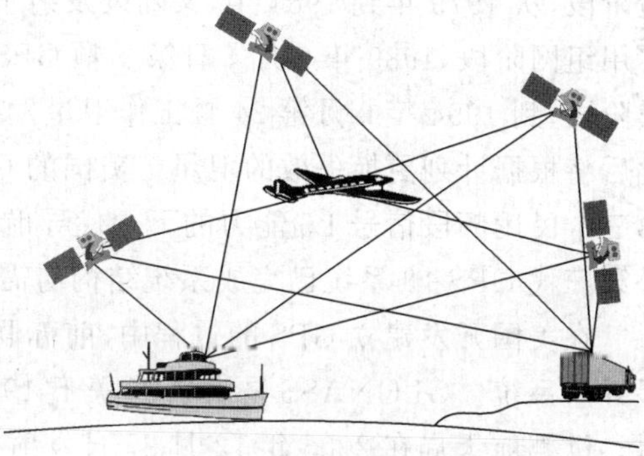
图2.1 全球导航卫星系统示意图

农业生产和管理中的绝大多数动态信息都离不开时间和地点参数,而GNSS应用正是这一领域强有力的工具。随着GNSS技术的发展和系统的进一步完善,它已成为难以替代的技术,并在精细农业中发挥重要作用。

2.1 全球导航卫星系统及其定位原理

2.1.1 卫星定位系统的应用与发展

人类利用天体来辅助确定位置的历史,可以追溯到6 000多年以前,古波利尼西亚人通过卫星测量地面点与天体的夹角,在推算天体位置的基础上,对远处的点进行导航定位。1957年10月世界上第一颗人造地球卫星发射成功,不仅为卫星通信、卫星气象、卫星遥感等提供了新的最佳平台，而且由于卫星位置可以通过卫星轨道参数计算而得，为卫星定位系统的发展奠定了必要的基础。

世界上第一个导航卫星系统(海军导航卫星系统 NNSS)出现于 1964 年 1 月，它是在美国海军授权下，由霍普金斯应用物理实验室开发、用于美国海军舰队导航与定位的卫星系统。由于该系统的卫星轨道均通过地极，因此常称为“子午卫星系统”。利用该卫星定位系统，不论在地球表面任何地方，在任何气候条件下，1 h 内均能测定位置，其定位精度根据观测卫星的次数可高可低(1～500 m)，因此该系统被誉为是一种简便可靠的全天候全球导航卫星系统。但是该系统也存在着较大的缺陷，如卫星数目较少(仅 6 颗)，会出现卫星发送的无线电信号突然间断，观测所需等待卫星出现的时间较长(35～100 min)，以及高精度定位虽然可以达到 1 m，但需要 40 次以上的卫星观测(数天)，且需要使用精密星历，等等。这些都不能满足实时、动态、精确定位的需要。1973 年 12 月 17 日，美国国防部批准了建立新的卫星导航定位系统计划，即全球定位系统(GPS)。1978 年第一颗试验卫星发射成功，1994 年顺利完成了 24 颗卫星的布设。该系统不仅集成了以前所有的单用途卫星系统，并且致力于更广泛的用途。

GPS 是美国继阿波罗登月计划和航天飞机之后的第三大空间工程，其实施共分 3 个阶段：①方案论证和初步设计阶段，从 1973 年到 1979 年，共发射了 4 颗试验卫星，研制了地面接收机及建立了地面跟踪网，从硬件和软件上进行了试验，试验结果令人满意；②全面研制和试验阶段，从 1979 年到 1984 年，又陆续发射了 7 颗试验卫星，同时研制了各种用途的接收机；③实用组网阶段，1989 年 2 月 4 日第一颗 GPS 工作卫星发射成功，宣告了 GPS 系统进入工程建设阶段，到 1994 年 3 月第 24 颗工作卫星发射，实用的 GPS 网即(21＋3)GPS 星座已经建成，此后将根据计划更换失效的卫星。美国的 GPS 现代化在有条不紊地进行中，第一颗具备发射第三个民用频段信号 L5 能力的下一代导航卫星 IR-20(M)于 2009 年 3 月 24 日发射升空，此外第三代 GPS-3 系统已完成系统结构与需求定义。

在美国开发建立 GPS 的过程中，前苏联、欧洲及中国等也相继开始研制和建立各自的卫星导航系统。GLONASS 是由前苏联于 1978 年开始研制、1982 年 10 月开始发射的导航卫星。欧洲航天局在 2005 年 12 月 27 日发射了第一颗 GALILEO 演示卫星，标志了欧洲的全球导航卫星系统的开发工作迈出了第一步。我国从 20 世纪 70 年代就开始了导航卫星的论证和研究工作，90 年代初期开始了独立自主的区域卫星定位系统工程建设。“北斗导航卫星系统”是全天候、全天时提供卫星导航信息的区域导航系统，此系统由卫星、控制站和接收机组成，4 颗工作卫星分别于 2000 年 10 月 31 日、2000 年 12 月 21 日、2003 年 5 月 25 日和 2007 年 2 月 3 日发射升空，并准确进入预定轨道。这标志着中国已拥有自主研制的第一代卫星定位导航系统。北斗二号系列卫星 2009 年起进入组网高峰期，要在两年内发射 10 颗左右的导航卫星，计划 2015 年建成一个由三十几颗卫星组成的全球导航定位系统。北斗系统建成后，我国将在卫星应用方面摆脱对国外卫星导航系统的依赖(张双成，2010)。

卫星定位技术的发展已被广泛应用于陆地、海洋、空间和航天领域内各类军用和民用目标的定位、导航与精密测量，并已初步形成一个新兴的高科技产业。国际上 GPS 接收机，GPS 导航系统，GPS 航空、航海、公路、铁路导航控制系统，GPS 接收机与其他电器结合的通用设备如 GPS 照相机、GPS 收音机、GPS 手表等已形成相当规模的产业群体，成为空间信息技术中首先进入大规模产业化发展的领域之一。目前利用手机上的 GPS 定位模块，用户可将自己的位置信号发送到定位台来实现手机定位。随着卫星定位系统日益完善和卫星定位技术的不断提高，GNSS 已进入到我国国民经济多个领域中并发挥了重要作用，主要应用领域包括：

• 在大地测量中的应用，如建立全国高精度大地控制网，建立城市和工程控制网，大型结构物变形监测，航空摄影测量，地形、地籍、房地产测绘，地理信息更新测量，全国交通骨干网数据采集和数据库建库，海洋测绘等；

• 在农业中的应用，如卫星导航技术可以在精细农业的各个环节发挥作用，包括精确播种、精确施肥、精确喷药、精确灌溉、精确收割等；

• 在地球大气监测中的应用；

• 在地震监测中的应用；

• 在突发事件中的应用；

• 在管网管理中的应用；

• 在野生动物资源管理中的应用；

• 在运输系统中的应用，如进行道路网的管理、监测与维护，车辆定位导航，海上船只导航和管理，民航飞机导航等；

• 在科学考察中的应用；

• 在地球板块运动监测和地球动力学研究的应用，包括国际地球动力学服务网——IGS 网、中国地壳运动监测网络工程、局部地区形变监测网等；

• 在海平面及冰盖、冰川变化监测中的应用；

• 在对流层中可降水汽含量测定中的应用；

• 在防洪减灾中的应用，如抗洪抢险实时监测、长江水道地形测量、湖泊水下地形测量、三峡工程测量、大江截流监测、黄河防洪工程中的应用、防洪减灾监测等；

• 在人民生活中的应用，如已出现的带有 GPS 定位信号的数码照相机、带有 GPS 定位功能的手表、带有 GPS 定位功能的手机等。

2.1.2　全球导航卫星系统概述

2.1.2.1　GPS

目前世界上广泛采用的卫星定位系统是由美国研制并发射的“卫星授时与测距导航系统”(Navigation by Satellite Timing and Ranging Global Positioning System，NAVSTAR GPS)，简称全球定位系统(GPS)。GPS 从 1973 年开始研制，1978 年 2 月发射第一颗试验卫星，到 1994 年 3 月发射第 24 颗工作卫星，1995 年宣布达到全运行工作能力，历经 20 余年，耗资 300 多亿美元。系统建成以来，通过发射替代卫星(替代失效卫星)和增强卫星，至 2003 年 4 月 7 日，GPS 在轨工作卫星已高达 29 颗，使 GPS 系统始终处于一个良好运行的业务服务状态。目前 GPS 已广泛应用于航空、航天、航海、陆上车辆、测绘、勘探、授时等民用领域和各种军用卫星、航天发射器、军用飞机、海面舰船、潜艇、地面军用车辆、步兵、炮兵、导弹阵地、洲际导弹、巡航导弹以及精确制导炸弹等军事领域。

GPS 定位系统由 3 个部分组成，即 GPS 卫星(空间部分)、地面监控系统(地面监控部分)和 GPS 接收机(用户部分)。空间部分由 24 颗卫星组成。地面监控部分包括 1 个主控站、3 个注入站和 5 个监测站，主要作用是收集数据、编算导航电文、诊断状态及调度卫星。用户部分即 GPS 接收机，主要作用是接收、跟踪、变换和测量 GPS 信号。随使用目的不同，用户要求的 GPS 接收机也各有差异。GPS 接收机之所以能进行定位就在于 GPS 卫星能发射无线电信号，GPS 卫星播发两个频率的载波无线电信号：$L_1=1\,575.42$ MHz 和 $L_2=1\,227.6$ MHz。L_1 上调制有 1.023 MHz 的粗捕获码（C/A 码）、10.23 MHz 的精码（P 码）及每秒 50 bit 的导航电文。L_2 载波上仅调制了 P 码和导航电文。相应于 P 码和 C/A 码，GPS 提供两种定位服务——标准定位服务（SPS）和精密定位服务（PPS）。目前，SPS 对一切用户开放，也不直接向用户收费。PPS 的服务对象限于美国军事用户以及与国防部（DoD）有专门协定的国家或政府的军事部门、政府部门，它能提供高精度的定位、定时和测速服务。为了进行高精度定位就必须获得 P 码，P 码本来是加密的，但后来被民用所解密，因而自 1994 年 3 月开始启动反电子欺骗技术（anti spoofing，AS），又称抗窃密，这样 P 码就变成了加密的 Y 码，这就增加了民用用户获得该精密观测量的难度。

随着 GPS 定位和授时服务在军民应用中规模的巨大增长，GPS 已成为美国信息基础设施的必备组成部分。为了提高 GPS 的性能，更好地满足军民用户的需求，同时应对俄罗斯 GLONASS 和欧洲导航卫星系统计划的竞争，保持美国在卫星导航领域的霸权地位，美国已开始对 GPS 进行改进。目前美国正将加速实施新一代的 GPS-3 计划，改变原有的 GPS 体系结构。为 GPS-3 新研制的卫星，分辨率比目前卫星高 10 倍，设计寿命为 15～20 年，GPS-3 的抗干扰能力比现有 GPS 系统提高了 100～500 倍，并采用了最先进的加密技术。美国军事部门预计将用 20 年时间发射 24 颗这种新型卫星，替代目前的 24 颗旧的 GPS 系统的卫星。另外，洛克希德·马丁（Lockheed Martin）公司已宣布，他们为 GPS-3 研制出了新一代的 G-STAR 接收机，该机抗干扰能力强，可以设定自动反欺骗模式对抗敌方的干扰活动，可以安装在武器系统上引导导弹精确攻击目标。洛克希德·马丁公司为美国空军建造的第 2 颗 GPS Ⅱ R-15（M）和第 3 颗 GPS Ⅱ R-16（M）现代化卫星，分别于 2006 年 9 月 25 日和 2006 年 11 月 18 日搭乘"德尔塔-2"火箭从卡纳维拉尔角发射升空。这类卫星称为 GPS Ⅱ R-M 卫星，是最先进的 GPS 卫星，具有更好的精度、改进的抗干扰能力和增强的功能。

1. GPS 卫星星座

GPS 卫星星座理论上由 24 颗卫星组成，其中有 3 颗备用卫星。卫星分布在 6 个轨道面内，每个轨道面上分布 4 颗卫星。图 2.2 示出了 GPS 星座的卫星分布。

同一观测站每天出现的卫星分布图形相同，只是每天提前约 4 min。GPS 卫星在空间的上述配置，保障了在地球上任何地点、任何时刻均至少可以同时观测到 4 颗卫星，最多可达 11 颗。卫星信号传播和接收不受天气影响，因此，GPS 是全球性、全天候的连续实时定位系统。但个别地区可能在短时间内（如数分钟）观测到的 4 颗卫星图形结构较差，不能达到定位精度要求，这段时间成为"间隙段"。

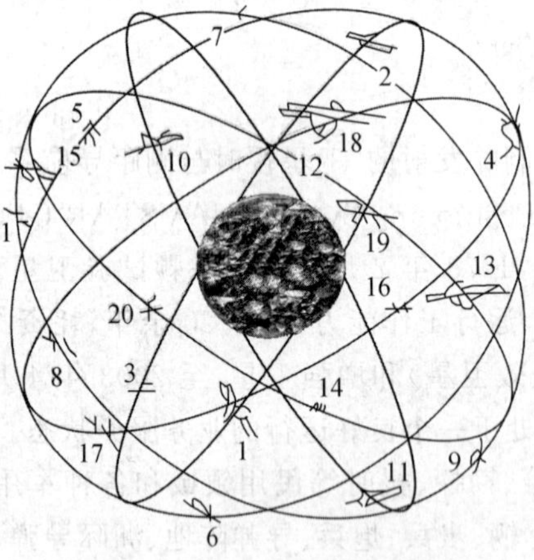

图 2.2 GPS 工作卫星星座

2. GPS 地面监控系统

在定位导航中，首先必须知道卫星的位置，而位置是由卫星星历计算出来的。地面监控系统测量和计算每颗卫星的星历，编辑成电文发送给卫星，然后由卫星实时地播送给用户，这就是卫星提供的广播星历。工作卫星的地面监控系统（图 2.3）包括 1 个主控站、3 个注入站和 5

个监测站。主控站位于科罗拉多斯平士(Colorado Spings)的联合空间执行中心(CSOC),3个注入站分别设在大西洋、印度洋和太平洋的3个美国军事基地上,即大西洋的阿松森(Ascension)岛、印度洋的迪戈·加西亚(Diego Garcia)岛和太平洋的卡瓦加兰(Kwajalein)岛,5个监测站设在主控站和3个注入站以及夏威夷岛。

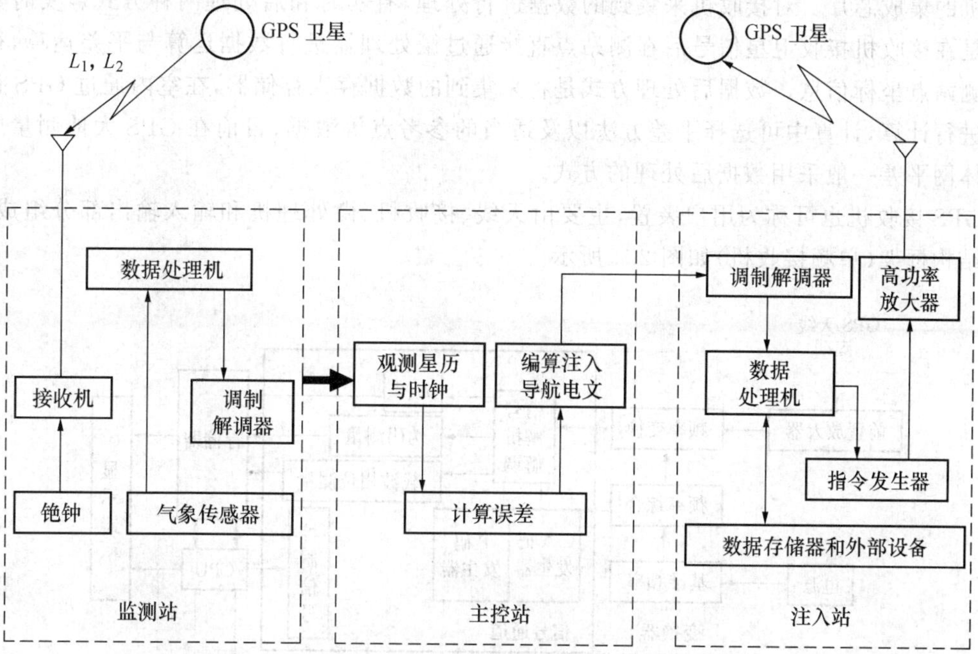

图 2.3　GPS 地面监控系统框图

监测站的主要任务是对每颗卫星进行观测,并向主控站提供观测数据。每个监测站配有GPS接收机,对每颗卫星长年连续不断地进行观测,每6 s进行一次伪距测量和积分多普勒观测,采集气象要素等数据。监测站是一种无人值守的数据采集中心,受主控站的控制,定时将观测数据送往主控站。5个监测站分布在美国本土和三大洋的美军基地上,保证了全球GPS定轨的精度要求。

主控站拥有大型计算机和其他数据采集、计算、传输、诊断、编辑等设备,它具有下列功能:

①采集数据:主控站采集各个监测站所测得的伪距和积分多普勒观测值、气象要素、卫星时钟和工作状态的数据,监测站自身的状态数据,以及海军水面兵器中心发来的参考星历。

②编辑导航电文:根据采集到的全部数据计算出每一颗卫星的星历、时钟改正数、状态数据以及大气改正数,并按一定的格式编辑为导航电文,传送到注入站。

③诊断:对整个地面支撑系统的协调工作进行诊断;对卫星的健康状况进行诊断,并加以编码向用户指示。

④调整卫星:根据所测的卫星轨道参数,及时将卫星调整到预定轨道,使其发挥正常作用。而且还可以进行卫星调度,用备份卫星取代失效的工作卫星。

主控站将编辑的卫星电文传送到位于三大洋的3个注入站,定时将这些信息注入各个卫星,然后由GPS卫星发送给广大用户,这就是广播星历。

3. GPS 接收机

GPS 接收机是用户接收卫星信号的设备，定位质量与其有直接关系。衡量接收机的性能指标主要有信号跟踪的通道数、跟踪信号种类、跟踪卫星数、定位精度、重捕信号时间、工作温度与湿度、体积、重量、天线类型及用途等。现在接收机主要部件已集成化，用户可以单独购买接收机的集成芯片。对接收机采集到的数据进行处理，有实时和后处理两种方式。实时数据处理是在接收机接收卫星信号后在测站点直接通过微处理器进行数据运算与平差运算，得到三维测站点坐标信息。数据后处理方式是将采集到的数据存入存储器，在室内通过 GPS 计算软件进行计算，计算中可选择平差方法以及适当的参考点等数据，目前在 GPS 大地测量中进行整体网平差一般采用数据后处理的方式。

GPS 接收机也可称为用户装置，主要由天线、接收机、微处理机和输入输出部分组成，其主要结构框架(单频接收机)如图 2.4 所示。

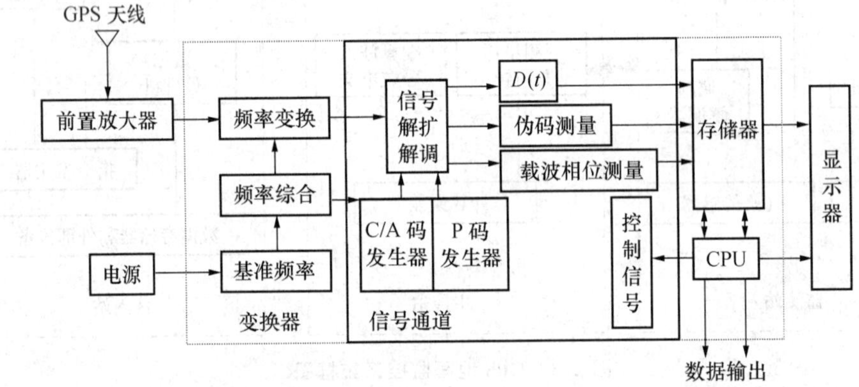

图 2.4 GPS 接收机结构框图(徐绍铨等，1998)

(1)天线单元　由接收天线和前置放大器组成。目前，GPS 接收机天线采用的有定向天线、偶极子天线、微带天线、一(二、四)线螺旋天线、圆锥螺旋天线等(图 2.5)，这些天线各有利弊，各有特点，可根据需要选用。前置放大器是一种关键性元件，直接影响着接收信号的信噪比，因此要求它具有噪声系数小、增益高和动态范围大的特点。GPS 接收机一般采用场效应 FET 放大器。

(2)接收单元　一般由信号通道单元、存储单元、计算和显示控制单元和电源等部分构成(图 2.6)。

图 2.5 天线单元(http://www.trimble.com)

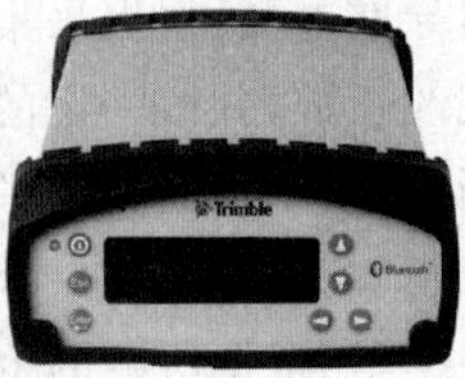

图 2.6 接收单元

①信号通道单元：它的主要功能是接收来自天线单元的信号，经过变频、放大、滤波等一系列处理过程，实现对GPS信号的跟踪、锁定、测量，提供出计算位置的数据信息。根据需要可设计成1～12通道。

通道由硬件和软件组成。每一个通道在某一时刻只能跟踪一颗卫星。当此卫星被锁定后，便占据这一通道，直到此卫星信号失锁为止。随着现代技术的发展，并行多通道技术已经成功应用于各种类型的接收机。同时相关型通道也广泛用于现代的GPS接收机中。在相关型接收机中，信号通道单元主要由码延迟锁定环和载波相位锁定环组成。

②存储单元：为了满足差分定位和相对定位事后处理的要求，一些接收机能将实时定位的各种数据、原始观测量以及计算结果存储下来，供事后处理用。

③计算和显示控制单元：它的功能是：工作开始时自检；根据采集到的卫星星历、伪距观测值计算三维坐标和速度；人机对话，输入航路进行自动导航；输入卫星高度截止角、历元间隔以及其他指令，以计算和更新位置；输入各种指令，以控制屏幕显示等。

④电源：GPS接收机采用直流供电。可以将镉镍蓄电池装于机内，也可以外接蓄电池。在利用外接电池时可自动对机内电池充电。此外，机内还装有专用锂电池，专门为机内时钟供电，或者为RAM存储器供电，以保证在关机时保留存储数据。

2.1.2.2　GLONASS

全球轨道导航卫星系统GLONASS(Global Navigation Satellite System)是前苏联从20世纪80年代初开始建设的与美国GPS类似的卫星定位系统，也由卫星、地面监控站和用户设备3部分组成，现由俄罗斯空间局管理。1982年初开始发射首颗卫星，1995年成为拥有24颗卫星(21颗运行，3颗备用)的完整系统，耗资30多亿美元。GLONASS卫星运行于19 100 km高空轨道内(稍低于美国的GPS导航系统)，每颗卫星绕轨1周约11 h 15 min。卫星在轨间距经过设定，特定时间点至少有5颗卫星在视线之内。2004年3月有11颗卫星运行。由于GLONASS卫星的平均在轨寿命较短(3～5年)，原来在轨的卫星已经陆续退役，GLONASS基本上处于降效运行状态，一直只有8～12颗卫星是全功能工作。GLONASS的单点定位精度水平方向为16 m，垂直方向为25 m。俄罗斯目前对GLONASS系统采取军民合用、不加密的开放政策。

俄罗斯已经研制的第2代、长寿命的GLONASS卫星称为GLONASS-M，设计寿命为7年，旨在减轻GLONASS卫星补网的压力，在2004年前后进行了GLONASS-M的飞行试验。2005年12月25日，携带3颗GLONASS卫星的质子-K火箭发射升空，其中2颗卫星属于GLONASS-M卫星新系列，第3颗卫星则属从前系列。截至2007年4月共发射87颗卫星，其中8颗为体积与重量模拟卫星，2颗为卫星运行轨道校准卫星，1颗寿命为5年的试验卫星，7颗为GLONASS-M改进型卫星，其他为导航卫星。(http://www.cnsa.gov.cn/n1081/n84924/85160.html)

与美国的GPS系统不同的是GLONASS系统采用频分多址(FDMA)方式，根据载波频率来区分不同卫星。通过接受卫星连续传送的导航无线电文，GLONASS系统用户可以完成三维位置、速度和时间测量。每颗GLONASS卫星传送两种类型的信号：SP和HP。每颗GLONASS卫星播发的两种载波的频率分别为：$L_1=1\,602+0.562\,5n$(MHz)和$L_2=1\,246+0.437\,5n$(MHz)，其中$n=1\sim24$，为每颗卫星的频率编号。

GLONASS系统的主要参数见表2.1。

表 2.1 GLONASS 系统参数

参数名称	参数值及说明	参数名称	参数值及说明
轨道数	3,间隔 120°	调制码	C/A,P
卫星分布/轨道	均匀分布/8	码率(P)	5.11 MHz
轨道倾角	64.8°	码率(C/A)	511 kHz
轨道半径	25 510 km	星历数据表示方式	大地直角坐标系
轨道周期	8/17 恒星日(11 h 15 min)	坐标系	PZ-90
地面重复跟踪	每 8 个恒星日	时钟数据	时钟和频率偏移
载波信号频率	1 602+0.562 5n MHz,n 为卫星频率编号	轨道数据	卫星位置、速度和加速度,每隔 0.5 h 一次
编码	所有卫星相同,频分制		

引自:承继成,2004。

GLONASS 接收机自动接收来自至少 4 颗卫星传送的导航信号,然后测量它们的伪距和速度,同时还会从卫星信号中选择处理导航信息。GLONASS 接收机根据输入数据计算出三维坐标值、精确时间值和三维速度向量。GLONASS 星座的运行通过地面基站控制体系(ground control system,GCS)完成,该体系包括一个系统控制中心(Golitsyno-2,莫斯科地区)和几个分布于俄罗斯大部地区的指挥跟踪台站(CTS)。这些台站主要用来跟踪 GLONASS 卫星,接收卫星信号和遥测数据。然后由信号处理中心(SCC)处理这些信息以确定卫星时钟和轨道姿态,并及时更新每个卫星的导航信息。这些更新信息再通过跟踪台站 CTS 传到各个卫星。

作为无线电导航信号一部分的 GLONASS 系统导航电文包括:①广播星历;②相应 GLONASS 系统时间和 UTC(SU)的卫星时间变换比例;③时间标记;④GLONASS 历书。星历用于计算卫星在 PZ-90 空间参考系统中的精确坐标。历书保存了所有 GLONASS 卫星的信息和所在轨道的开普勒参数、相对于 GLONASS 系统的粗略变换时间比例和卫星健康状态标志。

2.1.2.3 BDS

1. BD-Ⅰ系统

我国从 20 世纪 70 年代开始导航卫星的论证和研究工作,到 20 世纪 90 年代初期开始了独立自主的区域性的卫星定位系统即“北斗一号”工程(BD-Ⅰ)建设。2003 年 6 月,我国自主研发的 BD-Ⅰ系统正式开通,这标志着我国已经拥有了完全自主的导航卫星系统,北斗导航定位系统的大规模应用进入了实质性阶段。BD-Ⅰ卫星定位系统由 2 颗地球静止卫星、1 颗在轨备份卫星、中心控制系统、标校系统和各类用户机等部分组成。北斗导航系统是覆盖我国本土的区域导航系统。覆盖范围为东经 70°～140°,北纬 5°～55°。BD-Ⅰ发射的第 3 颗星上面安装了激光反射镜,用于精确定位,属 BD-Ⅱ系统的基准星。BD-Ⅰ卫星轨道高度为 36 000 km,运行在与地球同步的赤道平面,卫星位置:E80°,E140°,E110.5°。BD-Ⅰ为我国自行设计的区域性二维有源定位导航系统,构成如图 2.7 所示,第三个位置量需要借助其他方式获得。该系统可向我国及周边地区的用户提供定位、通信服务。

BD-Ⅰ系统的主要功能包括:①定位:快速确定用户所在地的地理位置,向用户及主管部

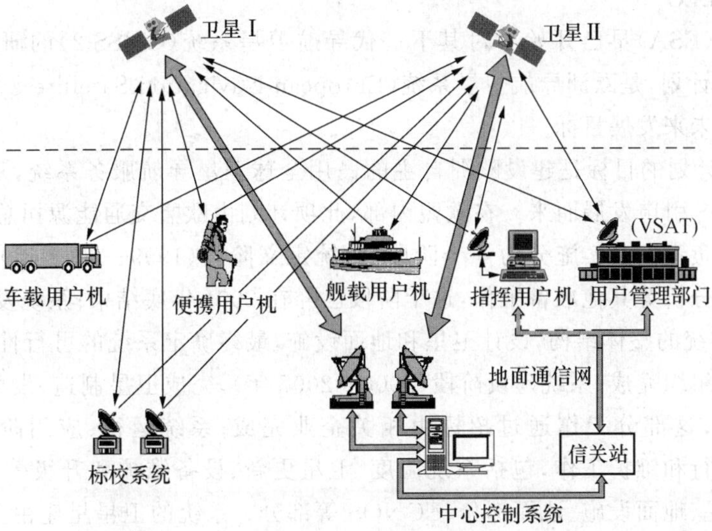

图 2.7　BD-Ⅰ导航卫星系统工作原理示意图

门提供导航信息；②通信：用户与用户、用户与中心控制系统间均可实现双向简短数字报文通信；③授时：中心控制系统定时播发授时信息，为定时用户提供时延修正值。系统的水平定位精度为 100 m (1σ)，设立标校站之后为 20 m（类似差分状态）。系统能容纳的用户数为 540 000 户/h。

BD-Ⅰ系统的工作过程与定位原理如下：①由中心控制系统向卫星Ⅰ和卫星Ⅱ同时发送询问信号，经卫星转发器向服务区内的用户广播。用户响应其中 1 颗卫星的询问信号，并同时向 2 颗卫星发送响应信号，经卫星转发回中心控制系统。中心控制系统接收并解调用户发来的信号，然后根据用户的申请服务内容进行相应的数据处理。②对定位申请，中心控制系统测出 2 个时间延迟，即从中心控制系统发出询问信号，经某一颗卫星转发到达用户，用户发出定位响应信号，经同一颗卫星转发回中心控制系统的延迟；从中心控制发出询问信号，经上述同一卫星到达用户，用户发出响应信号，经另一颗卫星转发回中心控制系统的延迟。③由于中心控制系统和 2 颗卫星的位置均是已知的，因此由上面 2 个延迟量可以算出用户到第 1 颗卫星的距离以及用户到 2 颗卫星距离之和，从而知道用户处于一个以第 1 颗卫星为球心的球面和以 2 颗卫星为焦点的椭球面之间的交线上。另外，中心控制系统从存储在计算机内的数字化地形图查寻到用户高程值，又可知道用户处于某一与地球基准椭球面平行的椭球面上。从而中心控制系统可最终计算出用户所在点的三维坐标，这个坐标经加密后发送给用户（马芮等，2008）。

2. BD-Ⅱ系统

BD-Ⅱ系统是继 BD-Ⅰ系统后的中国新一代导航卫星系统，2007 年 4 月 14 日，我国成功发射了第一颗“北斗二号”导航卫星。北斗导航卫星系统由 5 颗静止轨道卫星和 30 颗非静止轨道卫星组成，具有连续实时无源三维定位测速能力、高精度授时能力和用户位置报告能力。卫星设计寿命 8 年。星钟采用我国自行研制的铷原子钟，频标稳定度为 10^{-11}/s。

BD-Ⅱ的定位导航原理与三大导航卫星系统相同。预计 2020 年左右建成覆盖全球的大型导航系统。

2.1.2.4 GALILEO

欧洲空间局(ESA)早已开始了对其下一代导航卫星系统(GNSS-2)的研究。GNSS-2 被称为 GALILEO 计划,是欧洲导航卫星系统(European Navigation Satellite System,ENSS)的重要组成部分和未来发展目标。

GALILEO 计划的目标是建设欧洲自主的民用全球卫星导航服务系统,从欧洲广域星基增强系统 EGNOS 引申发展而来。在欧盟内部,此项计划由欧盟交通能源司总体负责,技术方面由欧洲空间局负责。其实施分为 4 个阶段:系统定义阶段(1999—2001 年),进行系统框架的定义以及效益分析等其他准备工作,这个阶段已经在 2001 年底结束;系统发展阶段(2002—2005 年),确定系统的整体结构,设计卫星和地面设施,最终确定系统的可行性,这部分工作由欧洲空间局为主组织完成;系统建设阶段(2006—2007 年),完成卫星制造、发射和地面工作站建设与设备安装,这部分工作通过招标由相关企业完成;系统运行、应用阶段(2008—2020 年),进行系统运行和维护工作,包括系统调度、卫星更新、设备维护和升级等。GALILEO 系统分为星座、卫星、地面设施、地面部分、EGNOS 等部分。系统的卫星星座由分布在 3 个轨道上的 30 颗中等高度卫星组成,每个轨道上有 10 颗卫星,其中 9 颗正常工作,1 颗运行备用。轨道倾斜角为 56°,轨道高度 23 616 km,运行周期 14 h 4 min。系统的卫星重 675 kg,设计寿命 20 年。地面部分主要完成导航控制、星座管理、完好性检测和分发等工作。导航控制和星座管理部分包括导航系统控制中心、15 个地面监测站和 4 个遥测遥控站;完好性监测和分发部分由若干个监视站、注入站和控制中心组成。GALILEO 系统的主要参数见表 2.2。

表 2.2 GALILEO 系统参数

参数名称	参数值	参数名称	参数值
每轨道卫星个数	10(9 颗工作,1 颗备用)	运行周期	14 h 4 min
卫星分布轨道面数	3	卫星寿命	20 年
卫星总数	30 颗(27 颗工作,3 颗备用)	卫星重量	675 kg
轨道倾斜角	56°	电量供应	1.5 kW
轨道高度	23 616 km	射电频率	1 202.025 MHz;1 278.750 MHz 1 561.098 MHz;1 589.742 MHz

GALILEO 系统将提供 5 套定位导航信号,其中 2 套信号供公开服务、商业服务和生命救援服务使用,1 套供提高地区性精确度再开发使用,还有 2 套受控信号,在欧盟的控制下为特殊用途服务,如警察、国民警卫队等。GALILEO 能针对不同要求的用户提供不同的服务,一般可分为 3 种:公开服务、商业服务和公共事业服务(表 2.3)。其中公开服务是完全免费的,提供能够被用户免费使用的定位、导航和时间信号,此服务对于大众化应用,比如说车载导航和移动电话定位,是很适合的,它也能提供固定地点的精确时间服务;商业服务相对公开服务增加了许多附加功能,并支持 GALILEO 定位应用和无线通信网络的完整性的领航信号;公共事业服务主要包括生命保险、公众控制、寻找救援等系列服务。用户可根据自己的需求选择不同的服务类型。

表 2.3　GALILEO 系统提供的服务

项目	公开服务	商业服务		公共事业服务	
覆盖范围	全球	全球	局部	全球	局部
精度	15～20 m(单频) 5～10 m(双频)	5～10 m (双频)	<10 cm～1 m	4～6 m (双频)	1 m (局部增大)
完好性	—	附加值服务		必要条件	
访问控制	免费访问	附加值数据的受约访问	局部修正数据的受约访问	导航码和(或)附加值数据的受约访问	局部修正数据的受约访问
服务保证	无	可能的服务担保		提供认证以及可能的服务担保	
工作期间的连续性风险	8×10^{-6}/15 s	8×10^{-6}/15 s		8×10^{-6}/15 s	

引自:承继成,2004。

2.1.2.5　卫星导航的差分和增强系统

目前卫星定位导航系统的民用精度都只能达到 30 m 左右,而在许多民用导航中如近海和海洋船舶航行、测量船导航、船舶进港、泊靠、直升机导航、民航机航路导航和进近着陆、精密农业导航、城市车辆调度、特殊车辆监控等等都需要更高精度的实时导航定位。为了满足上述需求,采用对卫星导航的监测和增强技术,包括差分技术和卫星完好性监测。增强系统有两种,包括本地增强系统(local area augmentation system,LAAS)和广域增强系统(wide area augmentation system, WAAS)。广域增强系统是基于卫星建立的,也叫星基增强系统(satellite based augmentation systems,SBAS)。LAAS 系统由于采用伪据差分,其差分精度随着用户机与基台距离加大而减退,当用户机距基台 100～200 km 以上时差分能力降低。WAAS 系统是将测量误差中与空间分布相关的误差(电离层延迟误差)及与空间分布不相关的误差(卫星星历误差、星钟误差)分别计算,分别修正。这样只需再布置少量基准台站就能满足大面积差分的要求。

目前,美、俄、欧分别建有各自的星基增强系统 WAAS、SDCM、EGNOS,日本和印度各自建有自己的区域系统 QZSS、IRNSS 和 GPS 星基增强系统 MSAS、GA GAN,尼日利亚也有一个 GPS 星基增强卫星 NiSatCom-1。GNSS(全球导航卫星系统)所包括的导航系统如表 2.4 所示。

(1)美国联邦航空局(FAA)的 WAAS 计划　美国 FAA 计划部署一个全美国及太平洋、大西洋地区大片覆盖的 WAAS 系统。建立 2 个主控站和上行注入站及 24 个基准站,各站与主控站间用数据多址网络(DNN)通信系统连接起来。空间部分利用美国和加拿大合作发射的 NSAT 移动通信卫星,也利用 INMARSAT-3 卫星,作双重余度,互为备份。

FAA 把 WAAS 看作是民用航空无缝卫星导航系统战略目标的关键组成部分,它将提高覆盖区域内 GPS 的精度(通过差分技术)、完好性(提供及时的报警能力)和可用性(通过附加测距信号)。WAAS 的目标是要使 GPS 能够成为民航飞机从起飞至Ⅰ类精密进场阶段的主

表 2.4 GNSS(全球导航卫星系统)所包括的导航系统一览表

导航卫星系统名称	建设国或组织	覆盖范围	建设状态	卫星数量[①]（标称值）	备注[②]
GPS(全球定位系统)	美国	全球	1995 年建成	30 个(MEO)	现有 31 颗工作卫星
WAAS (广域增强系统)	美国	增强	已建成	3 个(GEO)	IOC/2003 FOC/2008
GLONASS (全球导航卫星系统)	俄国	全球	已建成 (在恢复)	24 个(MEO)	18 颗星/2008 年 24 颗星/2010 年
SDCM(卫星差分改正监测系统)	俄国	增强	在策划中	2 个(IGSO)	2011 年建成
GALILEO(全球导航卫星服务系统)	欧盟	全球	在建设中	30 个(MEO)	2013 年建成
EGNOS(欧洲静地导航覆盖系统)	欧盟	增强	已建成	3 个(GEO)	2008 年工作
BD(北斗导航卫星系统)	中国	全球	在建设中	24 个(MEO) 3 个(GEO) 3 个(IGSO)	2010 年完成区域系统； 2020 年建成
QZSS(准天顶卫星系统)	日本	区域	在建设中	3 个(IGSO)	一期 1 颗星/2009 年 二期 3 颗星
MSAS(多功能卫星增强系统)	日本	增强	已建成	2 个(GEO)	2 颗星/2007 年
IRNSS(印度无线导航卫星系统)	印度	区域	在建设中	3 个(GEO) 4 个(IGSO)	2012 年建成
GA GAN (静地轨道增强导航系统)	印度	增强	在建设中	3 个(GEO)	2010 年建成
NigComSat-1	尼日利亚	增强	已建成	1 个(GEO)	建成/2008 年

引自：赵静等，2008。

注：①MEO—中高度地球轨道，GEO—静地轨道，IGSO—倾斜地球同步轨道；

②IOC—开始工作，FOC—完全工作。

用导航方式。WAAS 的工作过程为：由广泛分布于美国及其周边区域内的广域基准站(WRS)收集 GPS 及静地轨道卫星发来的数据。广域主控站(WMS)汇集来自各 WRS 的数据并进行处理，以确定每颗被监测卫星的完好性、差分校正适量值、残差和电离层信息，并产生静地轨道卫星的导航参数。然后这些信息传到上行注入站(GUS)，随同静地轨道卫星导航信息一起上行传给静地轨道卫星。静地轨道卫星上的转发器在 L_1 频率上以与 GPS 卫星相同的调制方式下行传送这些数据。同时静地轨道卫星还发射 C/A 码测距信号，以增加用户可用的测距卫星源，从而大大提高了系统的导航精度、可用性及完好性。WAAS 将使覆盖区域内的 GPS 水平精度提高至 7.6 m(2DRMS)。

(2)日本运输省的 MSAS 计划　MSAS(multi-functional transport satellite，多功能传送卫星)系统是日本运输省计划部署的覆盖本国陆地和近海的 WAAS 系统，是由日本民航局为民用航空应用而开发的对GPS进行区域性星基增强的系统。MSAS系统原理与美国WAAS相似,并与WAAS兼容。MSAS从1996年开始实施,系统包括2个空间转发器(MTSAT-1和MTSAT-2卫星)、2个基准站和2个主控站。覆盖范围为日本飞行服务区,也可以逐步扩展到亚太地区。MTSAT可为空中飞机提供通信和导航服务,并可为亚太地区的机动用户发送气象数据(刘文焘等,2008)。

(3)欧洲EGNOS计划 EGNOS是一个欧洲地区广域差分系统,由大西洋东部和欧洲上空3颗静地卫星上的转发器构成,与由约40座地面站和4座控制中心组成的网络相连。EGNOS地面站接收美国GPS卫星发送的信号,这些信号的精度和可靠性信息由上述静地卫星转发器中继给用户,可将定位精度从只用GPS时的约20 m提高到优于2 m。

(4)中国广域增强系统 利用我国双星系统的卫星导航增强系统是我国计划研制和建设的广域差分GPS系统。卫星导航增强系统(一期工程)由空间和地面两部分组成。空间部分包括GPS卫星和“北斗一号”卫星,地面部分除利用“北斗一号”地面应用系统中心控制系统以外,由中心站、参考站和用户机3个分系统组成,其中用户机含各型广域差分信息接收机和广域差分GPS接收机。

卫星导航增强系统(一期工程)的基本工作原理为:分布在覆盖区域内的参考站监测全部可见的GPS卫星,并将监测数据通过“北斗一号”卫星和地面中心控制系统发送到中心站分系统,中心站分系统用所收集到的数据计算GPS差分改正数和完好性信息。卫星导航增强系统(一期工程)建成后,将为军民用户提供全天候(一天24小时不间断)、大范围(覆盖我国大陆及周边一定范围)、高精度(东部5 m、西部10 m)的导航定位服务,具有十分广阔的应用前景,并将产生巨大的军事、政治和经济效益。

2.1.3 GPS原理及其数据处理

美国于2003年1月29日和3月31日先后发送了2颗新的BLOCK Ⅱ卫星入轨,使GPS星座中在轨工作卫星达到了29颗。目前只有12号、19号和32号星编制处于空缺状态,其余的均已有星在岗。下面将对GPS、当前应用最广泛的卫星定位和导航系统的基本原理作一阐述。

2.1.3.1 导航电文与卫星信号

1. 导航电文格式

导航电文是用户用来定位和导航的数据基础。它包含该卫星的星历、工作状况、时钟改正、电离层时延改正、大气折射改正以及由C/A码捕获P码的信息等导航信息,也就是由卫星信号中解调出来的数据码$D(t)$。这些信息以50 bit/s的数据流调制到载频上,数据采用不归零制(NRZ)的二进制码。

导航电文由主帧、子帧、字码和页码构成,如图2.8所示。每主帧电文长度为1 500 bit,播送速率为50 bit/s,所以发播一帧电文需要30 s时间。

每帧导航电文包括5个子帧,每个子帧长6 s,共含300 bit。第1、2、3子帧各有10个字码,每个字码为30 bit,这3个子帧的内容每30 s重复一次,每小时更新一次。第4、5子帧各有25页,共有15 000 bit。一帧完整的电文共有37 500 bit,要750 s才能够传送完,用时长达12.5 min。其内容仅在卫星注入新的导航数据后才更新。

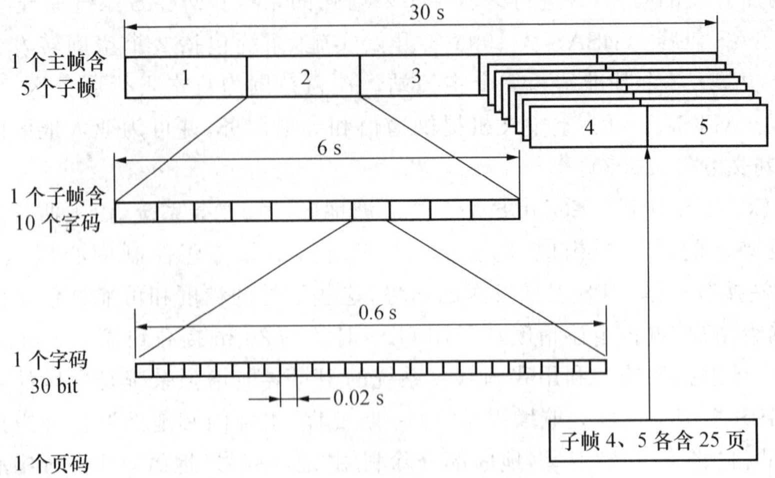

图 2.8 导航电文的格式(徐绍铨等,1998)

2. 导航电文内容

导航电文的内容包括遥测码(telemetry word, TLW)、转换码(hand over word, HOW)、第一数据块、第二数据块和第三数据块等 5 部分。

(1)遥测码(TLW) 每个子帧的第一个字码都是遥测码,作为捕获导航电文的前导,其中所含的同步信号为各子帧提供了一个同步起点,使用户便于解释电文数据。具体码位如下:第 1～8 位为同步码(10001001),第 9～22 位为遥测电文,包括地面监控系统注入数据时的状态信息、诊断信息和其他信息,以此指示用户是否选用该卫星。第 23、24 位无意义,第 25～30 位为奇偶检验码。

(2)转换码(HOW) 每个子帧的第二个字码是转换码,它的主要作用是帮助用户从捕获的 C/A 码转换到 P 码。第 1～17 位表示 Z 计数,它表示从每星期六/星期日午夜零时起算的对 P 码中 $PN_1(t)$(周期 1.5 s)的累计数,量程为 0～403 200。知道 Z 计数,就知道观测时刻 P 码在周期中的准确位置,以此较快地捕获 P 码。第 18 位表明卫星注入电文后是否发生滚动动量矩缺载现象。第 19 位用于指示数据帧的时间是否与 $PN_1(t)$ 钟信号同步。第 20～22 位是子帧识别标志。第 23、24 位无意义。第 25～30 位为奇偶检验码。

(3)第一数据块 第 1 子帧的第 3～10 个字码为第一数据块。它的主要内容是:①标识码,指明载波 L_2 的调制波类型、星期序号、卫星的健康状况等;②数据龄期;③卫星时钟改正系数。

(4)第二数据块 第 2 和第 3 子帧共同构成第二数据块,它表示 GPS 卫星的星历。

(5)第三数据块 第三数据块由第 4 和第 5 两个子帧构成,提供 GPS 卫星的历书数据。当接收机捕获到某颗卫星后,利用第三数据块提供其他卫星的概略星历、时钟改正、码分地址和卫星工作状态等数据。用户不仅能选择工作正常和位置适当的卫星,而且还可根据所在的位置选择最佳星座,依据已知的卫星 PRN 号进行设置,以快速捕获和定位。

3. 卫星信号

GPS 定位的基本观测量是观测站(用户接收天线)至 GPS 卫星(信号发射天线)的距离(或称信号传播路径),它是通过测定卫星信号在该路径上的传播时间(时间延迟)或测定卫星载波信号相位在该路径上变化的周数(相位延迟)来导出的。GPS 卫星所播发的信号如图 2.9 所示,包括载波、测距码和数据码(或称 D 码)。

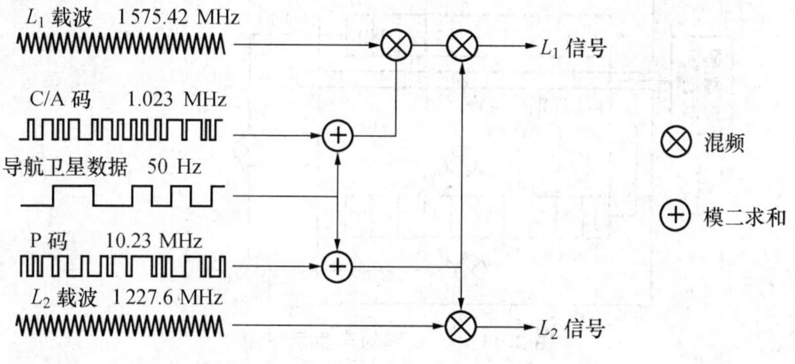

图 2.9　GPS 卫星信号

(1)码的基本概念

①码:表达不同信息的二进制数及其组合。在二进制中,一位二进制数叫一个码元或一比特(bit)。

②数码率:每秒钟传输的比特数(bit/s 或记为 BPS)。

③随机码:码元幅度的取值是完全无规律的码序列称为随机码序列,或随机噪声码序列。它是一种非周期序列,无法复制。

④伪随机噪声码:(pseudo random noice,PRN,又称伪随机码或伪码):GPS 采用伪随机噪声码,如图 2.10 所示。其特点是:具有随机码的良好自相关性;具有某种确定的编码规则;容易复制。

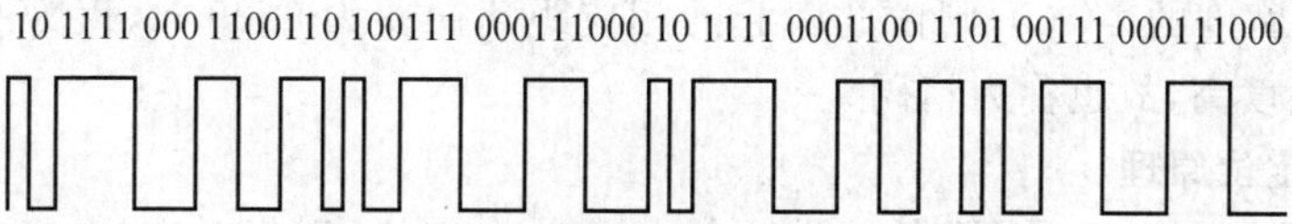

图 2.10　伪随机码

(2)伪随机噪声码的产生　伪随机码由多级反馈移位寄存器产生。移位寄存器由一组连接在一起的存储单元组成,每个存储单元只有 0 或 1 两种状态。移位寄存器是在时钟脉冲和置"1"脉冲的控制下工作的。

例如由 4 个存储单元组成的 4 级反馈移位寄存器,当时钟脉冲加到该移位寄存器之后,每个存储单元的内容都顺序地由上一单元移到下一单元,最后一个存储单元的内容则输出。与此同时,将其中某几个单元,如 3 和 4 单元的内容进行模二相加,反馈给第一个存储单元。

伪随机码既具有与随机码相类似的良好自相关性,又是一种结构确定、可以复制的周期性序列。这样,用户接收机便可容易地复制卫星所发射的伪随机码,以便通过接收码与复制码的比较,来准确地测定其间的时间延迟。

(3)GPS 测距码

①C/A 码:C/A 码是由两个 10 级反馈移位寄存器构成的 G 码产生的,其构成示意图如图 2.11 所示。

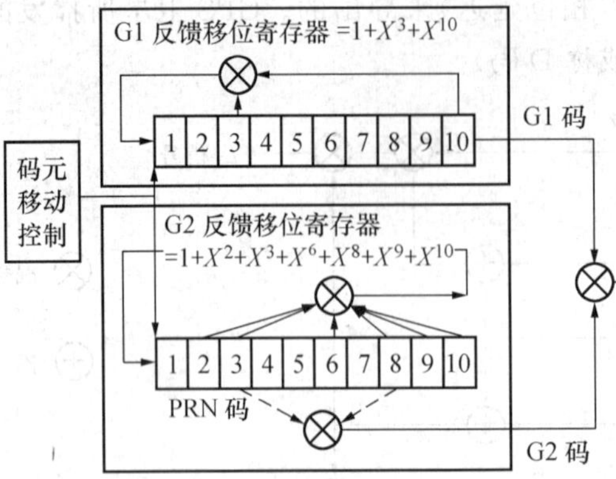

图 2.11　C/A 码的产生示意图

C/A 码的码长易于捕获，且通过 C/A 码提供的信息又可方便地捕获 P 码。

C/A 码的码元宽度较大。假设两个序列的码元对齐误差为码元宽度的 1/100，则相应的测距误差达 2.9 m，因此也称为粗码。

②P 码：GPS 卫星发射的 P 码，其产生的基本原理与 C/A 码相似，但其发生电路是由 2 个 12 级反馈移位寄存器构成的，情况更为复杂。线路设计细节均是保密的。

P 码周期被分为 38 部分（每一部分的周期为 7 天，码长为 6.19×10^{12} bit），其中 1 部分闲置，5 部分给地面监控站使用，32 部分分配给不同的卫星。这样，每颗卫星所使用的 P 码不同部分便都具有相同的码长和周期，但结构不同。

P 码的码长较长，无法采用 C/A 码逐个进行搜索。一般都是先捕获 C/A 码，然后根据导航电文中给出的有关信息捕获 P 码。由于 P 码的码元宽度为 C/A 码的 1/10，若取码元的对齐精度仍为码元宽度的 1/100，则由此引起的相应距离误差为 0.29 m，仅为 C/A 码的 1/10。所以 P 码定位精度高，故也称为精码。

2.1.3.2　GPS 定位原理

利用 GPS 进行定位的方法很多，有绝对定位（单点定位）和相对定位，静态定位和动态定位等。概括来说，主要有伪距法、多普勒法、干涉测量法和载波相位测量法等。后两种方法可以获取非常精确的结果，但干涉法测量费用太高，难以推广应用。这里主要介绍伪距法和载波相位测量法。

1. 伪距法

卫星至测站的距离是通过测定卫星信号传播时间计算出来的。由于卫星信号并不是在真空中传播，它含有大气传播延迟误差，通过这种卫星信号测出的距离不是真实的星站距离，称为伪距。伪距法是利用 GPS 进行导航定位的最基本方法。其原理是：在某一瞬时利用 GPS 接收机测定至少 4 颗卫星的伪距，采用距离交会法即可求得接收机的三维坐标和卫星时钟改正数。介绍如下。

设 ρ_j^i 为卫星 i 至测站 j 的真实距离，$\tilde{\rho}_j^i$ 为卫星 i 至测站 j 的伪距，(x_i, y_i, z_i) 为卫星 i 的位置坐标，(X_j, Y_j, Z_j) 为测站 j 的位置坐标，T_j 为测站 j 根据接收机时钟所获得的时间，t^i 为卫星 i 根据卫星钟所获得的时间，τ 为 GPS 标准时间。

显然，T_j 和 t^i 皆为 τ 的函数，即 $T_j=T_j(\tau)$，$t^i=t^i(\tau)$。

测得卫星信号（电磁波）传播的时间，即可得知传播路径的距离。因此，伪距测量实际上是

测定时间差，即

$$T_j(\tau) - t^i(\tau) = \frac{1}{c}\tilde{\rho}_j^i \tag{2-1}$$

或

$$\begin{aligned} \frac{1}{c}\tilde{\rho}_j^i &= T_j(\tau_b) - t^i(\tau_a) \\ &= [\tau_b - \tau_b + T_j(\tau_b)] - [\tau_a - \tau_a + t^i(\tau_a)] \\ &= [\tau_b - \tau_a] + [\tau_a - t^i(\tau_a)] - [\tau_b - T_j(\tau_b)] \\ &= [\tau_b - \tau_a] + V_{ti} - V_{Tj} \end{aligned} \tag{2-2}$$

式中：c 为真空光速；τ_a 为卫星钟读数为 t^i 瞬间的 GPS 标准时，$[\tau_a - t^i(\tau_a)] = V_{ti}$ 为卫星钟的时钟改正数；τ_b 为接收机时钟读数为 T_j 瞬间的 GPS 标准时，$[\tau_b - T_j(\tau_b)] = V_{Tj}$ 为接收机时钟的改正数；$(\tau_b - \tau_a)$ 为没有误差的时钟所测定的信号自卫星到测站的实际传播时间。

设 $(\delta\rho_j^i)_{ion}$ 和 $(\delta\rho_j^i)_{trop}$ 分别表示大气电离层和对流层的折射改正，则

$$\tau_b - \tau_a = \frac{1}{c}[\rho_j^i - (\delta\rho_j^i)_{ion} - (\delta\rho_j^i)_{trop}] \tag{2-3}$$

因此伪距 $\tilde{\rho}_j^i$ 和真正距离 ρ_j^i 之间的关系为

$$\begin{aligned} \tilde{\rho}_j^i &= c[T_j(\tau_b) - t^i(\tau_a)] \\ &= \rho_j^i - (\delta\rho_j^i)_{trop} - (\delta\rho_j^i)_{ion} + cV_{ti} - cV_{Tj} \end{aligned} \tag{2-4}$$

或

$$\rho_j^i = \tilde{\rho}_j^i + (\delta\rho_j^i)_{ion} + (\delta\rho_j^i)_{trop} - cV_{ti} + cV_{Tj} \tag{2-5}$$

卫星 i 与地面测站 j 之间的空间距离 ρ_j^i 可表示为

$$\rho_j^i = \sqrt{(x_i - X_j)^2 + (y_i - Y_j)^2 + (z_i - Z_j)^2} \tag{2-6}$$

假设通过正确的模型或其他适宜的方法，大气电离层和对流层对电磁波传播中的距离误差 $(\delta\rho_j^i)_{ion}$ 和 $(\delta\rho_j^i)_{trop}$ 可以正确改正，卫星位置 (x_i, y_i, z_i) 为已知，那么从式(2-5)和式(2-6)中可以看出，方程式的未知数共有 5 个，即地面测站坐标 (X_j, Y_j, Z_j)，卫星时钟改正数 V_{ti}，接收机时钟改正数 V_{Tj}。但是，精确得知任一观测瞬时的时钟改正数必须采用原子时钟计时。对于有限的卫星数目来说，配备原子时钟是可行的，即 V_{ti} 为常数，可以测得；但对于众多的个人接收机，配备原子时钟却不现实，如此，方程共有 4 个未知数：X_j, Y_j, Z_j, V_{Tj}。用户同时观测 4 颗卫星，建立 4 个方程式，可解出这 4 个未知数。这也正是 GPS 卫星系统需要保证在全球的任意地点、任意时刻至少同时观测到 4 颗卫星的一个原因。

伪距法定位费时较短(几秒至几十秒)，定位精度可达 20 m。利用 C/A 码和 P 码，在动态绝对定位和静态绝对定位中都可以采用伪距法进行定位。

2. 载波相位测量法

由于测距码的波长较载波长，P 码为 29.3 m，C/A 码为 293 m，而 L_1 波长为 19 cm，L_2 波长为 24.4 cm，因而载波相位的观测精度远高于码相位的观测精度。载波相位观测是目前最精确的观测方法，载波 L_1 的测量误差达 2.0 mm，L_2 达 2.5 mm。

载波相位观测是测量接收机收到的载波信号与接收机发出的参考信号之间的相位差，该相位差是星地距离的函数。

由于伪码和数据码调制在载波上，载波相位测量首先要进行载波相位信号的提取，重建载波的方法有2种：三因素法，即在掌握P码和C/A码结构的前提下，消去P码和C/A码，提取载波信号；白噪声法，即对载波信号进行平方运算，得到原载波信号频率的2倍的伪载波信号。

某一瞬间载波相位测量的观测值是指在该瞬间接收机发出的基准载波信号的相位与接收到的卫星载波信号的相位之差。

设 T_j 为接收机 j 的时钟获得的时间，t^i 为卫星 i 的时钟所获得的时间，τ 为GPS标准时间。接收机在 T_j 时刻(相应的GPS标准时为 τ_b)发出的信号相位为

$$\begin{aligned}\Phi(T_j) &= \Phi_0 + F_i T_j \\ &= \Phi_0 + F_j\tau_b + F_j(T_j - \tau_b) \\ &= F_j\tau_b + \tilde{\Phi}(T_j)\end{aligned} \tag{2-7}$$

式中：Φ_0 为 $T=0$ 时载波信号的初相；F_j 为接收机发出的信号的频率。$\tilde{\Phi}(T_j)$ 可认为是由于接收机的钟差而造成的信号相位误差。

接收机在 T_j 时刻收到的来自卫星 i 的载波相位，显然应和卫星在 t^i 时刻发出的相位相同，则

$$\begin{aligned}t^i &= \tau_a + (t^i - \tau_a) \\ &= \tau_a + t^i - \tau_a - (\tau_b - \tau_b) \\ &= \tau_b - (\tau_b - \tau_a) + (t^i - \tau_a) \\ &= \tau_b - \frac{1}{c}[\rho_j^i - (\delta\rho_j^i)_{\text{ion}} - (\delta\rho_j^i)_{\text{trop}}] + (t^i - \tau_a)\end{aligned} \tag{2-8}$$

式中：$(\delta\rho_j^i)_{\text{ion}}$ 和 $(\delta\rho_j^i)_{\text{trop}}$ 分别为大气电离层和对流层对信号传播的折射误差；$\frac{1}{c}[\rho_j^i - (\delta\rho_j^i)_{\text{ion}} - (\delta\rho_j^i)_{\text{trop}}]$ 为信号从卫星传播到接收机所需的时间。卫星 i 在时刻 t^i 发出的载波信号的相位为

$$\begin{aligned}\varphi(t^i) &= \varphi_0 + f^i t^i \\ &= \varphi_0 + f^i\tau_b - \frac{f^i}{c}[\rho_j^i - (\delta\rho_j^i)_{\text{ion}} - (\delta\rho_j^i)_{\text{trop}}] + f^i(t^i - \tau_a) \\ &= f^i\tau_b - \frac{f^i}{c}\rho_j^i + \frac{f^i}{c}[(\delta\rho_j^i)_{\text{ion}} + (\delta\rho_j^i)_{\text{trop}}] + \tilde{\varphi}(t^i)\end{aligned} \tag{2-9}$$

式中：φ_0 为 $t=0$ 时卫星信号的初相；f^i 为卫星信号频率。$\tilde{\varphi}(t^i) = \varphi_0 + f^i(t^i - \tau_a)$，是由于卫星钟差引起的信号相位误差。

于是载波相位测量的观测值为

$$\begin{aligned}\varphi_j^i &= \Phi(T_j) - \varphi(t^i) \\ &= (F_j - f^i)\tau_b + \frac{f^i}{c}\rho_j^i - \frac{f^i}{c}[(\delta\rho_j^i)_{\text{ion}} + (\delta\rho_j^i)_{\text{trop}} + \tilde{\Phi}(T_j) - \tilde{\varphi}(t^i)\end{aligned} \tag{2-10}$$

令 $F_j = F^0 + \delta F_j$，$f^i = f^0 + \delta f^i$，$(F_j - F^i)\tau_b = (\delta F_j - \delta f^i)\tau_b$ 可以认为是由于接收机钟与

卫星钟的相对钟速引起的载波相位测量的误差。由于接收机观测到的相位只是载波的除整波长的剩余部分，无法测出整波长数 N_j^i，所以实际上载波相位测量的观测值为

$$\tilde{\varphi}_j^i = \varphi_j^i - N_j^i \tag{2-11}$$

因而式(2-10)可以写为

$$\tilde{\varphi}_j^i = \frac{f^i}{c}\rho_j^i - \frac{f^i}{c}[(\delta\rho_j^i)_{\text{ion}} + (\delta\rho_j^i)_{\text{trop}}] + (\delta F_j - \delta f^i)\tau_{\text{b}} + \tilde{\Phi}(T_j) - \tilde{\varphi}(t^i) - N_j^i \tag{2-12}$$

在载波相位测量中，相位测量本身可以达到极高的精度。由于载波相位测量改正后的残余误差 $[\tilde{\Phi}(T_j) - \tilde{\varphi}(t^i)]$ 以及接收机时钟和卫星钟改正后的残余误差 $[\delta F_j - \delta f^i]$ 等因素的影响，定位精度将大大降低。在实际应用中，通常利用求差模型来消除上述误差的影响。

目前，GPS 快速定位的关键在于整周未知数的确定，在此方面已有不少研究和算法，包括传递整周未知数法、估计整周未知数法及搜索整周未知数法等。

2.1.3.3　差分技术

利用 GPS 进行单点定位是根据一组卫星的伪距、星历、卫星发射时间等观测量来实现的。因此，要获得地面点的三维坐标，至少要接收到 4 颗 GPS 卫星的观测信号。在这一定位过程中，主要存在着 3 部分误差：第一部分是每一个用户接收机所有的卫星时钟误差、星历误差、电离层误差、对流层误差等；第二部分为用户不能测量或不能由校正模型来计算的传播延迟误差；第三部分为各用户接收机所固有的误差，如内部噪声、通道延迟、多路径效应等。利用差分技术，第一部分误差完全可以消除；第二部分误差大部分可以消除，主要取决于基准接收机和用户接收机的距离；第三部分误差则无法消除。

差分 GPS(differential GPS，DGPS)是在基准站上进行 GPS 观测，利用已知的基准站精密坐标计算出与基准站实测坐标之间的误差改正数，并将这一改正数实时发送出去；用户接收机在进行 GPS 观测的同时接收基准站的改正数，求解出用户接收机的精确位置(图 2.12)。

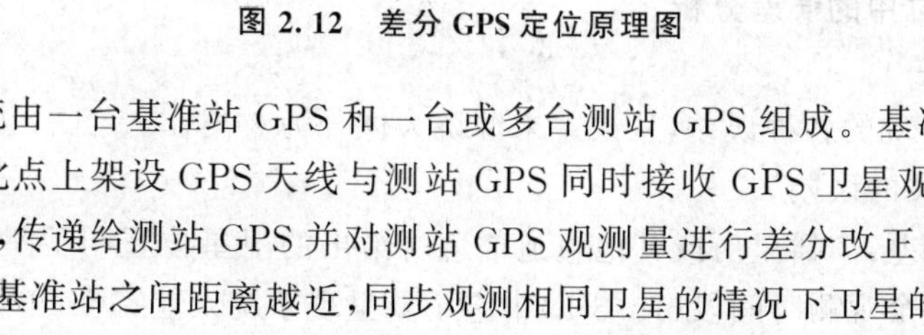

图 2.12　差分 GPS 定位原理图

差分 GPS 系统由一台基准站 GPS 和一台或多台测站 GPS 组成。基准站是一已知准确大地坐标的点，在此点上架设 GPS 天线与测站 GPS 同时接收 GPS 卫星观测量，并由基准站计算出误差改正数，传递给测站 GPS 并对测站 GPS 观测量进行差分改正，获得测站 GPS 的定位数据。测站与基准站之间距离越近，同步观测相同卫星的情况下卫星的轨道误差、卫星钟差、接收机钟差、电离层和对流层延迟误差等对观测量的影响具有越大的相关性，经差分改正后就可以越有效地消除或减弱上述误差的影响，从而极大地提高相对定位精度。从目前的产

品来看，通过对载波相位观测量进行静态差分，定位精度可达 5 mm±10^{-6}×D(D 为基线长度)，对 C/A 伪距码观测量进行差分改正，精度可达米级。

根据差分 GPS 基准站发送到测站的信息的不同可将差分 GPS 定位方式分为 3 类，所发送的误差改正数的具体内容不一样，精度也不同。其中位置差分是最简单的差分方法，误差较大(>10 m)；基于载波相位的差分是最复杂的差分方法，精度最高，静态定位可达 5 mm±10^{-6}×D，实时动态差分系统(RTK)可达厘米级(1～2 cm±10^{-6}×D)的定位精度，但价格较贵，系统也较复杂；伪距差分是用得最多的差分方法，精度为米级。

(1)位置差分　任何一种 GPS 接收机均可改装和组成这种差分系统。安装在基准站上的 GPS 接收机观测 4 颗卫星后便可进行三维定位，解算出基准站的坐标。由于存在着轨道误差、时钟误差、大气影响、多径效应以及其他误差，解算出的坐标与基准站的已知坐标是不一致的。基准站利用数据链将此改正数发送出去，由用户站接收，并且对其解算的用户站坐标进行改正。最后得到的改正后的用户坐标已消去了基准站和用户站的共同误差，如卫星轨道误差、大气影响等，提高了定位精度。以上差分的先决条件是基准站和用户站观测同一组卫星。位置差分法适用于用户与基准站间距离在 100 km 以内的情况。

(2)伪距差分　这是目前用途最广的一种技术，几乎所有的商用差分 GPS 接收机均采用这种技术。国际海事无线电委员会推荐的 RTCM SC-104 也采用了这种技术。

在基准站上的接收机要求得接收机至可见卫星的距离，并将此计算出的距离与含有误差的测量值加以比较。利用一个 α-β 滤波器将此差值滤波并求出其偏差。然后将所有卫星的测距误差传输给用户，用户利用此测距误差来改正测量的伪距。最后，用户利用改正后的伪距来解出本身的位置，就可消去公共误差，提高定位精度。

与位置差分相似，伪距差分能将两站公共误差抵消，但随着用户到基准站距离的增加又出现了系统误差，这种误差用任何差分法都是不能消除的。用户和基准站之间的距离对精度有决定性影响。

(3)载波相位差分　又称为 RTK(real time kinematic)技术，是建立在实时处理两个测站的载波相位基础上的。它能实时提供观测点的三维坐标，并能达到厘米级的高精度。

与伪距差分原理相同，由基准站通过数据链实时将其载波观测量及站坐标信息一同传送给用户站。用户站接收 GPS 卫星的载波相位与来自基准站的载波相位，并组成相位差分观测值进行实时处理，能实时给出厘米级的定位结果。

实现载波相位差分 GPS 的方法分为两类：修正法和差分法。前者与伪距差分相同，基准站将载波相位修正量发送给用户站，以改正其载波相位，然后求解坐标。后者将基准站采集的载波相位发送给用户台进行求差，解算坐标。

2.1.3.4　GPS 定位中的误差分析

1. 误差的分类

GPS 定位中出现的各种误差，从误差来源讲大体分为 3 类。

(1)与卫星有关的误差

①卫星星历误差：广播星历或其他轨道信息所给出的卫星位置与卫星的实际位置之差称为星历误差。在一个观测时间段(1～3 h)中它主要呈现系统误差特性。

星历误差的大小主要取决于卫星跟踪系统的质量(如跟踪站的数量及空间分布，观测值的数量及精度，轨道计算时所用的轨道模型及定轨软件的完善程度等)。此外和星历的预报间隔

(实测星历的预报间隔可视为零)也有直接关系。卫星星历误差对相距不远的两个测站的定位结果产生的影响大体相同,各个卫星的星历误差一般看成是互相独立的。

②卫星钟的钟误差:卫星上虽然使用了高精度的原子钟,但它们仍不可避免地存在着误差。这种误差既包含着系统性的误差(由钟差、频偏、频漂等产生的误差),也包含着随机误差。系统误差远比随机误差大,但前者可以通过模型加以改正,因而随机误差就成为衡量钟的重要标志。钟误差主要取决于钟的质量。

两个测站对卫星进行同步观测时,卫星钟的误差对两站观测值的影响是相同的。各卫星钟的误差一般也被看成是互相独立的。

③相对论效应:相对论效应是由于卫星钟和接收机钟所处的状态(运动速度和重力位)不同而引起卫星钟和接收钟之间产生相对钟误差的现象。严格地说,将其归入与卫星有关的误差不完全准确。但由于相对论效应主要取决于卫星的运动速度和重力位,并且是以卫星钟误差的形式出现的,因此将其归入此类误差。

与卫星有关的误差对伪距测量和载波相位测量所造成的影响相同。

(2)与信号传播有关的误差

①电离层折射:电磁波信号通过电离层时传播速度会产生变化,致使测量结果产生系统性的偏离,这种现象称为电离层折射。电离层折射的大小取决于外界条件(时间、太阳黑子数、地点等)和信号频率。在伪距测量和载波相位测量中,电离层折射的大小相同,符号相反。

②对流层折射:卫星信号通过对流层时传播速度要发生变化,从而使测量结果产生系统误差。对流层折射的大小取决于外界条件(气温、气压、温度等)。对流层折射对伪距测量和载波相位测量的影响相同。

③多路径误差:经某些物体表面反射后到达接收机的信号,将和直接来自卫星的信号叠加进入接收机,使测量值产生系统误差。多路径误差对伪距测量的影响比载波相位测量的影响严重。此项误差取决于测站周围的环境和接收天线的性能。

载波相位测量中残留在观测值中的整周跳变(未被发现或错误地进行修复所造成的)以及整周未知数确定的不正确,都会使载波测量值中产生系统的偏差,它们通常也被归入与传播有关的误差中。

(3)与接收机有关的偏差

①接收机的钟误差:接收机中一般使用精度较低的石英钟,因而钟误差更为严重。该项误差的大小主要取决于钟的质量,和使用环境也有一定关系。它对伪距测量和载波相位测量的影响是相同的。同一台接收机对多颗卫星进行同步观测时,接收机钟差对各相应观测值的影响是相同的,且各接收机的钟差之间可视为相互独立。

②接收机的位置误差:在进行授时和定轨时,接收机的位置(指接收机天线的相位中心)是已知值,它们的误差将使授时和定轨的结果产生系统误差。此项误差对伪距测量和载波相位测量的影响也相同。

2. 消除、削弱误差的措施和方法

上述各项误差对测距的影响可达数十米,有时甚至超过百米,比观测噪声大几个数量级,因此必须加以消除和削弱。消除或削弱这些误差所造成的影响的方法主要包括以下几种。

(1)建立误差改正模型　误差改正模型既可以是通过对误差特性、机制以及产生的原因进行研究分析、推导而建立起来的理论公式[如利用电离层折射的大小与信号频率有关这一特性(即所谓的“电离层色散效应”)而建立起来的双频电离层折射改正模型基本上属于理论公式],也可以是通过大量观测数据的分析、拟合而建立起来的经验公式。在多数情况下是同时采用两种方法建立的综合模型(各种对流层折射模型则大体上属于综合模型)。

由于改正模型本身的误差以及所获取的改正模型各参数的误差,仍会有一部分偏差残留在观测值中。这些残留的偏差通常仍比偶然误差要大得多。

误差模型的精度好坏不等。有的误差改正模型效果较好,例如双频电离层折射改正模型的残余偏差为总量的1%或更小;有的效果一般,如多数对流层折射改正公式的残余偏差为总量的5%～10%;有的改正模型则效果较差,如由广播星历所提供的单频电离层折射改正模型,残余误差高达30%～40%。

(2)求差法　仔细分析误差对观测值或平差结果的影响,安排适当的观测纲要和数据处理方法(如同步观测、相对定位等),利用误差在观测值之间的相关性或在定位结果之间的相关性,通过求差来消除或削弱其影响的方法称为求差法。

例如,当两站对同一卫星进行同步观测时,观测值中都包含了共同的卫星钟误差,将观测值在接收机间求差即可消除此项误差。同样,一台接收机对多颗卫星进行同步观测时,将观测值在卫星间求差即可消除接收机钟误差的影响。

又如,目前广播星历的误差可达数十米,这种误差属于起算数据的误差,并不影响观测值,不能通过观测值相减来消除。利用相距不太远的两个测站上的同步观测值进行相对定位时,由于两站至卫星的几何图形十分相似,因而星历误差对两站坐标的影响也很相似。利用这种相关性在求坐标差时就能把共同的坐标误差消除掉。其残余误差(即星历误差对相对定位的影响)一般可用下列经验公式估算:$\Delta b = b \times \Delta s/\rho$。当基准长度 $b = 5$ km,测站至卫星的距离 $\rho = 25\,000$ km 时,即使卫星星历误差的绝对值较大,如 $\Delta s = 50$ m,它对基线的影响 Δb 也很小,只有1 cm。

(3)选择较好的硬件和较好的观测条件　有的误差(如多路径误差)既不能采用求差方法来解决,也无法建立改正模型,削弱它的唯一办法是选用较好的天线,仔细选择测站,远离反射物和干扰源。

上述方法也可结合使用,例如采用大气传播延迟改正模型进行改正,再用求差法来消除无法用模型改正却具有相关性的那些残余误差。

2.1.3.5　坐标系统及转换

在我国GPS应用中,常见的坐标系统大体上有4种:地方独立坐标系、1954年北京坐标系、1980年国家大地坐标系、WGS-84大地坐标系。下面分别作简单的介绍。

1. 地方独立坐标系

是一些城市或矿山由于保密或当时没有高等级点位而自己独立建立的坐标系统,它具有在当地使用和计算方便简单的特点。这些独立坐标系的投影一般为高斯-克吕格投影。

2. 1954年北京坐标系

新中国成立初期,为了迅速开展我国的测绘事业,鉴于当时的实际情况,将我国一等锁与前苏联远东一等锁相连接,然后以连接处呼玛、吉拉宁、东宁基线网扩大边端点的前苏联1942年普尔科沃坐标系的坐标为起算数据,平差我国东北及东部区一等锁,这样转换过来的坐标系就定名为 1954 年北京坐标系。它是一个采用克拉索夫斯基椭球参数的参心大地坐标系。

3. 1980 年国家大地坐标系

这一坐标系是为了进行全国天文大地网整体平差而建立的。根据椭球定位的基本原理，在建立 1980 年国家大地坐标系时有以下先决条件：

①大地原点在我国中部，具体地点选在陕西省泾阳县永东镇，位于西安市西北方向约 60 km 处，简称西安原点。

②它是参心坐标系，椭球极短轴 Z 轴平行于由地球质心指向地极原点 JYD1968.0 的方向；大地起始子午面平行于格林尼治平均子午台子午面，X 轴在大地起始子午面内，与 Z 轴垂直，指向经度 0 方向；Y 轴与 Z、X 构成右手坐标系。

③椭球参数采用 IUGG1975 年大会推荐的参数。

4. WGS-84 大地坐标系

WGS-84（World Geodetic System，1984 年）是美国国防部（DoD）研制确定的大地坐标系，这也是一般 GPS 产品可得到的最普通数据。其坐标系的几何定义是：原点在地球质心，Z 轴指向 BIH1984.0 定义的协议地球极（CTP）方向，X 轴指向 BIH1984.0 的零子午面和 CTP 赤道的交点，Y 轴与 Z、X 轴构成右手坐标系。

在实际工作中，GPS 定位成果属于 WGS-84 大地坐标系，即卫星星历是以 WGS-84 坐标系为坐标框架的。而实用的测量成果是属于某一国家坐标系或地方坐标系的，因此必须解决定位坐标变换问题。

坐标的转换有 3 种不同的方法，设数字化原图的坐标系为 S 原始坐标系，而从卫星上获得点位的坐标系为 SWGS-84，3 种坐标转化方法分别为：

①把从卫星上获得的点位数据 SWGS-84（B，L，H）归化到原图坐标 S 原始坐标系（X，Y，H）上。这种方法的优点是不对原始图作坐标变换，原始地图（一般为高斯-克吕格投影）更接近于真实世界，视觉效果好。缺点是要求计算机对接收到的 WGS-84 坐标进行复杂的数学变换，耗费机时，对计算机计算速度要求较高。

②把 S 原始坐标系数据（X，Y，H）归化到 SWGS-84（B，L，H）上。这样做的优点是，计算机接收到点位信息后，可直接在电子地图上进行匹配，耗费机时少，实时性较好，对计算机的速度要求低。但是它的缺点也是明显的，地图显示变形较大，视觉效果差。实质上，所用的地图投影是一个方格投影（切圆柱等距离投影）。

③把 S 原始坐标数据和 SWGS-84 的数据归化到一个第三坐标系统中，但有两个条件，首先能达到实时的效果，其次电子地图投影的变形要小。理论上我们认为这是一种最理想的方法，到底要转成哪一种第三坐标系统，这要在一定的硬件基础上进行实验才能最终确定。

在 GPS 应用中，为了实现数据的空间一致性，坐标转换是必须要做的工作，具体采用何种方式、哪些参数，要根据原始资料情况进行具体分析，但必须根据实际应用，在精度、时效性、可行性等方面满足要求。

2.1.3.6　数据获取与处理

GPS 数据获取与处理的过程可以分为数据采集、粗加工、预处理、基线向量解算（相对定位处理）、坐标系统转换、GPS 网平差等基本步骤。

(1)数据采集　数据采集分为静态定位和动态定位的数据采集。通过 GPS 接收机采集记录的是 GPS 接收机天线至卫星的伪距、载波相位和卫星星历等数据，一般包括 4 颗以上卫星的观测数据。在野外获取的原始观测数据记录在接收机的内存模块上，通过专业电缆传输到磁盘或其他介质中，供计算机等设备进行处理和保存。

(2)粗加工　包括数据传输和数据分流，将接收机采集的 GPS 数据解译成 4 个数据文件：载波相位与伪距观测值文件、星历参数文件、电离层参数与 UTC 参数文件、测站信息文件。其中，观测值文件中含有对应的卫星号、卫星高度角和方位角、C/A 码、相位观测值、历元时间、积分多普勒计数、信噪比等。星历参数文件包含被测卫星的轨道位置信息，电离层参数文件用于改正观测值的电离层影响，UTC 参数用于将 GPS 时间修正为 UTC 时间。测站信息文件包括测站名、测站号、测站的概略坐标、接收机号、天线号、天线高、观测的起止时间、记录的数据量、初步定位结果等。

(3)预处理　通过预处理将各类接收机的数据文件标准化，形成平差计算所需的文件。包括对数据进行平滑滤波，剔除粗差，删除无效无用数据；统一数据文件格式，并将各类数据文件加工成彼此兼容的标准化文件(如 GPS 卫星轨道方程的标准化，卫星时钟钟差的标准化，观测值文件的标准化)；诊断整周跳变点，修复观测值；对观测值进行各种模型改正，最常见的是大气折射模型改正。

粗加工和预处理的主要目的是净化观测值，提高观测值的精度。

(4)基线向量解算　利用预处理后的数据求解接收机所在测站之间的相对关系量(坐标差)，提供 GPS 基线向量网平差的观测值。基线向量的解算是较为复杂的平差计算过程，要顾及观测时段中信号间断引起的数据剔除、观测数据粗差的发现和剔除、星座变化引起的整周未知参数的增加等问题。

(5)坐标系统转换　GPS 定位数据属于 WGS-84 坐标系，而实用数据要求属于国家大地坐标系，因而 GPS 数据的坐标系转换是必不可少的。由于同一点的三维空间位置可用空间直角坐标(X,Y,Z)表示，也可用大地坐标(B,L,H)表示，坐标转换包括空间直角坐标与大地坐标的换算、不同空间直角坐标系之间的坐标换算。

(6)GPS 网平差　以 GPS 基线向量为观测值，以其方差阵的逆阵为权进行平差计算，消除图形闭合条件不符值，求得各 GPS 网点的坐标并进行精度评定。分为 3 种类型：自由网平差(无约束平差)、非自由网平差(约束平差)以及 GPS 网与地面网联合平差。

2.2　卫星定位系统在精细农业中的应用

精细农业要求实时获取地块中每个小区(每平方米到每百平方米)土壤、农业作物的信息，诊断作物长势和产量在空间上差异的原因，并按每一个小区做出决策，准确地在每一个小区上进行灌溉、施肥、喷洒农药，以求最大限度地提高水、肥和杀虫剂的利用效率。精细农业要求实现 3 个精确：定位的精确，精确地确定灌溉、施肥、杀虫的地点；定量的精确，精确地确定水、肥、杀虫剂的施用量；定时的精确，精确地确定对农作物施用的时间。正是卫星定位系统的不断完善和发展，为实现精细农业提供了基本的条件。

2.2.1 卫星定位系统的作用

卫星定位系统在农业机械作业中的应用，如图2.13所示，极大地提高了农业生产和作业的效率，例如使用卫星定位系统在农机作业时进行导航，一是可以使农机驾驶员从单调重复、高强度的劳动中解放出来；二是可以提高作业精度；三是可提高农业资源利用率，降低生产成本，提高投入产出比；四是有利于实现农田规模化生产。

农田作业中对定位的精度有一定的要求，这主要取决于农业机械作业精度的要求。精细农业要求根据农田单元的差异进行精细播种、施肥、灌溉、防治病害等。一般来说，精细农业的定位精度要求为：制作农田电子地图、土壤采样、变量喷洒、飞播导航和测产，1 m；自动驾驶、铺设灌溉管道、起垄和行栽，10 cm；构筑种床，5 cm等。

图2.13 卫星定位系统在农业机械作业中的应用

2.2.2 卫星定位系统在精细农业中的应用概况

美国宾夕法尼亚大学的一个研究小组于1992年应用GNSS技术跟踪迁飞性农业害虫欧洲玉米螟，对其分布和迁移动向进行了研究，成功地指导了欧洲玉米螟的化学防治。这是精细农业最早开展的研究工作，也是卫星定位技术首次在精细农业中得到应用。

1993—1994年美国在内华达州的两个农场开展了精细农业试验，利用GNSS技术指导变量施肥，结果产量比传统均衡施肥提高了30%。这一试验的成功，不仅节省了化肥施用的总量，降低了成本，而且大大提高了经济效益，使得GPS在精细农业中的研究实践迅速得到了推广。到1996年，北美约19%的300 hm^2 以上的规模化农场使用了GPS。

德国、法国、日本、加拿大、澳大利亚等国家也都相继开展了精细农业的研究和应用。1993年法国国家农业机械、农业工程、水利和林业研究中心克莱蒙弗朗分部的农业机械技术研究室与法国饲料谷物技术研究院（ITCF）合作，在联合收获机上安装GPS接收机以及产量传感器等装置，做出了田间谷物产量分布图，这是法国现代精细农业的第一次研究。

在我国，1992年北京市农业局植保站与中国科学院、北京航空航天大学、北京工业大学等8家科研院校协作，在顺义地区1.5万 hm^2 范围内开展了利用GPS导航喷洒农药防治小麦蚜虫的示范研究。经过3年攻关，在指导大面积防治小麦蚜虫病害上获得成功。实践表明，利用卫星导航飞机防治小麦蚜虫，无漏喷、重喷现象，农药雾滴均匀，符合农艺要求，灭蚜效果达到90%以上。这项研究在我国的卫星导航技术应用于农业领域方面做了开创性工作。目前，我国已经在新疆、北京、内蒙古分别建立了使用全球定位系统的精细农业试验基地。中国农业大学、华南农业大学、西北农林科技大学、河北农业大学、黑龙江八一农垦大学、北京市农林科学院等单位都开展了大量的 GPS 在农业中的应用研究与开发工作。

2.2.3 卫星定位系统在精细农业中的具体应用

精细农业的基本作业过程包括农田电子地图制作、农田与作物长势状态信息获取、数据分析、作业决策、变量投入和产量监测，如图 2.14 所示。在上述过程中，几乎都离不开卫星定位技术或空间位置数据。

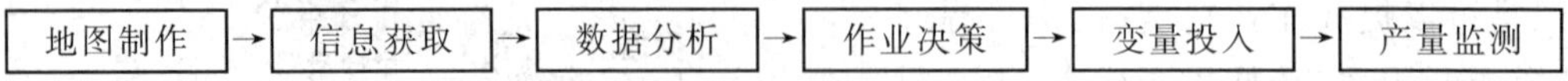

图 2.14 精细农业基本作业过程

制作农田电子地图时，带着定位系统接收机绕农田行走一周，绘制农田轮廓，并根据采样网格大小，对农田进行网格划分。然后，在卫星定位系统的引导下，对每个网格进行土壤采样，或对作物长势进行监测与记录。土壤样品经过在实验室分析后，一般需要利用 GIS 软件进行农田状态信息分布研究，例如，使用地学统计方法对碱解氮进行克里金插值，以获得整块农田的碱解氮分布图，在插值过程中需要明确每个采样点的位置。根据农田土壤养分分布，使用农业专家系统进行作业决策，生成作业处方图。农业机械在田间行进时，实时读取卫星定位系统传送的位置信息，并根据位置信息读取处方图中的投入量，传输给变量控制器，实现精细作业。作物收割时，为了评估作业效果和指导下一季作业，需要使用带卫星定位系统的联合收获机对作物产量进行监测，以制作农田产量分布图。当然，定位系统在农用机具的自动驾驶和导航方面，也有着广泛的应用。

下面分别介绍其在上述精细农业作业过程中的应用。

1. 在制作农田电子地图中的应用

制作农田电子地图是使用精细农业技术首先必须做的工作。带着 GNSS 接收设备绕农田行走一周，即可获得农田边界位置数据。由于地形对土壤养分分布、作物生长、机器作业和水土流失等有着直接影响，因此，常常要获取农田地形参数。这时，需要在农田中地形变化比较大的地方纵横行走，并记录卫星定位信息（经度、纬度与高程）。对于农田中分布的沟渠、水库、房屋、道路等要素，其制图方法与此类似。在办公室，下载记录的农田边界和地形等数据，使用相应的软件，便可以生成农田电子地图。

图 2.15 为用 Surfer 软件制作的农田三维地形图，图 2.16 为小汤山精准农业示范区的电

图 2.15 农田三维地形图（孟庆宽，2010）

图 2.16 农田电子地图（邝继双，2003）

子地图，描述了农田、道路等的分布。

2. 在土壤采样与养分分析中的应用

土壤采样是目前获取田间状态信息的主要手段，是土壤养分分布研究和变量施肥决策的前提。只有获得了足够的田间状态信息，才有可能实现因地制宜和按需施肥。土壤采样需要GNSS和相应的采样导航软件的支持。

如图2.17所示，土壤探针安装在采样车上，并通过采样车的液压系统进行作业控制。采样车上配备卫星定位系统与农田电子地图，驾驶员根据事先拟定的采样路线行驶，在需要采样的地方停下来，操纵液压系统，进行土壤采样和包装。

图2.17 土壤采样车(http://www.wintex1000.com/index.htm，2011-03-23)

所获取的土壤样本在实验室经过化学分析，制作相应的土壤养分分布图。为了方便使用地统计学方法分析农田内的土壤养分分布，并比较年际间的土壤养分分布变化，需要知道土壤采样点的位置坐标。传统的土壤采样，由于没有GNSS的导航和定位，在大面积的农田内难以满足这一要求。而GNSS在土壤采样导航和定位中的应用，可以为采样点提供亚米级的定位精度，很好地满足了这一要求。

3. 在变量播种中的应用

土壤类型、养分、墒情和地形在田间分布存在差异性，为了达到整块农田出苗整齐、苗壮生长的目的，需要播种机在行进间根据播种处方图随时调整下种量和播种深度。

首先根据土壤类型、养分和墒情等条件，制作播种处方图，并存储在一张数据卡中。作业时，该卡插入播种机上的移动处理器中。播种机的位置信息由卫星接收机获取后，被传输至移动处理器，处理器读取播种处方图信息，通过液压系统控制播种机的下种量和播种深度，实现行进间变量播种作业。

4. 在变量施肥中的应用

国外精细农业技术研究是从变量施肥技术开始的，因为化肥投入成本占农业物质投入的大约一半，而且化肥施用浪费严重，过多的化肥施用不但不能够增加产量和效益，反而会降低产量，并造成严重的土壤板结和环境污染。

土壤养分存在明显的变异是变量施肥研究的出发点和依据。限于测土条件和测土成本，传统的施肥方法往往选取一片面积较大的农田(如一个自然村的全部农田)进行采样和测土，进而计算该片农田的施肥量。这种方法忽视了土壤养分分布的时空变异，容易造成肥力低的土壤施肥不足，而肥力高的土壤施肥过量。事实上，土壤是“一步三变土”，即使在一块较小的农田里，土壤肥力也是变化的、非均一的。因此，有必要把大块农田细化为小块农田，针对小块农田进行采样、测土和决策，并使用变量施肥机按需调控施肥量，这种施肥方法即称为变量施肥(variable-rate fertilization，简记VRF，其他名称有variable-rate application of fertilizer和variable-rate fertilizer application)。一般来说，凡是使用变量施肥机进行施肥作业的，都称之为变量施肥。变量施肥的实施效果受采样、测土、决策和变量施肥机作业精度的综合影响。

变量施肥技术主要有两种类型,一种是基于电子传感器(sensor-based)的变量施肥技术,另一种是基于处方图(map-based)的变量施肥技术。前者不需要GNSS接收装置,但是由于实时获取和分析土壤养分的配套技术尚不成熟,应用比较少。后者需要使用GNSS接收装置,而且需要事先获得土壤养分和往年作物产量分布情况,并进行施肥决策生成施肥处方图,然后才能加以实施。

基于处方图的变量施肥具体作业过程如下:事先把田间各小区所需肥料的比率及单位面积施用量存入计算机,机器在田间行驶时,根据GNSS接收到的位置信息实时读取施肥处方图信息,通过变量控制系统调节施肥量。机载计算机可以显示农田电子地图,以及机器前进速度和单位面积实际施肥量等参数。

图2.18 Terra-Gator 9103自动喷洒机

图2.18为Ag-Chem Equipment公司研制的型号为Terra-Gator 9103的自动喷洒机,有4个物料箱,工作幅宽为18 m,GPS导航。通过更换喷洒装置,可用于喷洒干粉(如颗粒肥料和硫黄)和液体(如液体肥料和化学药剂)。作业前,通过升降机构装载物料。作业时,根据GPS接收的位置信号调用处方图,通过变量控制器控制物料喷洒量。该施肥机也可以通过机载计算机设定喷洒量。机载计算机同时可以显示施肥机在农田中的位置和速度,并分别显示各物料箱的剩余容积。由于采用了差分定位原理,作业精度可以达到亚米级,尽管机器作业幅宽比较大,但其作业重叠或遗漏不超过1 m。如果结合自动导航仪作业,还可以提高机器的作业效率和作业精度。这种喷洒机适合于农田面积比较大的农场。

5. *在变量喷药中的应用*

为了防止和治理作物病虫草害,需要施用适量的化学药剂,但是,农药、除草剂的大量施用,不但造成生产成本提高和资金浪费,而且污染农产品、环境和水质,并最终危害人畜健康。因此需要根据病虫草害分布,进行精确定点喷药。

用于除草的喷药机械要求较高的控制精度,可利用电子传感器和计算机视觉技术进行杂草识别,进而控制喷药的地点与用量。用于灭虫的喷药机械,需要相对定位,可以利用带GNSS数据采集器绘制地块的病虫草害分布图,作为喷药的依据。

当在田间喷施农药时,驾驶室中安装的监视器显示喷药处方图和拖拉机所在的位置。驾驶员监视行走轨迹的同时,根据处方图调节喷药量,数据处理器根据处方图上的喷药量自动向喷药机下达命令,控制喷洒。

6. *在产量监测与产量图绘制中的应用*

目前,先进的谷物联合收获机都装配了卫星定位系统和产量监控器,用于产量监控。产量监控器(yield monitor)所获得的产量数据通过产量图表达出来,可以帮助种植者评估天气、土壤养分及作业管理对作物产量的影响。

图2.19为联合收获机产量监控器的组件图,它主要由谷物流量传感器、地面速度传感器、谷物湿度传感器、田间计算机、割台高度传感器和GPS接收机等部件组成。在收获大多数谷物时,传感器置于收割机内谷物流经的地方,测量谷物的流速和湿度,根据收割谷物的具体位

置进行数据转换，用流速除以收割面积得到单位面积的产量。毫无疑问，GPS 接收机是产量监控器必不可少的组件之一。

产量图的绘制是精细农业的一项重要技术。随着收获机在地块中移动，产量监控器每隔一段时间（如 1～2 s）测量并记录产量和位置信息。显然，产量数据是离散的。但是，产量的空间分布往往是自相关的，即任何一点的产量必然与周围点的产量之间具有一定的空间相关关系。尽管收集的数据非常致密，有时也会遇到在某些地区缺乏数据的时候，或者由于定位的原因，引起产量相互重叠现象。另外，在制作产量分布图时，原始收集的数据存在剧烈跳变，影响作物管理和决策。因此，常常采用插值方法获得田间产量分布的空间趋势。制作产量分布图的意义在于：根据产量分布图，可以分析影响农田内小区作物产量差异的因素，然后制订田间投入处方图。如此经过几年的循环，即可达到精细种植的目的。

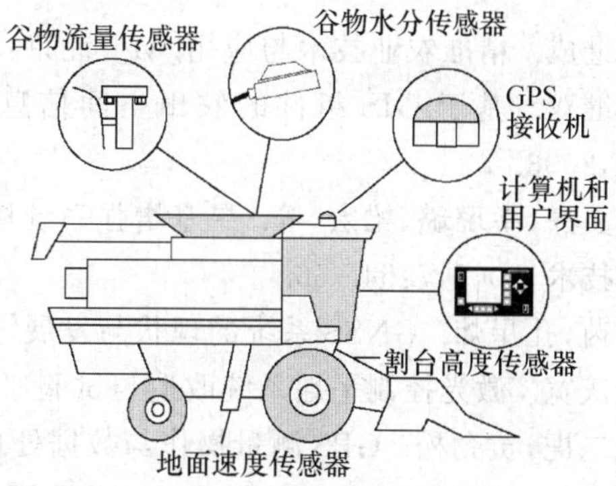

图 2.19　联合收获机产量监测系统（张漫，2003）

7. *在自动驾驶中的应用*

基于 GPS 导航的农用机械工作原理如图 2.20 所示，首先固定站天线和目标点的坐标（或机器的行进方向）是已知的或确定的；固定站的天线和移动站的天线同时接收来自 GPS 卫星的信号，并将该信号转换为地球坐标。固定站根据卫星信号和已知的固定站天线的位置坐标计算出差分数据，并将该数据传送给移动站供其修正机器的位置坐标。操向控制站根据机器位置的检测结果和对机器的运行状态、姿态的监测结果，以无线形式发出控制指令，驱使机器平稳、正确地驶向目标。

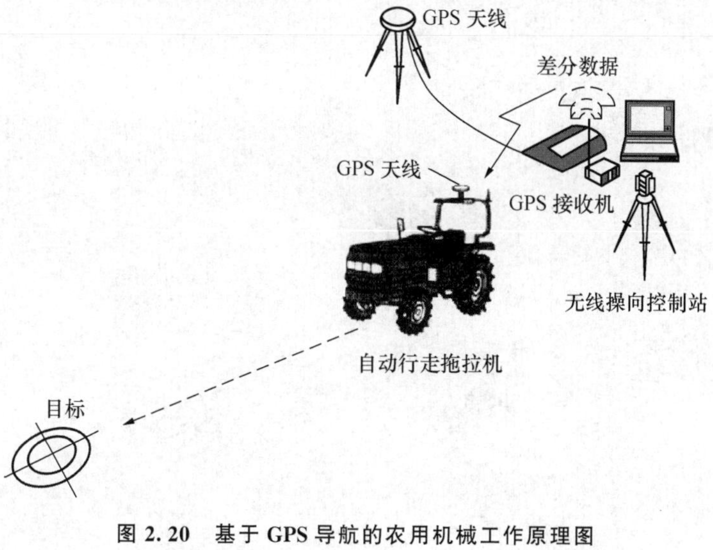

图 2.20　基于 GPS 导航的农用机械工作原理图

参考文献

[1] 承继成. 精准农业技术与应用[M]. 北京:科学出版社,2004.
[2] 邝继双. 基于 GIS 组件的农田空间信息管理系统的开发研究[D]. 北京:中国农业大学,2003.
[3] 刘文焘,幸璐璐,梁宏,等. 星基增强系统接收机中的导航比特同步设计与性能仿真[J]. 电讯技术,2008,7:54-56.
[4] 马芮,孔星炜. GNSS 系统的现状与发展[J]. 现代防御技术,2008,36(2):73-77.
[5] 孟庆宽. 激光控制平地系统改造与试验研究[D]. 北京:中国农业大学,2010.
[6] 魏二虎,黄劲松. GPS 测量操作与数据处理[M]. 武汉:武汉大学出版社,2004.
[7] 徐绍铨,张华海,杨志强. GPS 测量原理及应用[M]. 武汉:武汉测绘科技大学出版社,1998.
[8] 张漫. 农田谷物产量空间分布信息采集、处理与系统集成技术研究[D]. 北京:中国农业大学,2003.
[9] 张双成,王利,黄观文. 全球导航卫星系统 GNSS 最新进展及带来的机遇和挑战[J]. 工程勘察,2010,8:49-53.
[10] 赵静,曹冲. GNSS 系统及其技术的发展研究[J]. 全球定位系统,2008(5):27-31.
[11] 周建郑. GPS 测量定位技术[M]. 北京:化学工业出版社,2004.
[12] http://www.cnsa.gov.cn[OL],2011.
[13] http://www.trimble.com[OL],2010.
[14] http://space.cpst.net.cn/htzx/2010 03/268358859.html[OL],2009.
[15] http://www.wintex1000.com/index.htm[OL].

第3章 地理信息系统及其在精细农业中的应用

3.1 GIS技术概述及发展

3.1.1 地理信息系统概述

1963年，加拿大一名测量学家首先提出了“地理信息系统”(Geographic Information System，GIS)这一概念，并开发出了世界上第一个GIS——加拿大地理信息系统(CGIS)，用于自然资源的管理与规划。随着计算机软硬件和通信技术的不断进步，GIS的理论和方法已得到了飞速的发展，其研究和应用已渗透到自然科学及应用技术的很多领域，如城市规划、交通安全、环境监测、土地利用和精细农业等，并逐步成为人们生产、生活、学习和工作中不可缺少的工具和助手。

信息系统是一种具有采集、处理、管理和分析数据等功能的计算机系统，可分为数据信息系统、决策支持系统和空间信息系统，而GIS则是一种特定的管理和分析空间数据信息系统，它能够在计算机软硬件支持下，采集、传输、存储、管理、检索、分析和描述空间物体的定位分布以及与之相关的属性数据，得出满足应用需求的信息，并以图形、数字、文字等形式表示处理结果。从上述定义看，GIS首先是一门学科，是描述、存储、分析、输出空间信息的理论和方法的一门新兴的交叉学科，也是横跨计算机科学、测绘遥感学、摄影测量学、地理学、地图制图学、人工智能、专家系统、信息学等多学科的边缘学科。其次，GIS是一个技术系统，是以地理空间数据库为基础，采用数学模型和空间模型相结合的分析方法，适时提供多种空间的、动态的地理信息，为地理研究和地理决策服务的计算机技术系统。再次，GIS更是一项工程，完整的GIS应用不是简单的原理及方法的应用，而是基于系统工程、软件工程思想指导下的工程化建设过程(陆守一等，1998)。GIS工程运用系统工程学的理论和方法，将系统分析和系统综合有机地结合起来，采取定性和定量相结合的方法，以指导需求不断增长、规模不断扩大的GIS工程建设。

地理信息系统具有以下3个方面的特征：

第一，具有采集、管理、分析和输出多种地理信息的能力，具有空间性和动态性；

第二，由计算机系统支持进行空间地理数据管理，并由计算机程序模拟常规的或专门的地理分析方法，作用于空间数据，产生有用信息，完成人类难以完成的任务；

第三，计算机系统的支持是地理信息系统的重要特征，因而使得地理信息系统能快速、精确、综合地对复杂的地理系统进行空间定位和过程动态分析。

地理信息系统按其内容可以分为三大类：

• 专题地理信息系统(thematic GIS)，是具有有限目标和专业特点的地理信息系统，为特定目的服务。例如森林动态监测信息系统、水资源管理信息系统、农作物估产信息系统、草场资源管理信息系统、水土流失信息系统等。

• 区域信息系统(regional GIS)，主要以区域综合研究和全面的信息服务为目标，可以有不同的规模，如国家级的、地区或省级的、市级和县级等为各不同级别行政区服务的区域信息系统，也可以按自然分区或流域划分。许多实际的地理信息系统是介于上述二者之间的区域性专题信息系统，如北京市水土流失信息系统、海南岛土地评价信息系统、河南省冬小麦估产信息系统等。

• 地理信息系统工具或地理信息系统外壳(GIS tools)，是一组具有图形图像数字化、存储管理、查询检索、分析运算和多种输出等地理信息系统基本功能的软件包。它们或者是专门设计研制的，或者是在完成了实用地理信息系统后抽取掉具体区域或专题的地理系空间数据后得到的，具有对计算机硬件适应性强、数据管理和操作效率高、功能强的特点，是具有普遍性的实用性信息系统。

在通用的地理信息系统工具支持下建立区域或专题地理信息系统，不仅可以节省软件开发的人力、物力、财力，缩短系统建立周期，提高系统技术水平，而且使地理信息系统技术易于推广，并可使研究者将更多的精力投入到高层次的应用模型开发上。

与普通的信息系统类似，一个完整的 GIS 主要由 4 个部分构成，即计算机硬件系统、计算机软件系统、地理数据(或空间数据)和系统管理操作人员。其核心部分是计算机系统(软件和硬件)，空间数据反映 GIS 的地理内容，而管理人员和用户则决定系统的工作方式和信息表示方式，系统构成如图 3.1 所示。

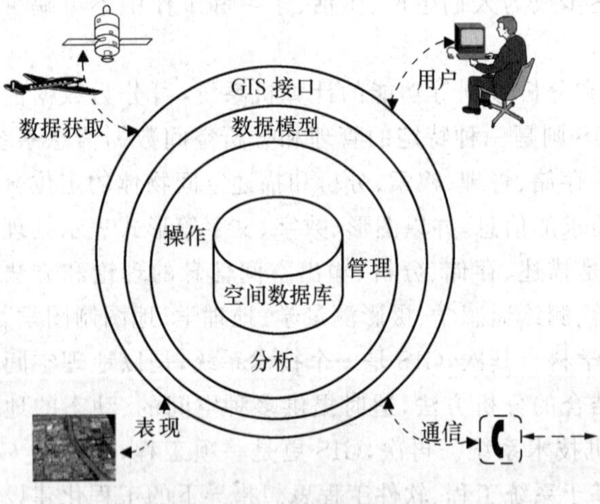

图 3.1 地理信息系统的构成(邬伦等，2001)

近年来，GIS 技术把虚拟现实(virtual reality，VR)与互联网相结合，使其有了新的发展方向，即可视化地理信息系统(visualization GIS)与网络地理信息系统(Web GIS)。Web GIS 使得地理信息系统具有 GIS 和互联网的双重功能；而可视化技术的发展目的是二维平面与三维立体的图形处理及应用，提供给用户一个如同真实世界一般的互动式环境。

3.1.2 地理信息系统的发展

计算机软硬件技术、网络技术、多媒体技术、通信技术的发展推动了 GIS 的发展。从系统角度看，在未来的几十年内，GIS 将向着数据标准化、数据多维化、系统集成化、平台网络化、系统智能化和应用社会化的方向发展。其中：互操作地理信息系统(interoperable GIS)是 GIS 系统集成平台，它实现在异构环境下多个地理信息系统或其应用系统之间的互相通信和协作，以完成某一特定任务；三维(四维)地理信息系统(3D&4D GIS)目前研究重点集中在三维数据结构的设计、优化与实现以及可视化技术的运用、三维系统的功能和模块设计等方面;面向对象和构件技术的地理信息系统(component GIS)是把GIS的功能模块划分为多个控件,每个控件完成不同的功能,通过可视化的软件开发工具集成起来,形成最终GIS应用;基于互联网的地理信息系统(Web GIS)是利用互联网技术在Web上发布空间信息供用户浏览和使用,是GIS走向社会化和大众化的有效途径,也是GIS发展的必由之路;赛博空间(Cyberspace)是以计算机技术、现代通信、网络技术、虚拟现实技术的综合应用为基础,构造出一种人们进行社会交往和交流的新型空间,在赛博空间中以这种空间智能体作为构成模块的GIS系统就是Cyber GIS,它自动地接受用户以高级语言描述的指令,利用它能感知并作用于赛博空间的"本领",通过与其他空间智能体的交互,为用户找到赛博空间中所需信息;面向社会应用的终极目标是"数字地球"(Digital Earth),它是对真实地球及其相关现象统一性的数字化重现和认识,其核心思想是用数字化手段统一地处理地球问题和最大限度地利用信息资源。

数字地球是GIS的延伸,建立数字地球的核心技术包括GIS及数据库、遥感、遥测、信息技术等。遥感、遥测技术用来完成数据采集、处理和识别;GIS和数据库技术用于完成数据存储、检索、集成、融合、综合和分析,从而完成数字地球的核心功能;光缆、卫星通信技术以及计算机网络等技术则完成海量空间数据的传输任务。数字地球的核心是地球空间信息科学,地球空间信息技术是世界上继生物技术和纳米技术之后发展最为迅速的第三大新技术,而遥感技术与地理信息系统技术则是地球空间技术的核心内容。特别是GIS技术已经成为空间数据处理、集成和可视化最成功的技术之一,并作为地球空间信息处理的有效工具极大地推动了地球空间技术在各个领域的应用。

3.2 GIS技术在精细农业中的应用

3.2.1 概述

传统农业以大致平均的态度来看待农田和灌溉等农业生产要素,究其原因主要是农业生产设计的决定性要素数目很大,要素对农业生产的影响模式复杂,而农业活动的劳动对象又是广袤的土地和难以数计的作物,要对农作过程进行量化分析是传统的数据分析处理方式难以完成的,因而传统农业中定性分析占了主导地位。

精细农业是随着20世纪后半期快速发展起来的信息技术建立的一种新型农业,以3S技术为代表的空间信息采集处理方式为农业的信息化、变量化、生态化和自动化提供了广阔的前景。精细农业以信息技术为核心,研究空间变异和变量管理,即根据每一小区域间反映出差异的参数(土壤状况、作物生长情况、产量及其他各种耕作参数),通过预先储存在计算机中的专家知识,得到对每一小区域间不同的管理对策,再通过变量执行机制实现这种对策,以求最佳效果和最低代价。

农业生产具有典型的空间特性,农业生产资料(如气候、土壤)等都具有空间相关性,因此地理信息系统可以对其进行有效的分析与管理。农业地理信息系统是以农业资源数据库为信息载体,采用RS、GIS、GPS、专家系统、计算机网络等技术,建立覆盖农田区域内农业地理资源的信息采集、发布、查询与决策系统。系统通过固定监测点、RS、GPS等收集土地利用现状信息、土壤养分、农作物的生长情况、农作物的灾情分布、农业示范基地、农业特色产品等多种信息，并能在互联网上实现农业相关资源信息的分析、决策、监测与展示，为农业生产部门、管理部门提供农业资源管理与决策支持手段，为社会提供清晰的农业现状视图。

由于操作区域广阔，同时影响耕作的参数差异普遍存在，如土质、土壤耕作层的深度和耕作阻力、病虫害、杂草，土壤含水量、栽培技术以及施肥、病虫草害防治等，变量管理需要对这些数据的变化进行详细准确的采集和处理，所需要处理的数据量比较大。

图 3.2 表示了形状、大小相同但土壤肥力空间变异有别的两个地块。图 3.2a 为土壤肥力空间变异较大的情形，为了调整和平衡这种已存在的空间变异，变量机械作业时将地块划分为 48 个农艺处方单元，实施变量施肥；图 3.2b 为土壤肥力空间变异较小的情形，变量机械作业时将地块划分为 30 个农艺处方单元便可实现调整和平衡空间变异。可见，确定农艺处方单元尺寸大小的基本原则为：地力要素的空间变异愈大，农艺处方单元应愈小；反之，各要素的空间变异愈小，农艺处方单元面积则应愈大。

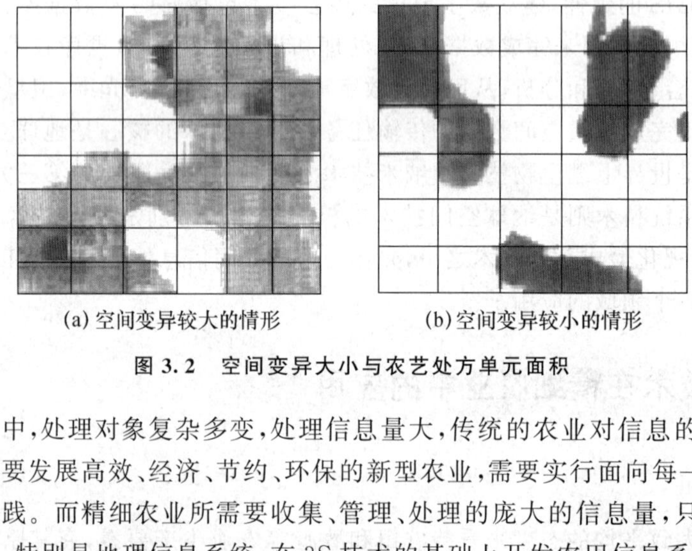

(a) 空间变异较大的情形　　(b) 空间变异较小的情形

图 3.2　空间变异大小与农艺处方单元面积

在精细农业中，处理对象复杂多变，处理信息量大，传统的农业对信息的收集与处理方式是难以实现的。要发展高效、经济、节约、环保的新型农业，需要实行面向每一块小区域具体情况的精细农业实践。而精细农业所需要收集、管理、处理的庞大的信息量，只有依靠现代高速发展的信息技术，特别是地理信息系统，在 3S 技术的基础上开发农田信息系统，支持对农田实时变化而产生应对决策的农田管理系统。

3.2.2　精细农业中的空间数据

3.2.2.1　空间数据的描述

空间数据是 GIS 的基础，农业 GIS 建设中需要管理的空间和属性数据包括以下内容：

①农田基本设施信息：道路、电力设施、水利设施、通信设施；

②农田自然环境信息：气象、水文、动植物、自然灾害；

③农田耕作条件：土壤条件（肥力、水分、土壤类型）、地形、光照、病虫害信息；

④作物信息：作物类型、需水量、需肥量、产量；

⑤农田社会经济环境：人口密度、城市分布、市场状况等。

其中，作物信息、土壤信息、耕作条件与作物的种植和生长有密切的关系，被称为核心数据，而与农业耕作相关的信息，如农田基础设施、社会经济环境，则是精细农业实施的相关保证，称为支持数据。

表 3.1 列出了其中的一些数据及其特征。

表 3.1　精细农业中涉及的数据

数据类别	专题名称	数值类型	动态特征	空间特征	精度特征	采集方法
核心数据	作物类型	定名量	较稳定	二维场(三维曲面)	高	根据实际耕作计划得到
	地形特征	比率量	稳定	二维场(三维曲面)	高	根据测量结果或遥感影像得到
	气象特征	比率量或等差量	不稳定	二维或三维场	一般	根据气象资料插值计算得到
	土壤特征	定名量、比率量或定序量	较稳定	三维场	低	根据测量数值内插得到
支持数据	农田基础设施	定名量	较稳定	矢量地物	高	根据测绘或地形图数字化得到
	农田社会经济环境	比率量	较稳定	矢量地物	中	根据调查或地形图数字化得到

3.2.2.2　空间数据的获取

在精细农业实施过程中，构建空间数据库是其中重要的组成部分。在数据库建设中，需要根据精细农业相关数据的特点，进行相关数字化获取工作。具体而言，其获取方式包括地图的数字化、GPS、遥感等途径，而不同的数据可以采用不同方式获取，例如作物长势、病虫害监测等可以采用遥感手段，而地块面积和位置可以通过 GNSS 系统获取，这些内容分别在相关章节中有所描述，在此不再赘述。

3.2.2.3　空间数据的管理

1. *数据库管理系统*

对于获得的数据，需根据精细农业作业的需要进行分类、管理，而对于数字化的信息进行管理，就要用到数据库。数据库是为一定目的服务、以特定的数据存储的相关联的数据集合，它是数据管理的高级阶段。基于变量管理的精细农业所面对的数据特点如下：

①数据量大，农田系统是一个复杂的综合体，影响农业活动的因子数目很多，影响作用很复杂。

②不仅有地理要素的属性数据，还有大量的空间数据，即描述地理要素空间分布位置的数据。

数据库管理系统(database management system，DBMS)是在文件处理系统的基础上进一步发展的系统。DBMS 在用户应用程序和数据文件之间起到了桥梁作用。DBMS 的最大优点是提供了两者之间的数据独立性，即应用程序访问数据文件时，不必知道数据文件的物理存储结构；当数据文件的存储结构改变时，不必改变应用程序。

在 DBMS 中，目前较为成熟的是关系型数据库管理系统，但由于地理信息系统中数据的非结构化特征，为了高效管理空间数据，需要对关系数据库进行扩展，并提供相应的空间操作，形成对象/关系数据库，如图 3.3 所示。目前针对空间数据扩展的主要数据库产品有 Oracle spatial 以及 IBM DB2 Extender 等。

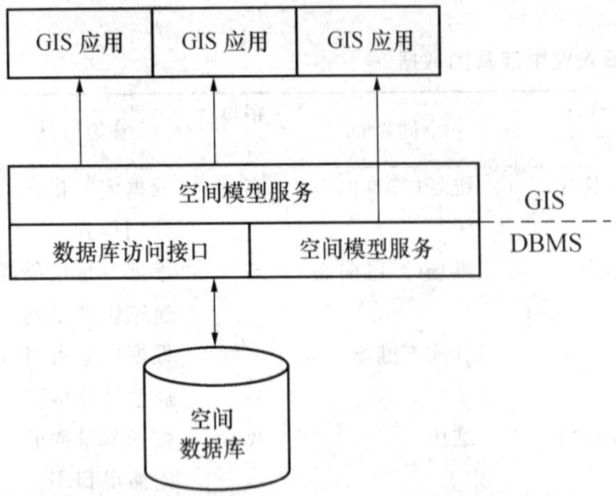

图 3.3 采用对象关系数据库进行 GIS 数据管理

2. 矢量结构和栅格结构

描述地理实体的数据本身的组织方法称为内部数据结构。空间数据结构是指适合于计算机系统存储、管理和处理的地学图形的逻辑结构，是地理实体的空间排列方式和相互关系的抽象描述。对同样的一组数据，按不同的数据结构去处理，得到的可能是截然不同的结果。空间数据结构是地理信息系统沟通信息的桥梁，只有充分理解地理信息系统所采用的特定数据结构，才能正确地使用系统。

内部数据结构基本上可分为两大类：矢量结构和栅格结构，如图 3.4 所示。两类结构都可用来描述地理实体的点、线、面 3 种基本类型。

空间数据编码是空间数据结构的实现过程，即将根据地理信息系统的目的和任务所搜集的、经过审核的地形图、专题地图和遥感影像等资料，按特定的数据结构转换为适合于计算机存储和处理的数据的过程。由于地理信息系统数据量大，一般采用压缩数据的编码方式以减少数据冗余。

在地理信息系统的空间数据结构中，栅格结构的编码方式主要有直接栅格编码、链码、游程长度编码、块码、四叉树码等；矢量结构主要有坐标序列编码、树状索引编码和二元拓扑编码等方法。

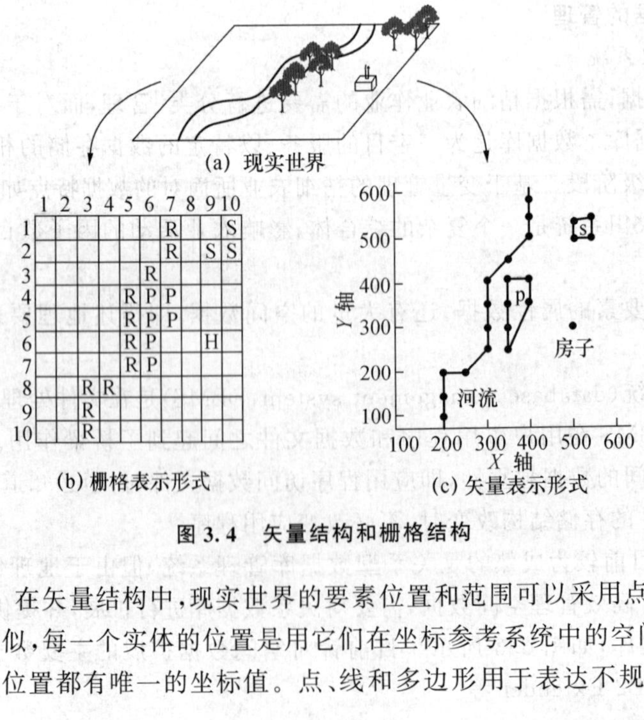

图 3.4 矢量结构和栅格结构

(1)矢量结构 在矢量结构中，现实世界的要素位置和范围可以采用点、线或面表达，与它们在地图上表示相似，每一个实体的位置是用它们在坐标参考系统中的空间位置(坐标)定义。地图空间中的每一位置都有唯一的坐标值。点、线和多边形用于表达不规则的地理实体在现实世界中的状态(多边形是由若干直线围成的封闭区域的边界)。一条线可能表达一条道路，一个多边形可能表达一块林地等。矢量模型中的空间实体与要表达的现实世界中的空间实体具有一定的对应关系。

对于点实体，矢量结构中只记录其在特定坐标系下的坐标和属性代码；对于线实体，在数字化时即进行量化，就是用一系列足够短的直线首尾相接表示一条曲线，当曲线被分割成多而短的线段后，这些小线段可以近似地看成直线段，而这条曲线也可以足够精确地由这些小直线段序列表示，矢量结构中只记录这些小线段的端点坐标，将曲线表示为一个坐标序列，坐标之间认为是以直线段相连，在一定精度范围内可以逼真地表示各种形状的线状地物；多边形在地理信息系统中是指一个任意形状、边界完全闭合的空间区域。其边界将整个空间划分为两个部分，包含无穷远点的部分称为外部，另一部分称为多边形内部。把这样的闭合区域称为多边形是由于区域的边界线同前面介绍的线实体一样，可以被看作是由一系列多而短的直线段组成，每个小线段作为这个区域的一条边，因此这种区域就可以看作是由这些边组成的多边形了。

跟踪式数字化仪对地图数字化产生矢量结构的数字地图，适合于矢量绘图仪绘出。矢量结构允许以最小的数据冗余进行存储，相对栅格结构来说，数据精度高，所占空间小，是高效的空间数据结构。

(2)栅格结构　在栅格结构中，空间被规则地划分为栅格(通常为正方形)。地理实体的位置和状态是用它们占据的栅格的行、列来定义的。每个栅格的大小代表了定义的空间分辨率。由于位置是由栅格行列号定义的，所以特定的位置由距它最近的栅格记录决定。例如，某个区域被划分成 10×10 个栅格，那么仅能记录位于这 10×10 个栅格附近的物体的位置。栅格的值表达了这个位置上物体的类型或状态。采用栅格方法，空间被划分成大量规则格网，而且每个栅格取值可能不一样。空间单元是栅格，每一个栅格对应于一个特定的空间位置，如地表的一个区域，栅格的值表达了这个位置的状态。

与矢量结构不一样，栅格结构最小单元与它表达的真实世界空间实体没有直接的对应关系。栅格数据结构中的空间实体单元不是通常概念上理解的物体，它们只是彼此分离的栅格。例如，道路作为明晰的栅格是不存在的，栅格的值仅表达了路是一个实体。道路是被具有道路属性值的一组栅格表达的，这条路不可能通过某一栅格实体被识别出来。在这两种数据结构中，空间信息都是使用统一的单位表达。在栅格方法中，统一的单位是栅格(栅格是不可再分的，其属性用于表达对应位置物体的性质)，表达一个区域所用栅格的数量较大，但其栅格单元的大小一样。栅格数据文件包含有上百万个栅格，每个栅格的位置都被严格定义。在矢量方法中，统一的单元是点、线和多边形，与栅格方法相比，在数量上所用的表达单元较少，但大小可变。在矢量文件中，元素的个数或许数千个，但毕竟没有栅格数据那么多。同一类型的矢量单元的位置用连续坐标值定义。矢量数据提供的坐标位置比栅格数据用行、列号表达位置更精确。这两种方法各有优缺点，究竟采用何种数据结构，取决于利用数据的目的。有些地理现象用栅格数据表达更合适；有些地理现象则用矢量数据更有利，以便表达它们之间的空间关系。

栅格结构是最简单、最直接的空间数据结构，是指将地球表面划分为大小均匀、紧密相邻的网格阵列，每个网格作为一个像元或像素由行、列定义，并包含一个代码表示该像素的属性类型或量值，或仅包括指向其属性记录的指针。因此，栅格结构是以规则的阵列来表示空间地物或现象分布的数据组织，组织中的每个数据表示地物或现象的非几何属性特征。在栅格结构中，点用一个栅格单元表示；线状地物用沿线走向的一组相邻栅格单元表示，每个栅格单元最多只有两个相邻单元在线上；面或区域用记有区域属性的相邻栅格单元的集合表示，每个栅格单元可有多于两个的相邻单元同属一个区域。遥感影像属于典型的栅格结构，每个像元的数字表示影像的灰度等级。

3.2.2.4 空间数据的分析和处理

1. 空间分析和决策支持

空间分析源于20世纪60年代地理和区域科学的计量革命，在开始阶段，主要是应用定量（主要是统计）分析手段分析点、线、面的空间分布模式，后来更多的是强调地理空间本身的特征、空间决策过程和复杂空间系统的时空演化过程分析。

地理信息系统集成了多学科的最新技术，如数据库管理系统、高效图形算法、插值、区划和网络分析，为空间分析提供了强大的工具，使得过去复杂困难的高级空间分析任务变得简单易行。空间分析成为地理信息系统的核心功能之一，它特有的对地理信息（特别是隐含信息）的提取、表现和传输功能，是地理信息系统区别于一般信息系统的主要功能特征。

空间分析是对分析空间数据有关技术的统称。根据作用的数据性质不同，可以分为：①基于空间图形数据的分析运算；②基于非空间属性的数据运算；③空间和非空间数据的联合运算。空间分析的基础是地理空间数据库，其运用的手段包括各种几何的逻辑运算、数理统计分析、代数运算等数学手段，最终目的是解决人们所涉及的地理空间的实际问题。

地理信息系统进行数据的采集、管理、分析的目的，是为人们对自然界的研究提供具有空间意义的辅助决策。没有空间分析功能的地理信息系统是没办法提供完整的、合理的数据给决策支持系统或者空间决策系统的。同样，没有对应的空间决策系统，地理信息系统的空间数据分析甚至空间数据采集将会无的放矢，这就是系统内部的需求与供给的关系。

在实际社会生产研究中，通常有很多问题的解决是GIS本身提供的几种空间分析手段难以直接达到的，比如区域规划、土地利用规划、设施位置选择、环境管理等都是有关空间行为的决策问题，这些问题的解决方案是由决策者或领域专家在专业领域知识和经验的启发下，在分析大量的空间和非空间信息的基础上得到的。空间决策问题大大超过了地理信息系统通常的空间分析功能的要求。于是，就需要考虑决策支持问题，也就是如何使用地理信息系统本身提供的空间分析接口或者直接在地理信息系统中引入空间分析插件，以满足特定系统的空间分析需要。

2. 地理信息系统的基本空间操作

精细农业应用中，通常使用的空间基本操作包括空间插值、缓冲区分析、叠加复合分析和DEM分析，其中空间插值用于解决根据已知点的测量数值得到整个区域内该现象的空间分布特征，可以用于土壤水分、肥力等因素的计算；缓冲区分析则体现了空间影响随距离的衰减规律，可以用于影响范围的计算和规划；叠加复合模型则体现了多个因素之间的相互影响，可以用于精细农业中的多因子评价；而DEM分析则用于计算研究区内地形的变化，并可以探讨地形因子对于作物种植的影响。

Ⅰ. 空间插值

空间插值常用于将离散点的测量数据转换为连续的数据曲面，农业生产中耕作参数通常是连续渐变分布的，但是不可能对于区域内每一点的每一个耕作参数都做直接的采集，通常是对少数采样点进行采集,对于采集到的采样点数据,要求按照一定空间插值方法推演出整个区域的参数分布,以便与其他空间现象的分布模式进行比较。该方法包括空间内插和外推两种算法,空间内插算法是一种通过已知点的数据推求同一区域其他未知点数据的计算方法,空间外推算法则是通过已知区域的数据推求其他区域数据的方法。在以下几种情况下需要利用空间插值方法:

①现有的离散曲面的分辨率、像元大小或方向与所要求的不符,需要重新插值。例如将一个扫描影像(如航空像片、遥感影像等)从一种分辨率或方向转换到另一种分辨率或方向的影像。

②现有的连续曲面的数据模型与所需的数据模型不符,需要重新插值。例如将一个连续的曲面从一种空间切分方式变为另一种空间切分方式,从 TIN 到栅格、从栅格到 TIN 或从矢量多边形到栅格。

③现有的数据不能完全覆盖所要求的区域范围,需要插值。例如将离散的采样点数据内插为连续的数据表面。

空间插值的理论假设是空间位置上越靠近的点越可能具有相似的特征值,而距离越远的点,其特征值相似的可能性越小。然而,还有另外一种特殊的插值方法——分类,它不考虑不同类别测量值之间的空间联系,只考虑分类意义上的平均值或中值,为同类地物赋属性值。它主要用于地质、土壤、植被或土地利用的等值区域图或专题地图的处理,在"景观单元"或图斑内部是均匀或者同质的情况下,通常被赋给一个均一的属性值,变化发生在边界上。

空间插值方法可以分为整体插值和局部插值方法。整体插值方法用研究区所有采样点的数据进行全区特征拟合;局部插值方法则是利用邻近的数据点来估计未知点的值。

A. 整体插值

整体插值方法通常不直接用于空间插值,而是用来检测不同于总趋势的最大偏离部分,在去除了宏观地物特征后,可用剩余残差来进行局部插值。由于整体插值方法将短尺度的、局部的变化看作随机的和非结构的噪声,从而丢失了这一部分信息。局部插值方法恰好能弥补整体插值方法的缺陷,可用于局部异常值,而且不受插值表面上其他点的内插值影响。

整体插值方法包括以下几种。

(1)边界内插法 边界内插法假设任何重要的变化发生在边界上,边界内的变化是均匀的或同质的,即在各方向都是相同的。这种概念模型经常用于土壤和景观制图,可以通过定义"均质的"土壤单元或景观图斑,来表达土壤或景观特征属性。

边界内插法最简单的统计模型是标准方差分析(ANOVAR)模型:

$$z(x_0)=\mu+\alpha_k+\varepsilon \qquad (3-1)$$

式中:$z(x_0)$为在 x_0 位置的属性值;μ 为总体平均值;α_k 为 k 类平均值与 μ 的差;ε 为类间平均误差(噪声)。

该模型假设每一类别 k 的属性值是正态分布;每类 k 的平均值($\mu+\alpha_k$)由一个独立样品集估计,并假设它们是与空间无关的;假设所有类间平均误差 ε 都是相同的。

评价分类效果的指标是(δ_w^2/δ_t^2),δ_w^2 为类间方差,δ_t^2 为总体方差,比值越小分类效果越好。分类效果的显著性检验可以用 F 检验。

实质上，边界内插法的理论假设是：

• 属性值 z 在“图斑”或景观单元内是随机变化的，不是有规律的；

• 同一类别的所有“图斑”存在同样的类方差（噪声）；

• 所有的属性值都呈正态分布；

• 所有的空间变化发生在边界上，是突变而不是渐变。

在使用边界内插时，应仔细考虑数据源是否符合这些理论假设。

（2）趋势面分析　某种地理属性在空间的连续变化可以用一个平滑的数学平面加以描述。思路是先用已知采样点数据拟合出一个平滑的数学平面方程，再根据该方程计算无测量值的点上的数据。这种只根据采样点的属性数据与地理坐标的关系进行多元回归分析、得到平滑数学平面方程的方法称为趋势面分析。

（3）变换函数插值　根据一个或多个空间参量的经验方程进行整体空间插值，也是经常使用的空间插值方法，这种经验方程称为变换函数。

B. 局部插值

局部插值方法只使用邻近的数据点来估计未知点的值，包括以下几个步骤：

• 定义一个邻域或搜索范围；

• 搜索落在此邻域范围内的数据点；

• 选择表达这有限个点的空间变化的数学函数；

• 为落在规则格网单元上的数据点赋值。重复这个步骤直到格网上的所有点赋值完毕。

使用局部插值方法需要考虑：所使用的插值函数，邻域的大小、形状和方向，数据点的个数，数据点的分布方式是规则的还是不规则的。

具体实现中，有如下几种局部插值方法：泰森多边形、距离倒数插值、样条函数插值和克里金（Kriging）插值等方法，下面简单介绍克里金插值。

克里金插值是法国著名统计学家 G. Matheron 和南非矿山工程师 D. G. Krige 研究的一种优化插值方法，用于矿山勘探。这个方法被广泛地应用于地下水模拟、土壤制图等领域，成为 GIS 软件地理统计插值的重要组成部分。这种方法充分吸收了地理统计的思想，认为任何在空间连续性变化的属性都是非常不规则的，不能用简单的平滑数学函数进行模拟，可以用随机表面给予较恰当的描述。这种连续性变化的空间属性称为“区域性变量”，可以描述像气压、高程及其他连续性变化的变量。地理统计方法为空间插值提供了一种优化策略，即在插值过程中根据某种优化准则函数动态地决定变量的数值。该插值方法着重于权重系数的确定，从而使内插函数处于最佳状态，即对给定点上的变量值提供最好的线性无偏估计。

克里金插值方法的区域性变量理论假设任何变量的空间变化都可以表示为下述 3 个主要成分的和，如图 3.5 所示：

①与恒定均值或趋势有关的结构性成分；

②与空间变化有关的随机变化项，即区域性变量；

③与空间无关的随机噪声项或剩余误差项。

令 x 为一维、二维或三维空间中的某一个位置，变量 z 在 x 处的值可通过下式计算：

$$z(x)=m(x)+\varepsilon'(x)+\varepsilon''(x) \tag{3-2}$$

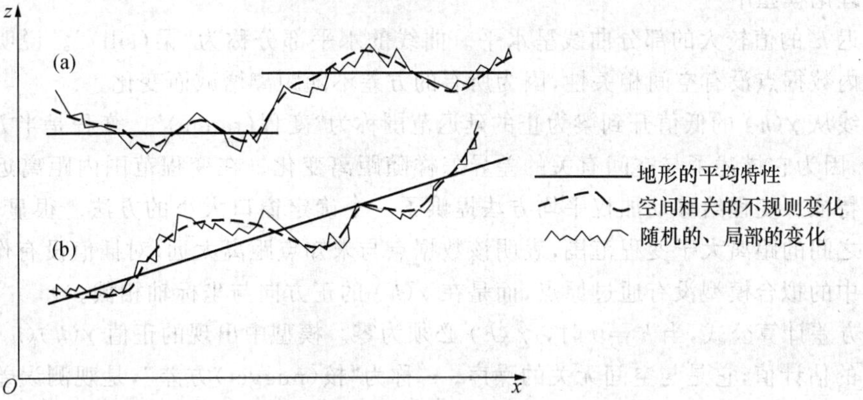

图 3.5　区域变量理论将复杂的空间变化分为 3 个部分

式中：$m(x)$ 为描述 $z(x)$ 的结构性成分的确定性函数；$\varepsilon'(x)$ 为与空间变化有关的随机变化项，即区域性变量；$\varepsilon''(x)$ 为剩余误差项，空间上具有零平均值、σ^2 及与空间无关的高斯噪声项。

克里金插值方法的第一步是确定适当的 $m(x)$ 函数，最简单的情况是 $m(x)$ 等于采样区的平均值，距离矢量 h 分离的两点 x、$x+h$ 之间的数学期望等于零：

$$E[z(x)-z(x+h)]=0 \tag{3-3}$$

式中 $z(x)$、$z(x+h)$ 为随机变量 z 在 x、$x+h$ 处的值。同时还假设两点之间的方差只与距离 h 有关，于是：

$$\begin{aligned} E[(z(x)-z(x+h))^2] &= E[(\varepsilon'(x)-\varepsilon'(x+h))^2] \\ &= 2\gamma(h) \end{aligned} \tag{3-4}$$

式中 $\gamma(h)$ 是一种函数，称为半方差函数。

区域性变量理论的两个内在假设条件是差异的稳定性和可变性，一旦结构性成分确定，剩余的差异变化属于同质变化，不同位置之间的差异仅是距离的函数。这样，区域性变量计算公式可以写成如下形式：

$$z(x)=m(x)+\gamma(h)+\varepsilon''(x) \tag{3-5}$$

半方差的估算公式如下：

$$\hat{\gamma}(h)=\frac{1}{2n}\sum_{i=1}^{n}[z(x_i)-z(x_i+h)]^2 \tag{3-6}$$

式中 n 为距离是 h 的采样点对的数目（n 对点）。采样间隔 h 也称延迟。对应于 h 的 $\hat{\gamma}(h)$ 图被称为"半方差图"。图 3.6 为一个典型的半方差图。

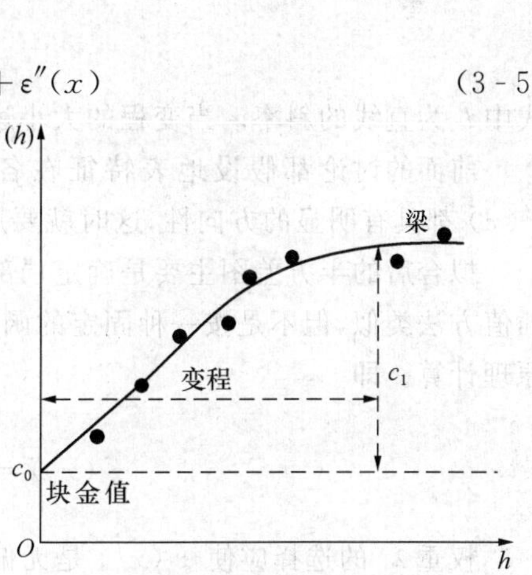

图 3.6　半方差图

半方差是定量描述区域性变化的第一步，它为空间插值、优化采样方案提供了有益的信息。为了求得半方差图，必须先得到拟合半方差的理论模型，在半方差理论模型中：

• 延迟 h 的值较大的部分曲线呈水平。曲线的水平部分称为“梁(sill)”。说明在延迟的这个范围内数据点没有空间相关性，因为所有的方差不随距离增减而变化。

• 曲线从 $\gamma(h)$ 的低值升到梁为止的延迟范围称为“变程(range)”。变程是半方差图最重要的部分，因为它描述了与空间有关的差异怎样随距离变化。在变程范围内距离近的点具有更相近的特征。变程给移动加权平均方法提供了一个确定窗口大小的方法。很显然，数据点和未知点之间的距离大于变程范围，表明该数据点与未知点距离太远，对插值没有作用。

• 图中的拟合模型没有通过原点，而是在 $\gamma(h)$ 的正方向与坐标轴相截。

按半方差计算公式，当 $h=0$ 时，$\hat{\gamma}(h)$ 必须为零。模型中出现的正值 $\gamma(h)(h\to 0)$ 是剩余误差 ε'' 的估计值，它是与空间无关的噪声。ε'' 称为“核(nugget)方差”，是观测误差和距离间隔很小的情况下的空间变化的组合。

在存在明显的变程和梁、同时核方差数值不太大的情况下，可用球面模型进行半方差拟合(图 3.7a)，公式如下：

$$\gamma(h)=c_0+c_1\left[\frac{3h}{2a}-(h/a)^3/2\right] \qquad 0<h<a \tag{3-7}$$

$$\gamma(h)=c_0+c_1 \qquad h\geqslant a \tag{3-8}$$

$$\gamma(0)=c_0 \qquad h=0 \tag{3-9}$$

式中：a 为变程；h 为延迟；c_0+c_1 为基台值。一般情况下用球面模型拟合效果比较理想。

如果存在明显的核方差和梁而没有渐变的变程，则可用指数模型进行拟合(图 3.7b)，公式如下：

$$\gamma(h)=c_0+c_1[1-\exp(-h/a)] \tag{3-10}$$

在核方差相对于与空间变化有关的随机变化 $\varepsilon''(x)$ 很小的情况下，最好使用比较弯曲的曲线如高斯曲线进行拟合(图 3.7d)，公式如下：

$$\gamma(h)=c_0+c_1[1-\exp(-h/a^2)] \tag{3-11}$$

如果空间变化随变程渐变，但没有梁，则可用线性模型进行拟合(图 3.7c)，公式如下：

$$\gamma(h)=c_0+bh \tag{3-12}$$

式中 b 为直线的斜率。当变程的大小远超过人们希望的插值范围时，也用线性模型。

前面的讨论都假设地表特征在各个方向都是相同的，然而许多情况下空间变化中的 $\varepsilon'(x)$ 都具有明显的方向性，这时就要用不同参数的模型来拟合半方差图。

拟合后的半方差图主要是确定局部内插需要的权重因子 λ_i。确定 λ_i 的过程与加权移动插值方法类似，但不是按一种固定的函数计算 λ_i，而是按采样点数据的半方差图的统计分析原理计算。即

$$\hat{z}(x_0)=\sum_{i=1}^{n}\lambda_i\cdot z(x_i),\ \sum_{i=1}^{n}\lambda_i=1 \tag{3-13}$$

权重 λ_i 的选择应使 $\hat{z}(x_0)$ 是无偏估计，且估计的方差 σ_e^2 小于观测值的其他线性组合产生的方差。

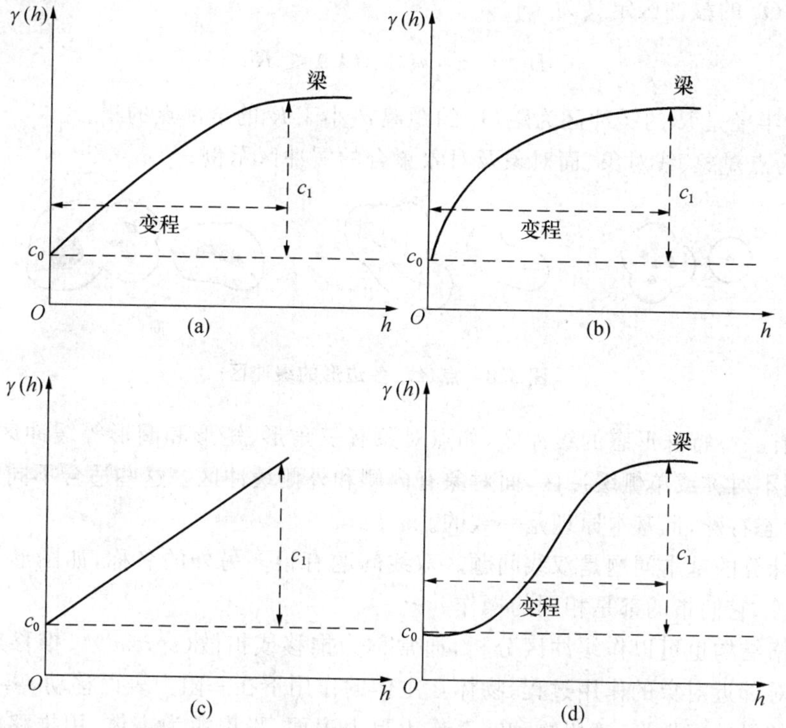

图 3.7　各种不同的半方差图

$\hat{z}(x_0)$ 的最小方差为

$$\hat{\sigma}_e^2 = \sum_{l-1}^{n} \lambda_i \gamma(x_i, x_0) + \Phi \tag{3-14}$$

只有下式成立时，才可获得 $\hat{z}(x_0)$ 的最小方差：

$$\sum_{i=1}^{n} \lambda_i \gamma(x_i, x_j) + \Phi = \gamma(x_j, x_0) \tag{3-15}$$

式中：$\gamma(x_i, x_j)$ 为 z 在采样点 x_i，x_j 之间的半方差，$\gamma(x_j, x_0)$ 为采样点 x_j 和未知点 x_0 之间的半方差，这两个量均可从已拟合模型的半方差图上得到；Φ 为拉格朗日乘数。

这个方法叫常规克里金插值。它是一个精确插值模型，内插值或最佳局部均值与数据点上的值一致。制图中常用比采样间隔更细的规则格网进行插值，内插值又可用前边提到的方法转换成等值线图。与此类似，估计的误差 σ_e^2 又叫克里金方差，可反映在整个研究区内插值结果的可靠性。

Ⅱ. 缓冲区分析

邻近度(proximity)描述了地理空间中两个地物距离相近的程度，是空间分析的一个重要手段。沟渠的灌溉范围、播种机的播种范围等均是一个邻近度问题。缓冲区分析是解决邻近度问题的空间分析工具之一 。

所谓缓冲区就是地理空间目标的一种影响范围或服务范围。从数学的角度看，缓冲区分析的基本思想是给定一个空间对象或集合，确定它们的邻域。邻域的大小由邻域半径 R 决

定，因此对象 O_i 的缓冲区定义为

$$B_i=\{x : d(x,O_i)\leqslant R\} \quad (3-16)$$

即对象 O_i 的半径是 R 的缓冲区为距 O_i 的距离 d 小于 R 的全部点的集合。

图 3.8 为点对象、线对象、面对象及对象集合的缓冲区示例。

图 3.8 点、线、多边形的缓冲区

另外还有一些特殊形态的缓冲区，如点对象有三角形、矩形和圈形等缓冲区，线对象有双侧对称、双侧不对称或单侧缓冲区，面对象有内侧和外侧缓冲区。这些适合不同应用要求的缓冲区，尽管形态特殊，但基本原理是一致的。

缓冲区计算的基本问题是双线问题。双线问题有很多另外的名称，如图形加粗、加宽线、中心线扩张等，它们指的都是相同的操作。

基于栅格结构也可以作缓冲区分析，通常称为推移或扩散(spread)。推移或扩散实际上是模拟主体对邻近对象的作用过程，物体在主体的作用下在一阻力表面移动，离主体越远作用力越弱。例如可以将地形、障碍物和空气作为阻力表面，噪声源为主体，用推移或扩散的方法计算噪声离开主体后在阻力表面上的移动，得到一定范围内每个栅格单元的噪声强度。

Ⅲ. 叠加复合分析

大部分 GIS 软件是以分层的方式组织地理景观，将地理景观按主题分层提取，同一地区的整个数据层集表达了该地区地理景观的内容。每个主题层可以叫做一个数据层面。数据层面既可以用矢量结构的点、线、面图层文件方式表达，也可以用栅格结构的图层文件格式表达。

叠加分析是地理信息系统最常用的提取空间隐含信息的手段之一。该方法源于传统的透明材料叠加，即将来自不同数据源的图纸绘于透明纸上，在透光桌上将其叠放在一起，然后用笔勾出感兴趣的部分——提取出感兴趣的信息。地理信息系统的叠加分析是将有关主题层组成的数据层面进行叠加，产生一个新数据层面的操作，其结果综合了原来两层或多层要素所具有的属性。叠加分析不仅包含空间关系的比较，还包含属性关系的比较。地理信息系统叠加分析可以分为以下几类：视觉信息叠加、点与多边形叠加、线与多边形叠加、多边形叠加、栅格图层叠加。其中：

①视觉信息叠加不产生新的数据层面，只是将多层信息复合显示，便于分析。

②点与多边形叠加实际上是计算多边形对点的包含关系。矢量结构的 GIS 能够通过计算每个点相对于多边形线段的位置，进行点是否在一个多边形中的空间关系判断。

在完成点与多边形的几何关系计算后，还要进行属性信息处理。最简单的方式是将多边形属性信息叠加到其中的点上。当然也可以将点的属性叠加到多边形上，用于标示该多边形，如果有多个点分布在一个多边形内的情形，则要采用一些特殊规则，如将点的数目或各点属性的总和等信息叠加到多边形上。

通过点与多边形叠加，可以计算出每个多边形类型里有多少个点，不但要区分点是否在多边形内，还要描述在多边形内部的点的属性信息。通常不直接产生新数据层面，只是把属性信

息叠加到原图层中，然后通过属性查询间接获得点与多边形叠加的属性信息。

③线与多边形的叠加是比较线上坐标与多边形坐标的关系，判断线是否落在多边形内。计算过程通常是计算线与多边形的交点，只要相交，就产生一个结点，将原线打断成一条条弧段，并将原线和多边形的属性信息一起赋予新弧段。叠加的结果产生了一个新的数据层面，每条线被它穿过的多边形打断成新弧段图层，同时产生一个相应的属性数据表记录原线和多边形的属性信息。根据叠加的结果可以确定每条弧段落在哪个多边形内，可以查询指定多边形内指定线穿过的长度。如果线状图层为河流，叠加的结果是多边形将穿过它的所有河流打断成弧段，可以查询任意多边形内的河流长度，进而计算它的河流密度等；如果线状图层为道路网，叠加可以得到每个多边形内的道路网密度，内部的交通流量，进入、离开各个多边形的交通量，相邻多边形之间的相互交通量。

④多边形叠加是 GIS 最常用的功能之一。多边形叠加是将两个或多个多边形图层进行叠加产生一个新多边形图层的操作，其结果将原来多边形要素分割成新要素，新要素综合了原来两层或多层的属性。如图 3.9 所示。

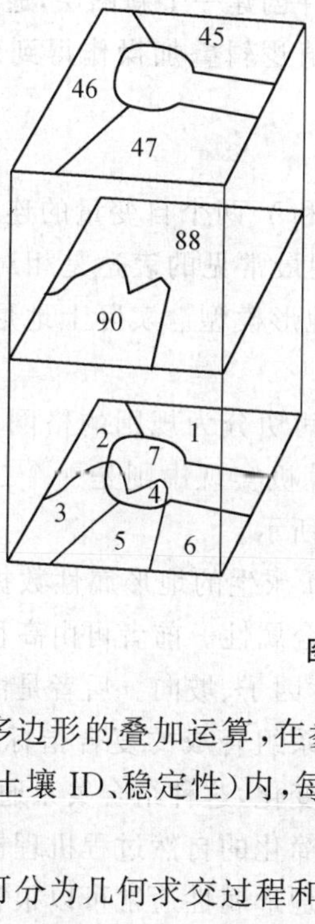

图层 1

宗地 ID	宗地号
45	京-99-01
46	京-99-02
47	京-99-03

图层 2

土壤 ID	稳定性
88	稳定
90	不稳定

叠加结果图层

ID	宗地 ID	宗地号	土壤 ID	稳定性
1	45	京-99-01	88	稳定
2	46	京-99-02	88	稳定
3	46	京-99-02	90	不稳定
4	–	–	90	不稳定
5	47	京-99-03	90	不稳定
6	47	京-99-03	88	稳定
7	–	–	88	稳定

图 3.9　多边形叠加分析

进行多个多边形的叠加运算，在参与运算多边形所构成的属性空间（就图 3.9 而言，为宗地 ID、宗地号、土壤 ID、稳定性）内，每个结果多边形内部的属性值是一致的，可以称为最小公共地理单元。

叠加过程可分为几何求交过程和属性分配过程两步。几何求交过程首先求出所有多边形边界线的交点，再根据这些交点重新进行多边形拓扑运算，对新生成的拓扑多边形图层的每个对象赋予一个多边形唯一标识码，同时生成一个与新多边形对象一一对应的属性表。

多边形叠加结果通常把一个多边形分割成多个多边形，属性分配过程最典型的方法是将输入图层对象的属性复制到新对象的属性表中，或把输入图层对象的标识作为外键，直接关联到输入图层的属性表。这种属性分配方法的理论假设是多边形对象内属性是均质的，将它们分割后属性不变。也可以结合多种统计方法为新多边形赋属性值。

多边形叠加完成后，根据新图层的属性表可以查询原图层的属性信息，新生成的图层和其他图层一样可以进行各种空间分析和查询操作。

⑤栅格数据结构空间信息具有隐含属性信息明显的特点，可以看作是最典型的数据层面，通过数学关系建立不同数据层面之间的联系是 GIS 提供的典型功能。空间模拟尤其需要通过各种各样的方程将不同数据层面进行叠加运算，以揭示某种空间现象或空间过程。例如土壤侵蚀强度与土壤可蚀性、坡度、降雨侵蚀力等因素有关，可以根据多年统计的经验方程，把土壤可蚀性、坡度、降雨侵蚀力作为数据层面输入，通过数学运算得到土壤侵蚀强度分布图。这种作用于不同数据层面上的基于数学运算的叠加运算，在地理信息系统中称为地图代数。地图代数功能有 3 种不同的类型：

- 基于常数对数据层面进行的代数运算；
- 基于数学变换对数据层面进行的数学变换(指数、对数、三角变换等)；
- 多个数据层面的代数运算(加、减、乘、除、乘方等)和逻辑运算(与、或、非、异或等)。

栅格图层叠加的另一形式是二值逻辑叠加，常作为栅格结构的数据库查询工具。数据库查询就是查找数据库中已有的信息，如基于位置信息查询如已知地点的土地类型；比较复杂的查询涉及多种复合条件，如查询所有的面积大于 10 hm^2 且邻近工业区的全部湿地。这种数据库查询通常分为两步，首先进行再分类操作，为每个条件创建一个新图层，通常是二值图层，1 代表符合条件，0 表示所有不符合条件；第二步进行二值逻辑叠加操作得到想查询的结果。逻辑操作类型包括与、或、非、异或。

Ⅳ. DEM 分析

从数学的角度，高程模型是高程 Z 关于平面坐标 X 和 Y 两个自变量的连续函数，数字高程模型(DEM)只是它的一个有限的离散表示。高程模型最常见的表达是相对于海平面的海拔高度或某个参考平面的相对高度，所以高程模型又叫地形模型。实际上地形模型不仅包含高程属性，还包含其他的地表形态属性，如坡度、坡向等。

在实践中，DEM 主要采用规则格网模型，将区域空间切分为规则的格网单元，每个格网单元对应一个数值。数学上可以表示为一个矩阵，在计算机实现中则是一个二维数组。每个格网单元或数组的一个元素对应一个高程值，如图 3.10 所示。

91	78	63	50	53	63	44	55	43	25
94	81	64	51	57	62	50	60	50	35
100	84	66	55	64	66	54	65	57	42
103	84	66	56	72	71	58	74	65	47
96	82	66	63	80	78	60	84	72	49
91	79	66	66	80	80	62	86	77	56
86	78	68	69	74	75	70	93	82	57
80	75	73	72	68	75	86	100	81	56
74	67	69	74	62	66	83	88	73	53
70	56	62	74	57	58	71	74	63	45

图 3.10 格网 DEM

由 DEM 派生的地形属性数据可以分为单要素属性和复合属性。前者可由高程数据直接计算得到，如坡度因子、坡向。后者是由几个单要素属性按一定关系组合成的复合指标，用于描述某种过程的空间变化，这种组合关系通常是经验关系，也可以使用简化的自然过程机理模型。

单要素地形属性通常可以很容易地使用计算机程序计算得到，主要有以下几种。

(1)坡度、坡向　坡度定义为水平面与局部地表之间的正切值，是高度变化的最大值比率；坡向是变化比率最大值的方向。地貌分析还可能用到二阶差分凹率和凸率。比较通用的度量方法是：坡度用百分比度量，坡向按从正北方向起算的角度测量，凸度按单位距离内斜度的度数测量。

坡度和坡向的计算通常使用 3×3 窗口，窗口在 DEM 高程矩阵中连续移动后完成整幅图的计算。坡度的计算如下：

$$\tan\beta=[(\sigma_z/\sigma_x)^2+(\sigma_z/\sigma_y)^2]^{1/2} \tag{3-17}$$

坡向的计算如下：

$$\tan A=(-\sigma_z/\sigma_y)/(\sigma_z/\sigma_x) \quad (-\pi<A<\pi) \tag{3-18}$$

为了提高计算速度和精度，GIS通常使用二阶差分计算坡度和坡向，最简单的有限二阶差分法是按式(3-19)计算点 i,j 在 x 方向上的坡度：

$$(\sigma_z/\sigma_x)_{ij}=(z_{i+1,j}-z_{i-1,j})/2\sigma_x \tag{3-19}$$

式中 σ_x 是格网间距(沿对角线时 σ_x 应乘以$\sqrt{2}$)。这种方法计算8个方向的坡度，运算速度也快得多。但地面高程的局部误差将引起严重的坡度计算误差，可以用数值分析方法来得到更好的结果，用数值分析方法计算东西方向的坡度公式如下：

$$(\sigma_z/\sigma_x)_{ij}=[(z_{i+1,j+1}+2z_{i+1,j}+z_{i+1,j-1})-(z_{i-1,j+1}+2z_{i-1,j}+z_{i-1,j-1})]/8\sigma_x \tag{3-20}$$

同理可以写出其他方向的坡度计算公式。

(2)面积 根据工程设计的线路，可计算其与DEM各格网边交点 $P_i(X_i,Y_i,Z_i)$，则线路剖面积计算公式为

$$S=\sum_{i=1}^{n-1}\frac{Z_i+Z_{i+1}}{2}\cdot D_{i,i+1} \tag{3-21}$$

式中：n 为交点数；$D_{i,i+1}$ 为 P_i 与 P_{i+1} 之距离。同理可计算任意横断面及其面积。

(3)体积 DEM体积由四棱柱(无特征的格网)与三棱柱体积进行累加得到，四棱柱体上表面用抛物双曲面拟合，三棱柱体上表面用斜平面拟合，下表面均为水平面或参考平面，计算公式分别为

$$\left.\begin{aligned}V_3&=\frac{Z_1+Z_2+Z_3}{3}\cdot S_3\\V_4&=\frac{Z_1+Z_2+Z_3+Z_4}{4}\cdot S_4\end{aligned}\right\} \tag{3-22}$$

式中 S_3 与 S_4 分别是三棱柱与四棱柱的底面积。

根据两个DEM体积可计算工程中的挖方、填方及土壤流失量。

(4)表面积 对于含有特征的格网，将其分解成三角形，对于无特征的格网，可由4个角点的高程取平均即中心点高程，然后将格网分成4个三角形。由每一三角形的3个角点坐标 (x_i,y_i,z_i) 计算出通过该3个顶点的斜面内三角形的面积，最后累加就可得到实地的表面积。

3. 精细农业中的空间分析和空间决策支持

基于GIS提供的空间分析功能，并结合专业分析模型，可以为精细农业中的耕作活动提供决策支持。在地理信息系统支持下，基于空间数据库，利用已存储的土壤背景数据库、农田灌溉、施肥、种子等数据库和新获取的“征兆图”进行分析并作出判断，形成所谓的“诊断图”(diagnosis maps)，将这些结果与MIS等相结合进行综合分析，结合社会经济信息作出投入产出的估算，提出“实施计划”(action plan)。其实施过程可描述为：带定位系统和产量传感器的

联合收获机每秒自动采集田间定位及小区平均产量数据→通过计算机处理，生成作物产量分布图→根据田间地形、地貌、土壤肥力、墒情等参数的空间数据分布图，支持作物管理的数据库与作物生长发育模拟模型，投入产出模拟模型，作物管理专家知识库等建立作物管理辅助决策支持系统，并在决策者的参与下生成作物管理处方图→根据处方图，采用不同方法与手段或相应的处方农业机械，按小区实施目标投入和精细农作管理。

下面以精细灌溉为例，建立灌溉辅助决策支持系统。其中影响农田灌溉方面的因子包括：①目标区域的地形特征（高度、坡度、坡向）；②目标区域气候空间分布特征（降雨、日照、温度）；③作物空间分布；④土壤特征；⑤土壤水分空间分布。

此外，还需要以下专业模型：①作物需水量变化模型；②灌溉对产量的影响模型；③土壤水分保持时空模型。

基于上述因子、模型和GIS提供的空间分析功能，建立灌溉辅助决策支持系统，其结构如图3.11所示。

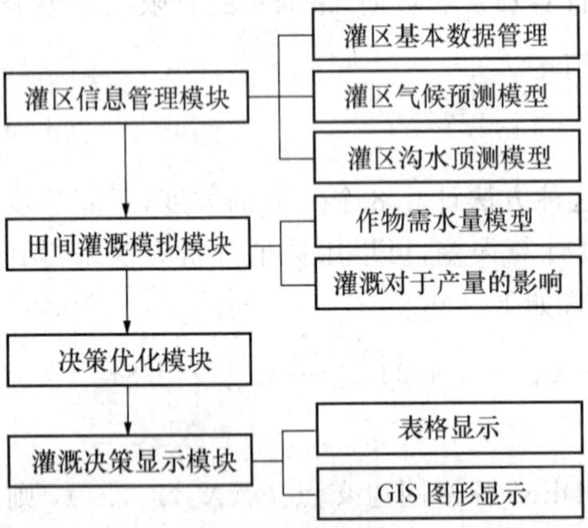

图 3.11 灌溉辅助决策支持系统结构图

3.2.2.5 空间数据表现

1. 空间数据表现和空间信息可视化

精细农业中数据的采集、管理、分析，最终都是为了作为决策依据。在当前计算机处理决策判断的功能并不能完全代替人工的判断，于是在决策中经常需要有人工决策的加入。而空间数据本身是很难或者无法被人们所使用的，必须表示为符合人们认识习惯的方式，得到的数据才能起到辅助决策的作用。

可视化（visualization）是指在人脑中形成对某物（某人）的图像，是一个心理处理过程，促使对事物的观察及建立概念等。而人类认识空间事物最重要的感觉就是视觉。可视化是实现人与计算机交互的窗口和工具，没有可视化技术，计算机中的一堆数字是无任何意义的。于是精细农业中，可视化就成为重要的表现方法。科学计算可视化是通过研制计算机工具、技术和系统，把实验或数值计算获得的大量抽象数据转换为人的视觉可以直接感受的计算机图形图像，从而可进行数据探索和分析。

在精细农业中，由于主要的数据属于场模型，因此可以采用表现格网DEM的地貌晕渲图和三维可视化方式。

(1)地貌晕渲图(shaded relief map)及其与专题地图叠置　为了增加丘陵和山地地区描述高差起伏的视觉效果，制图工作者成功地运用了一种“阴影立体法”即地貌晕渲法，用这种技术绘制的图件看起来很动人，但费用较高。晕渲法的质量和精度很大程度上取决于制图工作者的主观意识和技巧。

数字地形图投入生产并加以应用后，地貌晕渲便能自动、精确地实现。自动晕渲的原理是基于“地面在人们眼里是什么样子，用何种理想的材料来制作，以什么方向为光源照明方向”等的考虑。制图输出时如果用灰度级和连续色调技术表示明暗程度，得到的效果看起来与航片十分相似。实际上，从高程矩阵中自动生成的地貌晕渲图与航片有许多不同之处，主要表现在：

第一，晕渲图不包括任何地面覆盖信息，仅仅是数字化的地表起伏显示；

第二，晕渲图光源一般确定为西北45°方向，航片的阴影主要随太阳高度角变化；

第三，晕渲图通常都经过了平滑和综合处理，因而没有航片上显示出的地形细节的丰富。

自动地貌晕渲图的计算非常简单，首先是根据DEM数据计算坡度和坡向；然后将坡向数据与光源方向比较，面向光源的斜坡得到浅色调灰度值，反方向的得到深色调灰度值，两者之间得到中间灰度值。灰度值的大小则按坡度进一步确定。

计算晕渲图的主要研究集中于坡面反射率的定量描述，由于计算反射率的公式都较复杂，因此，将坡度和坡向转换成反射量，常用建立查找表的方法来解决，使计算和处理更为有效，如图3.12所示。

晕渲图本身可以描述地表三维状况，而且在地形定量分析中的应用不断扩大。如果把其他专题信息与晕渲图叠置组合在一起，将大幅度提高地图的使用价值。例如，运输线路规划图与晕渲图叠加后大大增强了直观感等，这是传统方法不能实现的。

(2)三维曲面　许多GIS软件都提供了利用DEM数据生成三维投影的功能，通常三维透视图有2种形式，即平滑的三维曲面和网状图(fishnet diagram)，如图3.13所示，其中在三维曲面图上还可以叠加其他信息，最典型的是叠加同一区域的遥感图像或者该DEM生成的晕渲图，以增强其"立体感"。生成三维透视图需要设置视点位置、视角等参数，因此可以通过设置不同的参数，生成连续的三维透视图并组成动画，达到"虚拟飞行"的效果。

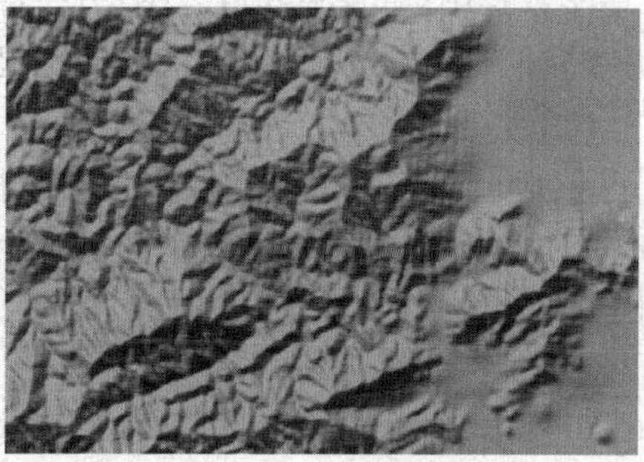

图3.12　地貌晕渲图示意

图3.13　曲面三维透视图

在利用网格DEM生成三维曲面以及地貌晕渲图的过程中，值得注意的是：如果分辨率高，则数据量很大，会降低计算速度；如果分辨率过低，则会使计算结果变得粗糙，这时可以考虑在网格点之间利用曲面函数拟合，但是由于曲面函数是连续的，使得结果显得"不真实"，一个较好的解决办法是利用分形内插，后者可以生成细致的、更为自然的地形。

2. 多维显示与虚拟现实(VR-GIS)技术

精细农业中，空间数据表现的目的是为操作者的决策分析提供一个尽可能友好、直观、方便的决策环境。GIS从地形图演变而来，因为计算机图形表现的落后，以往的显示往往局限于传统的地图表现上，GIS都使用二维数据描述地理对象，即所有的对象都通过二维坐标(X、Y坐标或经纬度)表示。而地球空间信息最显著的标志是其地域性、多维结构性和动态变化性。随着近些年计算机技术和数据获取技术的迅速发展，以及虚拟现实技术、计算机软硬件体系的不断完善，地理信息系统的表现方式有了从二维到三维的飞跃，三维GIS的发展也因此受到了较大的关注。三维 GIS 通过三维立体坐标（X、Y、Z 或经纬度与高程）进行表示，使用三维数据描述地理对象。

从二维 GIS 到三维 GIS，虽然空间维数只增加了一维，但它可以包容几乎所有丰富的空间信息，为更好地洞察和理解现实世界提供了多种多样的选择。但由此也面临大量更加复杂的问题，如数据量急剧增加、空间关系错综复杂、真实感实时可视化等。在空间上从二维表示到三维表示日益成为 GIS 的主要发展方向之一，并趋向于对现实世界的增强表示与延伸——虚拟现实技术。

虚拟现实（VR）又称灵境技术，是指通过头盔式的三维立体显示器、数据手套、三维鼠标、数据衣（data suit）、立体声耳机等使人能完全沉浸在计算机创造的一种特殊三维图形环境中，并且人可以操作控制三维图形环境，实现特殊的目的。多感知性（视觉、听觉、触觉、运动等）、沉浸感（immersion）、交互性（interaction）、自主感（autonomy）是虚拟现实技术的 4 个重要特征，其中自主感是指虚拟环境中物体依据物理定律动作的程度，如物体从桌面落到地面等。

虚拟现实技术、计算机网络技术与地学相结合，可产生虚拟地理环境 VGE（virtual geographical environment）。虚拟地理环境是基于地学分析模型、地学工程等的虚拟现实，它是地学工作者根据观测实验、理论假设等建立起来的表达和描述地理系统的空间分布以及过程现象的虚拟信息地理世界，一个关于地理系统的虚拟实验室，它允许地学工作者按照个人的知识、假设和意愿去设计修改地学空间关系模型、地学分析模型、地学工程模型等，并直接观测交互后的结果，通过多次的循环反馈，最后获取地学规律。

虚拟地理环境特点之一是地学工作者可以进入地学数据中，有身临其境之感；另一特点是具有网络性，从而为处于不同地理位置的地学专家开展实时性的合作研究、交流与讨论提供了可能。

虚拟地理环境与地学可视化有着紧密的关系。虚拟地理环境中关于从复杂地学数据、地学模型等映射成三维图形环境的理论和技术，需要地学可视化的支持。而地学可视化的交流传输与认知分析在如身临其境的虚拟地理环境中则更易于实现。

3. 网络地理信息系统电子发布

网络地理信息系统（WebGIS），简言之，就是利用 Web 技术来扩展和完善地理信息系统的一项新技术。具体地讲，WebGIS 的应用可以分为以下几个层面：

①空间数据发布：由于能够以图形方式显示空间数据，较之于单纯的 FTP 方式，WebGIS 使用户更容易找到需要的数据。

②空间查询检索：利用浏览器提供的交互能力，进行图形及属性数据库的查询检索。

③空间模型服务：在服务器端提供各种空间模型的实现方法，接收用户通过浏览器输入的模型参数后，将计算结果返回。换言之，利用 Web 不仅可以发布空间数据，也可以发布空间模型服务，形成浏览器/服务器结构（Browser/Server，B/S）。

④Web 资源组织：在 Web 上存在着大量的信息，这些信息多数具有空间分布特征，如分销商数据往往有其所在位置属性，利用地图对这些信息进行组织和管理，并为用户提供基于空间的检索服务，无疑也可以通过 Web GIS 实现，如图 3.14 所示。

在精细农业中，Web GIS 为空间数据在 Internet 中的表现提供了有力的支持手段，使得用户可以通过浏览器访问和使用相关数据，从而使得更多的人参与到相关的决策活动中。

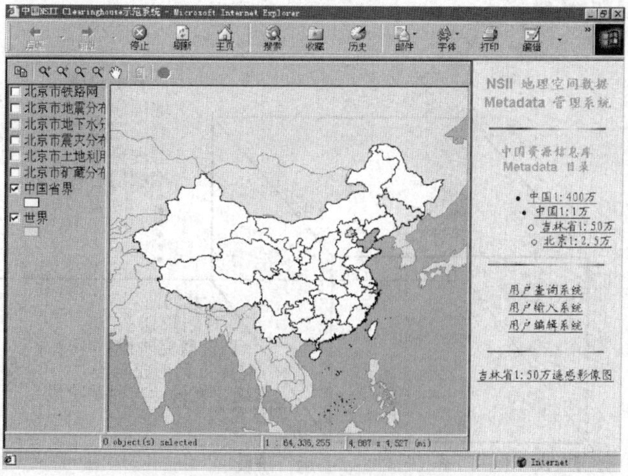

图 3.14　Web GIS 插件

3.3　支持精细农业的地理信息系统工程建设

3.3.1　精细农业地理信息系统工程建设过程

精细农业地理信息系统是一种应用型 GIS，其建设过程是一项耗费大量人力、物力、财力和时间的系统工程。它不是简单的原理及方法的应用，而是基于系统化指导思想下的工程化建设过程，是应用 GIS 系统原理，针对特定的实际应用目的和要求，统筹设计、优化、建设、评价、维护和应用 GIS 系统的全部过程和步骤的统称。GIS 工程由任务、基础理论和方法论三方面组成，其基本任务是运用系统论的理论和方法，实现 GIS 工程的最优设计、最优管理和最优运行，以求得系统总体最优化，其基础理论主要包括系统学、地理信息科学和系统工程学等。方法论是根据这些理论而形成的一系列程序化的基本操作技术与方法，也就是为了达到预期目标，根据系统工程思想，采用最优技术解决问题的工作程序和步骤。霍尔三维结构是目前论证比较全面、影响较大的一种系统工程基本方法，如图 3.15 所示。它将系统工程活动的方法体系分为前后紧密衔接的 7 个步骤和 7 个阶段，并同时考虑到为完成各个步骤和阶段所需的各种专业知识。其中时间维反映了 GIS 工程实现的过程，可分为意向阶段、规划阶段、调查研究阶段、总体方案形成阶段、系统开发设计与研制阶段、调试阶段、安装阶段、运行阶段。逻辑维表示 GIS 工程应用系统工程方法解决问题的步骤，可分为明确目标、收集材料、指标设计、系统综合、系统分析、系统优化、决策制订、计划实施。知识维表征 GIS 工程作为一个大型信息系统所可能涉及的领域，包括计算机科学、地理学、测绘遥感学、环境科学、城市科学、信息论、应用数学、管理科学等。

GIS 工程涉及项目立项、系统调查、系统分析、系统设计、系统开发和维护等诸多阶段的建设。GIS 工程采用生命周期方法学方法，即从时间角度对 GIS 工程开发和维护的复杂问题进行分解；把 GIS 工程生成的漫长周期依次划分为若干个阶段，每个阶段有相对独立的任务，然后逐步完成每个阶段的任务。GIS 工程生命周期按照瀑布模型可划分为问题定义阶段、可行性研究阶段、需求分析阶段、总体设计阶段、详细设计阶段、编码和单元测试阶段、综合测试阶段与软件维护阶段。其中，问题定义阶段、可行性研究阶段与需求分析阶段合称为工程定义时期；总体设

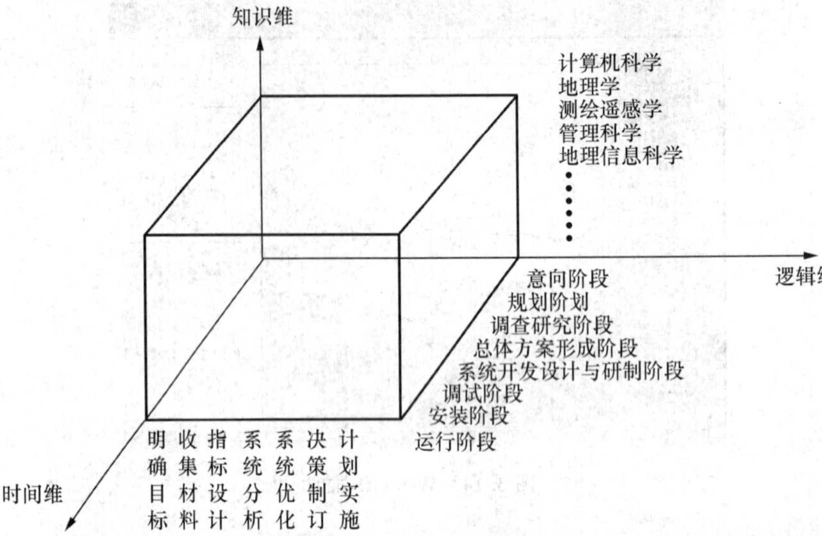

图 3.15　地理信息系统工程三维结构图

计阶段与详细设计阶段构成系统设计阶段，编码和单元测试阶段与综合测试阶段构成系统实现阶段，系统设计阶段与系统实现阶段合称为工程开发时期。工程维护时期包括工程维护阶段。生命周期中的不同阶段都有各自需要解决的关键问题与结束标志，在每一个阶段结束之前都要对工作完成情况进行严格的审查工作。由于在生命周期中，前一阶段产生的错误必然会导致下一阶段出现相应的错误，引起错误的积累与放大效应，严格的阶段性审查工作不仅是保证工程质量与进度的重要措施，同时也是降低工程开发成本的重要措施。所以不仅在工程开发的各个阶段结束时要进行正式的审查工作，在各阶段中间也可以根据需要进行正式或非正式审查工作。

在精细农业地理信息系统建设过程中需要进行以下活动。

3.3.1.1　需求分析

系统需求分析是GIS工程早期的第一个重要阶段，它直接影响后期工程的各个阶段。需求分析的结果，反映系统的总体框架结构、软硬件功能的划分、系统特征、基本技术特征，并对系统功能等项进行描述。系统需求分析是一项艰难的任务，无论对有经验的分析员还是新手，都是严峻的挑战。主要的挑战性在于，这一期间开发人员对未来的系统没有任何感性认识，用户对问题的陈述含混不清，甚至开发人员与用户相互不理解对方的语言，不知如何下手。人们一直希望能有一套简单实用的技术或方法（最好是形式化的开发工具）来支持系统需求的开发，并由此降低系统需求分析的难度与成本，但遗憾的是，经历了几十年（从1968年"软件危机"开始至今）仍没有人们广泛认可的形式化系统需求分析开发工具。近年来虽也出现了某些专用的分析工具，但距真正实用还有相当的距离。

GIS工程中最为困难的部分就是准确说明要开发什么。最为困难的概念性工作便是编写出详细技术需求，这包括所有面向用户、面向机器和其他软件系统的接口。需求分析包括3个不同的层次：业务需求、用户需求和功能需求（也包括非功能需求）。

①业务需求（business requirement）反映组织机构或客户对系统、产品高层次的目标要求，在项目视图与范围文档中予以说明。

②用户需求(user requirement)描述用户使用产品必须要完成的任务,这在使用实例(use case)文档或方案脚本说明中予以说明。

③功能需求(functional requirement)定义开发人员必须实现的软件功能,使得用户能完成他们的任务,从而满足业务需求。

在需求分析规格说明书中说明的功能需求,应能充分描述系统所应具有的外部行为。需求分析规格说明在开发、测试、质量保证、项目管理以及相关项目功能中都起着重要的作用。

作为功能需求的补充,需求分析规格说明还应包括非功能需求,它描述系统展现给用户的行为和执行的操作等。它包括产品必须遵从的标准、规范和合约,外部界面的具体细节,性能要求,设计或实现的约束条件及质量属性。所谓约束是指对开发人员在软硬件产品设计和构造上的限制。质量属性是通过多种角度对产品的特点进行描述,从而反映产品功能。多角度描述产品对用户和开发人员都极为重要。

3.3.1.2　数据获取

在精细农业实施中,涉及的数据类型、数据量都极其庞大,并且具有不同的时空分布特征。它们的建设在整个精细农业地理信息系统开发中具有重要的意义。

获取信息是建立数据库的第一步,非数字信息必须转换成数字形式才能被计算机接受。地理信息系统将信息分成空间信息和属性信息两大类,这两类信息的获取途径主要有5种:①野外实地测量;②摄影测量与遥感;③现场专题考察与调查;④社会调查与统计;⑤利用已有资料。

野外实地测量是传统的地图测量方法,这种方法获得的资料具体、准确,但花费人工多,工作周期长。一般是测得资料后制成通用地图,再输入到地理信息系统的数据库中。近年来GPS广泛应用,给野外实地测量带来极大方便。

航空摄影测量已普遍用于通用地图的制作,经过专门训练的操作员可以用一种称为立体解析测图仪的光学电子仪器,直接在航空照片上读取坐标,传输入计算机中。最近已出现了用软件取代立体解析测图仪的新技术,将有良好的推广应用前景。遥感技术是在航空摄影的基础上发展起来的,从广义上说前者也包括了后者。除可见光外,遥感技术还可利用其他自然电磁波(如红外线)或由人工发射电磁波对地球表面进行远距离探测,探测的结果如果记录在照片上,可以用扫描仪或解析测图仪输入到计算机中;如果是用数字方式记录下来的,则可直接用计算机来处理,然后转入GIS的数据库。

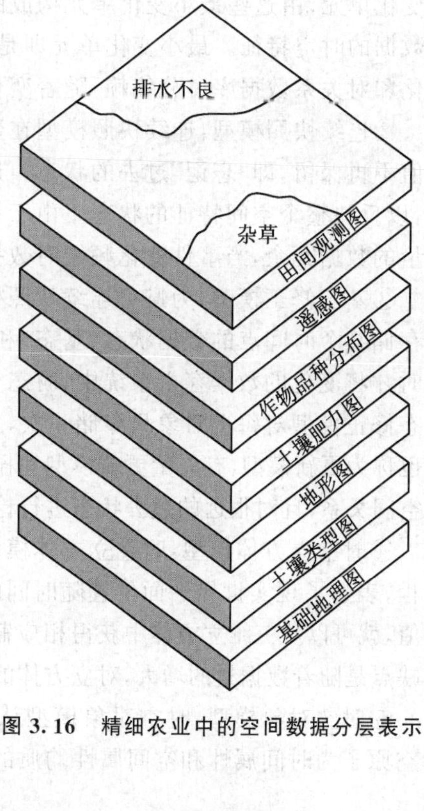

图3.16　精细农业中的空间数据分层表示

某些专门的信息,如土壤成分、土地使用、降雨量等,要靠现场专题调查才能获得。

任何一个信息系统都应尽量利用已有的资料,以减少工作成本,缩短工作周期。例如现有地图、历史上的遥感资料、政府统计部门的各种调查、统计报表等,都是最常用的信息来源。

精细农业中对空间数据的建设,需要根据数据的具体特征，采用合适采集方法，并对数据库进行管理，如图 3.16 所示。在精确农作实践中建立空间数据库的步骤通常是：

• 用扫描仪、数字化仪输入基础地理信息，建立农田电子地图或用 DGPS 帮助绘制农田地理图形；

• 通过键盘输入定点采样数据或由产量监视器下载产量数据；

• 在 GIS 支持下对数据进行平滑、统计或内插处理，生成不同层面的矢量型空间数据地理分布图形；

• 选择颜色和图例以明晰表达各种空间信息分布图形；

• 在作物生产决策支持系统和决策者的参与下生成不同类型的处方图形用于指导处方农作；

• 在绘图仪、彩色打印机上打印图形或存入相应介质中备用。

3.3.1.3 模型研究

空间、时间、属性是地理现象的 3 个基本特征，也是 GIS 数据库的 3 种基本数据成分。这里的“空间”指空间位置数据及其派生数据，“属性”指与空间位置无派生关系的专题属性数据，“时间”则指空间和属性状态的时变信息。

随着近年来以空间数据库为基础的 GIS 研究和应用的不断深入，随时间而变化的信息越来越受到人们的关注，因而提出了时态 GIS(简称 TGIS)的概念。时态 GIS 的组织核心是时空数据库，时空数据模型则是时空数据库的基础。但是由于空间、时间、属性三者之间的关系和结构组织非常复杂，商品化的时空数据库和时态 GIS 系统尚未出现。目前研究比较有影响的时空数据模型有以下几种：

①时空复合模型：将每一次独立的叠加操作转换为一次性的合成叠加，变化的累积形成最小变化单元，由这些最小变化单元构成的图形文件和记录变化历史的属性文件联系在一起表达数据的时空特征。最小变化单元即是一定时空范围内的最大同质单元。其缺点在于多边形碎化和对关系数据库过分依赖，随着变化的频繁会形成很多的碎片。

②连续快照模型：连续快照模型在数据库中仅记录当前数据状态，数据更新后，旧数据变化值不再保留，即“忘记”过去的状态。连续的时间快照模型是将一系列时间片段快照保存起来，以反映整个空间特征的状态。由于快照将对未发生变化的所有特征重复进行存储，会产生大量的数据冗余，当事件变化频繁时数据量较大，系统效率将会大大降低。

③基态修正模型：为避免连续快照模型将未发生变化部分的特征重复记录，基态修正模型只存储某个时间点的数据状态(基态)和相对于基态的变化量。只有在事件发生或对象发生变化时才将变化的数据存入系统中，时态分辨率刻度值与事件或对象发生变化的时刻完全对应。基态修正模型对每个对象只存储一次，每变化一次，仅有很少量的数据需要记录。基态修正模型也称为更新模型，有矢量更新模型和栅格更新模型。其缺点是较难处理给定时刻时空对象间的空间关系，且对很远的过去状态进行检索时，几乎对整个历史状况进行阅读操作，效率较低。

④时空立方体模型：时空立方体模型用几何立体图形表示二维图形沿时间维发展变化的过程，表达了现实世界平面位置随时间的演变，将时间标记在空间坐标点上。给定一个时间位置值，就可以从三维立方体中获得相应截面的状态，也可扩展表达三维空间沿时间变化的过程。其缺点是随着数据量的增大，对立方体的操作会变得越来越复杂，甚至最终变得无法处理。

⑤时空对象模型：时空对象模型认为世界是由时空原子(spatio-temporal atom)所组成，时空原子为时间属性和空间属性均质的实体。在该模型中时间维是与空间维垂直的，它可表

示实体在空间和属性上的变化,但未涉及对渐变实体的表示。其缺点是随着时间发生的空间渐进的变化不能在时空对象模型中表示,没有一个描绘变迁、过程的概念。

⑥面向对象的时空数据模型:面向对象方法是在节点、弧段、多边形等几何要素的表达上增加时间信息,考虑空间拓扑结构和时态拓扑结构。一个地理实体,无论多么复杂,总可以作为一个对象来建模。其缺点是没有考虑地理现象的时空特性和内在联系,缺少对地理实体或现象的显式定义和基础关系描述。

GIS的空间分析功能只是为精细农业提供了通用分析模型,为了更好地实现决策支持,需要针对目标区建立专业模型,以准确定义各个因子之间的关系及其时空变化,如土壤水分和肥力的时空模型以及其对作物产量的影响等。

3.3.1.4　平台建设

根据系统需求分析的结果,需要建设系统硬件平台,包括主机、服务器、网络设备、GIS输入输出设备、精细农业数据采集设备等,这些设备需要能够满足系统运行的需求,并且具有灵活性和可扩展性。

GIS硬件平台的基本类型如图3.17所示,用以存储、处理、传输和显示地理信息或空间数据。计算机与一些外部设备及网络设备的联结构成GIS的硬件环境。

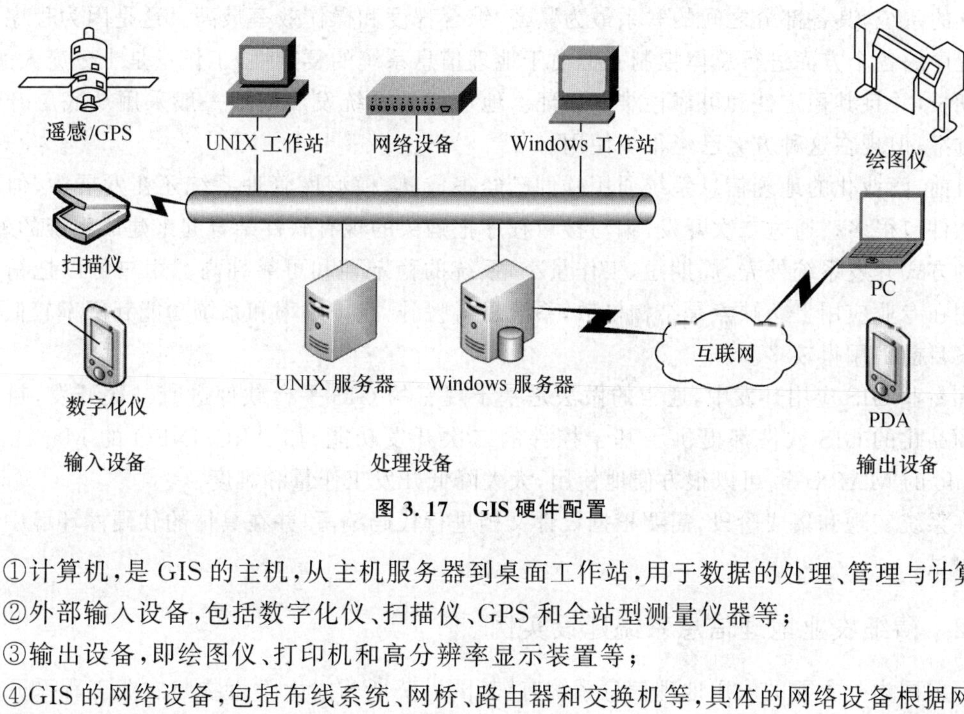

图 3.17　GIS 硬件配置

①计算机,是GIS的主机,从主机服务器到桌面工作站,用于数据的处理、管理与计算;

②外部输入设备,包括数字化仪、扫描仪、GPS和全站型测量仪器等;

③输出设备,即绘图仪、打印机和高分辨率显示装置等;

④GIS的网络设备,包括布线系统、网桥、路由器和交换机等,具体的网络设备根据网络计算的体系结构来确定;

⑤数据存储与传送设备,即磁带机、光盘机、活动硬盘和硬盘阵列等。

3.3.1.5　系统设计与实现

系统设计包括总体设计和详细设计两个阶段,其中总体设计确定系统的体系结构以及模块之间的关系,需要达到"松耦合、高内聚"的特点,同时便于演化和维护;详细设计需要完成具体数据结构和算法的设计,在设计中需要保证系统运行的效率。

系统设计的任务是将系统分析阶段提出的逻辑模型转化为相应的物理模型,其设计的内容随系统的目标、数据的性质和系统的不同而有很大的差异。一般而言，首先应根据系统研制的目标，确定系统必须具备的空间操作功能，称为功能设计；其次是数据分类和编码，完成空间数据的存储和管理，称为数据设计；最后是系统的建模和产品的输出，称为应用设计。系统设计是地理信息系统整个研制工作的核心，不但要完成逻辑模型所规定的任务，而且要使所设计的系统达到优化。

功能设计又称为系统的总体设计，它们的主要任务是根据系统研制的目标来规划系统的规模和确定系统的各个组成部分，并说明它们在整个系统中的作用与相互关系，以及确定系统的硬件配置，规定系统采用的合适技术规范，以保证系统总体目标的实现。因此系统设计包括数据库设计、硬件配置与选购、软件设计等。

从应用软件系统研究和开发的工程技术人员角度来看，目前开发和设计农田地理信息系统基本有两种方式：一是从底层开发一个专用的地理信息系统。专用的地理信息系统功能中应包括通用地理信息系统的所有图形显示、编辑、输入、输出等基本命令；二是在商业化地理信息系统（主要是通用的地理信息系统开发平台）的基础上进行二次开发，完成专用地理信息系统的开发任务。

从底层开始自行开发全部系统，就要根据系统需要的功能，编写所有的程序。利用这种方式建立的系统，其各部分之间的联系最为紧密，综合程度和操作效率最高。这是因为程序员可以对程序的各个方面进行总体控制。但由于地理信息系统的复杂性，工作量是十分庞大的，开发周期长，并且其稳定性和可靠性难以保证。地理信息系统发展初期一般采用从底层开发系统的方案，但现在这种方案已经很少使用。

目前，商业化的地理信息系统通用软件已经很成熟，模型库管理系统还在发展中，但模型分析软件包很多。通过二次开发，编写接口程序把购买的现有软件结合起来建成系统的外壳。用这种方式开发系统外壳，周期短，工作量小，系统的稳定性和可靠性高。用户可以把精力主要集中在专业应用上。缺点是结构松散，系统显得臃肿，操作效率和系统功能利用率较低。这种方案目前采用得较多。

在专业 GIS 应用开发中，通常的做法是基于现有的 GIS 平台软件进行二次开发，目前大多数商品化的 GIS 软件都提供了基于控件的二次开发功能，如 ARC/INFO 的 MapObject、MapInfo 的 MAPX 等，可以很方便地使用，大大降低开发工作量和难度。

在系统实现和集成阶段，需要根据设计文档进行代码编写，并在具体的软硬件环境中进行集成测试。

3.3.2 精细农业地理信息系统建设实例

目前国内外主要的农用地理信息系统有：美国堪萨斯州立大学生物与农业工程系开发的农田地理信息系统 FIS，中国农业大学精细农业研究中心与河北农业大学人工智能研究中心合作开发的 VRF-ISDSS 系统、中国农业大学精细农业研究中心开发的 FarmGIS 系统，美国 Trimble 公司开发的 AGIS 系统，Ag-chem 公司开发的 SGIS 系统，SST 公司开发的 SST 系统，英国 AGCO 公司开发的 FieldStar 系统，美国 CASE IH 公司的 AFS 系统，John Deere 公司开发的 GreenStar 系统，以及 Farm Works、AGRIS、Agri-logic 和 RDI 等公司的相应产品。

3.3.2.1 FIS 系统

FIS 是美国堪萨斯州立大学专门为精细农业技术研究与实践开发的一个农田信息系统。

它采用面向对象的程序设计方法，在 Borland C＋＋语言环境下编辑开发。FIS 提供了空间内插、地理编码、逻辑和算术查询、空间模式分析及友好的用户界面等功能，是基于栅格数据的农田地理信息系统(Zhang 等，2000)。FIS 系统可根据大地坐标文件或 UTM 坐标文件生成农田边界；支持栅格文件，栅格列表文件和遥感图像文件；具有 IDW 插值功能，用于进行文件格式转换或图像分辨率的调整；能够统计农田或栅格的均值、标准差、变差系数、最大值、最小值、相关系数；能分析某一情况对周围区域的影响；能够对同一块农田中的不同数据层进行分析；提供了 FFT(快速傅立叶变换)、高通、低通、带通和带阻等滤波功能。

FIS 系统在遥感图像的处理方面功能较强，并且也提供了插值、统计、查询、缓冲区分析与空间模式分析等多方面的功能，是一个比较完善的农田地理信息系统，但这一系统不能支持矢量格式的图形数据，基本农田信息管理方面的功能比较薄弱。

3.3.2.2 VRF-ISDSS 系统

VRF-ISDSS 是中国农业大学精细农业研究中心与河北农业大学人工智能研究中心合作开发的冬小麦变量施肥智能空间决策支持系统，该系统是在通用地理信息系统平台 ArcView GIS 的基础上通过二次开发完成的，其界面如图 3.18 所示。此系统可运行于 Windows2000 或更新版本的 Windows 操作系统，能够直接调用 ArcView GIS 所提供的地图数字化、坐标文件导入、电子地图编辑、图形显示方式设定、属性数据管理、数值查询与逻辑查询、插值分析、统计分析、缓冲分析、叠加分析、3D 分析、路径分析、矢量与栅格文件转换等全部功能，可以十分方便地管理田间数据。

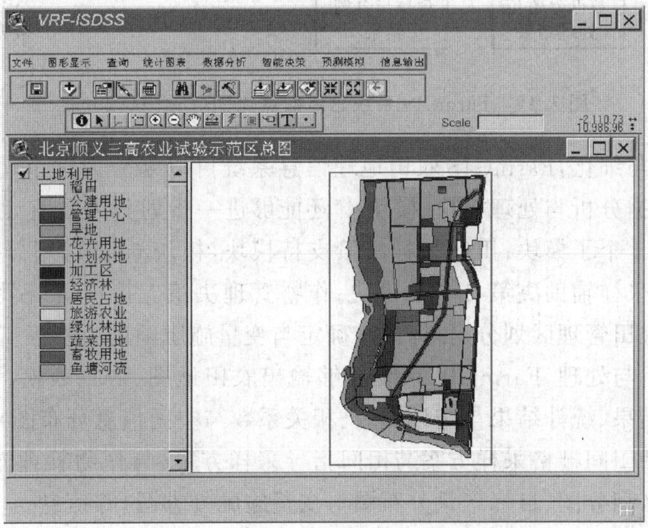

图 3.18 VRF-ISDSS 系统界面(邝继双，1999)

3.3.2.3 FarmGIS 系统

针对我国农业生产与发展精细农业的需要，以较小的开发成本在较短的开发周期内开发一种功能适当、界面友好并且符合用户操作习惯与作物生产管理方式的农田地理信息系统，用来分析与处理田间数据，管理农田信息，为开展精细农业提供支持，中国农业大学精细农业研究中心开发了 FarmGIS 系统，此系统与 ArcGIS、GeneMap、SmallWorld 与 MapInfo 等复杂、昂贵的通用地理信息系统不同，它专门针对精细农业应用而设计，具有功能专一、系统精简、价格适当的特点。同时为了满足精细农业研究的需要，与 AGIS、SGIS 和 AFS 等农田信息管理软件相比，农田地理信息系统要具有较强的数据分析与处理功能。

FarmGIS 系统的总体数据流图如图 3.19 所示。系统的输入数据主要有农田空间数据、农田属性数据与田间采样数据。农田空间数据是指能够表明农田空间位置的数据，主要包括农田的 GPS 数据文件与遥感图像等。农田的属性数据是指反映农田具体情况的数据，主要包括田块的土地所属、农田类型、面积、周长、作物类型、土壤类型等内容。田间采样数据则是指为了监测作物生长情况与农田环境参数所采集的数据及其定位坐标，主要包括作物的生长密度、株高、生物产量、籽粒产量等数据，以及土壤养分、土壤含水率和反映土壤压实程度的土壤圆锥指数等数据。

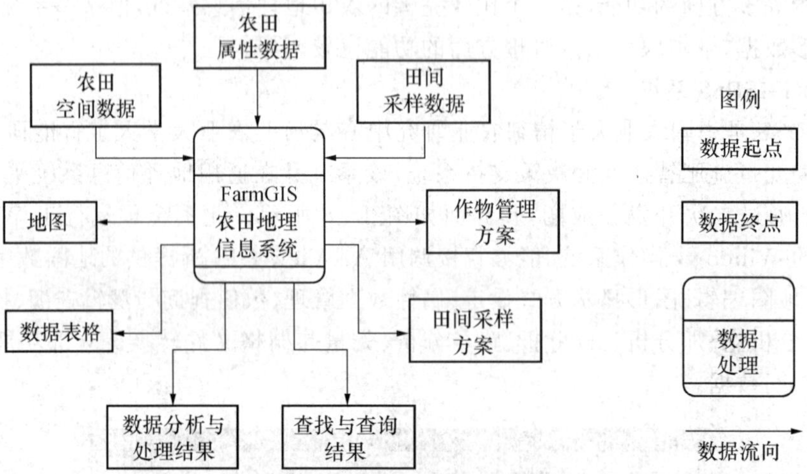

图 3.19 FarmGIS 系统总体数据流图(邝继双，2003)

经过功能分解与细化，FarmGIS 农田地理信息系统可以划分为 7 个功能模块，如图 3.20 所示。其中田间数据分析与处理模块(模块 4)还能够进一步划分为数值计算、统计分析、相关分析与插值分析等 4 个子模块；田间采样决策支持模块(模块 6)可以划分为田间栅格采样辅助决策与田间指导采样辅助决策 2 个子模块；作物管理决策支持模块(模块 7)可以划分为精细施药辅助决策、农田管理区划分、目标产量确定与变量施肥辅助决策等 4 个子模块。经过不同模块的运算、分析与处理，FarmGIS 系统能够输出农田地图、数据表格、数据分析与处理结果(包括数值计算结果、统计结果与统计图表、相关系数与空间信息分布图)、查找与查询结果、田间采样方案(包括田间栅格采样方案与田间指导采样方案)与作物管理方案(包括精细施药处方图、农田管理区划分图、目标产量分布图与变量施肥处方图)等信息。

3.3.2.4 AGIS 系统

AGIS 是 Trimble 公司开发的用于农业的地理信息系统，其系统界面如图 3.21 所示。系统能够处理 YLD、LOG 与 TXT 格式的产量数据，具有插值分析和经济分析功能，能够生成变量作业处方图，具有矢量与栅格图形转换功能，支持 Shapefile、DXF、Tiff 等多种图形格式的输入与输出，具有统计、屏幕数字化和电子地图编辑与打印等功能。AGIS 能够支持地理信息系统普遍使用的 Shapefile 与 DXF 格式，这给不同系统之间的数据共享带来了很大方便；并且系统能够很好地支持 GPS 系统的定位、导航与数据采集等工作。

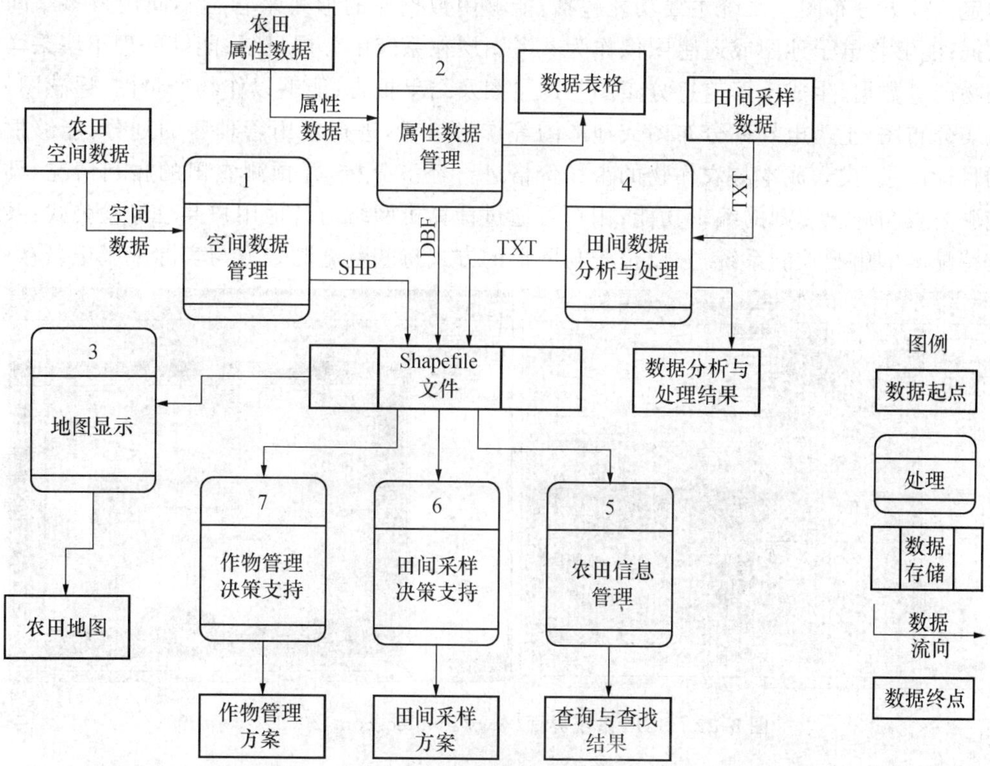

图 3.20　FarmGIS 系统七模块数据流图(邝继双,2003)

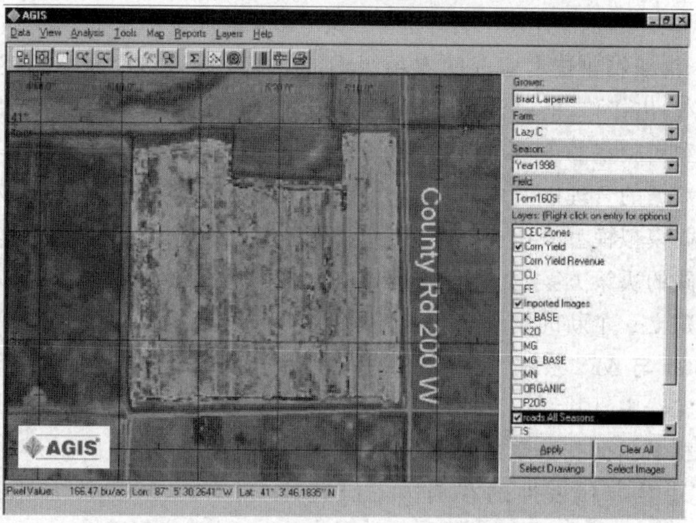

图 3.21　AGIS 系统界面(www.trimble.com,2003)

3.3.2.5　SGIS 系统

SGIS(SOILTEQ Geographical Information System)是美国 Ag-chem 公司专门为精细农业技术实践需要设计的 GIS 软件系统,系统界面如图 3.22 所示。SGIS 能够利用各种农田空间信息如农田观测数据、农田边界数据、土壤测试数据、作物产量数据、变量应用数据等,生成不同的定位处方分布图。系统主要功能包括：能够用数据库的形式来管理不同用户多年间的田间数据；能够将电子地图或遥感图像作为参考图层在系统中分层显示；能够处理土壤采样数据与作物产量数据，生成土壤信息分布图与产量图及结果报告；能够以作物产量图、遥感图像、土壤压实分布图、土壤电导率分布图或地形图等作为参考，进行农田管理区的划分；能够根据用户的目标产量、投入成本与农作物的市场价格进行经济分析，并预测农田的赢利情况；具有变量施肥公式与施肥规则的编辑功能；用户可通过计算机网络与其他用户共享经验公式；系统能够支持配套的施肥控制系统，并以报告与图形的方式将变量施肥处方与实际施肥记录存档。

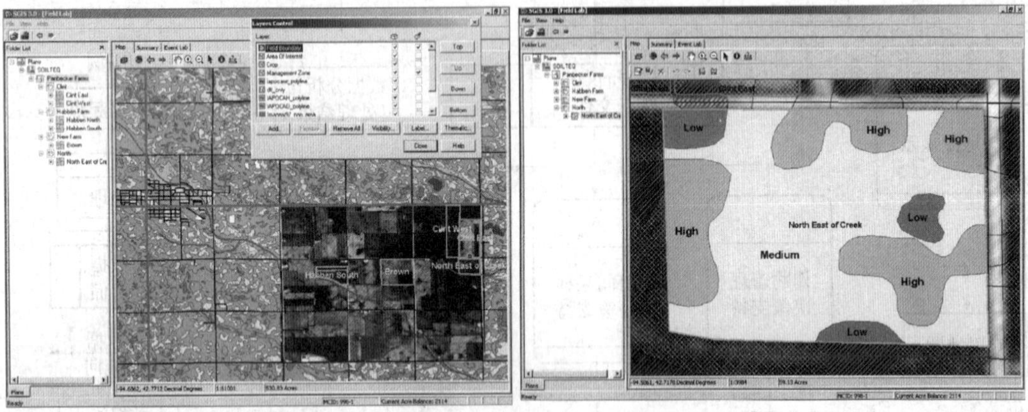

图 3.22 SGIS 系统界面（www.soilteq.com，2003）

3.3.2.6 SST 系统

SST(Site-Specific Technology)是美国 SST 公司开发研制的一个精细农业软件系统。它是以 ArcView 3.0 作为 GIS 开发平台，通过二次开发，面向农学家、农场主、化肥和农药销售商等，专门应用于精细农业技术实践的农场级 GIS 系统。SST 的主要功能包括：提供了一个完全开放的输入/输出接口，能够读取 GPS 定位数据、RS 图像数据、多种 GIS 数据、多种产量传感器输出数据和实验室的土壤分析数据等；提供了较强的数据管理与分析功能，包括从原始数据到时空图形数据的管理以及农田变异分析、回归分析、聚类分析、相关分析、经济分析等功能；集成上述数据、模拟模型及历史的土壤、作物管理数据和个人经验等，生成一个合适的支持精细农业技术实践的决策方案，如定位施肥处方分布图等；提供了一个二次开发接口，使用户可根据具体情况建立一个新的精细农业软件系统。

3.3.2.7 FieldStar 与 AFS 系统

在精细农业实践中，国际上几个大型的农机制造企业相继生产出带有 GPS 定位系统和产量传感器的收获机与其他支持精细农业生产的智能化农业机械，并研制开发了相应的地理信息处理系统。其中具有代表性的有美国 CASE IH 公司的 AFS 系统、John Deree 公司的 GreenStar 系统、英国 AGCO 公司的 FieldStar 系统和 RDS 公司的 RDS PFS 系统等。

FieldStar 系统中 Yield Mapping 的功能与 AFS 系统中的 Instant Yield Map 的功能相似，用于将产量数据文件读入系统，并通过插值分析将产量数据生成产量分布图。而 AFS 系统中 Instant Application Mapping 具有根据产量数据生成变量施肥处方图的功能。FieldStar Yield Mapping System 系统界面与 AFS Instant Yield Map 系统界面分别如图 3.23 和图 3.24 所示。

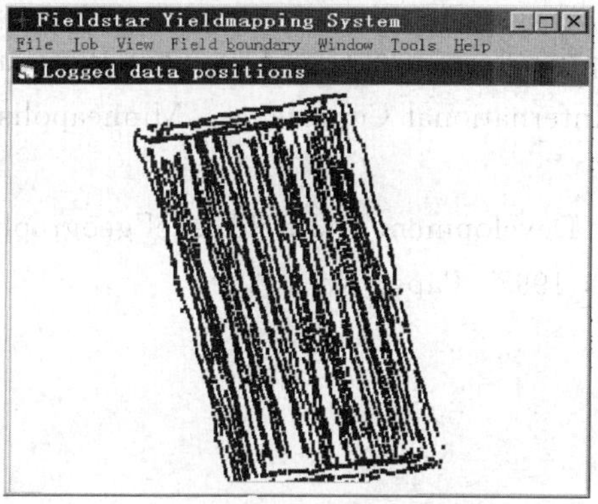

图 3.23　**FieldStar Yield Mapping System 系统界面**

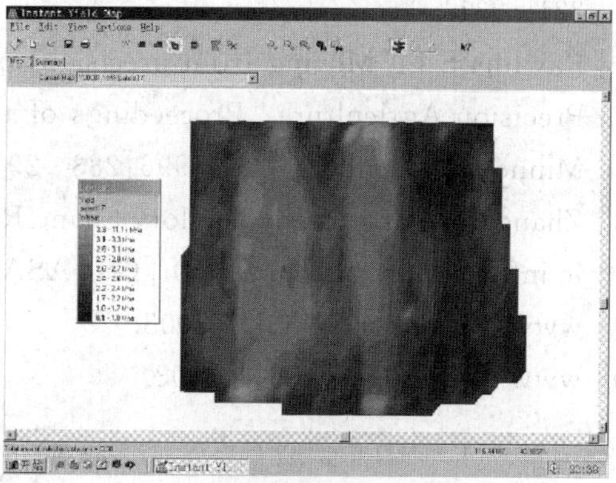

图 3.24　**AFS Instant Yield Map 系统界面**（张漫，2003）

参考文献

[1] 龚健雅．地理信息系统基础[M]．北京：科学出版社，2001．

[2] 承继成．精准农业技术与应用[M]．北京：科学出版社，2004．

[3] 邝继双．基于GIS组件的农田空间信息管理系统的开发研究[D]．北京：中国农业大学，2003．

[4] 邝继双．冬小麦变量施肥智能空间决策支持系统（VRF-ISDSS）的研究与实现[D]．保定：河北农业大学，1999．

[5] 陆守一，唐小明，王国胜．地理信息系统实用教程[M]．北京：中国林业出版社，1998．

[6] 汤国安，赵牡丹．地理信息系统[M]．北京：科学出版社，2001．

[7] 王家耀．空间信息系统原理[M]．北京：科学出版社，2001．

[8] 邬伦，刘瑜，张晶，等．地理信息系统：原理、方法和应用[M]．北京：科学出版社，2001．

[9] 张漫．农田谷物产量空间分布信息采集、处理与系统集成技术研究[D]．北京：中国农业大学，2003．

[10] CASE IH Corporation. AFS Universal Display and Display Plus. 2000 User's Manual [G]. 2000.

[11] Environmental Systems Research Institute. ESRI Shapefile Technical Description—An ESRI White Paper [R]. Redlands, CA, USA, 1997.

[12] Dronningborg Industries. FieldStar Application Mapping System User's Guide[G]. UK, 1998.

[13] Dronningborg Industries. FieldStar Precision Farming System User's Guide[G]. UK, 1998.

[14] Dronningborg Industries. FieldStar Yield Mapping System User's Guide[G]. UK, 1998.

[15] Zhang N, Taylor R. Applications of a field-level geographic information system (FIS) in precision agriculture [C]. Proc. of the 5th Int. Conf. on Precision Agriculture CDROM, Minnesota, American, 2000 File No. 214.

[16] Zhang N, Runquist E, et al. Making GIS a versatile analytical tool for research in precision farming [J]. Computers and Electronics in Agriculture, 1999, 22(2-3):

221 - 231.
[17] Rawlins S L. Moving from precision to prescription farming [C]//The Next Plateau. Precision Agriculture. Proceedings of the 3rd International Conference. Minneapolis, Minnesota, June 23 - 26, 1996:283 - 294.
[18] Zhang Naiqian, Randy Taylor, Shane Runquist. Development of a field-level geographic information system (FIS) [G]//ASAE Paper, 1998, Paper No. 1120.
[19] www. trimble. com[OL],2003.
[20] www. soilteq. com[OL],2003.

第4章 遥感技术及其在精细农业中的应用

一般将非接触、远距离感知目标物的探测技术统称为遥感。遥感技术是通过航空或航天遥感平台(如飞机或卫星),利用传感器(如CCD摄像机、扫描仪、雷达等)获取目标物反射或辐射的电磁波信息,通过信息的传输和处理,实现目标物远距离探测研究。遥感属于地学、生物学、航空航天、电磁波传输、图像处理等多学科领域交叉融合的新兴学科。图4.1为卫星遥感技术的示意图。

随着现代技术发展,遥感技术已被广泛应用于农、林、牧、渔、水文、地质、气象、测绘、环境保护、城市规划、考古、土地利用与动态监测和军事侦察等众多领域。

由于遥感技术信息获取方法的空间特性,使得该技术具有信息量大、受地面条件限制少等特点,因此近年来在农业中,特别是耕地信息管理、作物病虫害监测及作物产量和长势监测等方面得到了广泛应用。

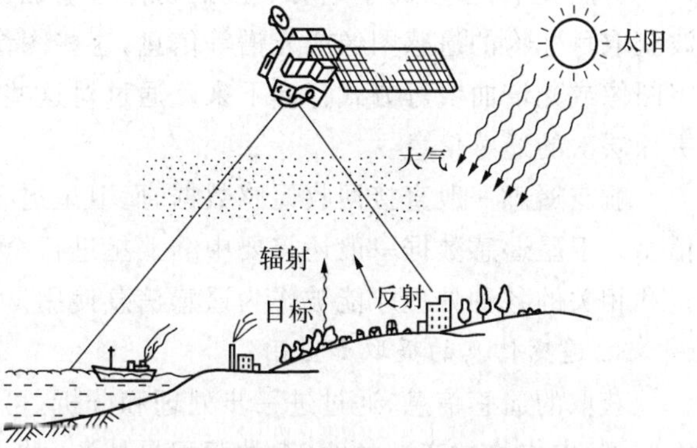

图4.1 卫星遥感技术示意图

20世纪70年代,遥感技术就被用于美国大面积农作物估产计划(LACIE),目前可用于对农业进行监测和研究的各种航空和航天遥感器,可以获得可见光、近红外、红外及微波等波段的遥感数据,几乎覆盖了电磁波谱的所有波段。

4.1 遥感的基本概念

4.1.1 什么是遥感

遥感(remote sensing)一词来源于英文,顾名思义,就是遥远的感知,由美国的Evelyn L. Pruitt于1960年首先提出,并在1962年美国召开的"环境科学遥感讨论会"得到正式引用。遥感作为多学科领域交叉融合的新兴学科,其技术发展涉及由地球表面到地球外层空间的众多相关科学。遥感技术体系可以概括为遥感平台及传感器技术,遥感数据的传输、接收和处理,遥感信息提取和应用等3个技术环节。

1. 遥感平台及传感器技术

①遥感平台:遥感平台是指搭载遥感传感器的运载工具,如卫星、飞机和地面遥感车等。

②传感器：传感器是指在一定距离之外，通过电磁波获取目标物信息（如图像、光谱等）的仪器。形象地说，它就像人的眼睛，可以对一定距离之外的目标进行观测。

按传感器的电磁波辐射来源，遥感传感器可分为主动传感器和被动传感器。被动遥感是指传感器无须发射电磁波信号，直接探测和接收目标物辐射或反射的来自太阳光的电磁波，如常见的可见光和红外遥感。主动遥感指通过自身携带的辐射源，传感器先向观测目标发射电磁波信号，然后再接收目标物反射回来的电磁波信号，根据不同地物目标各自的反射特征来获取目标物信息，如合成孔径侧视雷达等。

按传感器的成像原理和所获取图像的性质，遥感传感器可分为摄影类传感器（如画幅式摄像机、全景摄像机、多光谱摄像机等）、扫描成像类传感器（如 MSS 多光谱扫描仪、TM 专题制图仪、HRV 线阵列推扫式 CCD 扫描仪、成像光谱仪等）和雷达成像类传感器（如真实孔径侧视雷达、合成孔径侧视雷达等）。

按传感器对电磁波的记录方式，遥感传感器可分为成像传感器和非成像传感器。成像式传感器的输出结果是目标的图像，而非成像式传感器输出的是目标物的特征数据。

2. 遥感数据的传输、接收和处理

自然界中，温度高于绝对零度的物体对电磁波具有反射和辐射等特征。传感器通过电磁波获取目标物的遥感图像或光谱等信息，这些图像或光谱是遥感信息的主要表现形式，并以数字图像或光谱曲线等方式存储下来。通过对这些图像或光谱的处理和分析，可以进一步获得更深层次的遥感信息。

航空遥感一般直接回收遥感数据，而卫星遥感则需要地面接收站，采用视频传输方式回收信息。卫星遥感数据一般还需要中继卫星进行全球数据的实时传输。而遥感数据通过几何校正和相关的各种处理才能被作为遥感信息使用。

3. 遥感信息的提取和应用

获取的遥感信息，通过进一步处理和分析，可用于许多领域。如农业（农作物长势和病虫害监测、农作物估产）、林业（森林蓄积量估测、林火监测）、资源环境（土地利用变化监测、矿藏探测、污染监测）、气象（气象云图获取）、地质勘探、测绘（地形测绘、大型建设工程选址）、城市规划（道路交通管理、地图更新、房地产建设及管理）、军事用途等。

4.1.2 遥感的特性

遥感技术在信息获取和应用方面具有三大特性，即空间特性、光谱特性、时相特性。这些特性根据传感器的性能可以通过 4 个分辨率来体现，即空间分辨率、辐射分辨率、光谱分辨率和时间分辨率。

①空间特性：空间特性是遥感的主要特性之一。遥感可以大范围连续获取地表信息，为人们提供了宏观研究各种地物目标、自然现象及其规律的手段。在遥感图像上，图像的最小单位是像素，像素表示图像所能区分的地物目标的最小的尺度，又称为空间分辨率（如 TM 专题制图仪的空间分辨率为 30 m×30 m）。空间分辨率代表了遥感图像对地物目标空间尺度特征的分辨能力。

②光谱特性：地物对不同波段电磁波的反射和辐射特征不同，如果把不同波段的反射率（或辐射率）连起来，就成为一条光谱曲线。光谱曲线代表了地物自身的辐射特征或对外来电磁波的响应特征，是重要的遥感信息之一。传感器对细微光谱波段宽度的区分能力又被称做

光谱分辨率(如 10 μm、100 nm、20 nm 等)。传感器对辐射功率的探测能力或者说敏感性,又被称为辐射分辨率。在不同波段、使用不同的传感器获得的辐射分辨率不同。除可见光之外,红外、紫外、微波等波段的电磁波都是探测地物信息的有力手段。这些遥感探测手段突破了人眼的局限,丰富了人们对世界的认识。

③时相特性:遥感能够周期性成像,这样就可以获取不同时期地物的遥感信息,从而对目标物的动态变化及其规律进行监测和分析。也可以根据特殊需要,对目标物进行迅速及时的监测和分析。如农作物长势和病虫害、洪水、森林火灾、地图更新、军事目标监测等。

4.1.3　遥感的分类

按照不同的分类标准,遥感有多种分类:

• 根据搭载传感器的遥感平台,可分为车载遥感、航空遥感和航天遥感;

• 根据所利用的电磁波波段,可分为可见光遥感、红外遥感、微波遥感等;

• 根据传感器的工作方式,可分为主动遥感和被动遥感;

• 根据传感器所获取遥感图像的空间分辨率,可分为低分辨率遥感、中分辨率遥感和高分辨率遥感等;

• 根据应用领域,可分为资源环境遥感、农业遥感、灾害遥感、城市遥感和军事遥感等。

4.1.4　太阳辐射与大气窗口

太阳是被动遥感最主要的辐射源。太阳光谱的能量大部分集中于可见光波段,图 4.2 中清楚地描绘了黑体(对于任何波长的电磁辐射都全部吸收的物体)在 5 800 K 时的辐射曲线、在大气层外接收到的太阳辐照度曲线及太阳辐射穿过大气层后在海平面上接收到的太阳辐照度曲线。从大气层外太阳辐照度曲线可以看出,太阳辐射的光谱是连续光谱,且辐射特性与绝对黑体辐射特性基本一致。

图 4.2 中海平面处的太阳辐照度曲线与大气层外的曲线有很大不同。其差异主要是由于大气中的水、氧、臭氧、二氧化碳等分子对太阳辐射的吸收作用,吸收作用使辐射能量转变为分子的内能,从而引起这些波段太阳辐射强度的衰减,甚至某些波段的电磁波完全不能通过大气。因此在太阳辐射到达地面时,形成了电磁波的某些缺失带,加之辐射在传播过程中遇到小微粒而使传播方向改变,并向各个方向散开(称为散射)。散射使原传播方向的辐射强度减弱,而增加向其他各方向的辐射,尽管强度不大,但从遥感数据角度分析,太阳辐射在照到地面又反射到传感器的过程中两次通过大气,在照射地面时,由于散射增加了漫入射的成分,使反射的辐射成分有所改变;返回传感器时,除反射光外还增加了散射光进入传感器。通过两次影响增加了信号中的噪声成分,造成遥感图像的质量下降。图中那些衰减最大的区间便是大气分子吸收的最强波段。

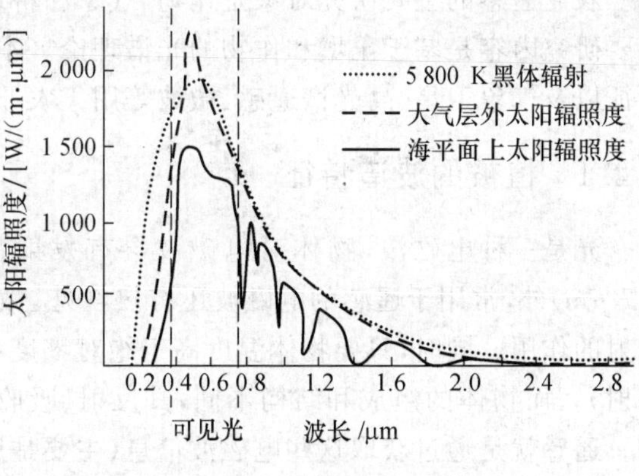

图 4.2　太阳辐照度分布曲线

对遥感传感器而言，选择透过率高的波段对观测才有意义。通常把电磁波通过大气层时较少被反射、吸收或散射的，透过率较高的波段称为大气窗口。

图 4.3 为大气窗口，光谱段主要包括：

0.3～1.3 μm，即紫外、可见光、近红外波段。这一波段是摄影成像的最佳波段，也是许多卫星传感器扫描成像的常用波段。

1.5～1.8 μm 和 2.0～3.5 μm，即近、中红外波段。这一波段是白天日照条件好时扫描成像的常用波段，用以探测植物含水量以及云、雪，或用于地质制图等。

3.5～5.5 μm，即中红外波段。在该波段，除了反射外，地面物体也可以自身发射热辐射能量。用于气象卫星探测海面温度，获得昼夜云图。

8～14 μm，即远红外波段。该波段主要通透来自地物热辐射的能量，适于夜间成像。

0.8～2.5 cm，即微波波段。由于微波穿云透雾能力强，这一区间可以全天候观测，而且是主动遥感方式，如侧视雷达。

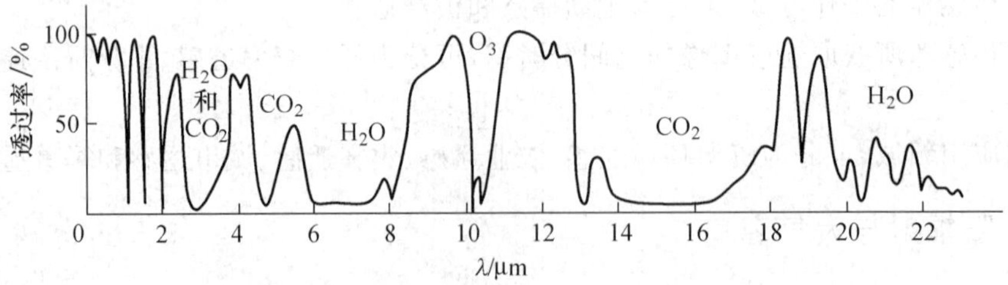

图 4.3 大气窗口（李民赞，2006）

4.2 农业遥感监测机理

农业遥感的主要研究对象是作物、气象和耕地资源等与农业生产相关的地物特征，因此其主要研究内容是基于土壤和作物的光谱理论。本节将简要介绍地物（尤其是绿色植物）的波谱特征以及气象卫星、高光谱遥感、微波等用于农业遥感的监测机理。

4.2.1 植被的波谱特征

光是一种电磁波，物体对电磁波会有发射、反射、吸收等作用。除可见光（波长 0.4～0.7 μm）外，常用于遥感的电磁波还有热红外、微波等。物体对外来电磁波都有反射、吸收和透射的作用。同时，只要物体温度高于绝对零度（－273.15℃），就会不断向外发射电磁波（热辐射）。而物体的组成和结构不同，其反射、吸收、透射以及发射电磁波的特性也存在很大差别。遥感就是通过获取这些电磁波信息（主要是反射和辐射）来研究探测目标特性的。

农业遥感建立在地物和绿色植物光谱理论基础之上，主要关心植物和土壤等地物目标的波谱信息。而绿色植物对不同波长光谱的吸收、散射、反射的特征与绿色植物的叶片结构紧密相关，不同作物的反射特性均有不同。不同土质的土壤也具有不同的反射和发射波谱特性。

图 4.4 是植物的反射光谱，在可见光区域（0.4～0.7 μm），植物叶的反射和透射都很低；存在 2 个吸收谷和 1 个反射峰，即 0.45 μm 的蓝光、0.65 μm 的红光和 0.55 μm 的绿光处。吸收谷是由于色素的强烈吸收造成的。在近红外区（0.7～1.3 μm）呈强烈反射，因为叶肉内

的海绵组织结构内有很多大反射表面的空腔，且细胞内的叶绿素呈水溶胶状态，具有强烈的红外反射。在 1.3～3.0 μm 的红外区有 3 个吸收谷，即 1.45、1.95 和 2.7 μm 的水分吸收带。

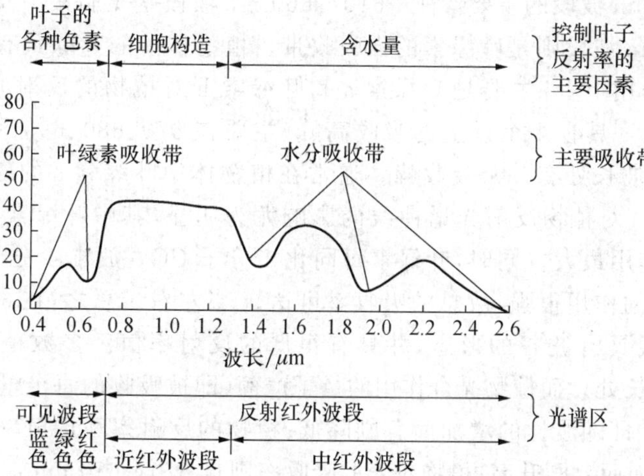

图 4.4　绿色植物的反射光谱特性曲线（孙家柄等，1997）

因为绿色植物叶片的叶绿素对可见光尤其是红光波段有较强烈的吸收，因此红光波段包含了植物叶片的丰富信息。而植物在近红外波段有高的反射率、高的透射率和极低的吸收率，近红外光对植被差异及植物长势反应十分敏感，因此近红外波段包含了植物冠层叶片的大量信息。这一反射光谱特性就是用气象卫星进行农业遥感的理论基础。

植被的反射光谱特征主要由叶片中的叶肉细胞、叶绿素、水分含量和其他生物化学成分对光线的吸收和反射而形成，在不同波段植被的反射光谱曲线具有各不相同的形态和特征，它是物体表面粒子结构、粒子尺度、粒子的光学性质、入射光波长等参数的函数。图 4.5 为玉米叶片的典型反射曲线。下面介绍植被所共有的反射光谱特征。

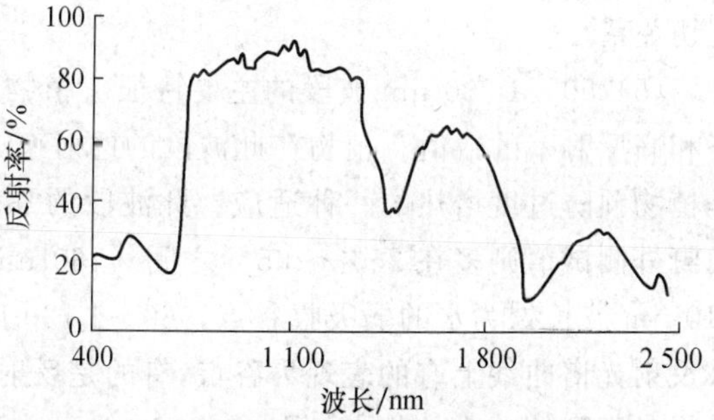

图 4.5　玉米叶片的典型反射曲线（王成，2002）

(1)350～490 nm 波段的主要特征

380 nm 波长附近为大气的弱吸收带，400～450 nm 波段为叶绿素的强吸收带，425～490 nm 波段是类胡萝卜素的强吸收带。叶绿素 a 对蓝光的吸收为对红光吸收的 1.3 倍，叶绿素 b 对蓝光的吸收大于对红光的吸收（吸收率可达 90%以上），即太阳辐射到地面的紫外光和蓝紫光绝大部分被植物所吸收，而反射和透射的极少。所以 350～490 nm 波段的反射光谱曲线具有很平缓的开头和很低的数值，其平均反射率一般不超过 10%。

(2)490～600 nm 波段的主要特征　490～600 nm 波段是类胡萝卜素的次强吸收带，530～590 nm 是藻胆素中藻红蛋白的主要吸收带；但 550 nm 波长附近是叶绿素的绿色强反射峰区，同时叶绿素在数量上比附加色素（类胡萝卜素和藻胆素等）占优势。因此，在 490～600 nm 波段植物的反射光谱曲线具有波峰的形态和中等的反射率数值（大多数在 8%～

28%)。此外在550 nm波长处又是植物吸收率的一个谷值,而透射率在此波长处为一峰值。

(3)600～700 nm波段的主要特征　610～660 nm波段是藻胆素中藻蓝蛋白的主要吸收带,而650～700 nm波段则是叶绿素的强吸收带。植物体中的叶绿素有a、b、c、d等4种形态。从数量上和作用上看,主要是叶绿素a和叶绿素b对植物的反射光谱曲线影响较大。在叶绿体中叶绿素a具有4个以上的吸收高峰(主要在670、680、695和700 nm处),叶绿素b仅在650 nm波长处有一个吸收峰。通常在植物体中叶绿素a的含量3倍于叶绿素b的含量,故叶绿素a对植物反射光谱曲线的影响尤为明显,其中叶绿素a在680和700 nm波长处的吸收峰作用最大。同时,叶绿素每同化1分子CO_2,放出1分子氧,需要吸收8个光量子,其吸收光的作用很强,故总的吸收率可达90%左右。总之,在600～700 nm波段植物的反射光谱曲线具有波谷的形态,并具有很低的反射率值。多数植物的反射率谷值在680或670 nm波长处。而植物光合作用的量子产额(即被吸收的每个量子对CO_2的固定数量)从670 nm开始即随波长的增加而急剧降低;植物的反射率和透射率从670～680 nm开始,随着波长的增加而急剧升高;植物对光的吸收率则自670～680 nm波长开始,随着波长的增加而急剧下降。

(4)700～750 nm波段的主要特征　此波段的主要特征是植物反射率急剧上升,曲线具有陡而接近于直线的形状。其斜率与植物单位叶面积所含叶绿素(a+b)的含量有关;但含量超过4～5 mg/dm^2后则趋于稳定,相关关系表现得不明显。在720～740 nm波段有水的弱吸收,但被植物反射率的急剧增高所掩盖,在曲线形成上没有明显反映。该曲线陡然升高的变化区一般被称为"红边",红边的倾斜程度和在波谱上出现的位置往往与绿色植物的生长状况有密切关系。

(5)750～1 300 nm波段的主要特征　植物的反射光谱曲线在此波段具有波状起伏的形态和高反射率的数值。植物在此波段的透射率亦相当高,而吸收率极低。这种现象可以看成是植物预防过度增热的一种适应。此波段的平均反射率,室内测定值多在35%～78%之间,而野外测试值则多在25%～65%之间。760 nm波长处为水和氧的一个强吸收谷点,850和910 nm波长处为水的弱吸收谷点,960～1 120 nm波长处为水的强吸收谷点。这些谷点在植被反射光谱曲线上有的表现为谷点,有的是反射率增长速度减慢的拐点,还有的表现为反射率由增长至开始减少的拐点。在890～1 080 nm和1 260 nm波长处植物反射率表现为峰值,而在1 190 nm波长处表现为谷值,则与植物本身的生物学特性有关。

(6)1 300～1 600 nm波段的主要特征　植物反射光谱曲线在此波段具有波谷的形态和较低的反射率(大多数在12%～18%之间)数值,这种特点与1 360～1 470 nm波段是水和二氧化碳的强吸收带有关。

(7)1 600～1 830 nm波段的主要特征　植物反射光谱曲线在此波段表现为波峰的形态,并具有较高的反射率(大多数在20%～39%之间)数值,这种特点与植物及其所含水分的波谱特性有关。

(8)1 830～2 080 nm波段的主要特征　植物反射光谱曲线在此波段具有波谷的形态和很低的反射率(大多数在6%～10%之间),这与水和二氧化碳在此波段为强吸收带有关。

(9)2 080～2 350 nm波段的主要特征　植物反射光谱曲线在此波段具有波峰的形态和中等的反射率数值(大多数在10%～23%之间),这种特点与植物及其所含水分的波谱特性有关。此波段的反射率数值低与植物对光的吸收有所增加有关,这可以看成是植物体预防其本身过度变冷的一种适应。

4.2.2 气象卫星遥感

从外层空间对地球及其大气层进行气象观测的人造地球卫星称为气象卫星。气象卫星中的气象观测系统可以接收和测量地球以及大气层的可见光、红外线与微波辐射,并将它们转换成电信号传到地面。气象卫星是主要应用于云图云量分析、水汽分布、大气温度分布等气象服务的一种应用卫星。

4.2.2.1 气象卫星的特点

1. 气象卫星的分类及特点

气象卫星按所在轨道可分为两类:地球静止轨道气象卫星(geostationary meteorological satellite,GMS)和太阳同步轨道气象卫星(也称极地轨道气象卫星,polar orbiting meteorological satellite,POMS)。

GMS属于高轨地球同步卫星,其轨道位于赤道上空近36 000 km,与地球转动同步,相对地球静止,看起来似乎固定在天空某一个点,可作为通信中继站,传送各种卫星视频数据。其轨道高,覆盖范围大,但是所采集的图像数据空间分辨率相对较低,因此较少在农业遥感中直接使用。

POMS的轨道高度为800～1 600 km,南北向绕地球运转,每周经极地附近,对东西宽度约2 800 km的带状地域进行观测,因地球自转获得全球观测资料。由于其轨道高度较低,获得地面信息相对高轨卫星要丰富很多,空间分辨率也有很大提高。因此POMS在农业遥感中的应用较为普遍,特别是为农作物估产、土地资源利用和环境监控等宏观研究方向提供了必要的数据来源。一颗卫星每天可以获得某地区的两次观测数据,观测间隔一般在12 h左右。

2. NOAA的光谱通道

NOAA卫星是由美国海洋大气局运行的第三、四代气象观测卫星。第四代业务极地轨道气象卫星NOAA-K、L、M、N、N′系列的第一颗——NOAA-K于1998年5月发射(发射后称NOAA-15),NOAA-N已于2005年5月发射升空。1994年5月美国决定将现有的NOAA民用极地轨道气象卫星和国防气象卫星(DMSP)合并为“国家极地轨道环境卫星系统”(NPOESS)。这样的多卫星观测也缩短了观测周期。

该系统中装备了高分辨率辐射计(AVHRR)等先进探测设备,所获得的NOAA/AVHRR图像共有5个通道,包括从可见光到远红外的波长范围。其中1通道(红波段,0.58～0.68 μm)为绿色植物的强烈吸收波段,2通道(近红外波段,0.72～1.1 μm)为绿色植物的高反射区。这2个通道较好地反映了绿色植物的信息,适于对植物进行观测分析。

利用NOAA/AVHRR等气象卫星影像对农作物进行检测,可以获得从播种到收获整个发育和生长期的连续监测,可以观测到农田的辐射亮度和反射率谱是一个动态变化的过程,即土壤的辐射亮度和反射率谱逐渐被农作物的辐射亮度和反射率谱代替的过程。

3. 我国的气象卫星

国家卫星气象中心目前已成功地发射了风云一号、风云二号系列气象卫星。其中风云一号系列卫星是极地轨道气象卫星,而风云二号系列卫星是静止轨道气象卫星。

风云一号C星(FY-1C),于1999年5月10日发射升空。卫星总质量为958 kg,轨道高870 km,倾角为98.8°。每天定时两次向世界各地气象台站实时发送10个通道1.1 km分辨率的数字量云图,记录存储国外4个通道4 km分辨率数字量云图,延时回放给我国地面站。

风云一号C星10个数据通道特性见表4.1。

表4.1 风云一号C星各数据通道特性

通道号	波长/μm	主要用途
1	0.58～0.68	白天云层,冰,雪,植被
2	0.84～0.89	白天云层,植被,水
3	4.55～4.93	火点热源,夜间云层
4	10.3～11.3	洋面温度,白天/夜间云层
5	11.5～12.5	洋面温度,白天/夜间云层
6	1.58～1.64	土壤湿度,冰,雪
7	0.43～0.48	海洋水色
8	0.48～0.53	海洋水色
9	0.53～0.58	海洋水色
10	0.90～0.965	水汽

风云一号卫星具有获取全球资料的能力。过去由于缺乏稳定连续的全球遥感信息源,我国对全球遥感作物长势监测和估产应用研究工作一直受到很大限制。风云一号C星、D星的成功发射,使我国成为继美国之后世界上第二个能够实时获得全球遥感数据的国家。利用风云卫星获取的资料研制的全球植被指数产品,为中国气象局开展全球农作物长势动态监测和世界主要粮食作物估产提供了关键支持。美洲、欧洲和亚洲等地区多个国家都建立了兼容接收风云一号C星、D星数据的接收系统和相应的数据处理与应用系统,风云一号卫星数据成为全球灾害监测和环境变化研究的重要数据之一。风云一号C星在轨运行的稳定性和获取数据的准确性得到广泛认可,世界气象组织于2000年8月正式将风云一号C星列入世界业务极地轨道气象卫星的行列。这是中国第一颗列入世界气象业务应用系列,为世界各国免费提供气象资料的卫星。

我国首颗新一代极地轨道气象卫星风云三号于2008年5月27日11时02分在太原卫星发射中心成功发射,其轨度高度为807 km,倾角为98.8°。风云三号安装有10余种具有国际先进水平的探测仪器,可在全球范围内实施三维、全天候、多光谱、定量探测,获取地表、海洋及空间环境等参数,实现中期数值预报。

4.2.2.2 气象卫星监测的应用原理

1. *农田植物和土壤的特性与卫星信号的关系*

农田植物和土壤的反射率,受众多生物因子(叶子生理状况、叶面积、冠层几何结构等)和环境因子(太阳方位角、云和气溶胶等)的影响。在环境因子基本相同的情况下,辐射亮度和反射率的变化在一定程度上体现了作物长势、生育期和生理状况。观察绿色植物对光谱的反射特性可以发现,在可见光部分有强的吸收带,近红外部分有强的反射峰,可以反映出作物生长信息。因此，由近红外（NIR）和可见光（VIS）组成的各种植被指数可以增强近红外波段反射光谱信息，进而间接反映作物生物量或其他有用的信息。因为气象卫星和其他地球观测卫星上普遍具有这些波段，并包含了90%以上的植被信息，从而得到了广泛的应用。

2. 归一化植被指数

农业遥感是建立在光谱理论基础上的。在植物生态参数遥感提取中，常采用植被指数（vegetation indices，VI），即由不同光谱的遥感数据经变换或不同波段的数据进行线性、非线性组合所构成的对植被有一定指示意义的指标。植被指数能提高对感兴趣的植物冠层特征的灵敏度，同时也尽量降低了其他无关信息（如背景反射）的干扰。

典型的绿色植物发射光谱曲线上蓝光区和红光区各有一个叶绿素吸收带（吸收中心在0.4 μm及0.65 μm），近红外区则有一个强反射峰。植被对可见光和近红外辐射的吸收-反射作用的两种截然不同的表现是由色素及细胞内部机构差异造成的。AVHRR观测通道的设置非常有利于捕捉这种差异：第一波段CH_1（0.58～0.68 μm）处在叶绿素的吸收带，第二波段CH_2（0.72～1.1 μm）则位于绿色植物的光谱反射区。因此，第一、第二波段的组合常被有效地用于作物长势监测。

归一化植被指数（normalized differences vegetation index，NDVI）是最为常用的一种植被指数：

$$NDVI=(CH_2-CH_1)/(CH_2+CH_1) \tag{4-1}$$

式中CH_1、CH_2分别为NOAA/AVHRR的第一波段（红光R）、第二波段（近红外光NIR）的反射率。由于光谱的对应关系，该指标也可写为$NDVI=(NIR-R)/(NIR+R)$。

NDVI提高了对土壤背景的鉴别能力，同时削弱了大气层和地形阴影的影响。NDVI对土壤背景的变化比较敏感，当植被覆盖度小于15%时，植被的NDVI略大于裸土；当植被覆盖度为25%～80%时，NDVI随植被覆盖度的增加呈近于线性的增长；当植被覆盖度大于80%时，检测的灵敏度下降，这个现象称为NDVI的饱和。NDVI适用于农作物早、中期的监测，是植被空间分布的最佳指示因子。

为了更加有效地消除云遮蔽、大气影响、观测中的几何关系、非天底角观测等不利因素，可以在一定时间区间内采取逐日NDVI图像的最大值合成处理方案。现在采用最多的是“准十天”的逐日合成，即对每月的上、中、下旬的逐日NDVI取最大值，形成该旬的NDVI图像。

3. 其他常见的植被指数

（1）比值植被指数（RVI）

$$RVI=NIR/R \tag{4-2}$$

式中NIR、R分别为遥感图像中近红外波段与红光波段的反射率。

常用的植被指数中，RVI对土壤背景变化的敏感度较NDVI小，当植被覆盖度较小时，RVI不能很好地识别植被密度差异。但在高覆盖度下，RVI对植被十分敏感，与生物量的相关性最好，因而适合高覆盖度的植被监测。在作物拔节以后植被覆盖度较高的情况下，可选用RVI作为作物长势监测的植被指数。

（2）差值植被指数（DVI）

$$DVI=NIR-R \tag{4-3}$$

式中 NIR、R 分别为遥感图像中近红外波段与红光波段的反射率。

DVI 对土壤背景的变化较 RVI 敏感，植被覆盖度高时对植被的灵敏度有所下降。

(3)垂直植被指数(PVI)　PVI 描述在 R-NIR 的二维坐标系内，植被像元到土壤亮度线的垂直距离。

$$PVI=[(S_R-V_R)^2+(S_{NIR}-V_{NIR})^2]^{1/2} \tag{4-4}$$

式中 S_R、S_{NIR} 分别为土壤在红光波段和近红外波段的反射率；V_R、V_{NIR} 分别为植被在红光波段和近红外波段的反射率。

PVI 受土壤背景的影响较小，对植被具有适中的灵敏度，有利于提取植被在各种土壤背景下生长发育的信息。但地区不同、土壤类型不同，土壤线也不同，而土壤线不是严格的直线，是有适当宽度的带，存在一定误差，求算相对复杂。由于考虑了土壤线，对低植被覆盖有更好的指示作用。

4.2.3 高光谱遥感

20 世纪 90 年代以来，对地观测技术发展的步伐明显加快，高光谱、高空间、高时间分辨率是遥感技术发展的显著特点。高光谱遥感技术已成为近年来遥感技术领域的发展前沿和当今遥感界关注的焦点。高光谱遥感技术在农作物种类的精确识别、高精度成像、作物形态及化学组分测定等方面具有强大的信息获取能力，将成为获取、分析、处理农情信息及促进农业可持续发展最有力的工具。

4.2.3.1 高光谱遥感的概念

目前的对地观测技术(TM、SPOT、气象卫星 AVHRR 等)在进行土地利用状况调查和农作物长势监测时，主要是通过获取不同类型植被等地物目标的光谱信息获得植被指数(VI)，反演出叶面积指数(LAI)和生物量信息。通常，光谱分辨率在 $10^{-1}\lambda$ 数量级范围内的遥感称为多光谱(multispectral)遥感，这样的遥感器在可见光和近红外光谱区只有几个波段，如美国陆地卫星 TM 和法国 SPOT 卫星等。但是，这些信息源的光谱分辨率都比较低，一般在 50 nm 以上，难以识别出多种土地和作物类型，尤其在作物生长的旺季，更加难以区分。因为植被光谱特征主要因素是色素成分、细胞结构及含水量，出现在以 0.45 μm 和 0.65 μm 为中心波长的强吸收带，峰值宽度为 20 nm；植被受害时叶绿素大量减少，叶红素与叶黄素相对增加，在 0.7 μm 处反射率出现“红移”现象，“红移”量为 5～17 nm[所谓红移现象，即光谱曲线的红边位置向波长大的方向(红色方向)移动]；反映植被水分胁迫的波段主要在 1.4 μm、1.9 μm 和 2.1 μm 的水分吸收峰处。这些现象是低光谱分辨率遥感信息源难以区分的。要区分不同的植被并监测其生长状况，应当采用光谱分辨率为 10～20 nm 的成像光谱仪数据。

高光谱遥感(hyperspectral remote sensing)是遥感的一个重要分支。利用许多很窄的电磁波波段获取目标物信息，光谱分辨率在 $10^{-2}\lambda$ 的遥感，称为高光谱遥感。由于其光谱分辨率在可见光区高达纳米(nm)数量级，往往具有波段多的特点，在可见光到近红外光谱区其光谱通道多达数十至数百。通过高光谱成像所获得的图像包含了丰富的空间、辐射和光谱三重信息。它表现了地物空间分布的影像特征，同时也可能以其中某一像元或像元组为目标获得辐射强度和光谱信息。

图 4.6 为某地域的高光谱图像立方体和为研究小麦长势而提取的对应光谱曲线。其中，

右侧显示的是高光谱图像立方体。立方体的正视平面方向为某谱段的遥感伪彩图像，该平面上每一个像素点映射地表平面上的一个区域，像点表示的区域大小与空间分辨率有关；而垂直轴方向为光谱维，也就是显示了不同谱段坐标，每个谱段有其特定的遥感图像，这些遥感图像堆叠放置形成了立体的厚度，而其厚度与光谱分辨率有关。

所谓伪彩是遥感图像中经常使用的显示方法，是用人为定义的颜色显示对该谱段电磁波具有不同反射率的地物属性，平面上灰色区域为植被区域。从伪彩图像中可以看出，植被和其他地物在该谱段有明显区别。

遥感图像中，将空间区域中的每点沿着光谱维方向抽取出来，所获得的是该点所对应空间区域的光谱变化曲线，图 4.6 中左侧所给 4 条曲线，分别是对应空间平面上 4 个像素点的光谱曲线。该 4 个点分别对应着 4 块小麦地，通过对这些曲线进行进一步分析和比较，可以获得其长势的差别。

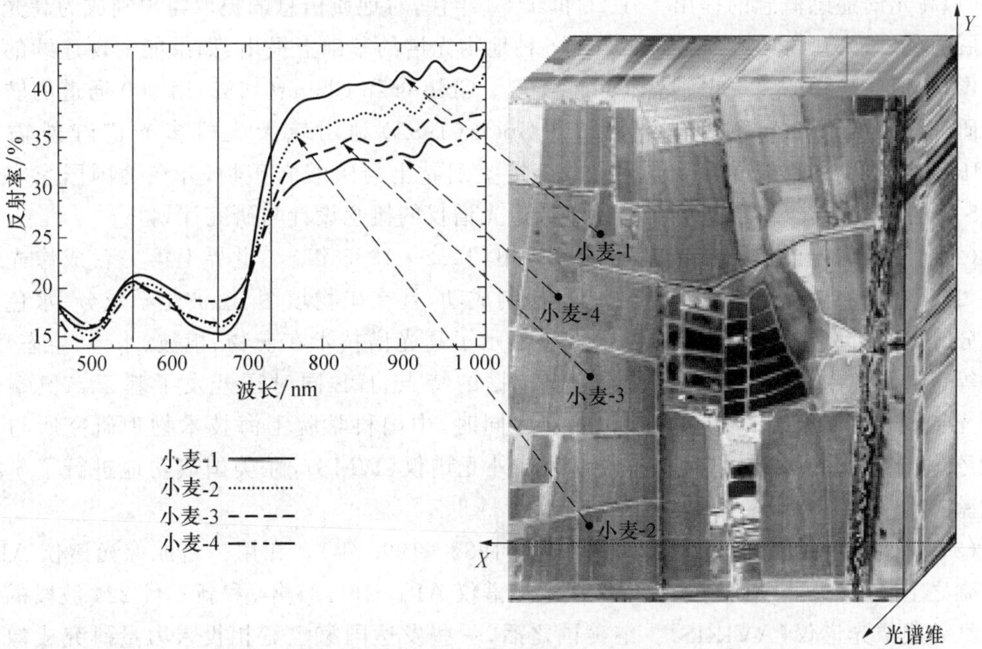

图 4.6　高光谱遥感数据和图像

(http://www.nercita.org.cn/)

4.2.3.2　高光谱遥感的特点

可见，与传统多光谱遥感器不同的是，高光谱数据的成像光谱仪利用窄波段成像，这样可以获取地物精确而连续的光谱信息。由于可以将光谱波段在某一特定光谱域进行细分，所以往往可以获取很多波段的遥感数据。许多宽波段遥感不能探测到的信息，在高光谱中都能得以实现。因此，高光谱遥感技术可以实现对地物细微的光谱信息进行识别与分析，用以定义特殊的光谱特征，可以广泛地应用于地质、海洋和植被等研究领域。此外，高光谱遥感技术的光谱与图像相结合以及光谱分辨率高、辐射分辨率高的特点，也可以实现空中直接识别地物。

高光谱遥感数据的高光谱分辨率、超多波段的特点，使其成为对地表植被进行监测的强有力工具。与常规遥感手段相比，高光谱遥感在植被信息反演的深度和广度方面都有很大提高，主要表现在如下两个方面：

①超多波段的高光谱数据能够比较真实、全面地反映自然界各种植被所固有的光谱特性及其差异，从而可以大大提高植被遥感分类的精确程度和准确性，也使利用光谱反射率诊断作物水肥状况成为可能。

②高光谱分辨率的植被图像数据将对传统的植被指数运算予以改进，提高了植被指数所能反演的信息量，可以更加精确地获取一些诸如叶绿素浓度、叶绿素密度、叶面积指数、生物量、光合有效吸收系数等植被生物物理参量，并且可以利用高光谱数据提取一些生物化学成分的含量，如木质素、全氮、全磷、全钾含量等。

4.2.3.3 国内外高光谱遥感技术的发展

高光谱遥感技术的发展经历了以下几个发展阶段。

(1)高光谱遥感概念的提出　在20世纪80年代，对地质信息的提取与识别成为高光谱技术发展的主要动力。Hunt(1980)在归纳各种地物光谱的基础上提出：如果能实现连续的窄波段成像，则地面矿物的直接识别就有可能实现。Collins和Chang(1982)用500通道的航空光谱仪研究了仅有5 nm的“红移”现象。Goetz(1982)利用航天飞机多光谱红外辐射仪(SMIRR)首次以遥感方式实现了从空中直接鉴别黏土与碳酸岩矿物，并在美国国家宇航局(NASA)的喷气推进实验室(JPL)开始了成像光谱仪的概念设计与研究计划。

(2)航空成像光谱仪研制成功与试验应用(1982—1985年)　世界上第一台成像光谱仪AIS-1于1983年在美国喷气推进试验室研制成功，且在矿物填图、植被化学成分、水色及大气水分等方面进行试验应用并获得成功，它显示了高光谱技术在矿物、植被、水体、生态环境、大气等定量研究中的潜力。针对成像光谱数据的特点，JPL同时还开发了基于二值编码匹配的光谱管理者(SPAM)专用软件包。与此同时，中国科学院上海技术物理研究所与美国GER公司合作，使用一台早期6波段细分红外光谱仪(FIMS)，在美国成功地进行了矿物填图试验。

(3)新一代成像光谱仪的发展、完善阶段(1985—1990年)　在第一台成像光谱仪AIS-1的基础之上，JPL又陆续研制了改进型成像光谱仪AIS-2(1985年)和新一代224波段的可见光近红外成像光谱仪(AVIRIS)。继美国之后，一些发达国家也竞相投入力量研究成像光谱仪，加拿大的FLI/PML、CASI，澳大利亚GEOSCAN的AMSS等是其中的典型代表。美国GER公司不失时机地研制成功了实用型成像光谱仪GERIS并投入商业运行。在我国“七五”遥感技术攻关中，成功地研制了改进型细分红外光谱仪(FIMS)，并在新疆寻找金矿和塔里木石油勘探应用中取得了重要进展。与此同时，还开始了64波段可见-短波红外和7波段热红外模块式航空成像光谱仪的研究，于1991年完成试验样机，并在中国和澳大利亚成功地进行了试验和应用研究。

(4)高光谱技术全面发展阶段(1990年至今)　20世纪90年代高光谱技术的发展已成为国际上的热门课题，许多国家竞相在这一领域开展研究，包括中国在内已经研制成功了25种成像光谱仪，而且航天成像光谱仪的发展也正在计划之中。在信息处理分析方面，许多遥感数据处理分析软件(如ENVI、SIPS等)也针对高光谱数据的特点开发了高光谱数据处理功能。我国在863高技术计划的支持下开发了基于Interactive Data Language (IDL)语言基础的Hyperspectral Image Process and Analysis System (HIPAS)软件系统。在成像光谱技术的应用方面也取得了很大的进展，例如在地质应用中实现了单矿的识别与填图，在大气应用中成功地获得了大气水分含量、气溶胶含量等信息，这是常规遥感较难实现的。

特别需要指出的是，高光谱技术在植被的应用方面有着突出的进展。植被对电磁波的响应，即植被的光谱反射或发射特性是由其化学和形态学特征决定的，而这种特征与植被的发育、健康状况以及生长条件密切相关。利用高光谱遥感估测叶片生物化学参量具有重要的意义和潜力，尤其对农业生产具有特别的重要意义，它可以实时地监测作物的长势，分析作物水分和肥力状况，科学地指导农事活动。但是目前其实用化还面临一定的困难，首先要进行大量的地面工作。利用地物光谱仪测量的数据与叶片生物化学参量数据进行的统计分析，是实现高光谱遥感估测叶片生物化学参量的地面预研究工作，其结果的好坏将直接影响下一步的研究，如冠层的化学特性研究、冠层化学特性和辐射传输的机理结合起来的研究等，还会影响到高光谱遥感估测叶片生物化学参量的最终实现。

4.2.4　微波遥感

微波遥感是利用波长较长的电磁波来探测周围环境。微波波长大于可见光和红外线，频率从 300 MHz 到 300 GHz，应用波长从 1 mm 到 1 m。微波是非常重要的遥感信息载体，特别是在 1～30 GHz，对地球资源的探测和海洋监视起着决定意义。

4.2.4.1　微波遥感的种类与特点

1. 微波遥感的分类

微波遥感主要分为主动微波遥感和被动微波遥感。主动微波遥感是天线发射微波信号至目标，再接收它的散射信号。主动微波遥感又称为有源微波遥感，它所记录的有关目标和背景的图像和数据，与目标、背景的发射率无关，也与日照变化无关，图像较稳定、清晰，易识别，可以获得较好的遥感效果。微波散热计、高度计和侧视成像雷达是主要的 3 类有源遥感器。其中高度计和散射计是对地面目标特性的一维测量，用复杂的数据处理方法估计其表面的性质。侧视成像雷达属于二维测量，产生观测区目标背景电磁波散射特性几何分布的图像，分析地物、目标特征的不同散射率。

被动微波遥感是天线接收目标自身发射的微波信号。被动微波遥感又称为无源微波遥感，它所收到的电磁波信号强度与目标的发射率有关，也与目标、背景的温度、性质，特别是目标物的表面温度密切相关。

2. 微波遥感的特点

微波遥感有两大主要优点：

①微波不受天气和时间的限制，能全天候应用。地球表面经常有 40%～60%的地区有云层覆盖或处于黑暗中，这些地区采用普通的光谱遥感就受到一定的限制。

②微波能穿透天然植被、人工伪装和地表层土壤深度。适当地选择微波遥感器的工作波长和波束入射角，除极茂密的森林之外，大多数植被都能被穿透。

有源微波遥感器自身具有可控照射源，可以控制其照射角，在图像上产生适当的阴影，以突出地形的地貌特征和敏感地形细节，取得大地三维特性信息。微波遥感器还可以组合使用多个频率、多种极化和多个视角进行工作，取得目标物体空间关系、形状尺寸、表面粗糙度、对称性和复介电特性等方面的信息。

但是，由于微波的波长比可见光、红外线要长几百到几百万倍，因而微波遥感器（除合成孔径成像雷达外)获得的图像空间分辨率很低,覆盖区域相对较小。

4.2.4.2 微波遥感的物理基础

1. 电磁波传播的极化性质

电磁波是一种横波,其正弦幅度相对于时间是变化的。如图 4.7 所示,它能被极化,一般定义电矢量 **E** 为电磁场的极化方向。例如在图 4.7 中,XZ 平面平行于地球平面,如果电场矢量 **E** 沿 X 轴垂直于 YZ 入射平面,平行于地平面,这种波就称为水平极化波,用符号 H 表示。如果 **E** 矢量沿 Y 轴垂直于地平面,平行于 YX 入射平面,这种波就称为垂直极化波,用符号 V 表示。水平极化与垂直极化都是线极化,线极化波的特征是波前平面里的 **E** 矢量,方向不随时间变化。如果 **E** 矢量不是沿着坐标轴的一个方向,而是随时间变化,以一个不变的速度在与 **H** 矢量垂直的平面内旋转,这样的波称为椭圆极化波。当电矢量旋转的轨迹是一个圆形时,就称为圆极化波,它是椭圆极化波的一个特例。一个圆极化波或椭圆极化波可以分解为两个互相垂直的线极化波。对着电磁波传播方向看,电矢量 **E** 顺时针方向旋转的,称为右圆极化,反之称为左圆极化。

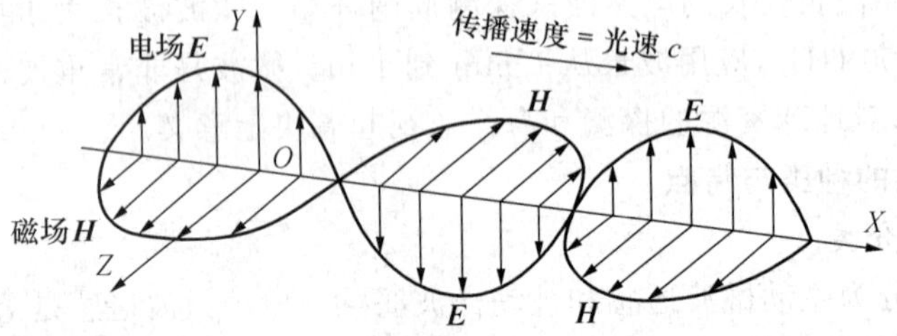

图 4.7 电磁波的传动特性

2. 电磁波传播的阻抗特性

电场 **E** 的大小与磁场 **H** 的大小之比,称为介质的特性阻抗,对任何纯粹的无边介质,它是一个常数。不同的介质有不同的特性阻抗,木材、淡水、金属、空气和海水等的特性阻抗,在数值上有很大不同。当电磁波从一种介质传播到另一种介质时,它受到特性阻抗在边界上不连续的影响,一部分波能量将从介质表面反射,另一部分被传输进入新的介质。介质表面反射能量的数量和方向取决于两种介质间的差别,是从高阻抗介质传向低阻抗介质,还是相反。如果是从自由空间或空气传向高电导率的导体,反射能量基本上是入射的全部能量,这时反射能量的方向是反射角等于入射角;如果是从空气传向高阻抗介质,如冰、雪等,那么绝大部分能量将被传入新介质。不仅如此,电磁波的这种传播特性还受到介质边界表面形状的强烈影响。

3. 微波成像

微波波段或接近微波波段的电磁频谱范围,频率由 1 GHz 到 60 GHz,波长从 0.5 cm 到 30 cm。这些波长比可见光光波长 3~6 个数量级。尽管微波和光波成像系统有许多共同特征,但在实际工作中,两者特性有明显差别。

两种不同波段的遥感器(或成像系统)响应于具有不同微观结构尺寸的散射体(物体),而且不同散射体在两个波段里具有不同特性。这是因为其微观结构尺寸与照射波长相当的物体能引起散射,微波可以探测厘米量级的散射波,而光波只响应于微米量级的散射波。许多物体,主要是人造物体,在可见光波长上是“粗糙的”,但在微波波长上却是呈现“光滑”的散射体,而大部分自然地形，则在两个波段上都呈现为“粗糙”的。因此，微波成像遥感器（或称微波眼）和光学遥感器（光学眼）能提供不同的物体信息。很多人造物体的微波影像往往由物体边缘或其他不连续处的散射体所形成，或由平滑表面镜反射回波所形成，以及由两面体、角反射体和其他更复杂结构的多次反射信号所形成的，而自然地形的图像（除平滑水面、泥泞平面等）犹如“填充”在上述影像之中。此外，很多物体材料，在一个波段中呈现为不透明的，而在另一个波段中则呈现为透明的。

微波成像的分辨率决定于天线孔径，因而电磁波波长愈长，天线制作愈困难。在有源微波遥感器（如合成孔径成像雷达）中，所能达到的角分辨率仅与孔径尺寸成比例，与波长无关。

一般的微波辐射，其相干长度大，用相干微波系统工作，其辐射路径的长度差允许很大。此外对相干微波源实现调幅和调相后，仍能保持大的相干长度，并能用发射波形相干地解调反射信号。微波波段中良好的调制和解调能力，使得可以方便地观测多普勒频移及其他小信号的扰动。

4. 物体的散射特性

对于由许多微粒或分子所组成的体系，由于热运动，其内部的微粒或分子密度会发生变化，而且这些微粒或者分子的表面形状也不是规则的圆形，其反射光波的方向也会变化。因此通过体系的光线会发生反射、折射或衍射等现象，而这些光波会相互叠加而发生散射。

由直径比波长小很多的粒子，如大气中的原子和分子如氮、二氧化碳、臭氧和氧分子等所引起的散射叫瑞利散射。这种散射的散射强度与波长的四次方成反比，波长越长，散射越弱。瑞利散射在可见光波段影响最明显，蓝光波长短，散射很强；到红外和微波波段，散射很少，几乎可以忽略。

而直径较大的微粒，如大气中烟、尘埃、小水滴及气溶胶等引起的散射是米氏散射。这些粒子直径较大，与辐射的波长相当，这种散射的强度与波长的二次方成反比，并且散射光向前方向比向后方向的散射强度更强，方向性比较明显。

还有一种散射被称为无选择性散射，它发生在大气中粒子的直径比波长大得多时。这种散射的强度与波长无关。

由于一般情况下散射强度与波长密切相关，因此，在大气状况相同时，同时会出现各种类型的散射。大气分子、原子引起的瑞利散射主要发生在可见光和近红外波段。波长增加后瑞利散射的影响减弱，而米氏散射的影响逐渐超过瑞利散射。对于微波而言，粒子的直径比微波波长小很多，属于瑞利散射的类型。这样，波长越长，散射强度越小，微波探测越可以发挥优越性，能够穿过云层和雾霭。

特别需要指出的是，雷达遥感可以提供复数形式的数据，不仅包括地物反射、散射的回波强度信号，而且包括了回波的相位信息，从而可以进行干涉测量。研究表明，雷达影像干涉测量在地面点高程和地表形变测量方面已达到很高的精度，这更是可见光和红外遥感所不可比拟的。

4.2.4.3 微波遥感在农业上的应用

微波 - 雷达遥感探测重要的特点，在于微波段的电磁波不仅具有能顺利穿透大气层的特性，而且还能穿透云雾和小雨，对地面的植被和土壤也能穿透一定厚度进行探测。探测时又不用借助于阳光的反射，只利用被探测目标发射或反射的微波。这样就使得微波-雷达遥感与可见光遥感相比具有两项对农业应用最大的优点，即它的全天候与全天时的探测能力。无论阴雨还是多云天气，不管白天还是夜晚，微波遥感器都可照常工作。这样就解决了在我国南方多云雨的稻区、北方的雨季以及世界上热带雨林地区的遥感探测问题，弥补了可见光遥感只能在晴空条件下工作的局限性，更好地发展遥感技术在农业上应用的潜力。

约从 20 世纪 80 年代开始，一些国家开始重视星载微波遥感的开发应用，并先后发射了可对地面进行雷达探测的卫星。1978 年美国发射的海洋卫星 1 号便装有合成孔径成像系统（SAR），使雷达图像开始得到了应用。

不同的农作物、不同农田状态其微波发射各异，而当来自探测器的不同波长、不同探测角、不同探测方式（极化方式）的微波返回的信号（通称后向散射）不同时，能从高空中探测出不同的农业状况。

微波遥感在农业中的应用前景非常广阔，已逐步从研究阶段走上试验应用阶段。不仅可以用于农田测绘，土壤类型分类，作物分类和普查、产量预报，还可以用于植被成像和牧场管理，森林储备和产量预报等。

1. 影响微波后向散射的农田因子

来自土壤和植物的微波后向散射受许多因子的影响，欧洲空间局（BSA）研究了解到，这些因子中属于仪器本身的有 42 项，植物有 28 项，土壤有 13 项，环境有 12 项。一般不同波长、不同极化和入射角的微波辐射其特性是有差异的，这些是探测器本身具有的参数。而从农业目标返回到仪器上的辐射特征则主要取决于生物量的大小、介电常数（主要与农业目标物的含水量紧密相关）和植物的几何形态。因此，农作物对微波的后向散射情况决定于作物的形态和大小，而这又取决于作物的种类和物候年龄。对土壤而言，影响后向散射的主要因子是形态、粗糙度和复介电常数（水分含量）。（张宏民，1995）

意大利微波遥感中心用飞机在其国家北部平坦区对玉米、小麦、向日葵等进行观测试验时看到，用不同波长探测时，向日葵通常反射值偏低，成熟的小麦偏高，而玉米值处于中间。他们注意到当植株具有宽而水平叶片时（如向日葵、甜菜等），作物发射的微波值偏低，而当植株有小而随机方向的叶片时（如苜蓿、小麦等），则显示有较高的微波发射值。原北京农业大学微波课题组在观测玉米微波特性时看到，在玉米生长的旺盛阶段，总的特征是：在微波的各主要波段内，其微波的发射能力与其生物量成正比。美国堪萨斯大学在深入研究土壤的微波后向散射时指出：用 C 波段（波长为 4.8～7.5 cm）同极化方式和入射角为 7°与 17°探测时，在忽略土壤粗糙度干扰条件下，裸土的土壤湿度可以被很好地区分。这个研究组发现当仪器特性与上述相似时，对有植被覆盖的土壤湿度分析也是适宜的。他们观测到在种有小麦、高粱、玉米、大豆的土壤上，表层 5 cm 土壤中的含水量与微波后向散射之间有很强的相关。

许多这方面的研究报告已经指出，由于农田土壤与作物在微波发射与反射上的特点，使用多波段、多极化方式进行探测，对作物分类的探测会有很大改善。

2. 微波遥感的水分探测

遥感技术在农业上的应用是进行农作物类型的区分，监测作物健康状况，提取种植面积信息，以致估算最终的产量。遥感资料与辅助资料（地理、地形、气象资料）以及物理或统计模式结合，还可以求算诸如叶面积指数、物候时期等对农业管理有用的作物参量。在微波波段，水的介电常数 ε 接近于 80，而干土的 ε 仅为 3～5，湿土的 ε 可高达 20 以上。正是介电常数的明显差别，使得雷达后向散射系数的差异可大于 10 dB，在微波遥感图像上，不同湿度的土壤将以不同的灰度反映出来。微波遥感除能完成一般遥感所能完成的任务外，由于它对地面水分状况特别敏感，且对地面有一定的穿透力，故用它来估算土壤湿度和植物水分状况有着特别的潜力。

美国在南达科他州等地的航空遥感试验发现，微波的标准亮度温度与土壤体积含水量呈线性相关，其标准误差只在4%～6%之间。1987年1—6月，美国在堪萨斯草原的不同植被状况下，用机载L波段(波长21 cm)微波探测器研究了标准亮度温度与0～5 cm土层之间的湿度关系，得到了与南达科他州等地试验相似的结果，用这种办法可以勾画出一个地区的土壤湿度分布图。当用C波段的雷达，用同向极化方式和7°～17°探测角试验时，求得的0～5 cm的土壤水分精度可达±2%。国外的研究许多都是在C波段上开展的，Ulaby(1988)等就是在C波段(4.25～4.75 GHz)研究了植被覆盖下土壤含水量的雷达响应。他们认为C波段、HH极化、小入射角($\theta=10°$)是雷达遥感土壤含水量的最佳参数。

目前，研究植被覆盖情况下土壤含水量的微波响应困难是较大的，国内尚未见有人做过这方面的工作。国内只有X波段的合成孔径成像雷达和真实孔径成像雷达，有人已在利用X波段的雷达图像开展微波遥感土壤含水量的研究工作。

3. 微波遥感的作物类型识别

野外微波探测器和机载雷达成像系统试验已经证明，当所用波长的大小与植物冠层接近相等时，雷达识别植物类型的敏感度是增大的。因此当多种波长联合观测植物冠层时，对冠层形态和生理参数是可以估算的。美宇航局在航天飞机试验的R-A图像上看到，森林比牧草和一般农田都要亮一点。利用多波段、多极化或多入射角及不同时间的雷达图像合成，对农田作物类型进行描述，可取得和可见光图像中假彩色合成同样的效果。1986年英国的研究结果指出，用6、7、8月份3个月同一地区雷达图像的合成资料，可很好地区分甜菜、马铃薯。1993年原北京农业大学微波研究组用3种极化方式图像，分别使其呈红、绿、蓝色合成彩色图像后，可很好地区分麦田与非麦田。

4. 可见光遥感与微波遥感的结合

在农业信息提取中，应该考虑把光学遥感图像与微波雷达图像联合加以应用，以充分发挥其各自的优势。可见光遥感图像和微波遥感图像的结合，目前主要有3种方式。

①两种图像对同一农业区不同地物反映的信息具有详与略的差异，这样在用目视直接分析时，就可充分利用各自的对不同地面物体呈现较为清晰明显的优点，使对地面物体的了解更为可靠。例如原北京农业大学微波研究组在研究山东试验区的ERS-1雷达图像和资源卫星的可见光TM彩色合成图像时看到：在TM图像的偏绿色区内，居民点的分布区界不太清晰，而此区的雷达图像上的居民点边界则显示得很清楚。又如雷达图像对丘陵区起伏的地形，从纹理结构上表现很明显，其中的小块平原集约化农业区可以较准确地勾画出来。利用雷达图像的一定穿透性，还可以区分出农田土壤水分充足或是较干旱的区域，并可指示出沿海岸的一些下沉地形、暗礁等，而TM图像对地表水分布情况则比雷达图像更为清晰。

②在农作物生长关键期内，如果天气条件有云，可用雷达图像来补充TM图像的不足(监测区内由于多云使TM图像的质量不合乎要求)。正如前面所述，应用雷达图像的多极化方式、多波段或多探测角成像的资料，其本身也可以形成彩色图像供区分农作物类型或评判作物状况应用。

③把雷达图像的信息作为一个新的电磁波探测波段，使其与TM资料中几个波段联合组

合,用数学方法变换成新的复合信息。为探索 TM 和 SIR-B 资料的联合应用,美国加州大学 Paris 等人首先在加州进行了研究。这个试验点包括有许多种木本和草本植物,在地面上收集了 160 块地上农作物实况资料并测量其对有关波段电磁波的反射数据。经过数据统计分析,找出把 SIR-B 数据转换成与 TM 同样的反射率资料,这时 SIR-B 资料就可以和 TM 资料一样参加散布图的分析了。这样一块农田上就有 7 度空间(TM 原有 6 种反射资料加上 SIR-B 转换来的反射资料)的资料供应用,当用这 7 度空间资料分析时便可把扁桃树与苜蓿很好地区分开。为进一步分析应用,Paris 等还用上述两类图像资料,用一个递增变换方法(PT 法)专门建立了农作物的生物量、叶面积指数、绿色覆盖度与上面的 7 度空间反射率因子的关系,这些关系为联合使用两种图像定量分析农业问题提供了方便。

综上所述,微波遥感作为一门新型的应用学科,随着我国科学技术的发展及其在国民经济中作用的加强,在推动我国农业管理现代化的进程中加强其研究和试验应用将具有更重要的现实意义。

4.3 作物类型及播种面积的遥感监测

通过 4.1 节的介绍可知,作物具有不同的光谱反射特性,而且这种特性随作物生长发育阶段、时空条件的差异而不同。同种类型的作物具有相似的光谱特征,这样可以通过卫星或航空遥感影像获取作物的特定光谱,并对其进行分析和变换,得到其特征向量,进而进行不同作物的定量表达。利用模式识别和计算机图像分类技术,可以区分出不同的作物类型,实现利用遥感图像进行作物类型识别的目的。

多数情况下,通过遥感图像进行作物分类是基于像元水平的计算来实现的。在对作物的反射特性进行类型识别和分类之后,就可以统计图像上各类型像元的总数,进而求算出不同类型作物的面积分布。为了提高精度,在大面积研究中,常采用气象卫星影像(如 NOAA/AVHRR)和陆地资源卫星影像(如 TM)相结合的方法。

高光谱技术的光谱分辨率比较高,具有窄波段的优势,可以从众多的窄波段中筛选出那些对植被类型光谱差异较明显的波段,在植被识别中能够大大提高对植被的识别与分类精度。目前高光谱遥感不仅应用到植被类型的识别与分类,而且已深入到植物化学成分的估测。

4.3.1 作物类型遥感图像识别的原理

植被的光谱反射或发射特性是由其化学和形态学特征决定的,而这种特征与植被的发育、健康状况以及生长条件密切相关。在遥感图像上,一般不同地物由于具有不同波谱特征和结构特征,会呈现为不同的亮度值像元而体现它们的空间变化。但地物成分、性质、分布情况的复杂性及成像条件会影响地物在图像中所呈现的波谱特征,有时可能出现“同物异谱”和“同谱异物”现象,而且遥感的空间分辨率的限制可能出现不同地物在图像上形成混合像元,使得遥感图像分类较为复杂。

高光谱成像光谱数据具有超多波段的分辨率,所以成为对地表植被进行观测的强有力工具。与常规遥感手段相比,它在植被信息反演方面有很大提高:成像光谱仪所获取的地物连续光谱,能比较真实全面地反映自然界各种植被所固有的光谱特性及其差异性,从而可以大大提高植被遥感分类的精确程度和准确性，使得成像光谱图像数据与光谱仪地面实测光谱曲线数据之间的直接匹配成为可能；高光谱分辨率的植被图像数据将对传统的植被指数运算予以改进，大大提高植被指数所能反演的信息量，使人们可以直接获取植被一些诸如叶面积指数、生物量、光合有效吸收系数、叶绿素密度等生物物理参量；超多波段图像数据使得根据混合光谱模型进行混合像元分解的能力得到提高，减少土壤等植被生长背景地物的影响，从而获取最终光谱单元(end member)的真实光谱特性曲线数据；基于高光谱分辨率的光谱吸收特征信息提取可以完成部分植被生物化学成分定量填图。例如植被冠层在 1 660 nm 处的吸收光谱与在木质素中富集的非饱和 C—O 链有关，而植被冠层中木质素含量多少将直接影响自然界每年氮的矿化量和氮循环状况。目前，对植被干物质和水分含量的成像光谱数据反演可以做得很精确。

计算机遥感图像识别属于模式识别的范畴，指利用地物的空间特征、光谱特征及多时相信息特征对目标进行识别和分类。农作物类型的遥感图像识别和分类，就是借助模式识别和图像分类技术实现的。

作物遥感监测和估产中，类型识别、分类以及面积的提取是技术的关键和难点。图像上的像元点由其在各个通道的亮度值 $x_1, x_2, \cdots, x_n$ 构成，地物在不同波段的亮度值构成了原始的光谱空间，各种地物由于其组成、结构不同，有其固有的光谱特性，位于光谱空间中的特定位置(图 4.8a)。像元的灰度及纹理等特征量是分类的主要依据，即按照一定的分类规则对特征空间进行分割，并依此对像元给予归类。

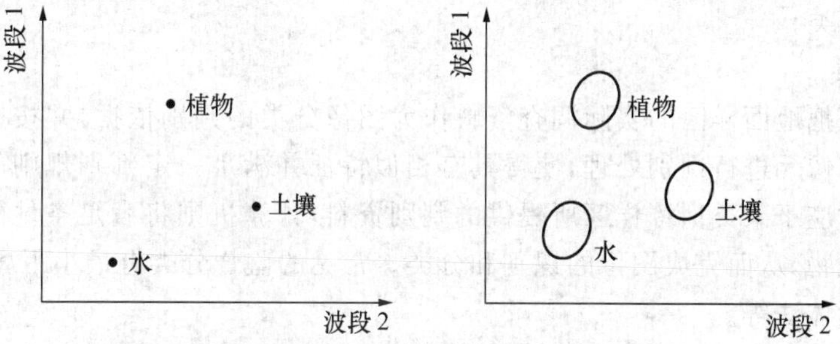

(a)二维空间中的遥感数据　　(b)地物在光谱空间的分布

图 4.8　不同地物在光谱空间的分布(王长耀等，2001)

高光谱遥感在农作物以及植被领域监测和诊断性特征提取方面有巨大的优势和应用潜力。理论上，相同条件下图像上同类地物应具有相同或相似的光谱特征和空间特征，那么，同类地物像元的特征向量聚集在特征空间的同一区域内，而不同地物聚集在特征空间的不同区域。但由于自然界条件复杂多变，绝对相同的条件是不存在的，各种因素的影响使得成像条件变化，同类地物的光谱特征不尽相同；再加之地物的成分、性质、分布情况的复杂多样性，存在混合像元等各种因素，使得同类地物的光谱特性在遥感图像的呈现规律更加复杂。这样图像上相同地物的光谱特征在特征空间中就体现出了如下的统计特点：它们不可能完全集中于一个点上，但也不会杂乱无章地无序分布，而是相对集中，围绕某一点呈概率分布(图 4.8b)，遥感图像像元的亮度值一般呈多维正态分布。

4.3.2 遥感图像分类方法

遥感图像识别和分类通过计算机模式识别方法来实现，包括统计模式识别、人工神经网络、模糊算法及语言结构等。统计模式识别方法综合应用了地物类别在各波段中的均值、方差以及各波段之间的协方差，有较好的统计特征，因此被广泛采用。近年来神经网络法发展迅速，并得到了广泛的研究和应用。分类方法的选取将直接影响面积提取及估产精度。

遥感图像计算机分类的关键，就是选择合适的分类规则（分类器），将复杂的特征空间划分为互不重叠的子空间，然后将图像的各个像元划归到各个子空间去，以实现对不同地物类型的区分，获取作物面积。

遥感图像分类首先必须对图像中各类地物的各种信息进行综合分析，根据各类地物的光谱特征进行特征参数的分析与选择，寻找出能反映出地物本质特征、更有利于分类的特征参数，构成特征空间，然后根据一定的判别函数，将特征空间划分为互不重叠的子空间，进而把影像上所有的像元都一一划分到各子空间中去，实现分类。可见，图像分类的关键是特征选择和建立判别函数。

4.3.2.1 统计模式识别法

统计模式识别法是先从被识别的对象中提取反映对象属性的特征值，并把对象特征定义在一个特征空间中，进而利用统计决策的原理对特征空间进行划分，以区分具有不同特征的对象，达到分类的目的。因为这种方法基于统计决策原理，所以又名决策论方法。

根据对遥感图像上样本区内地物的类别是否具有先验知识，统计模式识别法又分为监督分类和非监督分类。

1. 监督分类

监督分类是把地面样区的实际调查资料作为图像分类的判别依据，并按照一定的判别规则对所有的图像像元进行判别处理，使得具有相似特征并满足一定判别规则的像元归并为一类。如果地物对应于某类训练样区所提供的判别资料，计算机则将满足条件的像元识别为与训练区一致的地物，从而完成图像的识别和分类。常见的监督分类有最小距离法、最大似然分类法及平行多面体法等。

(1)最小距离法　由于是监督分类，需要首先确定已知样本区，在已知样本区确定后，计算图像中已知样本区的统计参数（均值向量、标准差向量等），并将其作为类在多维空间的中心位置；计算每个像元统计判别特征参数，并确定与不同样本区中心间的距离，然后将像元归入到距离最小的那一类。

采用距离判别，是以地物光谱特征在特征空间中按集群方式分布为前提的。距离就是判别函数，距离函数偏重于特征空间中集群分布几何位置。基本思想是计算某随机特征点到相关类别（$W_i, i=1,2,\cdots,m$）集群间的距离，哪类距离与它最近，它就归属于哪类（李爽等，2002）。其判决形式如下：

对于所有可能的 $j=1,2,\cdots,m(j\neq i)$，若 $d_i(X)>d_j(X)$，则 X 属于 W_j。

距离判别函数有多种，常见的有欧氏（Euclidean）距离、马氏（Mahalanobis）距离和计程（Taxi）距离。其中又以欧氏距离应用最多，其表达如下：

$$D_{ij}=\sqrt{\sum_{i=1}^{N}(X_i-M_{ij})^2} \tag{4-5}$$

式中：N 为波段数；X_i 为像元在第 i 波段的像元值；M_{ij} 为第 j 类地物在第 i 波段的均值。

最小距离法不同类别特征值的变化范围是不同的，即其方差是不同的，不能简单地用到类中心的距离来划分像元的归属；而且自然地物类别的点群分布不一定是圆形或球形，即在不同方向的半径是不等的。其改进的方法是在距离函数中加入方差变量，如：

$$D_j = \sum_{i=1}^{N} \mid X_i - M_{ij} \mid / \delta_{ij}^2 \qquad (4-6)$$

(2)最大似然分类法　最大似然分类法的基本前提是认为每一类的概率密度分布都是正态分布。

最大似然分类法是通过计算出未知像元分别属于各个类别的概率，把未知像元划入概率取值最大的那一类别内。在实际的分类中采用其对数变换形式，计算未知像元属于某一类别 i 的概率公式为

$$g_i(X) = \ln P(W_i) - \frac{1}{2}\ln \mid S_i \mid - \frac{1}{2}(X - M_i)^{\mathrm{T}} S_i^{-1} (X - M_i) \qquad (4-7)$$

式中：$P(W_i)$为每一类(W_i)在图像中的概率，在 $P(W_i)$事先并不确定的情况下，可以认为所有的 $P(W_i)$都相同，即 $P(W_i)=1/m$，m 为类别数；S_i 为第 i 类的协方差矩阵，表示类别 i 的训练区内 M_i 个像元的取值的离散程度；M_i 为该类的均值矩阵(向量)，是该类别训练区内 M_i 个像元的平均值。这些数据来源于由训练组所产生的分类统计文件。对于任何一个像元值 X，其在哪一类中的 $g_i(X)$最大，就属于哪一类。

最大似然分类法可靠性好、分类精度较高，因而应用也最为广泛。但最大似然分类法需要先验概率和条件概率密度函数模型，而这些模型的精度直接影响分类精度。为此许多人提出了改进的最大似然分类法，如 Ediriwickrema 等人提出启发式像素分类估计先验概率法；刘东林等应用最小距离分类结果估计先验概率法；于秀兰等提出了使用光谱特征为高斯分布的条件概率密度函数模型、最大似然估计参数的 Markov 模型分类技术，并比较了该分类方法和最大似然分类法、最小距离法等的分类结果。

2. 非监督分类

非监督分类是按照各样本间“距离”远近的程度，按物以类聚原则进行分类，它不需要样本集的先验知识，代价小。采用非监督分类的统计方法主要有动态聚类中的 K-MEANS 算法和 ISODATA 算法。K-MEANS 算法是基于欧氏距离的动态聚类算法，它通过反复计算各样本点到类别中心的欧氏距离，反复调整类别中心。K-MEANS 算法能够通过动态聚类分析实现非监督分类，但其聚类效果受预先所选的初始类别数目和初始中心的影响。而 ISODATA 算法的收敛性稳定性相对较差。

一般说来，非监督分类比监督分类的精度低，而且在类别中心数较大时，迭代次数增多，速度慢，所以在计算机自动分类中，非监督分类方法很少单独使用，通常与别的分类方法结合使用。

4.3.2.2　神经网络法

神经网络又称人工神经元网络，是在现代生物学研究人脑组织成果的基础上提出的，用以模拟人类大脑神经网络结构和行为。一般可以分为前馈网络、后馈网络、自组织网络三大类。神经网络分类法与传统分类方法的最大区别在于，神经网络分类法并不基于某个假定的概率

分布；从特征空间到模式空间的映射是通过网络的自组织来完成的，是一种聚类过程；网络通过对训练样本的学习，获得网络的权值，形成分类器。此外，神经网络通常有较好的容错特性，有利于解决遥感图像中的“同物异谱”和“同谱异物”问题。

神经网络中多层前馈网络的反向传播神经算法（又称 BP 算法）是在遥感分类中应用最多的。该网络的学习训练过程由正向传播和反向传播组成。在正向传播过程中，输入信息从输入层经隐含层逐层处理，并传向输出层，若在输出层得不到期望的输出，则输入反向传播，将误差信号沿原路返回，通过修改各层神经元间的权值，得到误差最小。

BP 网络的信息处理能力决定了整个网络容错能力强，有较好的适应性，适于处理一些环境信息十分复杂、知识背景不清楚、推理规则不明确的问题，同时网络的非线性也有利于对特征空间实现非线性划分。

尽管如此，但 BP 网络学习速度较慢，收敛所需的时间较长，而且在学习过程中容易陷于局部最小，使得分类性能下降。章杨清、刘政凯等（1994）在 BP 神经网络分类中引进了分形维数的概念，并将分维作为反映各类别数据纹理特征的附加波段加到网络输入层，明显提高了分类精度。赵书河、张明金等（1995）将竞争学习机制引入分类，加速了子模型的收敛速度，也改善了分类结果的精度。

实践中，由于各种内在的和外界因素的影响，例如地面起伏对地物光谱反射强度的影响，像素几何分辨率低而造成的混类像素的影响，分类中只考虑单个像素光谱特征而未考虑相邻像素类属的相关性及结构特征等因素，都会使常规的计算机分类效果不够理想。因此必须在常规的光谱分类技术的基础上，采取一些辅助处理措施，如在分类过程中引入地面高程、坡度或坡向辅助信息；把图像的纹理特征纳入光谱特征分类决策过程中等。黎夏（1997）提出了利用 GIS 技术提取形状信息和改善分类精度的新方法；刘晓龙、李英成（1999）将地物频谱应用到了遥感图像分类中。这些辅助复合分类方法，都明显地提高了分类精度。

4.3.3 高光谱遥感在作物识别分类中的应用

20 世纪 80 年代以来，光谱分辨率的提高是自遥感发展以来的一个重要趋势。由于高光谱遥感的光谱分辨率高达纳米（nm）数量级，往往具有波段多的特点，即在可见光到近红外光谱区其光谱通道多达数十甚至 100 以上。通过高光谱成像或成像光谱技术所获取的地球表面的图像包含了丰富的空间、辐射和光谱三重信息，可以其中某一像元或像元组为目标获得地物相应的辐射强度以及光谱信息。高光谱超多波段的成像光谱数据为植被分类识别提供了比以往更加详细的地物信息，基于高光谱遥感的植被识别精度远远超出了常规遥感所能获取信息的精确性和可靠性，体现出高光谱在植被信息获取能力方面的巨大优势。

4.3.3.1 高光谱遥感用于植物分类

从植被分类的角度，高光谱遥感从植物生态学、森林植被管理、土地资源管理和作物管理等多个层面和领域均有一些研究成果。

在生态学领域，高光谱遥感可以用于植被物种识别和分类。物种识别是高光谱植被特征识别研究中备受瞩目的应用领域，充分发挥高光谱遥感的独特性能，将大大提高物种识别和分类精度。

在植物生物物理特征识别中，主要涉及叶面积指数、生物量、水分含量、郁闭度、光合有效辐射、净生产率等方面；生物化学特征则主要是叶绿素、各种营养成分(N、P、K 等)、(半)纤维素、木质素、淀粉和蛋白质等。数据处理方法包括降维运算、导数光谱技术、红边效应分析、数据压缩技术等，其中导数光谱和红边效应在植被理化信息提取中广为应用。高光谱遥感能探测到具有细微光谱差异的各种物体，但在识别植物物种或植被类型时会受到冠层生物化学特性、结构及环境等因素的影响。通过提取生物的生物物理或生物化学信息进而得到植被光谱差异，可以有效提高分类精度。如 Martin 等利用 AVIRIS 数据结合不同树种特有的生化特性，鉴别出了精确到具体树种的 11 种森林覆盖类型。

4.3.3.2　高光谱遥感用于农作物生化信息提取和种植面积测算

农作物生化信息提取在高光谱植被识别中占有重要地位，高光谱遥感以其极具潜力的信息获取能力，为促进人类对植被生态系统的深入了解，解决现代信息农业建设中的农田信息获取这一瓶颈问题创造了条件。在草原应用方面，高光谱吸收特征是冠层尺度上草原生物量的最佳度量，而草量遥感对于提供牧场的产量和功能信息具有重要意义。由于农田、草原等物种组成相对简单，高光谱遥感与普通遥感手段相比优势并不明显。因此在这些领域，高光谱遥感更多应用于草原生物量估算、农作物理化信息提取、作物耕种面积测算等方面。基于植物生理生化特征的识别，高光谱遥感在植被自动识别、植被长势及其空间分布定量化、冠层植被营养诊断、植被胁迫监测与诊断等方面均得到了广泛应用。

为了研究黑龙江省西部水稻、玉米种植范围对温度变化的响应，北京师范大学的遥感研究组利用高光谱图像的分析技术，识别了水稻和玉米的种植区域，实现了对两种作物的遥感图像分类。中国农业大学资环学院为了进行耕地调查，通过对北京郊区小麦、玉米和蔬菜等作物的耕地占用面积测算，探讨了高光谱遥感图像时相的选择原则。在早期的作物估产研究中，为了获得种植面积等信息，通过遥感技术进行图像分类，识别作物种类，在江苏无锡和湖北进行过水稻的识别研究。他们分别运用多元辅助信息 Bayes 分类方法和半自动分类方法，分类精度均在 85%以上。

在遥感研究中，所获取的植被光谱信息是植被群体的光谱信息，包括植被的叶、茎、花、果实以及植被下垫面的土壤等的光谱特征的综合体。在植被群体光谱中起主要作用的是植被的叶片的光谱特性，而且对植被的识别、分类、植被长势监测和农作物估产等也主要依据植被叶片光谱特征。植被的反射光谱特征主要由叶片中的叶肉细胞、叶绿素、水分含量和其他生物化学成分对光线的吸收和反射形成的。植被叶片中的叶绿素 a、b 和类胡萝卜素对可见光 - 近红外的吸收对植被光谱在可见 - 近红外光谱波段的特征有较大影响。Horler 等研究了植被光谱与叶绿素浓度的关系，并提出了红边在反映植被叶绿素浓度中的作用。Hare 等和 Miller 提出可以将红边反射波形用倒高斯模型(IG)来定量描述。而叶肉细胞的反射和多次散射对植被光谱在近红外波段的较高反射坪的形成起着主要作用。水分、木质素、淀粉、蛋白质等的吸收在植被光谱中也有较好的体现。导数光谱分析能去除背景噪声或不理想的信息影响。Wessman 等使用森林光谱的一阶、二阶导数对树冠化学成分进行研究，并确定树冠化学成分与生物量以及导数光谱数据相关最密切的波段组合。中科院遥感所利用导数光谱分析方法对鄱阳湖湿地进行了植被精确分类和生物量填图。

针对农作物高光谱遥感，中科院遥感所做了一些基础研究工作。为了去除背景噪声的影响，他们对导数光谱与叶绿素的相关关系进行了分析，对水稻和玉米的群体光谱特征和叶片光谱特征进行了多时相光谱测量，同时还进行了相应的叶片生物化学测量和大田农学参数测量，并通过导数光谱分析和"红边"位置分析来寻找这两种主要农作物的光谱特征与化学成分间的关系，最终取得了一些结论性成果：①水稻、玉米的叶片反射率光谱数据、导数光谱数据以及"红边"位置与叶片叶绿素含量的相关性显著，可以用来估计叶绿素含量；水稻、玉米群体的光谱数据、导数光谱数据以及"红边"位置则与叶绿素含量的相关性较差，而与叶绿素密度的相关性显著，因而可以利用水稻、玉米的光谱数据直接估计它们的叶绿素密度。②叶绿素密度是叶片叶绿素含量与鲜叶生物量的乘积，它既反映了植株个体叶片叶绿素含量的信息，又反映了植被群体的生物量的特征，与植被群体光谱特征还具有显著的相关性，而遥感所获取的植被光谱数据往往是植被群体光谱数据，因此叶绿素密度是遥感在植被应用的重要参量，它可以在植被分类、精确识别、产量估测等实际应用中起重要作用。③经过导数光谱变换的数据比原始光谱数据在某些波段对叶绿素浓度、叶绿素密度具有更好的反映，水稻、玉米的叶片导数光谱在730～760 nm 波段与叶片叶绿素含量具有很好的相关性，而且它们的群体导数光谱在730～760 nm 波段与叶片叶绿素密度也具有很好的相关性。这些成果都逐步地被用于作物种植面积测算和估产。

4.4 作物生长环境及病虫害等的遥感监测

4.4.1 土壤和作物水分的遥感监测

土壤和作物水分监测研究主要服务于农业干旱监测和节水农业。农业干旱监测的气象卫星遥感信息处理分析方法中，目前应用比较广泛的是土壤热惯量法、作物水分胁迫指数法、温度植被干旱指数法以及植被供水指数法。

4.4.1.1 土壤热惯量法

热惯量与土壤水分之间有很高的相关性，因此可用于裸地的干旱监测。热惯量是表征土壤热变化的一个物理量，可表示为

$$P=\sqrt{k\lambda_{H}\rho} \tag{4-8}$$

式中：P 为热惯量；k 为土壤热传导系数；λ_H 为比热；ρ 为土壤密度。

据热传导方程可以推导出

$$P=\frac{\sqrt{2a^2-B^2}-B}{\sqrt{2\omega}} \tag{4-9}$$

式中：$a=2ATI\cdot S_0C_\tau A_1$；$B$ 为常数；$\omega=2\pi/(24\times3\,600)/\mathrm{s}$，为地球自转角速度。表观热惯量 $ATI=(1-ABE)\Delta T$，ABE 为地表全波段反照率，可由 AVHRR 第一、二通道反照率求得；ΔT 为地表温度日较差，可用 AVHRR 第四通道亮温值求得；S_0 为太阳常数；C_τ 为大气透过率；A_1 为常数。

研究表明，热惯量和土壤质量含水量、土壤相对密度存在确定的对应关系，可以通过对应查找表确定其数值。以上参数的具体求算可参见《遥感信息模型》(马霭乃，1997)。这样，通过遥感影像计算热惯量就可以求算土壤含水量。实践中，热惯量分布图可以表征土壤水分的分布状况。

4.4.1.2 作物水分胁迫指数法

作物水分胁迫指数(CWSI)是以作物叶面温度与空气温度之差(T_c-T_a)为基础而建立起来的一个能综合反映作物-土壤-大气系统特征的参数,它从能量平衡方程入手,视作物-土壤-大气为一整体,把蒸腾作用、光合作用、土壤水分、大气状况、太阳辐射有机地结合在一起,来揭示作物生长发育过程中一系列生理生态功能。

CWSI法的物理基础是作物冠层的能量平衡方程。一种求解 $CWSI$ 的方法是,通过求出 T_c-T_a 的理论上限与下限,并把它与实测的 T_c-T_a 值结合起来,即

$$\begin{aligned} CWSI &= 1-\lambda E_r/\lambda E_{rp} \\ &= [(T_c-T_a)_m-(T_c-T_a)_r]/[(T_c-T_a)_m-(T_c-T_a)_x] \end{aligned} \tag{4-10}$$

式中:λE_r 表示实际潜热通量;λE_{rp} 表示潜在潜热通量,下标 m、x 和 r 分别代表最小、最大和实测值。

然而,当把CWSI模型应用于区域大尺度时,便遇到了困难,即如何获取不完全郁闭冠层的叶面温度问题。因为无论航空遥感还是卫星遥感,其热红外传感器所探测的冠层温度,实质上是土壤与植被的混合温度。如果把这个温度代入方程,显然是不合适的。为解决这个矛盾,引入VIT梯形这个概念(刘湘南等,1995)。

VIT梯形即植被指数/温度梯形(vegetation index/temperature trapezoid),主要是基于这样一个思想:冠层温度 T_s 是叶面温度 T_c 和土壤表面温度 T_0 的加权平均值,而 T_c 或 T_0 对 T_s 的贡献主要取决于作物覆盖度,覆盖度越高,则 T_c 越接近于 T_s。于是,可得到一个四边形,即所谓的VIT梯形。

如图4.9(刘湘南等,1995)所示,梯形的4个顶点分别代表:①充分供水、完全郁闭的冠层;②受水分胁迫、完全郁闭的冠层;③水分饱和的裸土,④干燥裸土。这样,对于一个给定的 C 点,即有确定的(T_s-T_a)和地面覆盖度值,由式(4-10)可得到

$$CWSI = 1-CB/AB \tag{4-11}$$

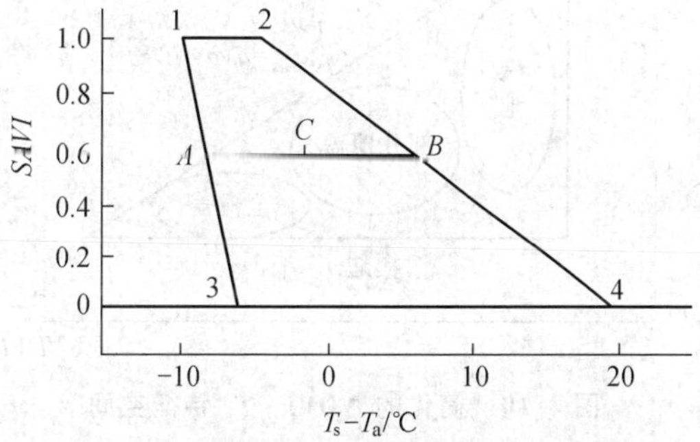

图4.9 VIT梯形示意图

由于光谱植被指数对地面植被覆盖度的变化响应很灵敏,因此,可以将图4.9中的纵坐标用植被指数代替,这样,运用上述两方程求 $CWSI$ 时,除气温外,其他两个因子均可由遥感方法来获取。

4.4.1.3 温度植被干旱指数法

土壤热惯量法由于没有考虑植物覆盖的影响,因此在植被覆盖条件下评价土壤水分状况受到很大限制;而NDVI作为水分胁迫指标,是以作物水分胁迫表征为研究对象,所以实际应用中表现出一定的滞后性。相比之下以冠层或叶片辐射温度信息作为旱情指标或水分胁迫指标具有更高的时效性。

遥感辐射温度受如植被覆盖度、蒸散量、地表热特性(导热性和热容)、净辐射、地表粗糙度和风速等多方面因素相互作用的影响。

植被覆盖度与光谱植被指数存在一定关系，而植被覆盖度决定了传感器接受的土壤背景和植被冠层可见光和热红外信息，从而影响遥感获取的辐射温度。单独以遥感获得的陆面(冠层)温度作为指标，在植被覆盖不完全条件下，较高的土壤背景温度会严重干扰旱情信息。为了消除土壤背景的影响，利用光谱植被指数和陆面温度的复合信息来评价区域旱情。

由于冠层温度很大程度上受到蒸散的控制，在净辐射一定的条件下，一般蒸散量越少，感热量越大，冠层温度就越高。而蒸散量同时受到气象条件、植被生长状况和土壤可利用水量等方面因素控制。一般认为，土壤水分状况与其表面温度之间不存在直接的关系，但由于生态系统在一定气象条件下，土壤水分不能满足潜在蒸散需要时，用于改变周围环境温度的感热量增加，冠层温度升高，气孔阻力增大，进一步抑制蒸散，因此土壤水分无疑是影响植被冠层温度的重要因素。从这个意义上，一定植被覆盖条件下的冠层温度能够反映土壤供水情况。

事实上，结合遥感陆面温度(T_s)和光谱植被指数已经应用于多方面的研究。Price 和 Carlson 发现当研究区域的植被覆盖度范围较大，以遥感资料得到的 T_s 和 $NDVI$ 为横、纵坐标得到的散点图呈三角形；Moran 等发现散点图呈梯形；Moran 等结合光谱植被指数和温度来研究遥感估算蒸散量；Prihodko、Goward 和 Boegh 等发现 T_s/NDVI 斜率与地表蒸散速率有一定函数的关系，并且可以用来计算气温；Boegh 等根据对各种植被类型的 $NDVI$ - T_s 线性关系，将遥感获得的 T_s 数据分解为稀疏植被条件下的叶温和土壤温度；Nemani 和 Running 建立了 $T_s/NDVI$ 斜率与气孔阻力及蒸散之间的联系。

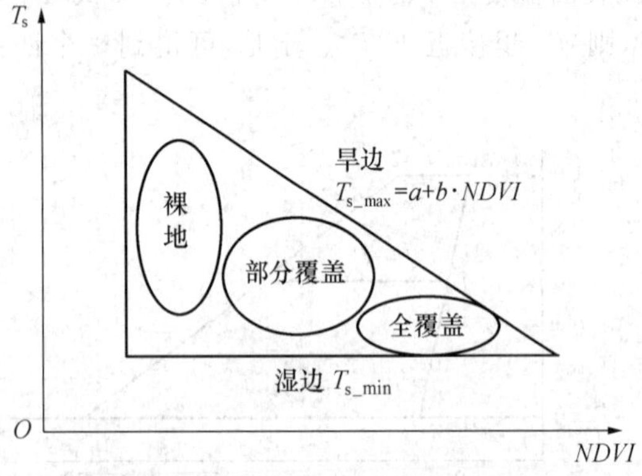

图 4.10 简化的 $NDVI$ - T_s 特征空间

Sandholt 等利用简化的 $NDVI$ - T_s 特征空间提出水分胁迫指标，即温度植被干旱指数(TVDI)。在该简化的特征空间，将湿边(T_{s_min})处理为与 $NDVI$ 轴平行的直线，旱边(T_{s_max})与 $NDVI$ 成线形关系。该简化的 $NDVI$ - T_s 特征空间见图 4.10。$NDVI$ - T_s 特征空间计算 $TVDI$ 表达式为

$$TVDI = \frac{T_s - T_{s\_min}}{a + b \cdot NDVI - T_{s\_min}} \tag{4-12}$$

事实上，在不同的植被覆盖度条件下，$NDVI$ - T_s 特征空间中最低温度(T_{s_min})是不同的，Moran 等(1994)在假设 $NDVI$ - T_s 特征空间呈梯形的基础上，从理论上计算梯形 4 个顶点的坐标的研究结果也说明了这点。将 $NDVI$ - T_s 特征空间简化处理为三角形的同时，对 T_{s_min} 和 T_{s_max} 同时进行线性拟合，拟合结果表示为

$$\begin{aligned} T_{s\_min} &= a_1 + b_1 \cdot NDVI \\ T_{s\_max} &= a_2 + b_2 \cdot NDVI \end{aligned} \tag{4-13}$$

这样可以由下式计算温度植被干旱指数：

$$TVDI = \frac{[T_s - (a_1 + b_1 \cdot NDVI)]}{[(a_2 + b_2 \cdot NDVI) - (a_1 + b_1 \cdot NDVI)]} \tag{4-14}$$

式中 a_1、b_1 和 a_2、b_2 分别为旱边和湿边拟合方程的系数。

4.4.1.4　植被供水指数法

作物供水不足时，一方面作物的生长受到影响，植被指数将降低；另一方面由于缺水，没有足够的水分供给植物蒸腾蒸发，迫使叶片关闭部分气孔，导致植物冠层温度升高。因此，利用气象卫星遥感所监测的植被指数(NDVI)和作物冠层温度(T_s)可以较好地监测干旱动态。

植被供水指数(VSWI)是用上述两个指标的比值表述的一个指标，其描述如下(盛绍学等，2001)：

$$VSWI = T_s / NDVI \tag{4-15}$$

式中：T_s 为卫星遥感监测到的作物冠层温度；$NDVI$ 为归一化植被指数。

综上所述，土壤热惯量法主要是利用土壤水分的热特性进行土壤水分监测，它适用于裸地干旱状况的监测。植被供水指数法比较适用于地面作物覆盖情况下的干旱状况的遥感监测。根据各地农业生产特点及土壤和生态气候类型，当地面植被覆盖度较大时，可以利用植被供水指数法遥感监测干旱状况；而在地面植被覆盖度较小的深秋和冬季，可以采用土壤热惯量法进行干旱状况的分析。

4.4.2　作物养分的遥感监测

植被生物化学参量是研究植被光合作用和营养状况的重要参数。叶片作为植被冠层最基本的组成单元，其光谱特征与生物化学参量的关系是首先需要了解的。传统的实验室方法通过化学分析来完成，费时费力，又具有破坏性，而且时效性差，因此迫切需要一种方便快捷的替代方法。长期以来，探测植物生物化学参量是遥感的焦点和难点之一，由于受技术手段限制，常规遥感难以在这方面有所突破。成像光谱技术的兴起，为解决这一难题开辟了新的道路，展现了很大的潜力。利用成像光谱遥感数据监测植被化学特性，是挖掘成像光谱数据潜力的重要方面，具有重要的理论意义和实际应用价值。

Curran(1989)曾从 3 个方面论述了用遥感技术估算叶片的化学组分的必要性和可能性。第一，在研究生态系统时，化学组分是必需的参量，而遥感已显示了其在不同尺度上测量植被的理化特征和养分循环过程的能力。第二，对叶片光谱特征了解的增加，使得用光谱估算植被化学组分成为可能。第三，不断发展的多波段高分辨率的成像光谱仪为实现用光谱监测植被化学组分提供了技术保障。地球科学委员会 1989 年就曾指出，新的高光谱遥感技术可以估算植被化学组分和解释生态系统的特点，明确指出要开展这方面的基础研究，并发展广泛适用和有效的监测方法。

1995 年法国科学家用机载高光谱遥感成功地监测了森林冠层的化学组分(Zagloski & Pinel，1996)。在我国，经过“七五”、“八五”、“九五”的不断攻关，研制出了 6 波段细分红外光谱扫描仪 FIMS、71 通道模块化成像光谱仪系统 MAIS、224 通道推扫式高光谱成像仪 PHI、实用化模块式 128 通道成像光谱仪等，但一直没有将其应用到监测植被化学特性方面。

氮营养素的多少对植物生长和作物产量的影响最大。因此，研究不同氮素营养条件下作物的光谱特性具有现实意义。1972 年 Thorn 等通过测定甜椒叶片的反射率来估测氮素含量，研究发现氮素营养水平对甜椒叶片在 550 nm 和 670 nm 波段反射率的影响大，并利用这两个波段建立了估算氮素含量的相关模型，其精度近 90%。

AI-Ahas 等(1974)研究了不同营养(N、P、K、Ca、Mg、S)胁迫下不同叶位叶片的光谱特性，认为在所有营养胁迫条件下叶片的叶绿素含量都会降低，但降低程度不一，缺氮时叶绿素含量最低；光谱反射率的差异主要在530 nm波段。不同营养胁迫与正常生长条件下的玉米在该波段光谱反射率方差分析结果表明，营养胁迫对530 nm波段处植物光谱反射率有显著影响。研究结果还表明，叶片叶龄对光谱反射率也有很大影响。

王人潮等(1993)、周启发等(1993)从“七五”开始对水稻氮素营养水平与光谱特征的关系作了大量系统深入的研究，指出缺氮使得早稻叶片在680 nm波段附近的吸收谷变浅，在近红外区域的反射率降低，在可见光区域的反射率增加，NDVI和RVI等植被指数与稻叶含氮量间有良好的相关关系。诊断水稻氮素营养水平的叶片光谱敏感波段为760～900 nm、630～660 nm和530～560 nm。通过光谱测定及其变量的运算，可以区分不同氮素营养水平。

朱艳等(2003)通过冠层高光谱数据对小麦植株氮素含量进行测定。根据特征光谱参数—叶片氮素营养—籽粒蛋白质产量的技术路径，以叶片氮素营养为连接点建立基于开花期高光谱参数的小麦籽粒蛋白质产量预报模型。结果表明：开花期叶片氮含量、氮积累量以及花后叶片氮转运量均能够较好地反映成熟期籽粒蛋白质产量状况，以红边位置、红蓝边面积比和742 nm处一阶微分为变量建立成熟期籽粒蛋白质产量预报模型，模型测试精度分别为0.854、0.803和0.795。

高氮和低氮处理过的槭树叶片在波长大于1 500 nm的中红外波段的光谱反射率都显著低于中氮处理过的槭树叶片反射率。叶片的氮素含量可以通过光谱分析方法来估测，但不同估测模型的精度不一，以反射率一阶导数建模精度最高。

与氮相比，植物中磷钾营养与光谱特性的关系研究较少。据杨希等(1996)的研究，植物磷营养素的多少对光谱特性有较大影响，但其影响不像氮营养水平那样一致。这是因为植物轻度缺磷时，叶绿素浓度有可能提高；只有在严重缺磷时，叶片光谱分析才能用于水稻磷营养诊断。钾营养素对植物光谱特性的影响介于氮营养与磷营养之间。随着钾营养水平的提高，叶片在可见光波段光谱反射率降低，而在近红外波段光谱反射却有所提高。在现有仪器设备条件下，一般只能区分3～4组钾营养水平。在近红外波段区间(780～1 300 nm)，钾营养水平越低，反射率越高，这与氮营养的影响正好相反。这可能是缺钾时叶片表皮细胞发生变化，叶面厚度增加，叶片栅栏、海绵组织的细胞收缩和局部破裂的结果。在1 450 nm波段处，随着钾营养水平的降低，吸收谷明显变浅，这可能是因为水稻缺钾后叶片含水量降低所致。在中红外波段(1 650～1 800 nm)，钾营养水平越低，光谱反射率越高，其内在生理机理方面仍有待研究。

4.4.3 农作物病虫害遥感监测

应用遥感技术监测植物病虫害，主要通过以下3条途径：①应用遥感手段探测病虫害对植物生长造成的影响，跟踪其发生演变状况，分析估算灾情损失；②应用遥感手段监测病虫害滋生地，即虫源或寄主基地的分布及环境要素变化来推断病虫害爆发的可能性；③应用遥感技术直接研究害虫及寄主的活动行为。

4.4.3.1 植物病虫害监测

病虫害对植物生长造成的影响主要有两种表现形式：植物外部形态的变化和植物内部的生理变化。外部形态变化特征有落叶、卷叶，叶片幼芽被吞噬，枝条枯萎，导致冠层形状起变化。生理变化则可能表现于叶绿素组织遭受破坏，光合作用及养分水分吸收、运输、转化等机能衰退。但无论是形态的或生理的变化，都必然导致植物光谱反射与辐射特性的变化，从而使遥感图像光谱值发生变异，在高分辨率、大比例尺遥感图像上有时还可以直接辨识出遭受病虫害袭击的异化影像，有时甚至可以看到害虫副产品如蚂蚁堆、昆虫蜜露等物的存在。

正常生长的植物，无论是草本或木本，一般都有很规则的光谱反射曲线，即在绿光区(中心波长约 560 nm)有一小反射峰，反射率 10%～20%。在蓝光和红光区各有一吸收带，反射率平均约 8%，在 670 nm 处达最低点；进入近红外区，则反射率急剧上升，达 30%～70%不等，形成极鲜明的反射峰，也称绿色植物的近红外陡坡效应。由于植物种类、发育阶段、养分状况、所处地形部位等因素的不同，上述各波段反射值的具体数据会有些差异摆动，但这种光谱曲线的总形状特征都保持一致。只有当植物遭受病虫害侵袭时才会发生变化。首先是近红外反射率明显降低，即陡坡效应明显削弱甚至消失；接着绿光区的小反射峰位置逐渐向红光区漂移，叶色由绿变黄、变褐，以至枯死。如果害虫吞噬叶片或引起叶片卷缩、掉落，生物量减少，同样会导致近红外与绿光区反射率的降低和红光区反射率的升高。图 4.11 展示了健康小麦和受害小麦光谱反射特性的这种变化过程。当冬小麦受到病虫害侵扰时，因缺乏营养和水分而生长不良，海绵组织受到破坏，叶子的色素比例也发生变化，使得可见光区的两个吸收谷不明显，0.55 μm 处的反射峰按叶子被损伤的程度而变低、变平。近红外光区的变化更为明显，峰值被削低，甚至消失，整个反射光谱曲线的波状特征被拉平。因此，根据受损植物与健康植物光谱曲线的比较，可以确定植物是否有病虫害及受病虫害的程度。

有些果树害虫如危害柑橘的黑实蝇，会在果树上分泌蜜露。这些蜜露成为烟霉真菌的寄生媒介，而烟霉则会使柑橘树叶变黑发亮，改变其光谱特性，从而在航空遥感图像上清楚地反映出来。线虫、根腐病等果树病虫害也会引起植物外形及其光谱特性的变化，均为应用航空遥感进行监测的成功实例。

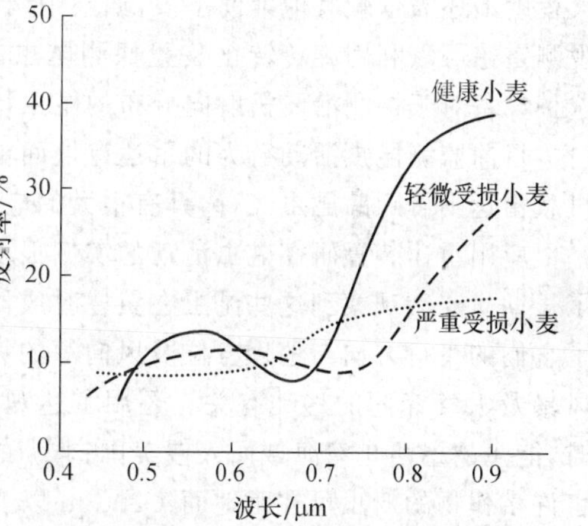

图 4.11 绿色植物(小麦)受害后光谱曲线变化示意图(李民赞，2006)

水稻白叶枯病是危害水稻的常见病害。由一种白叶枯病细菌侵入水稻叶片引起，严重影响水稻抽穗灌浆而大幅度减产。病斑常从叶尖或叶缘开始逐渐蔓延，最后导致整片稻田呈黄色，眼睛观看与成熟稻田相似，难以区分。但在彩红外航片上，成熟的黄色稻田呈黄绿色，尚未成熟的绿色稻田呈紫红色，而感染了白叶枯病的黄色稻田则呈暗灰色，三者极易区分。

应用红外遥感技术，包括航空和地面，可以比肉眼提前发现玉米枯萎病、高粱缺铁褪绿病、棉花青枯病、黄萎病、甜菜叶斑病、黄瓜萎蔫病、苹果根腐病、葡萄霜霉病。还可以及早探测出蚜虫、黏虫、线虫、红蛀虫、红蜘蛛等重要害虫对作物和果树林木的侵袭。所以红外遥感，特别是彩红外航空摄影目前已成为监测农作物、果园、森林病虫害的重要技术手段。

彩红外航空摄影的优点表现在：①几何分辨率高，可获得详细反映植物外部形态与光谱特性变化的大比例图像；②比较灵活机动，可抓住最有利于观测病虫害的时机安排飞行；③可选择最有利于观测病虫害的飞行高度，并可改变摄影胶片片种以适应最佳探测波段的需要。但它的昂贵费用,常使用户承受不了而影响普及。

近年迅速发展的航空电视录像技术利用安置在飞机上的录像系统来接收地面的反射光谱信号,经传输处理后在荧光屏上显像供观察,或记录在磁带上供分析。它与航空摄影遥感比较,具有两方面的优势:①录像带可重复使用,故成本较低;②获得的数字图像便于计算机处理分析。它的最大缺陷是地面分辨力不够高,难以详细反映植物冠层和外部形状的变化。

4.4.3.2 植物害虫活动行为的遥感监测

植物害虫的个体一般均较细小,应用一般被动式遥感器很难捕捉到它们的存在信息。可是运用人工主动向目标物发射微波束,然后根据目标反射回来的微波特征而识别物体的主动遥感器——雷达,则可直接探测体型达到一定程度的害虫,特别是监测密集群体的活动行为效果更好。

目前用于研究昆虫行为的雷达波长为 4.2 cm,对于体型较大的昆虫个体进行探测的最大距离为 1.5～2 km,密集群体的探测距离则可达数十千米。

雷达识别昆虫目标、监测昆虫活动行为通常分两步进行:首先应区分是昆虫回波还是鸟、蝙蝠或降雨的回波,然后对昆虫回波进行深入分析,以确定昆虫的种类。第一步通常比较容易,因为降水的漫射回波与昆虫的离散回波差异很大。昆虫的飞行速度与翅膀振动频率也明显不同于鸟类、蝙蝠等飞行动物。第二步识别昆虫种类则相当困难、复杂,因为不同类昆虫的翅膀振动频率范围往往有部分重叠,从而造成回波特征的混淆。所以雷达识别昆虫种类在很大程度上还需依赖其他辅助手段,如空中诱捕、起飞地的地面采样等。此外,近年发展的垂直观测雷达可以利用旋转转化装置探测昆虫体形的不同,为昆虫识别提供了另一个重要标志。这种设备对于探测沿飞机航向分布的昆虫特别有利。

目前监测昆虫活动行为的雷达有地面雷达与机载雷达之分。地面雷达探测距离有限,而机载雷达则可跟踪昆虫飞行,具有很大的应用潜力。

应用雷达装置研究昆虫活动的实例很多。美国学者用雷达对蝗虫、飞蛾的夜间飞行进行了长期研究。观察到这些昆虫在黄昏时成群起飞,记录了它们的升空速度、分层情况,并剖析了它们的飞行方向与地理方位及风向等的关系。他们发现许多昆虫飞蛾是由风载迁移的,与风暴及大气锋面的移动有关。还用雷达观测证明,一种危害烟草的害虫飞蛾,在有利的风向时,能飞越墨西哥湾海域而入侵美国;非洲的一种蚱蜢在一个晚上飞行距离可超过 100 km;危害许多作物的蚜虫可在距地面 1 200 m 以上的高空密集。这些研究无疑都极大地丰富了人们对昆虫的迁移飞行与活动习性的认识。

4.5 农作物长势与产量的遥感估算

精细农业要达到农作物生产的最优化,需要根据不同种植区的长势,来调节田间的管理措施(如施肥、灌溉等),以实现高效产出的目的。这有别于传统农业生产统一的施肥、灌溉等管理措施。利用遥感技术及时地获取作物长势的信息,使这种高效的田间管理成为可能。同样,作物产量及时的遥感估测,也对精细农业的区划和管理至关重要。

前人在研究的过程中,有的分析全生育期的植被指数累积值同作物产量之间的关系,并取得了较好的成果。有的则认为生殖生长期间的 NDVI 累积值比其他任何时间的累积值更能反映有效的作物产量。这是因为:①作物的穗粒是在生殖生长期形成的;②生殖生长期是作物产量形成的关键期，这一时期的作物生长状况对产量影响较大；③这一时期作物生长的好坏在光谱特征上反应也较敏感。

4.5.1　作物长势监测

植物在生长发育的不同阶段，其内部成分、结构和外部形态特征等，都会存在一系列周期性的变化。这种植物的周期性变化使得从植物细胞的微观到植物群体的宏观结构上均有表现，这种变化必然导致单个植物或植物群体物理光学特性的周期性变化，也就是植物对于各电磁波谱的辐射和反射特性。由于遥感具有周期性获取目标电磁波谱信息的特点，可以用它来监测农作物长势的动态变化。如利用多时相卫星遥感数据来了解作物的长势状况。

4.5.1.1　作物长势和植被指数

从冬小麦在不同生育期的植被变化曲线（图4.12）可以看出：冬小麦植被指数在不同生育期内变化趋势明显，越冬至返青期有一较大增长，拔节抽穗期升至最高，麦黄后大幅度下降。选取适宜的遥感图像数据，计算同一监测区相邻两年冬小麦的NDVI值并进行差值计算，根据差值的大小进行等级划分，绘制等级图，分区统计差值，以此来监测冬小麦长势的好坏。

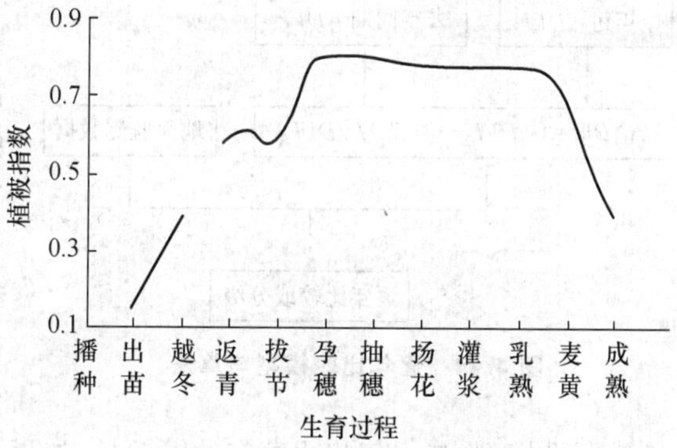

图4.12　小麦植被指数随时间变化的曲线（吴文斌等，2001）

作物长势即作物生长的状况与趋势。作物的长势可以用个体与群体特征来描述。发育健壮的个体所构成的合理的群体，才是长势良好的作物区。

4.5.1.2　归一化植被指数和叶面积指数

长势遥感监测的基础是必须有可用遥感监测的生物学指标。归一化植被指数NDVI与叶面积指数LAI、植被覆盖度、发育程度和生物量有关。叶面积指数LAI（leaf area index）是一个与长势的个体特征和群体特征有关的综合指数。植物的生长靠光合作用，无论哪一品种都要充分利用阳光，因此叶面积指数有同一性。这是用叶面积指数监测长势的基础。当然，叶面积指数不能反映全部的个体特征和群体特征，必须用地面监测数据补充。

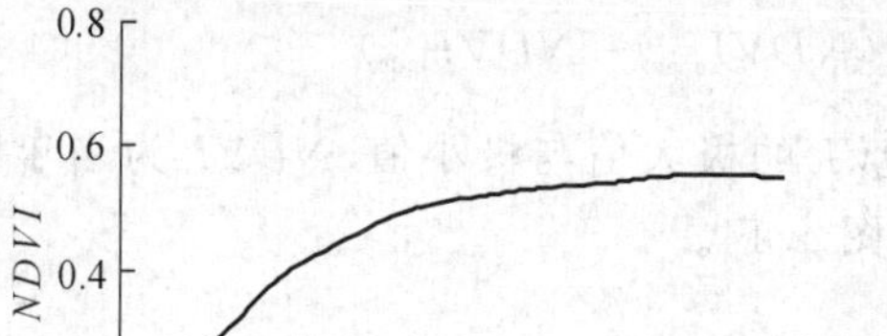

图4.13　NDVI与LAI的非线性关系

NDVI的应用受到大气、土壤以及NDVI饱和现象影响的限制。由图4.13可知，NDVI与LAI呈非线性关系。

叶面积指数的共性提供了遥感监测的可能性。考虑到经济性与时效性以及卫星资源，通常应用NOAA/AVHRR来进行大面积作物长势监测和建立长势模型。

由上述分析可知，个体特征难以用遥感监测，必须依靠地面监测。应用NDVI与LAI的相关性，并考虑地面的监测与农学模型，可以实现监测作物的长势。

4.5.1.3 长势监测的遥感模型

长势模型根据功能可以分为评估模型与诊断模型，杨邦杰等(1999)对两类模型及其计算方法作了总结。

1. 评估模型

评估模型可分为逐年比较模型与等级模型。

(1)逐年比较模型　即以当地的苗情为基准，今年与去年同期长势相比。这样便于各地的田间监测，也是传统的习惯。农业部门习惯于与去年比较，因为去年的收成是已知的，便于早期估产。在逐年比较模型中，引入 $\Delta NDVI$ 作为年际作物长势比较的特征参数。

$$\Delta NDVI = (NDVI_2 - NDVI_1)/NDVI_N \tag{4-16}$$

式中：$NDVI_2$ 为今年旬值；$NDVI_1$ 为去年同期值；$NDVI_N$ 为多年平均值。

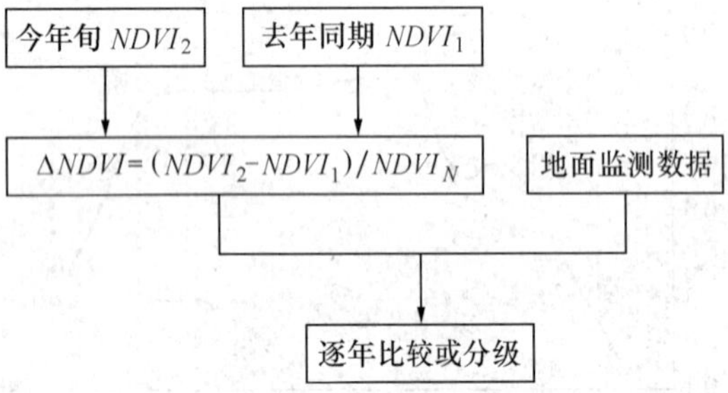

图 4.14　逐年比较模型与算法

如图 4.14 所示，先计算今年与去年同期 $NDVI_2$ 与 $NDVI_1$，根据式(4-16)计算特征参数 $\Delta NDVI$。根据 $\Delta NDVI$ 的大小，再参考地面观测的情况，对今年的长势作出评价。

(2)等级模型　逐年比较难以分等定级，等级模型的目的是要分等定级。根据计算方法的不同分为距平模型与极值模型。

①距平模型：与去年相比存在的问题是：如果某地去年产量很好，今年不如去年的地方不一定就不好。比较客观的方法是与当地多年的均值比较。引入 $\Delta NDVI$ 作为年际作物长势的特征参数。

$$\Delta NDVI = (NDVI - NDVI_N)/NDVI_N \tag{4-17}$$

式中：$NDVI_N$ 为多年平均值；$NDVI$ 为当年值。分等定级的计算过程如图 4.14 所示。

②极值模型：当多年 NDVI 变化不大时，距平模型可能难以分等定级。这种情况下可用当地 NDVI 极值建立等级模型便于分等定级。极值模型的特征参数用以下的极值植被指数 VCI(vegetation condition index)定义：

$$VCI = (NDVI - NDVI_{min})/(NDVI_{max} - NDVI_{min}) \tag{4-18}$$

式中：$NDVI_{max}$、$NDVI_{min}$ 为同一像元多年的 $NDVI$ 的极大值与极小值；$NDVI$ 为当年同一时间同一像元的 $NDVI$。分等定级的计算过程同图 4.14。

2. 诊断模型

前面的模型是为了早期估产，田间管理需要诊断模型。包括：①作物生长的物候与阶段，②肥料盈亏状况，③水分胁迫-干旱评估，④病虫害蔓延情况，⑤杂草发展情况。

单一指标 NDVI 是有限的，必须增加其他参数用一矢量空间来定义诊断模型。以冬小麦的监测为例，如图 4.15 所示，可以用植被表面温度 T_s 与 NDVI 的矢量空间来描述小麦的长势并诊断水分的胁迫。NDVI 值的大小与生物量有关，可以表示长势的好坏。而 T_s 的变化与土壤的蒸发和植被的蒸腾相关。蒸腾量小时则表面温度高，即 T_s 高时作物受到水分的胁迫而缺水。图4.15中的A、B、C点表示3种极端现象。A点T_s与NDVI均低，表示长势差但不缺水；B点NDVI低而T_s高，表示长势差而且缺水；C点NDVI高而T_s低，表示长势好而且不缺水。T_s-$NDVI$矢量空间上的其他点的情况在A、B、C之间。矢量模型可以诊断长势的问题所在，但需要不同的信息源与矢量空间。

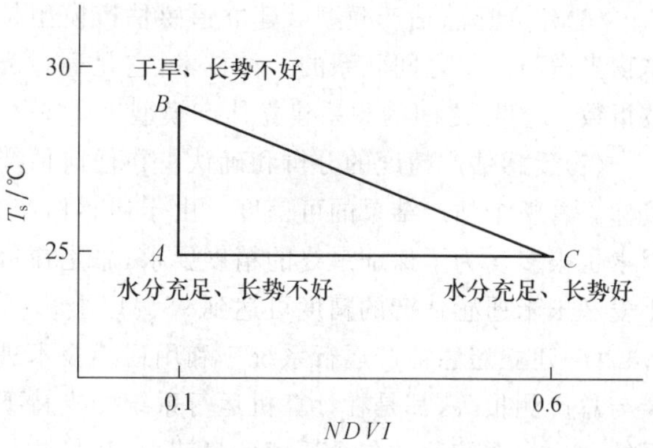

图4.15 T_s-NDVI空间与作物长势的关系(改绘自杨邦杰，1999)

诊断模型的研究仍较少。长势可用T_s-$NDVI$空间来描述，可以诊断水分的胁迫。其他问题的诊断需要新参数与模型。

4.5.2 农作物遥感估产

遥感估产是建立作物光谱与产量之间联系的一种技术，它是通过光谱来获取作物的生长信息。在实际工作中，常常用绿度或植被指数作为评价作物生长状况的标准，植被指数中包括了作物长势和面积两方面的信息。光谱产量模式的基本思想是将各种形式的植被指数与作物单产建立回归方程，筛选出方程拟合率高、相对剩余标准差小的估产模式。各种估产模式，尤其是光谱模式中，植被指数是一个极为重要的参数。

4.5.2.1 农作物遥感估产步骤

(1)遥感估产区别　遥感技术用于农作物生长的动态监测和估产是大面积的应用，而各地区自然条件和社会环境不一致，农作物的生长状况也不大相同，因此需要将条件基本相同的地区归类，以便于作物生长状况的监测与估产模型的构建。

(2)布设地面采样点　遥感估产中的信息主要是来自遥感信息，但是为了得到高精度的作物种植面积和产量，光靠遥感信息是不够的。必须在地面布设足够的"样点"监测作物实际生长状况和产量，作为遥感信息的补充和检验。

(3)建立背景数据库系统　在遥感估产中，背景数据库是一项重要的基础性工作。它收集和存储了估产区自然环境等方面的信息，如地形地貌、土地利用现状、种植制度、土地类型和肥力、农业气候资料、农业灾情、历年的单产和总产、种植面积以及人口和社会经济情况的数据信息等。背景数据库在遥感估产中主要起两个方面的作用，一是为遥感图像信息分类提供背景，使分类精度提高。二是在遥感信息难以获取时，它支持模型分析，从历史资料和实际样点采集的数据中综合分析，取得当年的实际种植面积和产量。

(4)农作物种植面积提取　农作物播种面积的提取是农作物估产中的关键所在。常利用TM资料进行计算机自动分类。常见的方法还有NOAA资料混合像元的分解及在GIS支持下的作物播种面积。

(5)不同生长期作物长势动态监测　任何一种农作物从播种到收获都要经过若干个生长期，因此需要跟踪监测不同生长期的苗情并估测其趋势产量。监测的主要方法是采用气象卫星对不同生长期的植被指数监测。根据植被指数的变化以及与历年资料的对比，就可以及时获得各种作物在不同生长期的长势，由长势情况就能预报出作物的趋势产量。

(6)建立遥感估产模型　建立遥感估产模型是农作物估产的首要问题。遥感估产是建立作物光谱与产量之间联系的一种技术，它是通过光谱来获取作物的生长信息，根据"光谱-植被指数-产量"之间的关系建立估产模型。

(7)遥感估产精度的分析和确认　在任何估产方法中，精度是人们最为关心的问题，它直接标志着整个估产结果的可信度。由于遥感估产方法牵涉到中间环节很多，可能产生的误差因素也很多。为了保证最终的精度要求，总是在每个环节上尽量减少误差的可能性。目前，对小麦和玉米遥感估产的精度可达到95%以上。

(8)建立遥感估产运行系统　利用遥感技术进行农作物种植面积提取、生长状况监测及单产与总产测报等，都是在计算机运行系统的支持下实现的，这个系统就叫农作物遥感估产集成系统。这个系统通常包含遥感信息获取、背景数据库建立、估产模型自动生成工具库系统、空间分布图形系统等部分，供用户在实际估产中使用。

从以上农作物遥感估产的过程看，估产主要包括两个关键技术：①作物识别和面积估算；②作物长势分析和单产模型构建。一旦获得作物种植面积和粮食单产，就可得到总产量：总产量＝种植面积×单产。

农作物种植面积的提取和单产模型的建立既独立又相互联系，它们都依赖于对作物类型的准确识别和对作物信息的提取。

4.5.2.2　遥感估产模型(以冬小麦为例)

叶片是绿色植物光合作用的器官，叶面积越大它的光合作用越强，植物获得的干物质就越多，生物量就越高，最终的作物产量就越高。但作物的这种生理机制信息，通常无法被遥感系统中的传感器直接捕获，并转为可供分析应用的动态监测和估产信息。因此人们根据光学原理，对各种农作物不同生长期的叶面反射光谱进行测定，建立各种农作物的野外光谱资料，从遥感传感器中获取农作物的光谱特性，对其分析，获得不同农作物不同波段间的关系数据。监测农作物的生长状况并预测最终的产量，这就是农作物估产的基本原理。

植被指数(即NDVI)与叶面积指数之间有较好的相关关系，很多学者运用遥感数据中的植被指数与作物叶面积指数建立联系，构建估产模型。但是，这种关系不是在小麦全生育期内都存在。植被指数与叶面积指数仅在3月初至4月中旬相关性较好。如果用小麦发育阶段来说，就是小麦拔节至抽穗之间，两者相关性最好，在此之后其相关性就不十分明显了，因为叶面积指数达到5 m^2/m^2 以上时，植被指数趋于饱和，叶面积指数再增长，植被指数也不会有太大的变化。因此，抽穗以后的小麦长势状况再以植被指数为指示变量就显得有些不适合了。所以，必须选择更适合的因子来构建估产模型。

基于这种考虑，王乃斌(1993)通过各地冬小麦生长发育特征分析，从形成产量的三要素(亩穗数、穗粒数、千粒重)观点出发，采用分段相关建立了冬小麦估产模型。

(1)亩穗数　叶面积指数与亩穗数之间有较好的线性关系，而植被指数在冬小麦形成亩穗数阶段又与叶面积指数有比较好的相关关系。因此，在确定亩穗数时，应考虑以植被指数为因子。

(2)穗粒数　冬小麦穗粒数的多少取决于拔节至灌浆初期的生长状况，因为这一时期是小麦幼穗分化，从护颖分化到花粉粒形成的阶段。它是以颖片和雌雄分化为主，并逐步进入配子体分化形成期。该阶段的发育状况直接影响受精籽粒的形成，以至于直接关系到每穗粒数。因此，冬小麦在此阶段对温度要求严格，如果温度较高，发育加快，小花退化增多，因而形成小穗数多而小穗粒数少的状况。反之温度适宜可以增加小穗的粒数。这里用温度因子作为建模依据。

(3)千粒重　影响小麦千粒重形成的时间主要在灌浆期。该时期正处在入夏，气温迅速上升。如果水肥条件不佳，遇到连续三天 30℃高温，就会造成"逼熟"，叶子干枯，停止灌浆，形成瘪粒，千粒重下降。因此，构建千粒重模型时应综合考虑水、温、肥等条件。山东禹城地区，在相同的条件下浇灌浆水和麦黄水，一般能提高 7.20%产量。蜡熟末期，旗叶变黄，干物质积累已经停止，所以在形成千粒重过程中，植被指数的变化速率是很有意义的指标，它既能体现小麦后期水、肥条件的性状，也能表示小麦后期的生命过程。

基于上述分析，采用"植被指数－温度－植被指数变化速率"来构建大面积小麦遥感估产模型：

$$Y = a\sum G \cdot b \cdot T_0/T_i \cdot (D_0 - D_i)[Q/(\Delta G/\Delta T) + c] + w \tag{4-19}$$

式中：Y 为估算的单位面积产量，kg/亩；$\sum G$ 为返青至抽穗期的植被指数累加；T_0 为拔节后期至灌浆始期小麦品种需要的积温或多年平均地温累加，℃；T_i 为当年拔节后期至灌浆始期积温或当年地温累加，℃；D_0 为小麦灌浆起始时间，d；D_i 为拔节后期时间，d；Q 为小麦品种标准千粒重，g；ΔG 为灌浆开始日期至灌浆终止日期的植被指数差；ΔT 为灌浆开始日期至灌浆终止日期差；a、b、c 为试验常数，w 为自由项，可以根据实验情况来调整。

4.5.2.3　遥感估产和长势监测的其他应用

樊科研等(2008)等对加工番茄的产量进行遥感估测，以 ASD FieldSpec 光谱仪实测大田中不同生育期加工番茄的冠层高光谱及其产量，采用单时相线性逐步回归和复合回归，建立了加工番茄高光谱与产量的估算模型。

毛留喜等(2008)以青海省为例，利用经过 GPS 定位的青海省牧草地面观测资料，分析牧草产量与 NOAA/AVHRR 植被指数 NDVI 之间的关系，分类建立青海省牧草产量估算线性模型与指数模型，反演了青海省 2004 年 5—8 月基于像元尺度的月牧草产量分布图，并对牧草产量的空间分布特征、时间演变规律进行了详细分析。

谭昌伟等(2007)分析了夏玉米农学参数、红边参数以及两者之间的相关性，结果表明：可利用红边位置(REP)来反演叶片绿度值(SPAD)，利用归一化的吸收深度、吸收特征面积和红边宽度来分别反演叶绿素 a、叶绿素 b、叶绿素 a＋b 以及叶绿素 a/b 含量，利用一阶微分光谱最大值和吸收特征面积来反演类胡萝卜素含量和类胡萝卜素含量/叶绿素 a 含量。从而构建了以红边参数为自变量的农学参数的反演模型，为生产上利用遥感技术大区域、无破坏、实时快速地监测夏玉米的生长状况以及进行营养诊断提供了重要的技术依据。

我国学者已在农作物估产方面作了大量的实践研究。在模型的建立、参数选择、模型的运行测试等方面总结了很多行之有效的方法和经验。本书只就此作了简单的介绍，让读者能有一个大概的认识。要想了解更多遥感估产的内容，还需要参考专业的遥感估产文献。

参考文献

[1] 樊科研，田丽萍，王进，等. 基于冠层高光谱遥感对加工番茄产量的估算模型[J]. 安徽农业科学，2008，36(10)：4343－4345.
[2] 承继成. 精准农业技术与应用[M]. 北京：科学出版社，2004.
[3] 李民赞. 光谱分析技术及其应用[M]. 北京：科学出版社，2006.

[4] 黎夏. 利用遥感与 GIS 对农田损失的监测及定量评价方法——以东莞市为例[J]. 地理学报,1997,53(3):279-287.

[5] 李爽,丁圣彦,许叔明. 遥感影像分类方法比较研究[J]. 河南大学学报,2002,32(2):70-73.

[6] 刘晓龙,李英成. 地物频谱在遥感图像分类中的应用研究[J]. 遥感信息,1999(1):24-26.

[7] 刘湘南,周占鳌. CWSI 理论及其在玉米遥感监测与估产中的应用[J]. 东北师范大学学报,1995,21(1):9-13.

[8] 鹿琳琳,郭华东,韩春明. 微波遥感农业应用研究进展[J]. 安徽农业科学,2008,36(4):1289-1291,1294.

[9] 毛留喜,侯英雨,钱拴,等. 牧草产量的遥感估算与载畜能力研究[J]. 农业工程学报,2008,24(8):147-151.

[10] 盛绍学,胡雯,马晓群,等. 安徽省农业干旱遥感监测指标的确定与应用[J],中国农业气象,2001,22(4):36-39.

[11] 孙家柄,舒宁,关泽群. 遥感原理、方法与应用[M]. 北京:测绘出版社,1997.

[12] 谭昌伟,王纪华,郭文善,等. 基于红边参数的夏玉米长势监测及其营养诊断研究[J]. 福建农林大学学报(自然科学版),2007,35(2):123-128.

[13] 王成. 地面高光谱数据在作物水肥状况诊断与生物化学参量估算中的应用[D]. 南京:南京师范大学,2002.

[14] 王长耀,牛铮,唐华俊,等. 对地观测技术与精细农业[M]. 北京:科学出版社,2001.

[15] 王人潮,王深法,等. 水稻遥感估产系统研究[J]. 浙江农业大学学报,1993,19(Sup.):1-6.

[16] 吴文斌,杨桂霞. 用 NOAA 图像监测冬小麦长势的方法研究[J]. 中国农业资源与区划,2001,22(2):58-61.

[17] 杨邦杰,裴志远. 农作物长势的定义与遥感监测[J]. 农业工程学报,1999,15(3):214-218.

[18] 张宏民. 微波遥感在农业中的应用[J]. 世界农业,1995,9(10):46-48.

[19] 章杨清,刘政凯. 利用分微向量改进神经网络在遥感模式识别中的分类精度[J]. 环境遥感,1994,9(1):68-72.

[20] 赵书河,张明金. 带竞争学习机制的方向传播模型及在遥感图像分类中的实验[J]. 遥感技术与应用,1995,10(4):61-64.

[21] 周启发,王人潮. 水稻氮素营养水平与光谱特性的关系[J]. 浙江大学学报,1993,19(Sup.):40-45.

[22] 朱艳,曹卫星,戴延波. 小麦栽培氮肥运筹的动态知识模型[J]. 中国农业科学,2003,36(9):1 006-1 013.

[23] Curran P J. Remote sensing of foliar chemistry[J]. Remote Sensing of Environment,1989,30:271-278.

[24] Ulaby F T,等. 微波遥感:第 1 卷[M]. 北京:科学出版社,1988.

[25] http://www.nercita.org.cn/[OL].

[26] Ulaby F T,Sarabandi K,Mcdonald k,et al. Michigan microwave canopy scattering model[J]. International Journal of Remote Sensing,1990,11(7):1223-1253.

[27] Zagloski F,Pinel V. Forest canopy chemistry with high spectral resolution remote sensing[J]. Int J Remote Sensing,1996,17(6):1107-1128.

第5章 面向精细农业的农业信息采集与数据处理技术

5.1 土壤信息采集与制图

5.1.1 土壤采样方法

长期以来,人们通过农田土壤采样和分析,确定土壤养分的均值或中值,指导农田养分管理。过去均采用均值代表整个农田的土壤养分,然后按单一施肥量均匀施用化肥作业。在土壤中有效养分比较低且化肥价格相对比较低的前提下,采用这种均一施肥方法是可接受的。但从 20 世纪 70 年代到 80 年代后期,随着农业生产投入的不断增加,投入报酬递减和过量施用化肥、农药对环境的影响越来越明显。现在,随着精细农业技术的研究逐渐深入,特别是农田定位投入的研究和应用,改变了传统的农田养分管理策略,提出了按需投入的作物管理模式,即研究作物生长环境的空间变异以及根据这种变异和作物的需要进行变量投入的精细农业思想。这样,促使农业生产既能提高产量和产品品质,又能保护环境、节省资源,获得最好的经济效益。

尽管土壤科学家和农场经营者早已意识到农田土壤养分具有空间变异性。但以往利用数据表格形式表征空间变异的方法在应用上受到很大限制。随着计算机技术发展,尤其是地理信息系统的出现,将原始的以表格形式的空间数据转化成"地图"来表示土壤养分空间关系的方法十分便捷。利用地理信息系统,不仅可以生成土壤养分空间分布图,而且可以分析土壤养分之间的空间关系。

精细农业实践中,首要的工作是快速、有效地采集影响作物生长的环境因素尤其是土壤养分特性的空间变异信息,以合理的采样密度采集土样是以较少的成本、生成较准确的土壤养分空间变异分布图的有效保证。生成土壤养分空间变异分布图一般分 3 步:①土壤采样;②数据插值;③分布图生成。土壤采样方式和采样密度影响数据插值的结果。同样,数据插值方法决定生成的分布图是否反映土壤养分空间分布的实际状况。通过增加采样数目可以提高分布图精度,但是密集的土样采集和实验室化学分析费用也会相应地增加。

5.1.1.1 同一块农田内不同土壤养分的变异程度

在同一块农田内,不同的土壤养分在空间和时间上的变异程度存在较大的差别。表 5.1 是 Wollenhaupt(1997)总结的土壤内不同养分的变异程度和变程(空间自相关距离)。当地块作物产量表现出适中的空间变异时,地块的变异系数(CV)值变化范围是 8%～29%。但是,在中等 CV 值的情况下,农田作物产量介于 0.63～8.31 t/hm^2 之间。因此,通过 CV 值的大小并不能完全表征作物产量和土壤养分的空间变异程度。

表 5.1 几种土壤养分和作物产量的变异系数(CV)和变程

特性	CV/%	变程/m
速效氮	28～58	40～275
速效磷	39～157	68～145
速效钾	31～61	—
有机质	21～41	112～114
产量	8～29	70～700

表 5.1 说明,农田土壤养分具有最明显的空间变异性,碱解氮、速效钾和有机质具有较大的 CV 值。速效磷的 CV 值有时非常高,尤其在有机粪肥施用的农田区域,一般在 40%～80% 之间。

土壤养分和作物产量不仅具有空间变异性,而且存在时间变异性。在作物的生长季节,比较稳定的土壤养分为有机质、全氮等,不稳定的土壤养分有土壤碱解氮、速效磷、速效钾等。不同季节、不同年份的作物产量也是变化的,存在较大的时间变异性。Wollenhaupt(1997)发现作物产量的时间变异占总变异的 67%,而空间变异仅达到 10%(另外 15% 的变异是由于均一施肥作业造成的,8% 是未知的)。这种较大的时间变异主要是由降雨和温度的波动引起的。因此,在适当的作物生长季节采集土样对提高定位施肥的合理性是至关重要的。

5.1.1.2 土壤采样的物理限制因素

(1)采样深度 研究农田养分空间变异首先要从采集土样开始。土样采集设备包括地面探测器和土钻。大多数土壤采样要求采集耕作层土壤,一般是 10～20 cm 层。采集农田土壤样品的过程中,采样深度必须保持一致,否则就会增加采样误差。采集的土样一般随土壤湿度、土壤质地、采样时间和采样位置的变化而改变。在犁耕作业过程中,耕层土壤混合得比较均匀,采样深度容易控制,而在作物采取保护性耕作的系统中,可能出现土壤养分分层现象,因此必须精确控制采样深度。

(2)分层现象 许多研究报道,在连续 3 年免耕的农田内,土壤表层(0～5 cm)的养分在不断增加,速效磷和速效钾出现了显著的分层现象。

表 5.2 是 Wollenhaupt(1997)总结的采样深度和耕作方式对土壤速效磷的影响。该表说明,犁耕作业对不同土壤深度的土壤速效磷影响很小,都是 24 mg/kg。圆盘耙耕作和免耕作业下,随着采样深度的增大,土壤速效磷的测试值逐渐减少,出现了明显的分层现象。

表 5.2 采样深度和耕作方式对土壤速效磷的影响

采样深度/cm	不同耕作方式下的土壤有效磷含量/(mg/kg)		
	犁耕作业	圆盘耙作业	免耕作业
0～10	24	55	41
0～15	24	42	31
0～20	24	34	25
0～25	24	28	21

(3)土壤混合采样 一个土样一般是几个土样点所采土样的混合。采集混合土样的目的是缩小采样小区的空间变异。许多研究表明，随着采样间距的增加，空间变异逐渐变大，有时在 1 m^2 的农田小区内，土壤养分可能出现 50%的空间变异。

Ferguson 等(1996)指出在 1 hm^2 的农田小区采集 1 个混合土样，将会丢失有关空间变异研究的一些信息。他们建议每公顷采集 4～11 个混合土样。在每一个采样位置随机采集 4 个土样，即以每个样点为圆心、以 2 m 为半径的圆周上每 1/4 圆周采集一个土样。每个混合土样表征该采样小区的均值。通常在每一采样小区采集的样点数目越多，其混合土样越能更好地表征该小区的均值；土壤养分的变异程度大，需要采取的土壤样品数量也应该增大。但是在土壤干硬、地湿土软和土黏的农田里，不可能获得一个均匀的混合土样。此外，有些作物施肥呈带状施用，往往产生集中的养分带，在每个采样小区应该随机采集多个样点(如 10 个)混合，避免测得过高或高低的土壤养分。

(4)优化采样时间 尽量缩短土壤采样和施肥之间的时间间隔。土壤养分、土壤温度、土壤湿度和作物生长都随季节变化。所以，一般选择土壤中养分变化相对稳定的季节，在采样和施肥之间应该保证完成土样分析、处理和制订决策处方等工作。在同一农田里多年采集土样时，最关键的是每年的采样时间必须一致。

5.1.1.3 采样方案

农田内采集土样时，不可能处处都采集，需要根据采样目的，制订合理的采样方案。常用的采样方案有以下几种。

(1)随机采样 随机采样需要确定两件事，一是在土壤总体中要确定个体，二是选择个体的方案。随机采样是指从总体中选择个体，按照每个个体都有相同概率的原则。随机采样方法是将农田分成若干采样小区，或者将农田分成相等面积的栅格小区，然后在小区内随机采集一些样点，如图 5.1 所示。随机采样的样点分布不均匀，一些区域采样点较密而其他区域可能没有采样点。这种方法不适合空间变异分布图的生成。

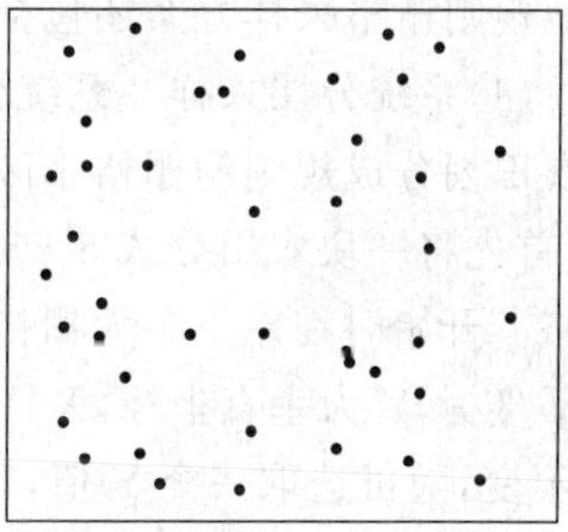

图 5.1 随机采样 64 个点

(2)嵌套采样 嵌套采样是将农田分成若干采样小区，在每一采样小区再细分，细分后的小区可随机选取，也可再进一步细分。这个过程持续下去直到可识别的最小单元。根据分类的这种格式，总体中每个个体都属于这一层。

图 5.2 为使用嵌套采样方法确定 64 个采样点位置的形成过程。一个正方形区域首先分成 4 个大的正方形。每个大的正方形分成 4 个中等大小的正方形，随机选择其中 2 个中等正方形。每个选中的中等正方形分成 4 个小正方形，随机选取其中 2 个小正方形……。每个采样点位于小正方形的中心。这种方法虽然可以使采样费用达到最小，但确定采样点的位置比较困难。嵌套采样的主要缺点在于不能提供一个均匀的样点分布。但是，在农田整个区域范围内，利用大区域的判断采样和局部区域的嵌套采样相结合的采样方案，可以获取比较准确的农田土壤养分的空间变异。

(3)规则栅格采样 规则栅格采样是将农田分成大小相等的栅格小区采集土样。规则栅格采样简单易行，是一个最有效的土壤采样方法，并且比随机采样和嵌套采样方案精确得多。在大多数农场耕地中，可以不使用 GPS，通过计算行数或使用距离测量设备，实施系统采样方案。

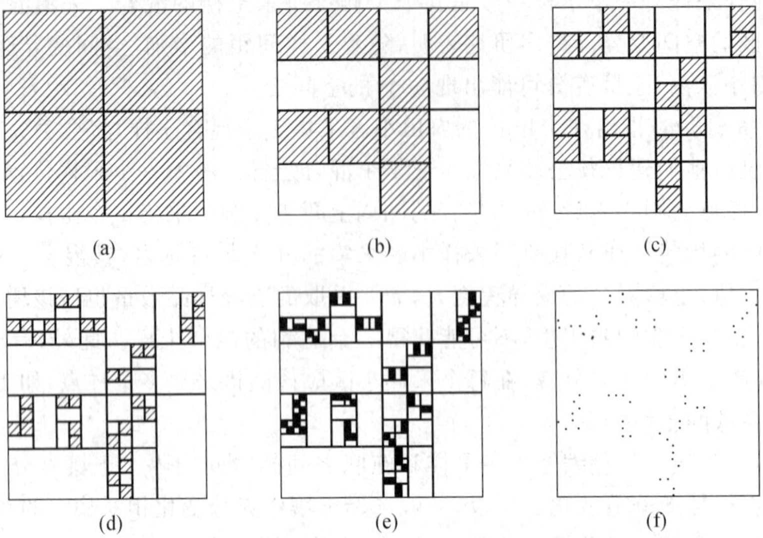

图 5.2 嵌套采集 64 个样点的形成过程

在规则栅格采样方法中,如果土壤养分分布存在周期性,采样数据将会出现较大的误差。如果土壤养分空间变异的周期和方向已知,可以按照不同的采样距离和方位确定采样栅格。另外,一些研究表明,三角网格采样方法产生一个不同的采样周期,一般要比方格采样精确。其他规则栅格采样方案还包括矩形和六角形方式。规则栅格采集样点分布图如图 5.3 所示。

(4)系统分层采样　系统分层采样主要解决具有周期性分布的农田土壤采样问题。首先将农田划分成规则的栅格小区,在每一小区内确定一个采样点。如图 5.4 所示。在这个例子中,首先将一块农田分成 5×5 个大的正方形栅格,每个大的栅格又被分为 5×5 个小的正方形栅格。开始时在左下角大栅格中随机选择一个小栅格,给该小栅格赋一坐标值 X 和 Y(X 为水平坐标,Y 为垂直坐标,$X,Y=1\sim5$,本例中 $X=5,Y=2$)。在同行右移一个大栅格内,保持 X 不变,随机选取一个 Y 值,得到一个小栅格。这样依次类推在同行每一个大栅格中得到一个小栅格。在列方向上,首先选择同行左边的上一个大栅格,保持 Y 不变,随机选择一个新的 X,得到一个小栅格。依次类推在该列每一个大栅格中得到一个小栅格。选择剩余的大栅格,在这些大栅格中确定一个小栅格,其 X 值与同一行的 X 值一样,Y 值与同一列的 Y 值一样。然后按照上面依次选择下去。其结果将会产生一些基本上等距离的小栅格。

实验证明,系统分层采样方案在定位作业管理中是一个非常理想的采样方法。

(5)辅助采样　在没有以往的农田信息的情况下,一般多采用上述方法。但在有些情况下,一些辅助的信息可用来初步估计土壤养分空间变异趋势。这些辅助的信息包括土壤分布图、航空图像、产量分布图、地形图、管理史、气候史和个人农田经验。这些辅助信息资源有利于确定合适的采样方案,包括合适的采样距离和混合采样方法。

土壤分布图一般用于确定作物的生产潜力。利用土壤分布图,不但能够推断土壤质地或有机质含量的空间变异,而且还可确定土壤养分有效利用率的空间分布与土壤含水量的空间和时间分布。航空图像能够动态地表征土壤和作物的颜色变化,利用航空图像可以确定需要采样的农田区域和土样混合方案。这是因为土壤和作物的颜色一般与土壤湿度、土壤有机质含量、土壤 pH 值、土壤肥力和作物产量有着密切的关系。产量分布图一般与农田耕作制度、

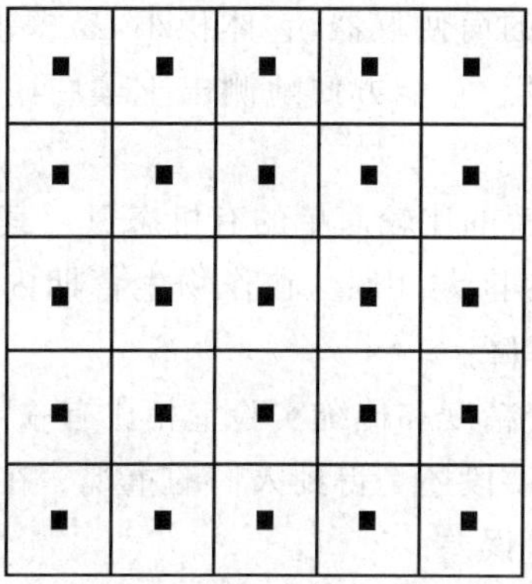

图 5.3　规则栅格采样方法

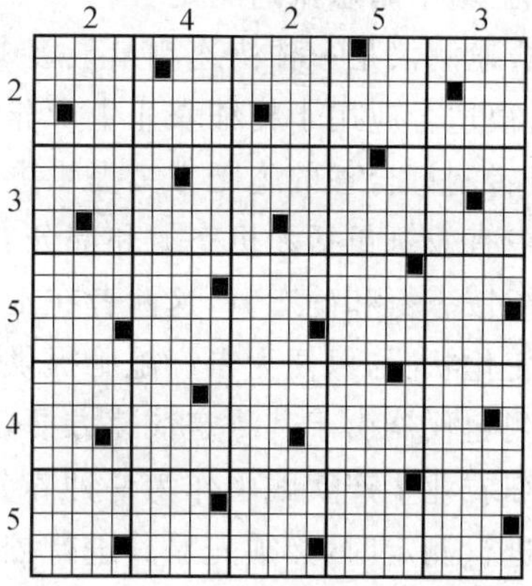

图 5.4　系统分层采样方法

土壤肥力、土壤水分、病虫草害分布、以前的生产管理方式和气候等影响因素有关，通过解释产量分布图，可以找出影响产量空间变异的主要原因。产量分布图主要用于确定农田采样位置，以便确定影响产量空间变异的主要原因。

美国农业部土壤监测中心经过多年研究发现，农田作物管理是造成土壤养分空间变异的主要原因，如耕地、作物轮作、肥料的施用等。确定农田土壤采样方案时，不能忽略以前的农田管理信息和个人的农田实践经验。以前农田管理包括化肥施用、机械耕作、作物轮作、农田合并、收获和灌溉作业等，这些管理对土壤肥力和作物产量的影响可能持续几年甚至几十年。这些影响一般在土壤分布图或地形图上表现不明显，但可通过航空图像或产量分布图显露出来，个人的农田经验经常用于确定这些特征。

5.1.1.4　确定采样策略的原则

采样策略包括确定采样个数和设计采样方案。确定采样策略需要考虑：①农田采样区域的土壤养分变异系数（CV）；②农田采样区域的辅助信息；③实施精细农业实践所需要的管理小区个数；④各种采样方案的可行性；⑤采样时间、劳动力和费用等限制因素。

随着土壤采集特性 CV 值的增加，采样数目也要增加。一般情况下，由于土壤有机质的 CV 值明显小于速效磷的 CV 值，所以研究土壤有机质空间分布所需的采样个数要比速效磷的少。采样区域的辅助信息、以前的农田管理数据和个人经验知识能够初步划分农田内定位管理小区个数。随着管理小区个数的增加，采样数目也要增加。如果每一管理小区作为最小管理单元，那么，在每个小区内可以采集一个混合土样，以降低分析的费用。

5.1.2　土壤养分的快速测定

所谓养分的快速测定就是把有效养分常规的测定方法加以简化，如减少浸提液体积、缩短浸提时间等，简化浸提和操作步骤，使操作快速简便，但测出的养分形态和数量也有所差别，数据的准确度和精密度均低于常规分析。虽然如此，由于其快速简便，并有一定的准确度，仍然是诊断土壤供肥水平的一项有效手段。

样品的正确采集与处理是获得土壤养分准确值的前提，当利用 GPS 定位仪器确定采样点后，整理地表，去除残留物，用取土器获取耕层土样，必要时采集心土和底土。把采集的样品在田间塑料布上打碎，去除石砾、根、茎、叶等杂质，充分拌匀。

5.1.2.1 土壤中硝态氮的测定

硝酸盐速测仪是一种快速测量土壤中硝态氮含量的简便仪器，它体积小，易携带，且操作方法简单，很适合应用于精细农业生产养分的快速测量。它能方便地测出土壤中硝态氮的含量，为生产者制订合理的施肥方案提供决策依据。

土壤中有效氮包括无机态氮和部分有机质中易分解的比较简单的有机态氮。其中无机态氮主要是指铵态氮和硝态氮，这两者在土壤中的含量变化大，因此，在作物生育期内应定时监测它们的变化状况，以便为丰产施肥提供必要的养分保障。

快速测定仪器由于其测定快速方便，因此尽管测定精度和传统实验室相比有一定的误差，但其在精细农业生产实践中作为一种养分快速测定的手段还是得到人们的重视。在使用硝酸盐速测仪进行测定时，必须先对其进行校准以减小测量误差。

5.1.2.2 土壤中有效钾的测定

土壤中钾主要呈无机态存在。按其对作物有效程度划分为速效钾(包括水溶性钾、交换性钾)、缓效钾和相对无效钾 3 种。土壤中全钾含量相对于氮、磷要高得多，但不等于说土壤已经有了足够的钾素供应植物生长，这是因为土壤中钾绝大多数呈难溶性状态，速效钾只占全钾含量的 1%左右，所以贮量虽很高，而植物仍可能缺乏钾素。土壤钾素肥力的供应能力主要决定于速效钾和缓效钾，且在不同地区、不同土壤类型和气候条件下，全钾量相差很大。

5.1.3 土壤水分的快速测量

作物正常生长在很大程度上依赖于土壤中提供的水分，作物只有在得到充足水分供应的情况下才能够健康生长，因此准确地监测土壤中水分是制定灌溉决策的重要依据。过去传统的土壤水分测定方法都需要取样、烘干等一系列过程，耗时费力。随着电子技术的发展，越来越多的土壤水分快速测定方法投入使用，这些方法的测定精度逐渐提高，推广范围也越来越大。目前土壤快速测定方法中应用最普遍的是电阻型土壤水分传感器测定法和基于介电常数的时域反射(TDR)法，这两种方法也是精细农业上比较普遍采用的方法。

5.1.3.1 利用电阻型土壤水分传感器测定土壤水分

利用电阻型水分传感器测定土壤水分，通常情况下可以把传感器埋置在土壤中的不同地方，根据土壤中不同位置的土壤水分数据确定合理的灌溉方法，这样就避免了传统的依靠用户经验进行灌溉的不足，提高了灌溉的准确性，减少了水资源的浪费。

(1)传感器安装位置的确定　通常情况下测定土壤水分应把多个传感器放置在土壤同一位置的不同深度，其中一个传感器要放置在作物有效根区的上部，而其他的传感器放置在有效根区下部的不同位置处，人们把这些位置俗称为土壤水分“感应站”，水分传感器在这些位置可以更好地表达作物对水分的吸收情况。传感器在不同的灌溉条件下有不同的放置方法。对于渠灌和大水漫灌，应把传感器安置在离出水口 2/3 的位置处，因为在这一地方水分在土壤中的渗透能力最差。对于生长高度较高的作物，传感器应埋置在作物的南部(在北半球)，因为在这个地方下午土壤可以得到更多的太阳光线辐射。对于移动式喷灌机，尽管灌水分布更均匀，但由于土壤结构在不同位置处存在差异，因而土壤不同位置处的持水能力和入渗能力均不相同，也需要为传感器选择一个合适的位置。对于整体结构较大的作物，传感器的安装位置要避开喷灌水滴达不到的地方，而对于以成行方式种植的作物，传感器要安装在两行作物的中间。对于圆形平移喷灌机,传感器要放置在平移喷灌机起始位置的两个塔盒之间,在产量高和比较敏感的位置处也要安装一些传感器,以便这些传感器可以准确地监测地块中的土壤水分。通常情况下每 2.5～4 hm^2 土地应当安装一个土壤水分传感器。对于滴灌和微灌,土壤水分传感器必须位于土壤中的湿土区域内。一般对于滴灌,传感器通常在离滴灌点 30～48 cm 区域内;对于微灌,传感器通常放置在离微灌点 60～90 cm 的区域内。

(2)传感器埋置深度的确定　传感器埋置的深度主要依赖于作物生长根的深度,但也受土层深度和土壤质地的影响,在实际中需针对不同的区域和不同的作物采取不同的埋置方法。对于根部分布较浅的作物(如小于 30 cm),埋置一个传感器即可反映整个根层土壤的水分状况。对于诸如小粒谷物、葡萄等根层分布较深的作物,至少需在 2 个不同的土壤层次测定水分的含量。对于深层渗透性好的土壤,通常情况下作物的根扎很深,传感器必须放置在作物有效根区内。

(3)传感器的安装　传感器在埋入土壤中之前要在灌溉水中充分浸泡。如果时间许可,可在早上浸泡传感器 30 min,然后将传感器晾至傍晚,再浸泡 30 min 后整晚晾干。第二天再重复这一过程,第三天早上再将传感器浸泡 30 min,并从早上晾至傍晚,然后再整夜浸泡传感器。这样的处理可以提高传感器的灵敏度。

传感器在土壤中有多种安装方法,最为常见的两种安装方式如图 5.5 所示。其中图 a 的方法是首先用打孔器在土壤中打一个直径与水分传感器直径相同的圆孔,用 PVC 管将传感器压入土壤中,然后用泥浆将传感器封入土壤内。传感器的引线可以固定在地面上的一个支架上,通过引线测定土壤中的水分含量。图 b 所示的安装方法则是在将传感器压入土壤后将 PVC 管仍留在土壤中,使用泥浆将 PVC 管与土壤相互接触的地方密封好,引线从 PVC 管引出后用胶带将 PVC 管口密封好。

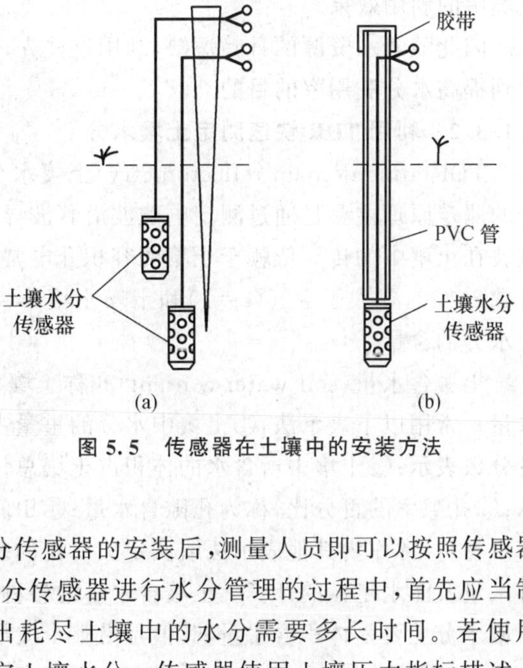

图 5.5　传感器在土壤中的安装方法

(4)传感器用于水分管理　在完成土壤水分传感器的安装后,测量人员即可以按照传感器的测定值进行土壤水分的有效管理。在使用水分传感器进行水分管理的过程中,首先应当制作一个土壤水分曲线图,该曲线图可以显示出耗尽土壤中的水分需要多长时间。若使用 Watermark 水分传感器,则可通过下列情形判定土壤水分。传感器使用土壤压力指标描述土壤水分的高低,若压力读数表显示的读数在 0～10 Centibar① 之间,则表示土壤达到最大持水力;若读数在 10～30 Centibar 之间,则表示土壤目前还比较潮湿(但粗沙土除外,该种土壤在该种情况下开始失去水分);若读数在 30～60 Centibar 之间,则表示土壤处在适宜灌溉的条件下(重壤土除外);若读数在 60～100 Centibar 之间,则表示重壤土处于适宜灌溉的条件下;若读数在 100～200 Centibar 之间,表示土壤已经严重缺水应立即灌溉,否则不能够达到最大产出。有时现实情况可能和上述情况不完全一致,这在很大程度上依赖于所种植的作物和当地

①Centibar 为 Watermark 水分传感器显示的读数单位,即厘巴(cbar)。1 cbar＝1 000 Pa。

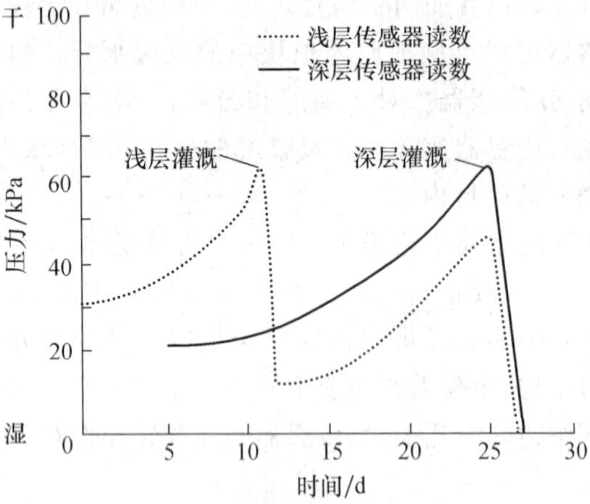

图 5.6　土壤水分传感器读数图

的土壤与气候条件，如现在的传感器读数值与 3～5 d 前测量的读数不完全相同，则需要观测土壤中水分的读数值变化是否较大，跳跃式的变化表示土壤中的水分迅速地消失掉，提示用户应该进行灌溉。图 5.6 是通过连续测定得到的一个传感器读数数值图。该图是通过在不同的土壤根系层安装两个传感器测得的，通过该图可以了解到应当浇多少水。如果浅层传感器显示出读数迅速增高，但深层传感器的读数显示出土壤中仍有足够的水分，则可以只进行浅层灌溉，达到补充浅层土壤的水分即可。如果深层传感器读数显示出该层土壤的含水量降低很大，则应当对土壤进行长时间的灌溉以充分湿润土壤。从灌溉和降雨后传感器的读数可以充分了解水分在土壤中的利用效果。

因此随着水资源的日趋短缺，利用这些先进的水分感应技术，生产中可以实行按需灌溉，达到提高水分利用率的目的。

5.1.3.2　利用 TDR 快速测定土壤水分

TDR(time-domain reflectometry)土壤水分测定法也称为时域反射测定法，它对土壤水分的测定原理主要是通过测定电磁波沿着波导电极的传播时间来计算土壤中水分的含量。电磁波在土壤中的传导依赖于土壤的容积介电常数(bulk dielectric permittivity)，通常水的介电常数 $\varepsilon=80$，要大于空气($\varepsilon=1$)和干燥土壤($\varepsilon=3\sim7$)，利用土壤的这一特性即可以测得土壤中水分的含量。

土壤含水量(soil water content)亦称土壤含水率、土壤湿度，为单位数量的土壤所保持的水量。常用以下表示法：①土壤中水分的重量占干土重量的百分比，称为干土重含水量，用质量分数表示；②土壤中所含水的体积占土壤总体积的百分比，称为体积含水量，用体积分数表示；③孔隙率的百分比，称为孔隙含水量；④田间持水量的百分比。干土重含水量使用最广泛，简单易行，常作为其他表示法或测定法对比的基础。体积含水量或田间持水量主要用于土壤贮水量及灌水定额的计算。土壤含水量的各种表示方式可以进行互换。利用 TDR 法测得的土壤水分主要是体积含水量，其值是沿整个波导电极的平均含量。

(1)TDR 测量方法介绍　TDR 一般由两个不锈钢做成的波导电极和电子控制线路构成，见图 5.7。测定土壤水分时电子控制元件通过不锈钢电极发射和接收返回的高能量电子信号，达到测量土壤体积含水量的目的。测量时土壤的采样体是一个椭圆体，该椭圆体距电极中心约 3 cm，反射回的高频信息被转换成土壤的体积含水量显示在显示面板上。

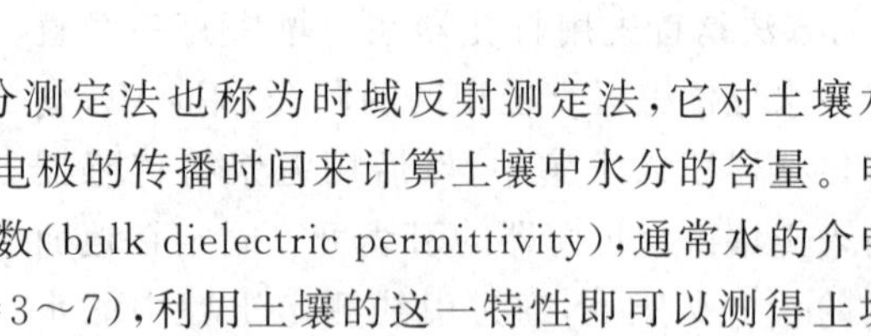

图 5.7　便携式 TDR 土壤水分测定仪

在田间进行土壤含水量测定时应将电极完全插入土壤中。若电极没有完全插入土壤则其测定的土体中会含有空气,降低读数值。电极要垂直插入土壤中,否则测定的土体中会进入空气,影响水分的测定精度。插入时不要使用铁锤或其他钝器敲击电极,以防损坏 TDR 系统的电子线路。测量时要确保两个电极始终处于平行的位置,这样可以降低测量方法对测量结果的影响,同时也可减少仪器不必要的损坏。

(2)GPS 与 TDR 系统的连接　目前很多 TDR 水分采样系统可以和 GPS 系统连接,它们可以接收符合 NMEA0183 标准的 GPS 系统信息。测量开始时只需设置与测量地点相同的时区并选择合适的测定探头参数即可,具体的设置见图 5.8。测量完成后可以使用数据传导线,把记忆模块内的信息通过 RS-232 串口线导入计算机内,省去人工田间记录数据和实验室计算机录入数据的烦琐工作。图 5.9 为采样完成后导入计算机内时在显示屏上显示的数据。该数据表上显示了所用测量仪器的名称、记录地理坐标的数据格式、经度坐标、纬度坐标、数据记录顺序号、体积含水量和记录器开始记录的时间等。

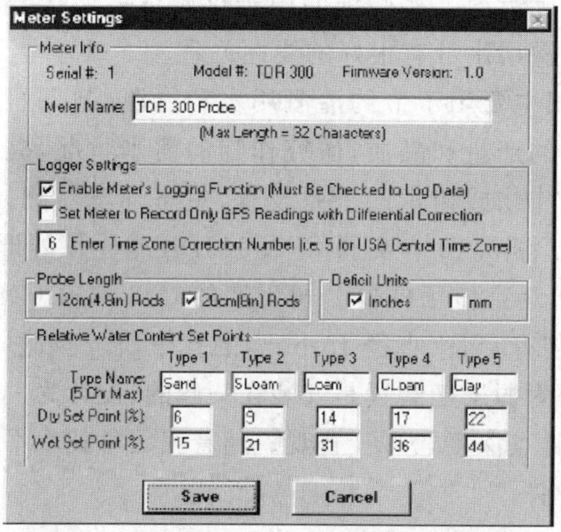

图 5.8　TDR 水分测定仪测量参数设置界面

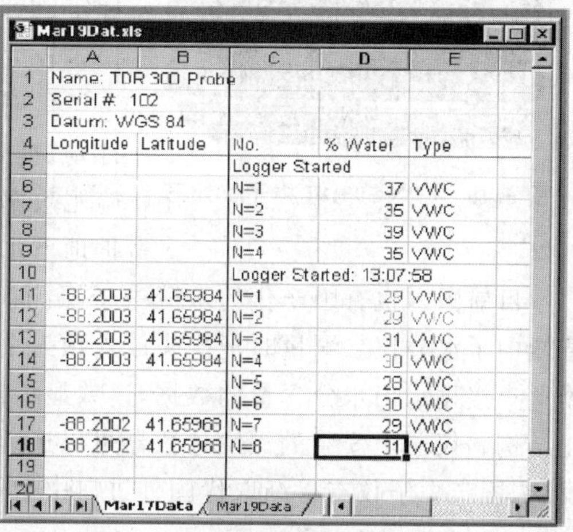

图 5.9　TDR 测定结果导出过程

5.1.3.3　利用中子仪快速测定土壤水分

目前应用的农田土壤水分监测方法有 20 多种,大致可以分为直接法和间接法。由于直接法费时费力、扰动土壤且对试验场地有一定的破坏性,1950 年 Belcher 和 Kirkham 提出中子法间接测定土壤含水率。由于这种方法测量快速、简便,可定点重复或连续监测而不受滞后影响,且可与自动记录系统和计算机系统连接,近些年来在农田灌溉、土壤物理、水文地质和建筑工程领域得到广泛应用。

中子仪(hydroprobe moisture)的工作原理是利用中子热化原理:当快中子源发出的中子遇到氢原子后就会失去部分动能转化成慢中子和热中子,仪器根据测出的热中子数量计算出被测物体的含水量。土壤水分中的氢原子也会使中子源发出的快中子变成慢中子,据此测出土壤中的水分含量,土壤中各种其他元素对快中子的减速作用不足土壤水减速的 1%。中子仪的基本组成包括探头和处理器,其中探头由快中子源和一个慢中子检测器组成。快中子与土壤中物质的原子核碰撞而减速,且最终为土壤中的物质吸收。由于氢原子核的质量与自由中子的质量相同,与中子碰撞时使中子的能量损失较大,因而,氢原子的存在将产生较多的热中子。较重的元素当然也会使中子减速,但不会像氢原子这样有效。与氢核平均碰撞 18 次,快中子就会显著减速,而与在土壤中存在的比氢重一些的原子碰撞,就需要 200 次左右。

热中子不断被土壤中的物质吸收,例如硼对热中子就会产生很强的亲和力。最后所得到的热中子流与产生和吸收热中子的很多因素有关,但最重要的是土壤中有多少氢。应用中子仪测量土壤中的水分时,要在当地土壤条件下进行标定。现场标定时所需要的工具包括探头、取样器、天平和干燥炉。第一种标定方法是首先在标定的地方安装测管,将探头伸入测管中取得读数,同时在测管周围成对地取样。所取土样要与探头在同一深度并应在测管周围 30～60 cm 范围内。样品从土壤中取出后,要立即密封在样品罐或塑料袋内,取样时要小心,避免夯实测管周围的土壤。在整个水分测量范围内,最好能取 20 对样品。第二种标定方法是使用直径小于测管的取样器,在钻孔安装测管时就在每种深度取得样品。然后将探头放到相应的深度取得读数。这种标定方法的优点是在用于灌溉调度的测管上完成标定,更符合实际情况。实验证明中子仪测量表层水分时误差较大,但对深层水分有很好的线性关系。

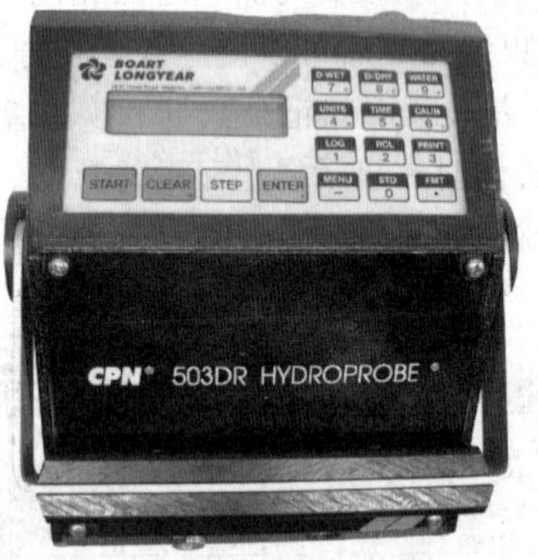

图 5.10　CPN 503DR 中子仪外形

目前中子仪主要用于节约灌溉用水和能源,制订灌溉计划,提高作物的产量和品质,研究作物的需水状况,提高施肥效率,跟踪作物或树木的根系发育,生态环境监测,保护地下水资源。图 5.10 为美国 CPN 503DR 中子仪外形。

目前国内也有国产化的水分中子探测仪,例如北京核子仪器公司生产的 CNC503B(DR)智能中子水分仪。测量时把探头放入预先钻好并装有套管(直径 45 mm)的孔中,在读数显示器上直接显示出水分含量的数据,读数显示器和辐射源屏蔽装置是安装在一起的,设计为一体化结构。仪器上安装的深度计数器可以连续显示测点深度,方便、直观。随着我国科技水平的发展,国产中子仪有逐渐取代国外进口中子仪的趋势。

5.1.4　土壤养分的快速制图技术

土壤并不是一个均质体,而是一个时空连续的变异体,具有高度的空间变异性。传统描述土壤空间变异性的方法基本上是定性的土壤分类,而不是定量地研究土壤的空间变异性。从土壤学的观点,精细农业就是一种高新技术条件下根据土壤的空间变异性进行精确测土施肥的技术,把农田土壤类型、土壤质地、土壤养分和土壤水分等空间分布随时空变化的数据加以集成,并及时地应用到农作物的栽培管理中,就能提高农田土壤资源的利用潜力,增加产量,节约成本。

20 世纪 70 年代,地统计学方法被引入土壤科学研究领域,克服了应用经典的 Fisher 统计理论在研究土壤性质空间变异性规律方面的不足,其理论依据是区域化变量理论。地统计学既可用来估测土壤性质的分布,也可用来确定土壤变异的空间尺度和形式,以提高采样的有效性,还可用于研究引起土壤变异的各种过程。目前,应用地统计学的原理和方法仍然是国内外定量化研究土壤空间变异的趋势之一。随着地理信息系统的广泛应用和地理学科的发展,利用地统计学,结合 GIS 技术来研究土壤性质空间变异已成为目前土壤学的研究热点之一。但现今土壤空间变异规律的研究主要集中在土壤物理性质方面,而土壤化学性质方面的研究较少。运用 GIS 技术,采用地统计学方法,对氮、磷、钾等土壤养分的空间变异规律进行研究，并以养分变异性空间分布图的形式进行分析，可提供一种快速制作土壤养分分布图的技术。

5.1.4.1　土壤养分的空间变异性

土壤是不均一和变化的连续体，即时空连续变异体。田间实际情况表明，即使在土壤质地、类型相同的区域内，同一时刻土壤特性值(物理、化学、生物性质等)在不同空间位置上也具有明显差异，这种属性称为土壤特性的空间变异性。土壤特性空间变异性的研究就是将土壤特性值的空间变异复杂性定量化。这样的研究旨在改进土壤分类，提高土壤调查制图精度以及提高田间小区试验精度，确定合理取样尺度及取样数目，并为土壤过程的预测、模拟更逼近农田土壤变化实际情况提供有效途径，为更好地理解空间作用对土壤作物生长关系的重要性，特别是为精细农业的实施提供科学依据，积累的基础资料具有重要意义，对土壤资源利用、农业技术推广具有重大影响。

5.1.4.2　地统计学技术

空间数据往往是根据自己要求所获取的采样观测值，诸如土地类型、地面高程等。这些点的分布往往是不规则的，在用户感兴趣或模型复杂区域可能采样点多，反之则少。由此而导致所形成的多边形的内部变化不可能表达得更准确、更具体，而只能达到一般的平均水平或“象征水平”。但用户在某些时候却欲获知未观测点的某种感兴趣特征的更精确值，这就导致了空间数据内插技术的诞生。一般来讲，在已存在观测点的区域范围之内估计未观测点的特征值称为内插；在已存在观测点的区域范围之外估计未观测点的特征值的过程称为推估。

1. 地统计学应用优势

土壤氮、磷、钾、有机质等肥力参数的空间变化情况是随机的、无周期的、不规则的，但却具有统计规律，在统计学上存在自相似性，属于分形，可用其分维定量表示。为了定量描述土壤养分的空间变异，针对土壤采样数据点呈离散分布形式的特点，最初的研究根据传统统计学原理，不考虑测定参数、测定位置之间的空间关系，计算测定区域土壤某一性质的统计学参数，由此考察在这一区域土壤性质的变异程度，对土壤性质变异强弱的分级就是根据这一思路划分的。实际上，随地形、地貌的变化，土壤肥力的空间分布具有一定的结构性。比如沿坡度方向从上而下，土壤养分含量一般会逐渐积累、增加。在这种情况下，传统的数理统计方法的缺点是明显的，只能估计测定区域所考察土壤性质变异程度的强弱，不能估计测定区域所考察土壤性质的空间分布，具有很大的局限性。而地统计学方法则充分认识到任何在空间连续性变化的属性是非常不规则的，不能用简单的平滑数学函数进行模拟，需根据某种优化准则动态决定变量的数值，因此在分析土壤养分变异性上有很大优势。另外，国外精细农业的研究也表明，传统统计学不再适合分析空间特征信息，而地学统计分析则正在成为研究空间变量的常用手段。

2. 空间数据的内插方法

空间内插是利用周围已知样点数据计算未采样位置点数据的过程，并将离散点的测量数据转换为连续的数据曲面。插值的理论假设是空间位置上越靠近的点，越可能具有相似的特征值；而距离越远的点，其特征值相似的可能性越小。插值方法可以分为整体插值和局部插值方法两种。整体插值方法用研究区域所有采样点的数据进行全区域特征拟合，例如简单的全局插值和趋势面分析；局部插值方法是仅仅用邻近的数据点来估计未知点的值，例如移动平均法、距离反比法、样条插值法和克里金方法。整体插值方法将小尺度的、局部的变化看作随机的和非结构的噪声，从而失去一部分局部变化信息。局部插值方法恰好能弥补整体插值方法的缺陷，可用于局部异常值，而且不受插值表面上其他点的插值影响。

根据理论分析和研究成果，常用的插值方法包括距离反比法和根据地统计学原理发展而来的克里金插值法，利用这 2 种方法可对土壤养分进行插值分析和处理，得到土壤养分空间变异分布图。这里简单介绍一下距离反比法（克里金法已在第 3 章中介绍）。

(1)距离反比法(inverse distance weighting, IDW)　距离反比法是一种局部加权移动平均插值方法，它是 GIS 软件根据点数据生成栅格图层的最常见方法。其基本原理如下。

考虑在某一测定区域，在若干测定点 $x_i(i=1,2,\cdots)$ 测得一组土壤某一性质的特征值（在这里谈到的测定"点"也可能是一个"块"）为 $Z(x_i)$。假设未测定点 x_0 的估计值 $\hat{Z}(x_0)$ 为其周围测定点测定值的线性之和，即

$$\hat{Z}(x_0)=\sum_{i=1}^{n}\lambda_i Z(x_i),\qquad \sum_{i=1}^{n}\lambda_i=1 \tag{5-1}$$

λ_i 是和测点有关的权重。对距离反比法，权重 λ_i 的确定原则是：测定点对未测定点值的权重随与测定点距离的增加而减少。λ_i 可用下式求得：

$$\lambda_i=[d(x_i,x_0)]^{-p}\Big/\sum_{i=1}^{n}[d(x_i,x_0)]^{-p} \tag{5-2}$$

式中 $d(x_i,x_0)$ 为测点 x_i 与未测定点 x_0 之间的距离。

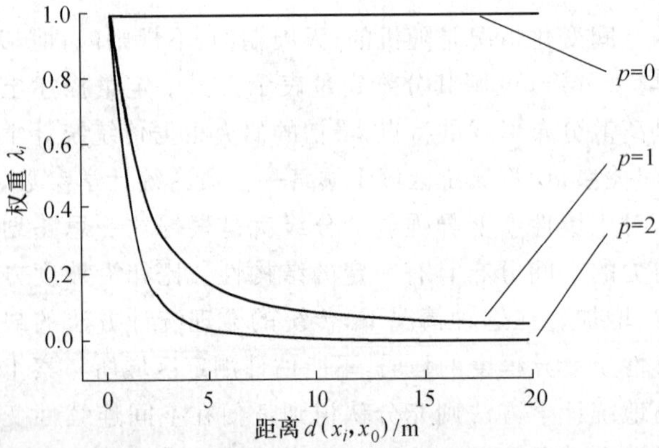

图 5.11　不同 p 值时距离与权重的相关关系

权重 λ_i 的大小与距离幂呈反比关系，因此，随着距离的增大，权重 λ_i 急剧减小。权重 λ_i 减小的快慢依赖幂指数 p 值的大小。如果指数 $p=0$，权重 λ_i 不随距离的变化而变化，并且由于每一个 λ_i 都相等，预测值均为所有测量值的平均值。从图 5.11 可以看出，随着 p 值的增加，两点间的距离增大，其权重急剧减小。如果 p 值很大，仅有周围极少的点影响预测值。因此幂指数 p 又称为距离权系数。通常情况下，p 在 1～3 之间，2 是最常用的。

幂指数 p 的选取由 Root-Mean-Square Prediction Error(RMSPE) 即式(5-3)决定，它主要通过交叉验证方法实现，即除去某一观测点，计算该点的预测值，并计算所有观测值与预测值之差的平方根和。图 5.12 表示了地统计分析获取最优的 p 值的方法，即利用同一个空间数据集，选择不同的 p 值得到不同的 RMSPE 计算值，利用最小二乘法进行曲线拟合，曲线最低点处即平方根和 RMSPE 最小的 p 值为最优值。

$$RMSPE=\left[\sum_{i=1}^{n}(X_i-X'_{pi})^2\right]^{1/2} \tag{5-3}$$

式中：X_i 为观测值；X_{pi} 为 p 时的预测值；n 为数据集观测点数。

这一方法的缺点是式(5-2)的计算缺乏确切的物理依据，虽然可以断定测定点对未测定点的影响随两者之间距离的增加而减少，但用式(5-2)确定权重λ_i缺乏充分的依据，若将式(5-3)引入到系统中，能够保证每一个待插值点估计值与实测值误差最小。优点是计算步骤简单明了，在大田区域范围内分析土壤的空间变异性，仍能得到比较科学的结果。而对于用户来说，参数控制较少，利于理解，便于操作。所以这种方法也是一个比较不错的选择。

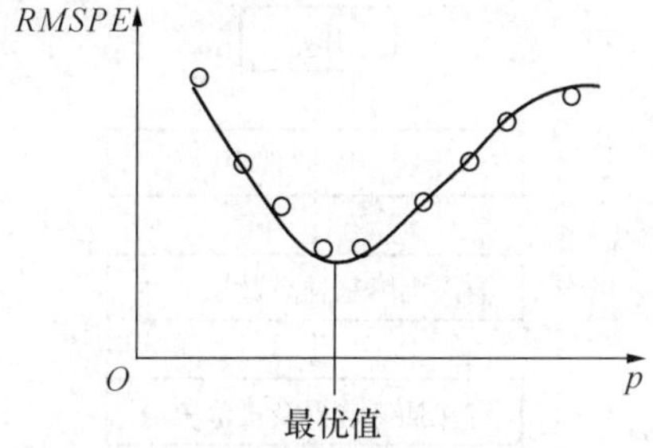

图 5.12　*RMSPE* 与指数 *p* 的关系曲线

整个插值过程简单明了，其中的关键步骤是权系数 p 的确定和插值点养分属性值的空间搜索策略的确定。一些研究结果表明，幂越高，内插结果越具有平滑的效果，但从插值结果的MSE比较分析得出，距离反比法中以权系数 $p=2$ 为最佳。对于搜索邻域半径，以邻域内包含6～8个采样点为宜。

距离反比法是最常用的空间内插方法之一，该方法插值计算速度快，聚类性较好，图形比较平滑，是一种比较精确的插值方法，但其插值精度与邻域大小有关。利用距离反比法研究土壤养分的空间变异性结果比较可靠，精确度较高。

(2)搜索策略　搜索策略就是确定哪些样点值参与插值计算。所有的插值方法都可以使用全部的样点值参与插值计算，但是在满足插值精度的条件下，利用相对较少的邻域样点值参与插值，可以大大减少计算量。所以需要制定一个搜索策略，包括确定：①搜索邻域的形状；②搜索邻域的大小；③每一个邻域内样点的数目；④搜索类型。

搜索邻域通常是一个以被插点为圆心的圆，然而，为了反映农田的各向异性，有时选择椭圆形搜索邻域可能更合适(由于各向异性)。确定搜索邻域的大小需要权衡插值精度和计算量。如果搜索邻域太大，计算量就会太大，如果搜索邻域太小，插值精度就会降低。对于邻域大小没有一个通用的规则，仅能提供一般的指导经验。如果使用克里金插值，则搜索半径小于变程，除非变程内的样点少。如果按照规则栅格布置采样，一般合理的搜索邻域应该包括8～24个采样点。对于不规则的采样数据，搜索半径的选择应该比样点的平均间距稍大一些。

搜索类型可以确定参与插值的每一个样点。最简单的搜索类型就是使用围绕被插点的邻域内所有样点数据。四分搜索是将围绕被插点的邻域分成4个扇区，使用每个扇区内离被插点最近的样点进行插值，在每一个扇区内都可以指定参与插值的样点数。八分搜索是将围绕被插点的邻域分成8个扇区，使用每个扇区内离被插点最近的样点进行插值。四分搜索和八分搜索一般用于不规则采样方案。

两种插值方法中，IDW插值的搜索邻域内至少包括5个采样点，一般情况是点数在6～12个为宜。克里金插值是理想的内插工具，它在计算过程中搜索策略要妥善选取表明空间相关联的形状和大小，使点或面的局部估计值得以改善，一般情况下，搜索半径小于变程，除非变程内的样点较少。如果按照规则栅格布置采样，一般合理的搜索邻域应该包括8～24个采样点。对于不规则的采样数据，搜索半径的选择应该比样点的平均距离稍大一些。

5.1.4.3　快速成图技术的一般步骤

在地理信息系统中生成农田土壤养分定位空间分布图，有两种数据结构类型，一种是矢量格式，一种是栅格格式，最终生成哪种格式的养分分布图根据具体需求而定。

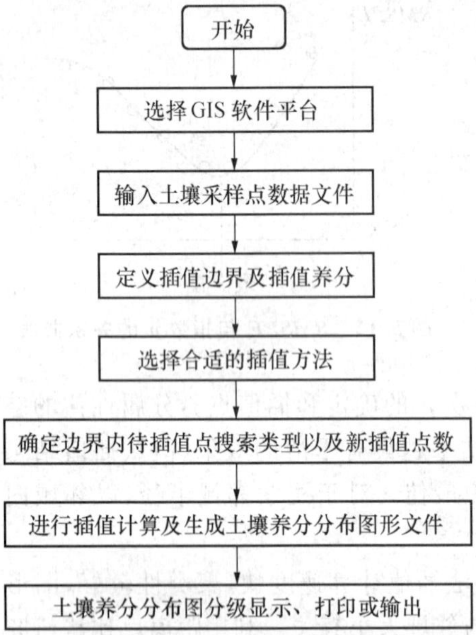

图 5.13　土壤养分空间变异性分布图快速制作步骤

一般情况下，生成一个农田土壤养分定位空间分布图的流程如图 5.13 所示。

5.1.4.4　土壤养分空间分布快速制图实例

北京昌平小汤山精准农业示范基地自主研发的变量施肥处方生成系统是一个以分析土壤空间分布及生成施肥处方为主要内容的应用系统。该系统可以将各种格式的土壤采样数据输入，并进行空间分析；一些插值过程中的搜索策略、搜索范围等由系统内部给定，省去了一些操作过程，给用户提供了较高的自动化；系统可以根据用户的实际需要自定义网格单元的大小，快速生成农田土壤养分分布图。

下面以 2000 年北京昌平小汤山精准农业示范基地土壤养分采样数据为例，对土壤养分中速效钾分布进行分析，快速生成土壤养分速效钾空间分布图。

启动系统，进入系统的操作界面，如图 5.14 所示。

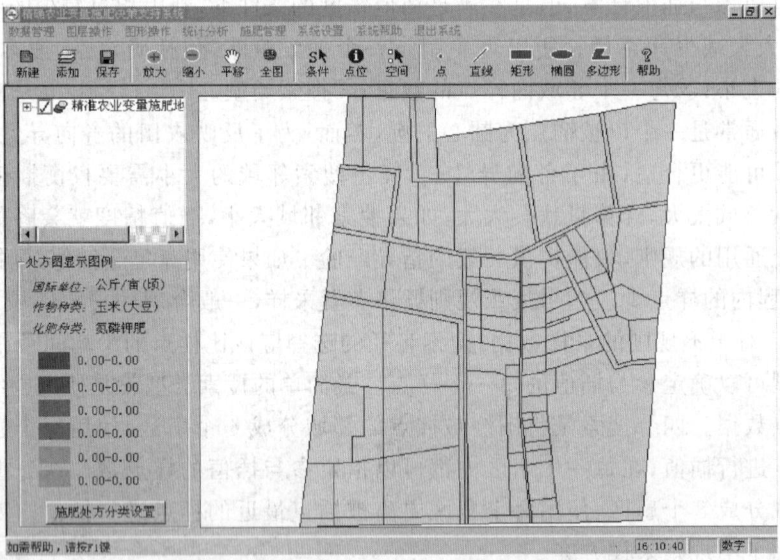

图 5.14　变量施肥处方生成系统主界面

①选择菜单项[空间分析]下拉菜单中[空间插值]，弹出对话框如图 5.15 所示，输入土壤采样点图文件，选择插值方法。点击按钮[下一步]，对话框消失。

②弹出图 5.16 所示对话框。先点击[选择属性 Z]栏下三角，确定土壤养分中养分属性速效钾含量作为插值对象。然后选择定义边界方式，确定研究区域，即进行插值的边界信息，单击[下一步]按钮。

③弹出图 5.17 所示对话框，确定生成的分布图的网格单元大小，输入插值结果保存路径。

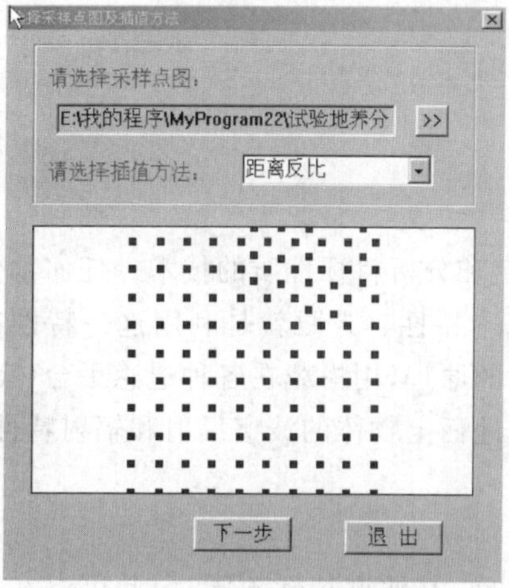

图 5.15 选择采样点图及插值方法

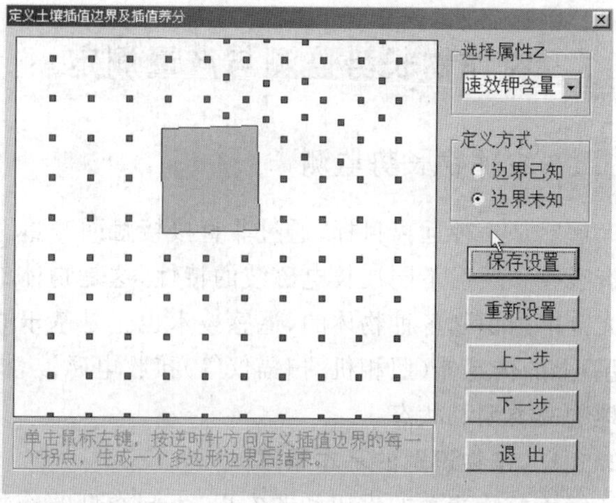

图 5.16 定义插值边界并选择插值养分属性

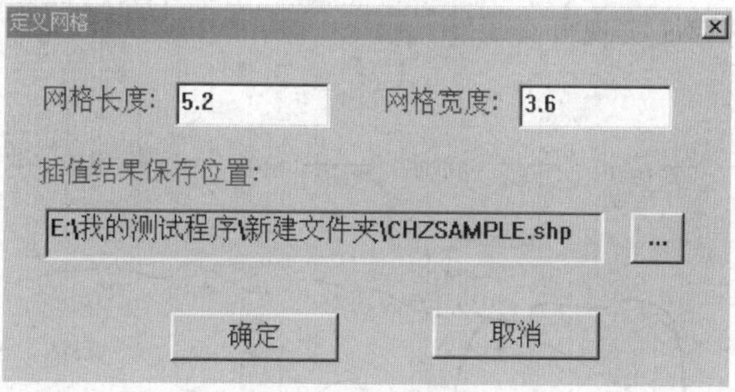

图 5.17 定义养分分布图网格

④生成土壤养分空间变异性分布图，如图 5.18 所示。

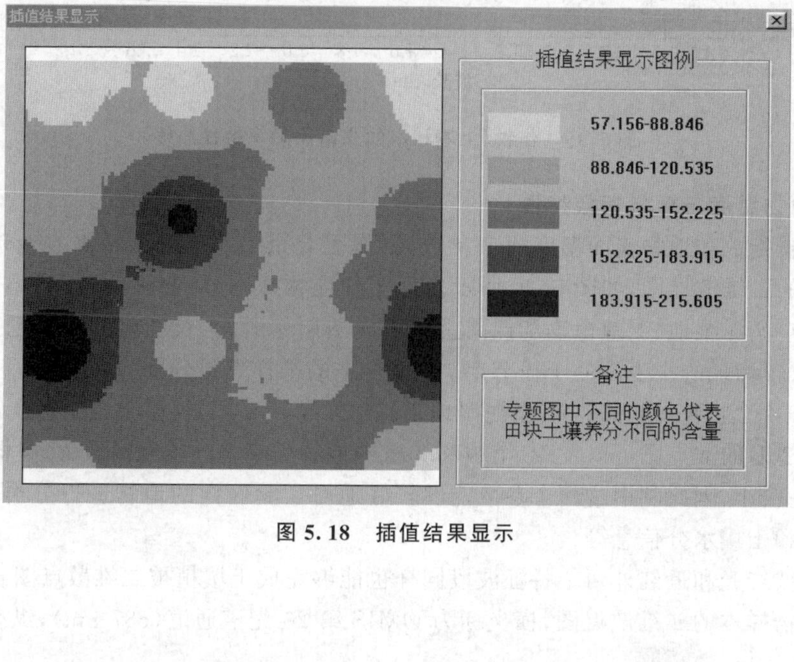

图 5.18 插值结果显示

5.2 农作物长势监测与产量测定

5.2.1 农作物长势监测

遥感是一种远离目标，通过非直接接触而测量、判定和分析目标性质的技术。任何物体都具有吸收和反射不同波长电磁波的特性，这是物体的基本特性。人眼就是利用这一特性在可见光范围内识别各种物体的，遥感技术也正是基于同样的原理，用搭载在各种遥感平台（飞机、卫星）上的传感器（照相机、扫描仪等）接收电磁波，根据地面上物体的波谱反射和辐射特性，识别地物的类型和状态。

5.2.1.1 作物识别的基本原理

绿色植物覆盖的农田和非农田、不同类型的作物之间，其波谱特性不同，由此可以在卫星照片上区分出农田及不同的作物类型，这一过程称为作物识别与播种面积提取。图 5.19 是不同地物特征如作物、土壤和水的光谱反射率特性曲线，利用这些光谱反射率特性曲线的不同波段就可以对不同的地物特征实现分类。

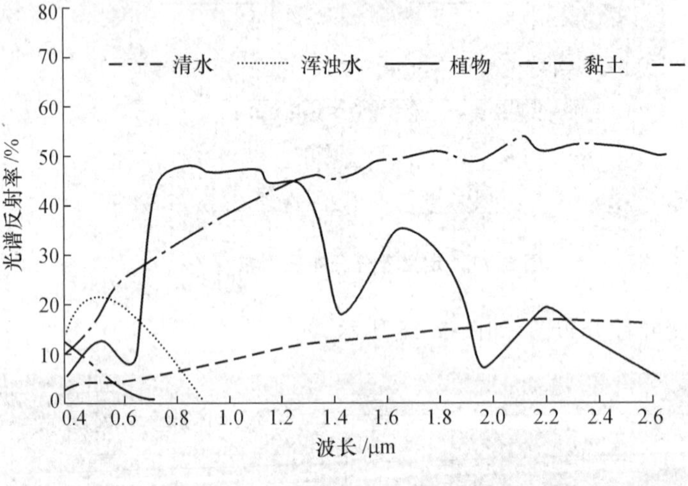

图 5.19 作物、土壤和水的光谱反射率特性曲线

5.2.1.2 地物温度与植被指数特性

利用植被指数和地物表面温度两个参数，制作了北京昌平小汤山精准农业示范区内的 6 种地物样本的二维散点图，如图 5.20 所示。这 6 种地物样本分别是生长旺盛小麦、较稀疏小麦、池塘水体、淤泥湿地、湿地植物和裸露土壤。此图制作时，生长旺盛的小麦已进入孕穗期，而长势较弱、较稀疏的小麦尚处于拔节期。6 类样本的采样点数分别为：旺盛小麦 3 870 个，稀疏小麦 4 375 个，池塘水体 659 个，淤泥湿地 1 450，水草 379 个，裸露土壤 2 212 个。

从图 5.20b 的散点图可以发现，植被和非植被地物类别之间的距离较大，且同类样本的分布集中、方差较小，因此利用这两个参数能够较好地对实验区内的地物进行分类，并很好地提取植被覆盖和土壤水分信息等。

利用植被红光和近红外两个特征波段同样也能够完成土壤植被二维散点图。图 5.20a 为同样 6 种地物样本的二维散点图，横坐标为 OMIS 第 20 光谱通道（687 nm），纵坐标为 OMIS

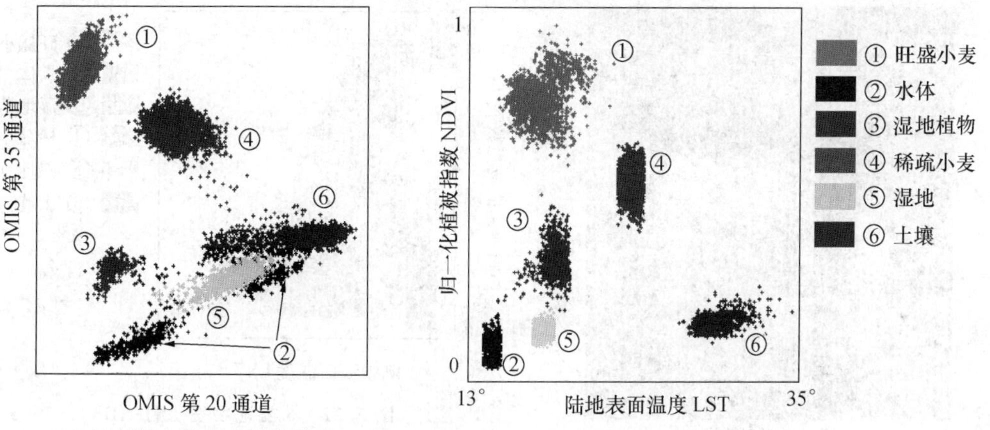

(a) 植被红边两个特征波段　　(b) NDVI和温度

图 5.20　6 类地物的二维散点图

第 35 光谱通道(853 nm)。从该 6 类样本的散点图可以发现,植被地物,如旺盛小麦、稀疏小麦及湿地植物,其散点图的分布较集中,同类样本之间的方差较小,且不同类别样本之间距离较大,特别是与裸露土壤类别之间的距离较大,利用这两个波段就能够很好地进行分类。但低植被覆盖地物,如淤泥湿地、裸露土壤、池塘水体等样本,由于地物的混杂性,它们的散点图分布较离散,同类样本之间的方差较大,且不同样本之间的距离较小,甚至存在重叠现象,所以利用植被红边的这两个特征波段对这些地物进行分类时便存在较大的困难,这是因为低植被覆盖的地物在植被红边的两个特征波段之间的类别差异较小,而地物的混杂现象又比较严重。

5.2.1.3　利用地物表面温度和植被指数分类

遥感图像的分类方法很多,如最小距离分类、平行六面体法、最大似然法、神经网络法等,其最基本的思想是按照若干分类准则对分类对象进行特征分割,并把其中具有相同或相近特征的对象进行聚类组合。

采用最大似然分类算法,根据地物表面温度和归一化植被指数,利用前面的 6 类地物的样本,对北京小汤山精准农业示范区的 OMIS 遥感图像进行了分类,得到了非常好的分类结果(杨敏华,2002),如图 5.21 所示。遥感图像的大小为 512 个采样点,共 560 条扫描线,图像对应的地面分辨率为 3 m。

5.2.1.4　植被指数、地物表面温度与土壤水分的关系

植被和土壤等地物在地物表面温度和植被指数坐标系中有其特征位置,且各种植被和非植被地物样本可组成 LST-NDVI 三角形。若把所有分类后的地物映射显示在 LST-NDVI 的二维散点图上,得到如图 5.22 所示的 6 类地物的散点图分布。散点图中类别边界由分类算法和训练样本共同决定。

由图 5.22 可以发现,生长旺盛的小麦地植被指数最高,但温度相对较低;池塘水体温度最低,植被指数也最低;裸露土壤的温度最高,但植被指数较低;稀疏小麦的植被指数和温度都较高;水草等湿地植被的温度和植被指数都较低;淤泥湿地的植被指数与水体相近,温度也只是略高一点。

图 5.21 地物表面温度和 NDVI 分类图

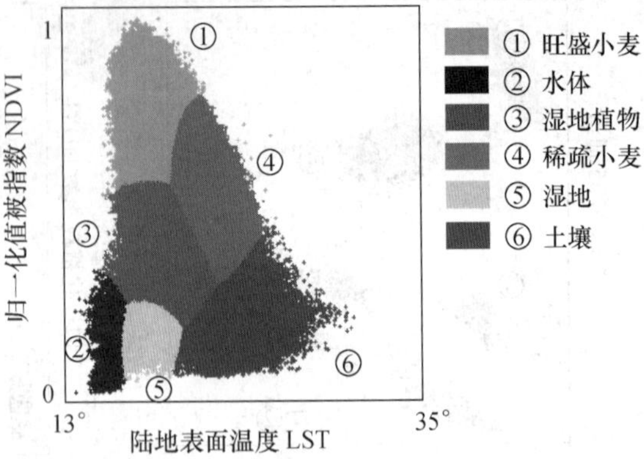

图 5.22 6 类地物在 LST-NDVI 散点图中的映射图

该映射图对精细农业来说非常有意义，它为精细农业提供了一种直观、科学的方法，不仅能够利用它对地物进行分类，更重要的是，通过该映射图可以更精细、直观地挑选感兴趣的地物，了解这些地物的植被覆盖和水分含量情况。例如：土壤水分含量较低、需要灌溉的旺盛小麦地和稀疏小麦地位于 LST-NDVI 三角形上端右侧部分，而水分充足、生长旺盛的小麦位于 LST-NDVI 三角形上端左侧。

为了定量分析土壤水分与植被指数、表面温度之间的关系，杨敏华(2002)提出了土壤水分与植被指数、表面温度的相关模型：

$$f(VI,T)=x_1+x_2\exp(VI)+x_3\left(\frac{T-T_{\text{air}}}{T_{\text{soil}}-T_{\text{air}}}\right) \tag{5-4}$$

式中：VI 为植被指数；T 为植被表面温度；T_{air} 和 T_{soil} 分别为地表空气温度和干燥土壤的表面温度；x_1、x_2 和 x_3 为待回归的参数。T_{air} 和 T_{soil} 为环境参数，与地域气象参数有关，主要受气象温度和风速的影响。在本次飞行实验中，T_{air} 和 T_{soil} 分别为 20℃和 35℃。

在飞行实验时，也对小麦地块同步进行了地面采样，土壤取样深度为 5 cm，共采样了 30 个地面点，得到的回归模型如下：

$$f(VI,T)=-0.0092+0.0277\exp(VI)-0.0235\left(\frac{T-T_{\text{air}}}{T_{\text{soil}}-T_{\text{air}}}\right) \tag{5-5}$$

从式(5-5)中可以发现，植被指数与土壤水分间存在正相关关系，这是因为植物覆盖度较高时，能够保护和减少表面土壤水分的蒸发；温度与土壤水分间有负相关关系，这是因为湿度较大的土壤的热惯量大，且水分蒸发作用也降低了表面温度。

利用该回归模型，对所有采样的土壤水分进行了预测，预测结果与实际采样值的关系如图 5.23 所示，可以发现土壤水分的实测值与利用式(5-5)所示模型的预测值是比较吻合的。利用上面回归的土壤水分模型，反演了小麦地块的土壤水分分布，如图 5.24 所示。

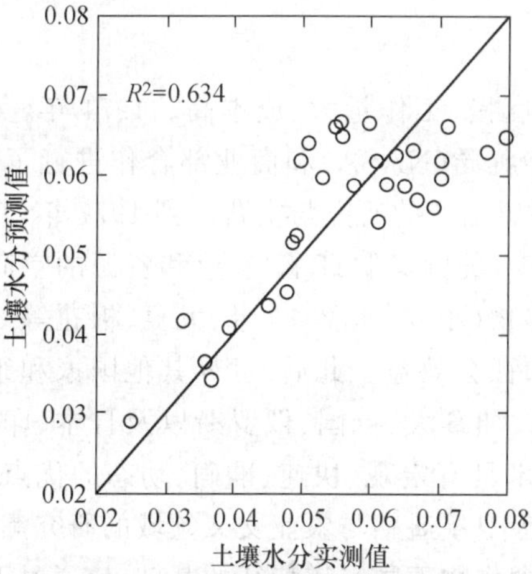

图 5.23　土壤水分的实测值与预测值的比较

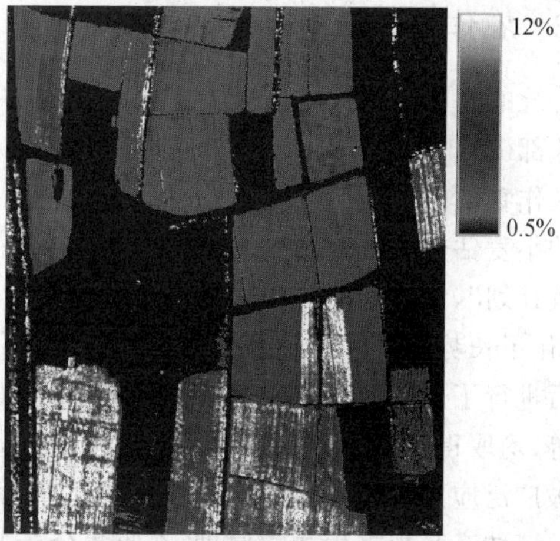

图 5.24　利用回归模型得到的小麦地块表面土壤水分分布图

5.2.1.5　作物氮素营养状况监测

在第 4 章已经介绍了一些基于光谱与遥感技术的作物氮素营养状况监测实例。除此之外，美能达公司研制出了便携式叶绿素计，建立了根据叶片叶绿素相对含量（SPAD 值）来进行田间的作物氮素诊断并指导施肥的方法。Fernández 等（1994）认为用红、绿两波段的线性组合可以反演小麦的氮含量，且不受氮肥供应的影响。Lee 等（2004）研究了棉花叶片氮浓度与光谱比值指数的关系，认为用红边位置与短波近红外波段的比值预测的精确度和准确度都比较高。牛铮等（2000）的研究也表明，用 2 120 和 1 120 nm 处反射率一阶导数的线性回归方程可以较好地预测小麦叶片氮素含量。

植被冠层光谱是植被与土壤的混合光谱，与叶片氮素相比，影响因素更多，反演难度加大。王纪华等（2001）对小麦不同生育阶段氮素与反射光谱的研究表明，在小麦作物生长的早期，茎鞘全氮与冠层光谱反射率的统计相关性大于叶片全氮；而当小麦进入拔节期以后，叶片全氮与冠层光谱反射率的相关性高于茎鞘。从全生育期总的趋势看，小麦叶片反射率与全氮含量在可见光波段呈负相关，在近红外波段呈正相关，在短波红外波段呈负相关，其中较好地反映叶片全氮含量的敏感波段为 820～1 100 nm 和 1 150～1 300 nm，在此基础上建立了小麦叶片全氮与光谱反射率间的关系方程。赵春江等（2002）利用全生育期小麦冠层反射光谱建立了利用红边振幅推算叶片全氮含量的方法。由于在不同生育时期植被覆盖度不同，因此土壤对光谱的贡献和影响也不同，利用光谱反射率反演氮素含量容易受到生育阶段的影响。

随着研究的深入，一些基础理论逐渐在生产中得以应用。Stone 等（1996）用反射光谱反演冠层氮素含量来指导小麦田的变量施肥，结果显著提高了氮肥利用率，减轻了农田环境污染。另一方面，利用碳氮代谢的相关性，通过监测氮素动态，也可以及时了解糖分等碳水化合物的变化。秋山侃等（1996）利用 TM 卫星影像数据反演甜菜冠层氮素含量，通过建立的负相关关系模型，实现了地下部肉质根含糖量的监测。

因此利用高光谱遥感技术监测作物在不同生长时期的养分状况是精细农业技术降低信息获取成本的有效途径。

5.2.2 农作物产量的遥感估测

传统的农作物估产是采用人工区域调查方法，速度慢、工作量大、成本高。1974 年，美国的农业部(USDA)、国家海洋大气管理局(NOAA)、宇航局(NASA)和商业部合作进行了“大面积农作物估产试验”，在国际上率先开始了农作物遥感估产的研究与实践。到 1977 年，其对全球的小麦估产的精度高达 95%以上。1980—1986 年，美国又制订了“农业和资源的空间遥感调查计划”，该计划对美国国内以及世界多种粮食作物(小麦、水稻、玉米、大豆、棉花等 8 类作物)作了长势评估和产量预报，取得了巨大的经济和社会效益。此后，世界其他国家和组织也先后进行了遥感估产研究，如世界粮农组织(FAO)、加拿大、英国、俄罗斯以及日本、印度、泰国等，均取得了不同程度的效果。现代卫星遥感技术具有宏观、快速、准确、动态的优点，目前已被广泛应用于各种粮食作物产量的估算之中，成为卫星遥感与农业交叉领域的研究焦点。

遥感估产是根据生物学原理，在收集分析各种粮食作物不同光谱特征的基础上，通过卫星传感器记录地表信息，辨别作物类型，监测作物长势，并在作物收获前预测作物的产量。它包括两项重要内容：作物识别和播种面积提取，长势监测和产量预报。

5.2.2.1 农作物与背景的区分

在遥感图像上，将农作物与其他背景区分开，主要是利用绿色植物独特的光谱反射特征。地物的光谱特征，是能量-物质相互作用的结果。图 5.19 给出了农作物(冬小麦)、土壤、水体 3 种地物类型的典型的光谱反射曲线，植物叶子对入射能、辐射能的反射、吸收和透射，是按其特殊方式进行的，这种方式是含有水溶液的不同色素细胞所独有的特点。

从图 5.19 可以看出，作物的光谱反射曲线具有两个明显的特点：在 0.35～0.70 μm 紫外、可见光波段，由于色素吸收，特别是叶绿素 a 和叶绿素 b 在 0.45 μm 与 0.6 μm 附近的强吸收，在可见光波段形成“蓝边”、“绿峰”、“黄边”、“红谷”等区别于土壤、岩石、水体的独特植被光谱特征。0.7～0.78 μm 波段是叶绿素在红波段的强吸收到近红外波段多次散射形成的高反射平台的过渡波段，又称为植被反射率红边。在 0.78～1.35 μm 近红外波段，由于光线在叶片内部的多次散射，且色素和纤维素在该波段来说是近似透明的(多次散射最多 10%被吸收)，即便是叶片含水量也只在 0.98、1.2 μm 附近有两个微弱的吸收特征，所以多次散射的结果便是近 50%的光线被反射，近 50%被透射。在 1.35～2.5 μm 短波红外波段，叶片水分吸收主导了该波段的光谱反射率特性。由于 1.45、1.94、2.7 μm 的强吸收特征，这些吸收光谱位置中间形成两个主要反射峰，位于 1.6 μm 和 2.2 μm 附近。

水在近红外和中红外波段，几乎吸收全部的入射能量，因此水体在反射红外波段相对于作物和土壤具有突出的低反射特征，在黑白红外卫星照片或多波段扫描影像上，水体的色调很黑，与其他地物反差很大，易于识别。

土壤的反射特征受土壤的质地、含水量、表面粗糙度、有机质含量等因素的影响。总的来说，其光谱反射曲线在可见光和近红外区域是缓慢上升的，两波段的差值明显小于农作物。因此，可以用可见光和近红外两波段的差值大小来区分农作物和土壤。

1. 不同作物类型的识别

农作物在近红外波段的反射性质主要受其叶子内部构造的控制。不同类型的作物，叶子内部构造有一定的差别。例如，玉米与大豆叶子在近红外波段反射率差别明显，如图 5.25 所示。许多其他类型的作物也有类似情况，即在可见光波段反射率差别很小，而在近红外波段差别较为明显。

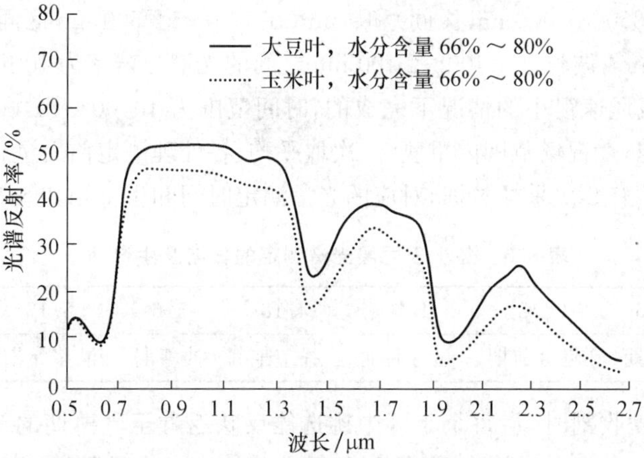

图 5.25　玉米与大豆叶子的光谱反射曲线对比

区分不同作物类型的另一个有效途径是多时相遥感。不同作物的光谱特征也体现出其独特的物候信息，由于它们的播种、生长、收割的时间均不相同(如水稻与小麦)，而且不同纬度带的作物生长规律也有差异，利用遥感信息的季节、年度变化规律，结合区域背景资料，可以有效地进行作物识别。

2. 作物播种面积提取方法

农作物种植面积提取也有许多方法，主要有两种：

①成数抽样方法。在了解作物种植面积占总面积比例(成数)的基础上，将区域分成许多格网，从格网中随机选取样点，将调查结果进行分类统计，核实在全部调查点中各种作物所占成数，根据测区总面积的大小，计算出某种作物的种植面积：种植面积＝作物样点数×区域总样点数×区域总面积。以前用这种方法时都采用实地调查方法，现在用遥感调查代替实地调查。

②通过对遥感数据进行分类，根据分类结果，按每类的像元数计算作物的种植面积。

这种方法要求遥感数据获得的时间符合要求。如冬小麦最好是3月份或冬天11月份获得的遥感数据，水稻是插秧后2～4周内的遥感数据。遥感直接分类方法的精度不高，一般在70%～80%之间。为了提高精度，在分类时需要使用其他数据，如数字地面高程，并采用地理信息系统技术。

5.2.2.2　冬小麦产量遥感模型研究方法与示例

1. 试验条件与数据获取

试验于2001—2002年在北京市昌平区小汤山精准农业实验基地进行，试验选用3个不同株形的冬小麦品种，即偏紧凑型的京冬8、偏披散形的中优9507和居于二者之间的京9428。为了造成肥水梯度差异，为每个品种都设计了4种梯度的肥处理和4种梯度的水处理，共有48个肥水处理小区，小区面积为32.4 m×30 m。肥处理施肥量为：处理0，无返青肥和拔节肥；处理1，返青和拔节期各追施尿素50 kg/hm^2；处理2，返青和拔节期各追施尿素200 kg/hm^2；处理3，返青和拔节期各追施尿素350 kg/hm^2。水处理灌溉量为：处理0，不灌溉；处理1，灌溉量为225 m^3/hm^2；处理2，灌溉量为450 m^3/hm^2；处理3，灌溉量为675 m^3/hm^2。中间两种水肥处理正常，两端水平的两个处理为不足或过量。

冠层光谱测量:采用ASD Fieldspec FR2500光谱仪,该光谱仪的光谱范围为350～2 500 nm;采样间隔1.4 nm(在350～1 000 nm区间)和2 nm(在1 000～2 500 nm区间);波长在700 nm以下的光谱分辨率为3 nm,波长在1 400～2 100 nm之间的光谱分辨率为10 nm。所有光谱测量都是在天气晴朗、无风或风速很小的情况下完成的,时间范围为10:00～14:00时。视场角25°,在距地表130 cm处测定,在视场范围内重复20次取平均,各处理测定前后进行参考板校正。在冬小麦返青至乳熟期,共有8次采样数据,对应的光谱测定时间和生育期如表5.3所示。

表5.3 冬小麦冠层光谱测定的日期及生育期

日期(月/日)	3/25	4/2	4/10	4/18	5/6	5/17	5/24	5/31
生育期	返青期	起身前期	起身后期	拔节期	抽穗期	灌浆始期	灌浆盛期	乳熟期

产量取样:在小麦收割时,从每个小区中挑选能反映返青至乳熟期的8次光谱采样的代表性区域5 m×5 m的小麦,收割并称重,从而获得准确的小麦产量数据。

2. 利用光谱特征参量进行冬小麦单产分析

近红外波段的光谱不仅能够很好地反映作物单位面积的干物质量,而且还能够很好地反映作物叶片的健康程度。从图5.25也可以发现,近红外光谱反射率越高,作物长势也越好,并且在全生育期与产量都极显著正相关。事实上,当作物受到病虫害或肥水胁迫时,近红外波段的光谱反射率及光谱特征的变异最大。所以,利用近红外波段的弱水汽吸收特征的光谱指数进行作物产量估算与预报也是可行的。

根据图5.19冬小麦作物各个生育期共有的光谱特征,挑选和定义了6种归一化差值光谱指数,如表5.4所示。归一化差值光谱指数的定义如下:

$$NDVI_i=\frac{|R_i(B_1)-R_i(B_2)|}{R_i(B_1)+R_i(B_2)} \tag{5-6}$$

式中:i为光谱指数的编号;B_1和B_2为相应的两个入选波长;$R_i(B_j)$为第i对组合B_j波长的光谱反射率。

表5.4 6种归一化差值光谱指数

光谱指数编号	入选波长/nm		解　释
	B_1	B_2	
S1	560	670	植被绿峰
S2	670	890	NDVI
S3	890	980	近红外波段弱水汽吸收
S4	890	1 200	光谱指数
S5	890	1 650	近红外反射峰与短波红
S6	890	2 200	外反射峰差异光谱指数

此外,还选用了2个抗大气植被指数$VARI_green$和$VARI_700$,定义如下:

$$VARI\_green=\frac{R_{560}-R_{670}}{R_{560}+R_{670}+R_{450}} \tag{5-7}$$

$$VARI\_700=\frac{R_{700}-1.7\times R_{670}+0.7\times R_{450}}{R_{700}+2.3\times R_{670}-1.3\times R_{450}} \tag{5-8}$$

式中 R_λ 为波长 λ 处的光谱反射率。

将式(5-6)至式(5-8)所定义的 8 个光谱指数与产量数据进行线性统计相关分析，统计分析的结果如表 5.5 所示。

表 5.5　各个生育期的光谱参量与小麦产量的统计相关系数

光谱参量	月/日							
	3/25	4/2	4/10	4/18	5/6	5/17	5/24	5/31
VARI _green	0.05	0.48	0.39	0.65	0.71	0.72	0.83	0.85
VARI _700	−0.01	0.45	0.35	0.62	0.73	0.72	0.84	0.84
S1	0.01	0.47	0.39	0.64	0.72	0.72	0.84	0.85
S2	0.19	0.52	0.22	0.47	0.76	0.75	0.81	0.83
S3	0.47	0.54	0.51	0.68	0.72	0.70	0.77	0.79
S4	0.54	0.61	0.55	0.67	0.72	0.75	0.83	0.80
S5	0.44	0.59	0.42	0.59	0.67	0.74	0.83	0.80
S6	0.36	0.54	0.3	0.52	0.62	0.74	0.81	0.81

注：每次 48 组样本，$r_{0.05[48]}=0.287\,5$，$r_{0.01[48]}=0.372\,1$，$r_{0.001[48]}=0.464\,8$。

从表 5.5 可见，[890 nm，1 200 nm]、[890 nm，980 nm]、[890 nm，1 650 nm]、[890 nm，1 650 nm]和[890 nm，2 200 nm]近红外波段组合的归一化差值光谱指数与产量数据达到了显著或极显著相关水平，而其他 4 个可见/近红外植被指数与产量的显著或极显著相关主要表现在拔节期后。其中利用[890 nm，980 nm] 和[890 nm，1 200 nm]两个弱水汽吸收的光谱指数进行冬小麦早期产量预报的效果最好，全生育期的 8 组采样数据的统计分析都在 99.9%置信度显著相关。

从表 5.5 可以发现光谱参量与作物长势/产量的相关特性，即：植被近红外波段弱水汽吸收光谱指数与产量显著正相关；近红外波段的光谱反射率与可见光及短波红外波段的光谱反射率差异所定义的归一化差值光谱指数与产量显著正相关，也就是差异越大，作物长势越好，产量越高。

以 NDVI 和[890 nm，1 200 nm]两个波段定义的归一化差值光谱指数为例，建立冬小麦产量的分生育期遥感模型，如表 5.6 所示。

表 5.6　基于 NDVI 和[890 nm，1 200 nm]归一化差值光谱指数的产量预报模型

生育期	基于 NDVI 的统计模型	[890 nm，1 200 nm]光谱指数的统计模型
返青期	未达到显著相关	$y=1\,602.8x+289.61$，$R^2=0.287\,6$
起身前期	$y=375.78x-32.096$，$R^2=0.280\,1$	$y=1\,068.9x+187.28$，$R^2=0.369\,8$
起身后期	未达到显著相关	$y=1\,297.1x+164.35$，$R^2=0.297\,9$
拔节期	$y=861.63x-485.08$，$R^2=0.234\,0$	$y=1\,770.3x+75.912$，$R^2=0.450\,1$
抽穗期	$y=1\,065x-695.17$，$R^2=0.577\,0$	$y=979.85x+68.167$，$R^2=0.524\,8$

续表 5.6

生育期	基于 NDVI 的统计模型	[890 nm,1 200 nm]光谱指数的统计模型
灌浆始期	$y=505.3x-150.41, R^2=0.5614$	$y=837.01x+173.97, R^2=0.5666$
灌浆盛期	$y=455.55x-91.673, R^2=0.6595$	$y=1084.1x+172.69, R^2=0.6908$
乳熟期	$y=370.04x+25.512, R^2=0.7011$	$y=1134.3x+191.31, R^2=0.6324$

5.2.2.3 不同时期估产光谱波段的选择

①冬小麦估产时期与波段选择：返青期至起身期，植株从越冬后恢复至转绿，叶绿素变化大，可见光波段能反映叶绿素变化，但植被覆盖度较小，土壤干扰大，难以用于估产。起身期至拔节期是群体扩张的主导期，近红外波段反射率通过反映群体状况与产量关系密切，但土壤背景的干扰仍较大，此期以近红外波段的光谱参量用于估产的效果较好。抽穗开花以后，叶绿素的降解上升为主要因子，叶片叶绿素的迅速降解成为影响产量形成的关键，且作物群体状况已经稳定，所以此时利用 NDVI 等植被指数进行估产效果较好。

②近红外波段光谱在作物长势监测和估产中的作用：通常认为近红外波段能够很好地反映作物单位面积的干物质量和作物叶片的健康程度，相比其他波段，能够更好地反应作物群体的营养及生殖生长功能，所以该波段的光谱反射率以及光谱特征参量与产量有很好的统计相关性。近红外波段的光谱反射率越高，作物长势越好，产量也越高；植被近红外波段弱水汽吸收光谱指数越大，980 nm 和 1 200 nm 的弱水汽吸收特征越明显，作物产量越高；近红外波段的光谱反射率与可见光及短波红外波段的光谱反射率差异越大，产量越高。

此外，作物产量形成的机理十分复杂，并且产量的物质积累与转化也主要发生在拔节期、抽穗期、灌浆期、乳熟期，尽管越早的遥感产量预报对指导农业生产与国家政策的意义也越大，但早期的产量预报也需要后期数据的验证，特别是当后期遭遇到气候、病虫害等不利因素的干扰时，后期验证就更显得必要。但作物生长具有十分明显的继承性，对于正常生长与管理的作物，早期的产量预报不仅是可行的，而且可以指导农业生产，尤其在生产力水平较低的大面积中低产地区，小麦产量主要受到春季田间肥水管理水平的制约，返青后—起身—拔节前的群体数量大小与产量密切相关，通过遥感手段掌握冬小麦生长早期田间群体动态，可以用于估算后期产量。但对于生产力水平较高的高产地区，群体通常已经较大，群体过大引起倒伏进而影响产量的潜在因素显现，这时群体质量上升为主要因子，早期预报产量难度增加，对此，还需要更加深入研究。

5.2.3 谷物联合收获机测产系统

5.2.3.1 联合收获机测产系统的构成

获取农田地块作物产量信息，建立该地块的产量空间分布图，是实施精细农业技术的必要前提之一。应用联合收获机产量监视系统和产量分布图软件生成谷物产量分布图，农户可以根据自己的经验知识，分析引起农田小区产量差异性的原因，绘制施肥、喷药等处方图，采用智能变量农机按处方作业，对农田实施精细管理和作业，指导农田有效投入。产量在线实时测量和产量图生成技术已成为精细农业发展的关键技术之一。随着产量监测系统技术的发展，产量信息自动获取技术的提高，将能够获取谷物产量图。

作物收获产量图是作物生长在众多环境因素和农田生产管理措施综合影响下的结果，

是实现作物生产过程中科学调控投入和制定管理决策措施的基础。联合收获机在田间收获时若要获得产量图，则需要在联合收获机上安装相应的测产系统。谷物联合收获机智能测产系统是基于差分全球定位系统（DGPS）技术、传感器技术和微处理器技术的集成系统，主要包括主控单元、CF卡（Compact Flash Card）、DGPS、传感器组（包括流量传感器、含水率传感器、地速传感器、升运器转速传感器与割台高度传感器）。图5.26为联合收获机测产系统的基本构成。

智能测产系统工作时，由传感器组实时测得单位时间谷物质量或流量、谷物含水率、收获机前进速度、割台高度与运粮升运器转速，据此可以计算谷物单位面积产量。DGPS系统可以每秒给出收获机在田间作业时DGPS天线所在地理位置的经、纬度坐标动态数据，流量传感器在设定时间间隔内（即机器对应作业行程间距内）自动计量累计产量，再根据作业幅宽（估计或测量）换算为对应时间间隔内作业面积的单位面积产量，从而获得对应作业区域的空间地理位置数据和有关的产量数据。这些原始数据经过数字化后存入产量记录系统的智能卡上，依靠该记忆卡把记录的数据转移到实验室计算机上，通过专用软件做进一步处理分析。产量空间分布数据的处理是一个复杂的过程，它可以通过专用软件快速完成，这其中包括特殊数据点的剔除和插值。图5.27和图5.28分别是美国CASE IH公司的AFS（Advanced Farming System）测产系统和Jonh Deere公司的绿色之星（GreenStar）测产系统。

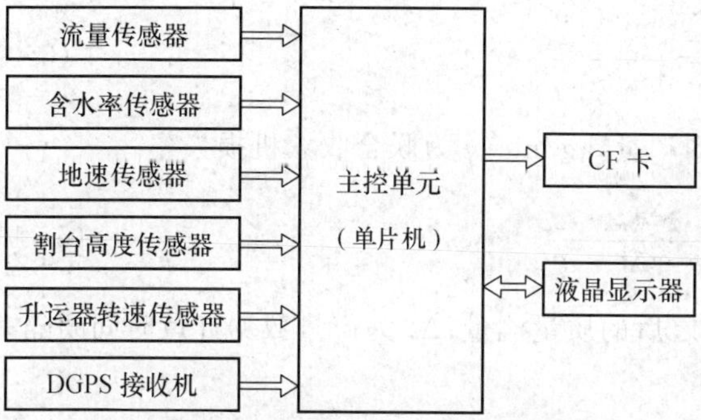

图5.26　联合收获机测产系统基本构成

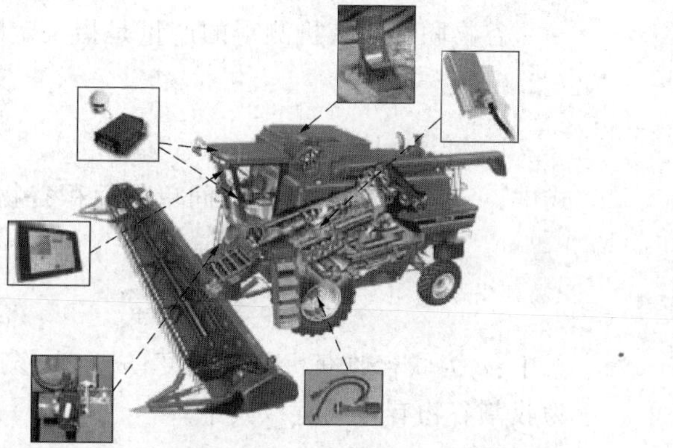

图5.27　CASE IH公司的AFS测产系统构成

通常情况下GPS接收机安装的天线位置与割台收割作物的即时位置，按机器结构不同而在空间位置上存在差异；测产系统的流量传感器通常安装在联合收获机脱粒、分选、清粮过程后的净粮输出部件上。因此要准确反映作物田间对应位置的产量计量数据，需要考虑到收获机的结构尺寸和工艺设计，其中机械前进的作业速度是计产系统的重要参数之一，它既可由联合收获机本身测速传感器提供，也可由测产系统本身安装的GPS系统提供。由于在收获不同作物品种和在不同地块作业时作物籽粒的含水量不同，收获时还需要同时测量籽粒的含水量，以便把产量数据在数据处理时换算成标准含水量，便于今后对不同地块或同一地块的单产水平进行评估。目前收获机上应用的谷物含水量测量，均按极板式电容传感器原理设计，其原理构造如图5.29所示。收获机测产系统上采集数据的存储器件使用PC-MCIA卡，当PC卡的记录已满时计算机会自动提示，告知驾驶人员需要更换数据记录卡，以防数据发生丢失。驾驶室内安装的数据记录显示系统也会实时显示系统目前记录的有关产量信息，在 DGPS 信号发生故障的情况下，系统会停止记录发出错误报警，提示驾驶员系统发生错误的信息。

图 5.28　John Deere 公司绿色之星测产系统构成

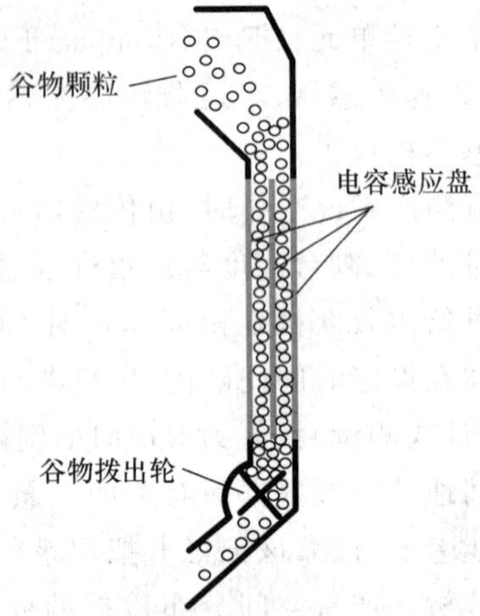

图 5.29　谷物水分测定机构简图

5.2.3.2　联合收获机产量信息处理与产量图生成

1. 谷物产量计算模型

谷物联合收获机测得的产量是指一定时间间隔内单位面积的谷物产量，用 Y 表示。

$$Y=\frac{y}{1-\eta} \tag{5-9}$$

式中：y 为实际测得单位时间单位面积谷物的产量，kg/m^2；η 为联合收获机损失率。

$$y=\frac{m_{mk}}{v\cdot\Delta t\cdot w} \tag{5-10}$$

式中：v 为联合收获机前进速度；m_{mk} 为修正之后的质量流量；Δt 为产量数据计量时间间隔；w 为收割谷物有效幅宽。其中

$$m_{mk}=\frac{100\%-M_{C_h}}{100\%-M_{C_m}}\times m_{hv} \tag{5-11}$$

m_{hv} 为实际收获谷物质量流量，该值用于计算标准产量时要换算为当时市场谷物标准质量流量；M_{C_h} 为实际收获谷物含水量；M_{C_m} 为市场谷物标准含水量。

所以，产量可用下式表示：

$$Y=\frac{100\%-M_{C_h}}{100\%-M_{C_m}}\times\frac{1}{(1-\eta)\cdot v\cdot\Delta t\cdot w}\times m_{hv} \tag{5-12}$$

当实际计算时，M_{C_m}、η、Δt 是已知的，利用流量传感器测 m_{hv}、水分传感器测 M_{C_h}、前进速度传感器测 v、割台宽度传感器测实际有效割幅，从而可计算 Y 值。

2. 产量数据处理流程

联合收获机测产系统记录的产量信息是根据联合收获机在田间行驶的地理坐标，通过计

产系统实时地记录每一处的产量信息。通常情况下记录的产量信息为每秒一条记录，这条记录中包括记录点的地理坐标及该点的谷物产量和水分含量等信息。若单纯地从这些原始数据去直接评价，很难比较全面地作出系统评价，因此需对这些信息进行分析处理，以便从这些产量信息中获得有用的决策信息。图5.30为CASE IH公司与联合收获机测产系统相配套的联合收获机测产及数据分析处理软件流程简图。

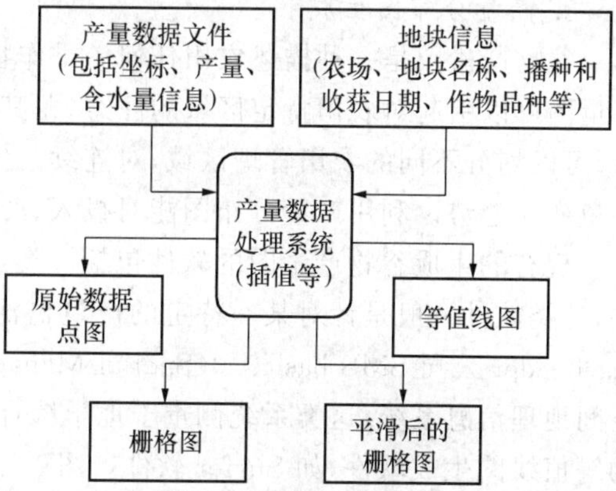

图5.30 美国CASE IH公司的联合收获机产量数据处理流程图(张漫，2003)

实际上联合收获机在进行测产作业时在有些情况下会发生系统误差，这包括驾驶员输入的割幅宽度和实际的割幅宽度存在的误差、谷物在脱粒过程中存在的时间延迟、GPS由于“漂移”产生的固有误差、联合收获机的收获损失和联合收获机传感器的校准误差。若这些误差不能较好地消除则会影响收获机测产系统的测产精度。在这些因素中收获机传感器的精度在正式收割前可以通过合理的校准提高，例如水分传感器经过合理地校准后测量精度可以提高5%～8%，整个测产系统经过校正后精度可以提高到97%，因此联合收获机校准是必不可少的环节之一。校准时保证稳定的前进速度和割满整个割幅是提高校准精度的基本条件之一。联合收获时若实际的割幅宽度小于输入测产系统的割幅宽度，则记录的产量值将会大于实际的产量值。在收获地块比较规则的情况下，通过优秀驾驶员的合理驾驶可以保证收获机的实际割幅宽度和输入测产系统的割幅宽度保持一致，但在收获地块不规则的情况下则很难保证一致。再有联合收获机在转弯时也容易发生在某一位置的重复记录，图5.31为具有重复记录点的产量图记录，图中颜色加深部分为产量数据发生重复记录的位置。图5.32则为某一个重复记录点经过放大后显示的结果，在椭圆内有几处重复记录点，这些重复记录点都需要通过一定的技术加以消除。

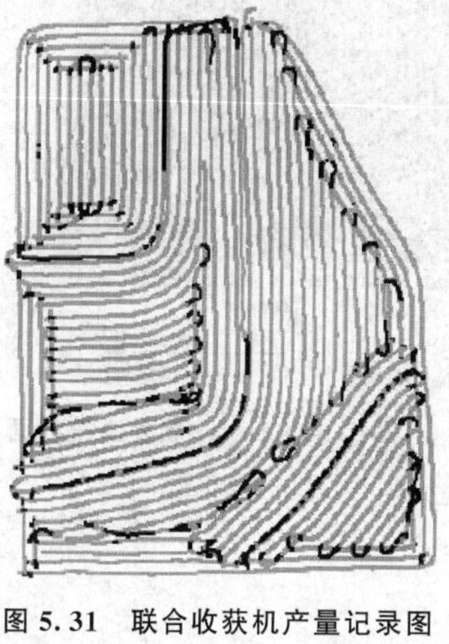

图5.31 联合收获机产量记录图

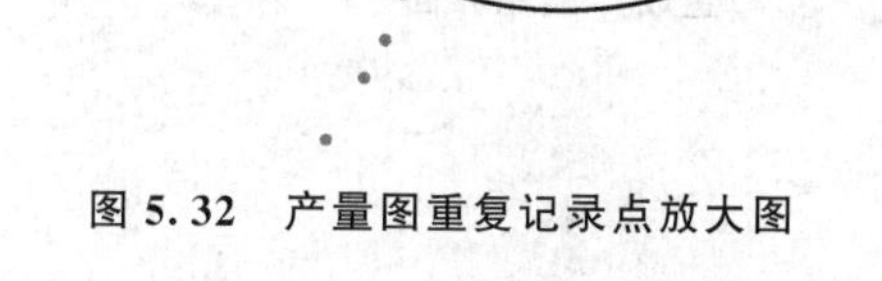

图5.32 产量图重复记录点放大图

3. 产量分布图生成

谷物产量图是一种描述农田任何一季作物产量客观存在的差异性变化的有效方法，谷物产量图可以引起对农田特定区域的注意，尤其是低产区的关注。产量图和土壤特性相结合分析，可以划分不同的农田管理区域，对连续几年的农田产量时空差异进行分析，预测农田谷物产量变化趋势。利用产量分布图能对投入、产出进行效益分析。

现有的生成谷物产量图的软件包括3类：一是与谷物产量监测系统配套的产量图生成软件，这类软件一般是针对某一特定的产量监测系统，如CASE IH公司的Instant Yield Map，Ag Leader公司SMS basic3.0(Spatial Management System)软件；二是具有空间分析功能的空间地理信息系统，这类系统侧重于地学统计分析，如ESRI公司的ArcView软件；三是专用的等值线图生成软件，如Surfer软件。图5.33、图5.34、图5.35分别为CASE IH公司的Instant Yield Map生成产量图界面及专用的等值线图生成软件Surfer软件系统界面和Ag Leader公司的SMS生成的产量图界面。其中，SMS可以处理多种联合收获机产量监测系统采集的数据如Ag Leader、CASE IH、GreenStar和New Holland生成的后缀为YLD、PFL、ENS、LOG、VTG、PFN、TGT等格式的文件。当处理CASE IH谷物联合收获机测产系统AFS得到的*.yld文件时，输入产量数据时要做相应的参数设置：割台幅宽设置、割台开始收获延迟时间、割台停止收获延迟时间、小麦从割台到流量传感器流经填充时间、产量最小值过滤、产量最大值过滤，设置合理的参数可以得到精度相对较高的产量图。SMS除可以输入测产系统得到的产量数据以外，还可以输入、输出Shape、ASCII text、GeoTIFF、bitmap、JPEG和TIFF image files文件，并可进行数据汇总、制表、查询、成图。通过将不同的产量数据文件输出为ASCII text文件格式，SMS可以根据需要生成产量数据文件中含有的各种属性信息(谷物产量、谷物含水率、农田高程)空间分布图，并可将这些空间分布图显示在一起，进行相关性分析，而且可以查询某一具体农田位置的属性信息等。根据产量分布图可以对农田进行管理区域划分，实施不同的管理措施。

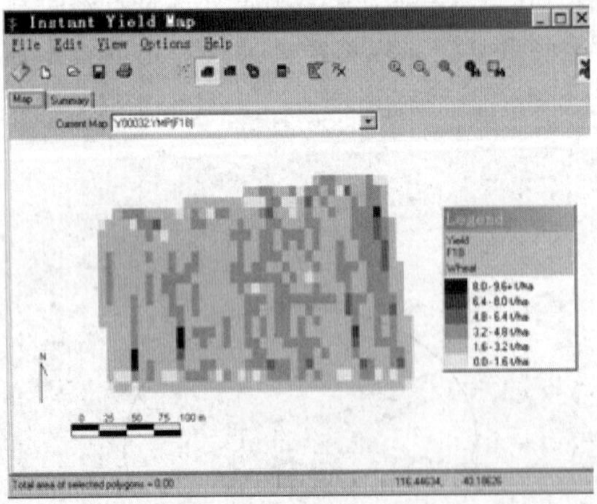

图5.33 CASE IH公司Instant Yield Map生成产量图界面

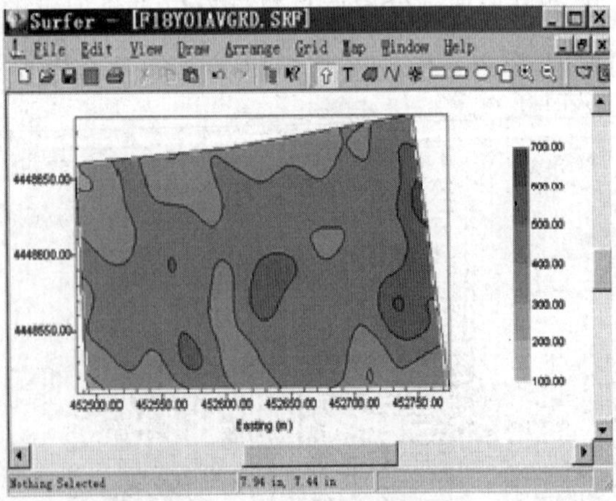

图5.34 Surfer软件系统界面

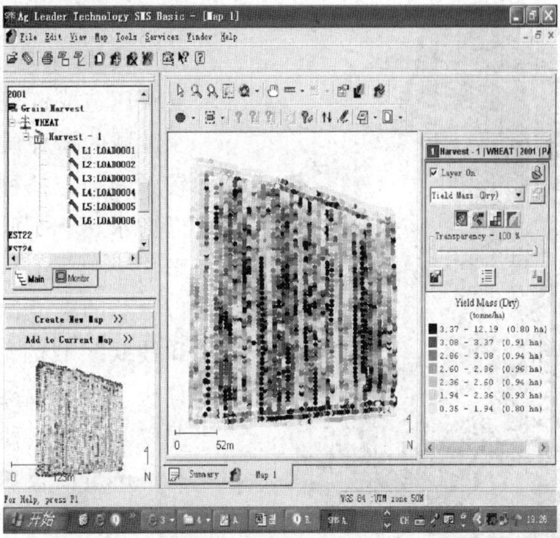

图 5.35　Ag Leader 公司 SMS 产量图界面

5.2.3.3　联合收获机产量图解译与说明

联合收获机产量图只是记录作物的空间变异，它并不能解释引起这些变异的原因是什么。产量图也不能显示出该点土地的生产潜力是否已达到最大，同时它也不能预测未来几年的粮食产量。产量图只能使生产管理决策更加科学化，为了使决策管理更加科学化，决策者必须熟悉引起这些产量发生变化的原因，达到合理解释产生这些变化的原因。产量发生变化的原因主要来自生产者的管理实践和自然发生的变化两个方面，表 5.7 详细列出了这两方面的原因。

表 5.7　产量图不一致的成因分析

原因来源	产量发生变化的具体原因	原因来源	产量发生变化的具体原因
管理实践	作物种植日期不一致	自然发生	地形高低不一
	作物品种不一致		除草剂漂移造成危害
	土壤灌溉不均匀		地块周围遮阴的影响
	化学农药应用不一致		邻近地块病虫草害的影响
	化学农药漏喷		厩肥使用不合理
	作业机具作业情况不一致		排水渠的影响
	作物秸秆还田时秸秆分布不均匀		杂草侵袭
	地块机械压实严重		土壤肥力变化
	过去地块不属于同一地块		除草剂残留的影响
	地块中有电力线路及地下灌溉管线		动物毁坏

对产量图作出科学合理的解释是最具挑战性的工作。通过调查生产过程中的管理措施和观察地块的实际状态可以增加解释的可行性。图 5.36 为对一个具体地块产量图进行成因分析的实例，产量的分布从 2 200 至 5 500 kg/hm^2 不等，通过调查发现引起产量变化的原因主要有以下几个方面：A 区域与图中其他未标注区域的作物品种不同；B 区域的排水不合理；C

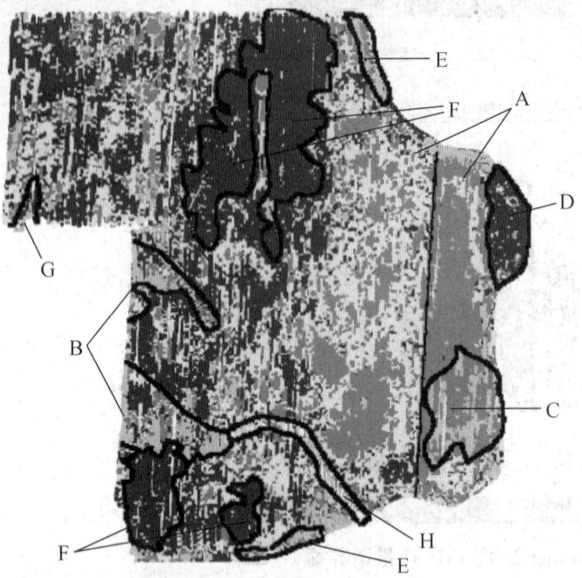

图 5.36 产量图成因分析

区域属于湿地区；D 区域是刚刚开垦的林地；E 区域是由于旋转设备的轮子重复碾压造成；F 区域的土壤类型不一致；G 区域的播种质量较差，原因是在残茬较大的地方播种机难以入土；H 区域靠近输水区，因而受到水渠周围杂草的影响。

总的来说，对于处方图中产量较高和较低区域的形成原因要进行详细的分析，确定出造成这些原因最可能的情况以及出现这种情况的范围。

产量图反映了地块中粮食产量的差异，在实际生产应用中应充分利用这些信息进行生产决策。然而产量的变化是由许多因素影响造成的，而不是单纯的一个影响因素。在实际生产中，一个成功的生产决策方案的制订，通常需要五年的有关数据进行支撑。精细农业技术已经变得渐趋成熟，生产用户也渐趋增多，因此用户根据自己的生产实际总结出适合自己区域的生产管理措施是产量图数据应用的关键所在。

产量图是管理决策制定过程中的一个重要依据，通过从产量图结果上观察管理措施对粮食产量的影响，科学合理地利用产量图的结果需要投入更多的研究和不断地归纳总结，在这一过程中专家、技术人员和推广机构的经验也尤为重要。

5.2.4 土壤养分和小麦产量的空间变异性及相关性

在解决既具有随机性又具有结构性的农田信息空间变异性问题上，地统计学充分利用了空间位置信息，在精细农业的研究中得到广泛的应用。对土壤养分与作物产量相互关系的研究中，常见的方法有相关分析法和主成分分析法。陈树人等(2008)应用地统计学和偏相关分析相结合的方法研究土壤养分和产量空间变异性和相关性。

以江苏省镇江市丹徒区长岗内一块约 1.1 hm^2 的麦田（北纬约 32°17.5″，东经约 119°53.9″，海拔 286 m）为试验田。运用 20 m×20 m 规则栅格方法进行采样，选取 33 个采样点，采用 GPS 系统记录各采样点的经、纬度值。

土壤养分采用实验室常规分析方法，测定内容有土壤碱解氮、速效磷、速效钾的含量。首先，将欲分析的元素从土壤中分离提取出来，然后对分离出来的元素进行定量测试。土壤风干、过筛、浸提后，分别采用化学分析方法获得。试验于 2006 年 5 月 6 日进行，利用 VMS200 引导定位，在各采样点周围选择具有代表性的小区，收割面积约为 1 m^2 的小麦，打捆，注明编号，在实验室进行考种，测取每 1 m^2 的籽粒产量。在每个点上，数 3 000 粒籽粒，以其平均值作为千粒质量。

土壤养分、小麦产量数据的统计特征如表 5.8 所示。碱解氮、速效磷和速效钾的含量变异系数在 0.15 左右，属于中等变异程度，这与该田块土壤均质性较好有关。

表 5.8　农田数据的统计特征值

类别	项　　目	均值	标准差	方差	变异系数	最大值	最小值
土壤养分/(mg/kg)	碱解氮含量	75.90	10.23	104.55	0.13	98.10	53.80
	速效磷含量	61.53	11.08	122.69	0.18	85.20	38.90
	速效钾含量	95.01	14.42	207.92	0.15	124.80	69.50
产量	千粒质量/g	37.58	4.02	16.16	0.11	44.20	30.30
	籽粒产量/(g/m^2)	523.95	53.35	2 846.15	0.10	631.50	410.20

5.2.4.1　土壤养分、小麦产量数据空间变异性分析

使用空间统计学克里金插值法研究农田数据空间变异，首先绘制每种数据的半方差散点图，然后用离差平方和最小的函数模型(高斯或球状模型)进行拟合，最后用交叉检验法来修正模型的参数，得到拟合后各数据的半方差散点图如图 5.37、图 5.38 所示。各数据的半方差模型及拟合参数见表 5.9。

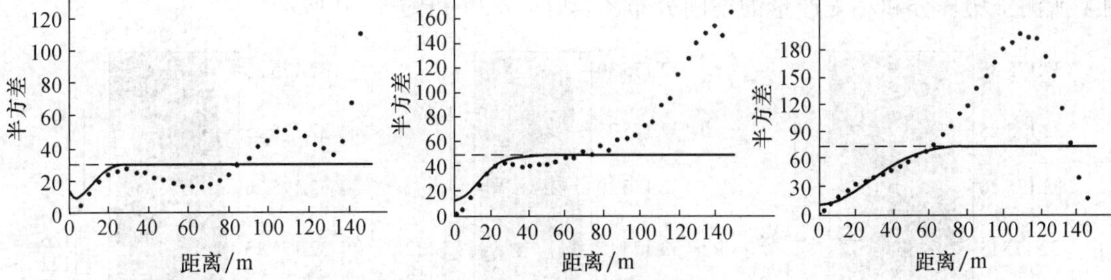

(a) 碱解氮　(b) 速效磷　(c) 速效钾

图 5.37　碱解氮、速效磷、速效钾含量半方差散点图

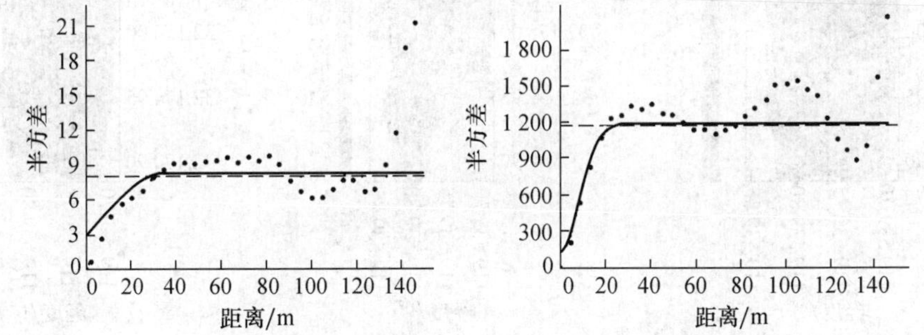

(a) 籽粒产量　(b) 千粒质量

图 5.38　籽粒产量、千粒质量半方差散点图

从表 5.9 中可以看出，速效钾、籽粒产量的 $c_0/(c_0+c_1)$ 值都小于 0.25。说明速效钾含量、籽粒产量有很强的空间相关性。而碱解氮、速效磷含量和千粒质量的 $c_0/(c_0+c_1)$ 都在 0.25～ 0.75 之间，说明它们具有中等强度的空间相关性。

表 5.9　各田间信息的空间变异特征值

观测项目	拟合模型	块金值 c_0	拟合参数 c_1	基台值 c_0+c_1	$c_0/(c_0+c_1)$	变程/m
碱解氮含量	高斯模型	8.68	22.32	31.00	0.28	27.0
速效磷含量	高斯模型	12.50	37.00	49.50	0.25	31.5
速效钾含量	高斯模型	10.36	64.38	74.74	0.14	63.0
籽粒产量	高斯模型	132.00	1 056.00	1 188.00	0.11	21.0
千粒质量	球状模型	2.67	5.67	8.34	0.32	37.5

试验田的 3 种土壤养分分布的变程分别为 27.0、31.5、63.0 m，所以采集土壤养分数据，合理的采样间距不应超过 27 m，文中设定的采样间距为 20 m；农田籽粒产量和千粒质量数据的变程为 21.0、37.5 m，其采样间距也为 20.0 m。表明本试验采取的采样间距符合试验的要求。

5.2.4.2　土壤养分与小麦产量的空间插值分析

为了准确直观地描述土壤养分在空间的分布，使用 Surfer8.0 软件，采用克里金插值法绘制了所测土壤养分和小麦产量的空间分布图，如图 5.39 和图 5.40 所示。

(a) 碱解氮　(b) 速效磷　(c) 速效钾

图 5.39　土壤养分含量空间分布图

从图 5.39 中可以看出，该狭长田块中碱解氮含量分布比较均匀，可能与该田块平时所施氮肥较多、施肥较均匀有关；速效磷含量分布是南部较高，而北部相对较低，这与灌溉时水流流经此处有关；速效钾含量分布是中南部较低，北部较高，这与实际情况相符，因为这几年，小麦秸秆总是集中在北部焚烧，所以北部田块速效钾吸收较多，含量较高，而其他地区含量相对较低。

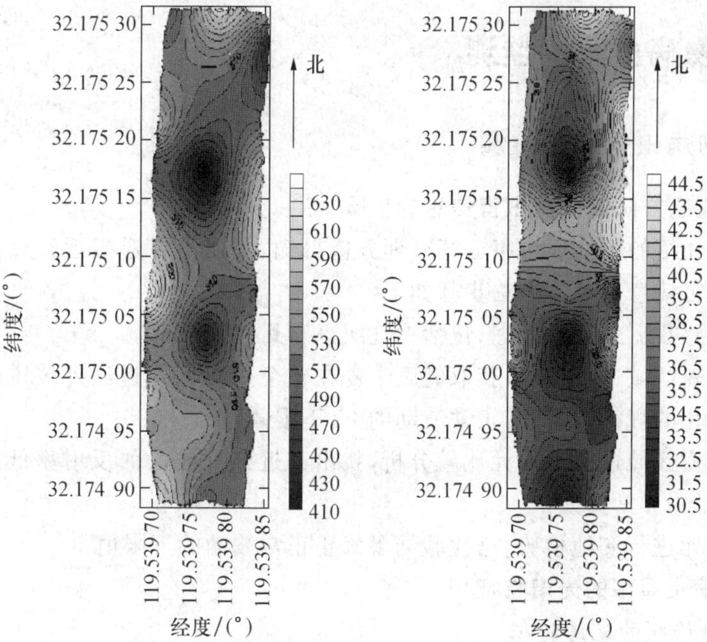

(a) 籽粒产量　(b) 千粒质量

图 5.40　产量数据空间分布图

从图 5.40 可以看出，该田块中籽粒产量比较均匀，与碱解氮含量的空间分布极其相似，这可能是籽粒产量与碱解氮含量相关性较强的缘故。籽粒产量与千粒质量的空间分布也很相似，这与农业生产的实际情况相符合。

5.2.4.3　偏相关分析

为了能够准确地描述变量之间的线性相关程度，可以通过计算相关系数来进行相关分析。相关系数是衡量变量之间相关程度的一个量值，它的取值范围在 −1～1 之间。当分析多个变量时，由于其他变量因素的影响，往往使相关系数不能准确真实地反映 2 个变量之间的相互关系，因而需要在剔除其他相关因素影响的条件下来计算相关系数。偏相关分析正好可以用来解决这个问题，通过偏相关系数来描述两变量之间的相关程度会更加符合实际情况。

利用 SPSS 统计分析中的偏相关分析法分别对土壤养分与小麦产量的相关性进行分析，经过整理得到它们之间的偏相关系数如表 5.10 所示。

表 5.10　土壤养分与产量的偏相关系数

项目	碱解氮含量	速效磷含量	速效钾含量
籽粒产量	0.569	0.069	0.147
千粒质量	0.5	0.284	0.133

从表 5.10 可以看出，碱解氮含量与籽粒产量、千粒质量的偏相关系数取值分别为 0.569、0.5，说明碱解氮含量与籽粒产量、千粒质量有显著的相关性，而速效磷和速效钾的相应偏相关系数的取值却很小，表现出弱的相关性。由此可以看出，在剔除其他变量影响的情况下，碱解氮对作物产量的影响很大，而速效磷和速效钾与作物产量的关系并不大。

5.3 农作物病虫草害监测

5.3.1 农作物病虫害遥感监测

5.3.1.1 利用遥感方法提取病虫害信息的步骤

通过4.4.3介绍的作物病虫害遥感机理分析得知，利用卫星遥感近红外波段的数据可以提取出作物病虫害信息。具体方法步骤如下：

• 对所有遥感数据进行预处理，包括大气纠正和几何精校正。

• 对健康小麦区域进行抽样，获取健康小麦在整个生育期内近红外波段的反射率随作物生长的延续而变化的规律，找出其正常波动的上、下限阈值。

• 对所有小麦区域进行逐像元比较分析，找出其近红外波段的反射率低于正常波动范围下限的像元，记录为异常像元。

• 对异常像元进行实地检验，已检验结果修正正常波动的下限值。

5.3.1.2 主要病虫草害的光谱特征

1. 冬小麦条锈病的光谱特征

当绿色植物叶绿素含量高、生长旺盛时，红边会向红外方向偏移(称红移，即往长波方向移动)(Vane & Goetz,1998)；当植物由于感染病虫害或因污染或物候变化而"失绿"时，则红边会向蓝光方向移动(称蓝移)。F. Boochs等指出，由高光谱分辨率光谱曲线所得红边，可提供足够的信息以探测出植物形态和生化状况的微小差异。通过研究分析，对每个生育期的不同梯度的光谱反射率进行一阶微分处理，发现每个生育期正常叶片的"红边"(即一阶导数在680～750 nm之间反射率最大值所对应的波长)先向长波方向移动，即发生"红移"，后向短波方向移动，即"蓝移"，后又发生"红移"。而病害处理有不明显"红移"，表现为"蓝移"趋势。

2. 冬小麦与杂草共生的光谱特征

杂草的防治在很大程度上依赖于除草剂的喷洒，然而杂草在地块中的生长不是均匀分布的而是呈片状分布的，因此测量出这些片状分布的杂草是减少除草剂喷洒量的方法之一。由于作物的叶片和杂草的叶片具有不同的光谱特征，通过光谱分析即可以对田间的杂草情况有一个粗略的估计。图5.41为赵春江等(2002)2001年5月23日在小汤山国家精准农业示范基地对冬小麦与杂草共生情况所测光谱结果。图中2种有杂草的情况，近红外反射平台的反射光谱数值都明显高于无杂草的情况。这是因为有杂草的区域行间绿色覆盖度较高，土壤背景的影响进一步减小所致。图中"杂草更多"的曲线在近红外反射平台高于"杂草较多"的曲线，也说明了这一点。

3. 冬小麦蚜虫发生状况及其光谱特征

冬小麦在发生病害的情况下，首先在叶子的表面反映出来，因此通过探测其生长条件下的光谱特征也可以做出判别。图5.42为赵春江等(2002)2001年5月26日在小汤山国家精准农业示范基地水胁迫试验区获取的冬小麦叶片附着不同大小和密度蚜虫情况的光谱图。实测结果显示，随着叶片上附着的蚜虫个体和密度不断增大，光谱反射率明显降低。在近红外反射平台的1 100 nm处，反射率由正常叶片的93%下降到了蚜虫最密集时的62%，降幅达33%。由此可见，高光谱遥感具有诊断冬小麦蚜虫发生程度的潜力。

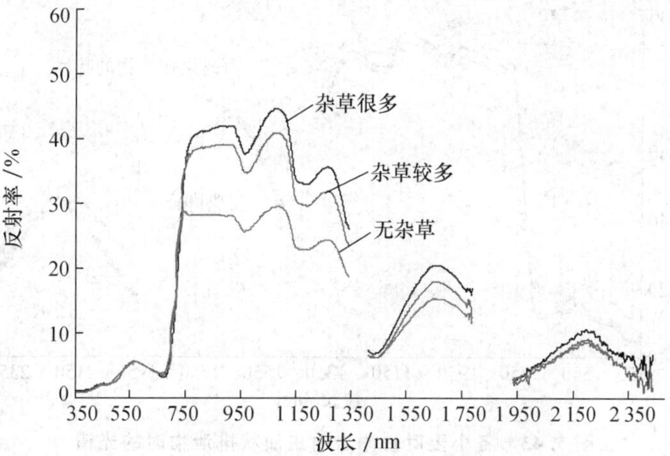

图 5.41　冬小麦与杂草共生光谱图

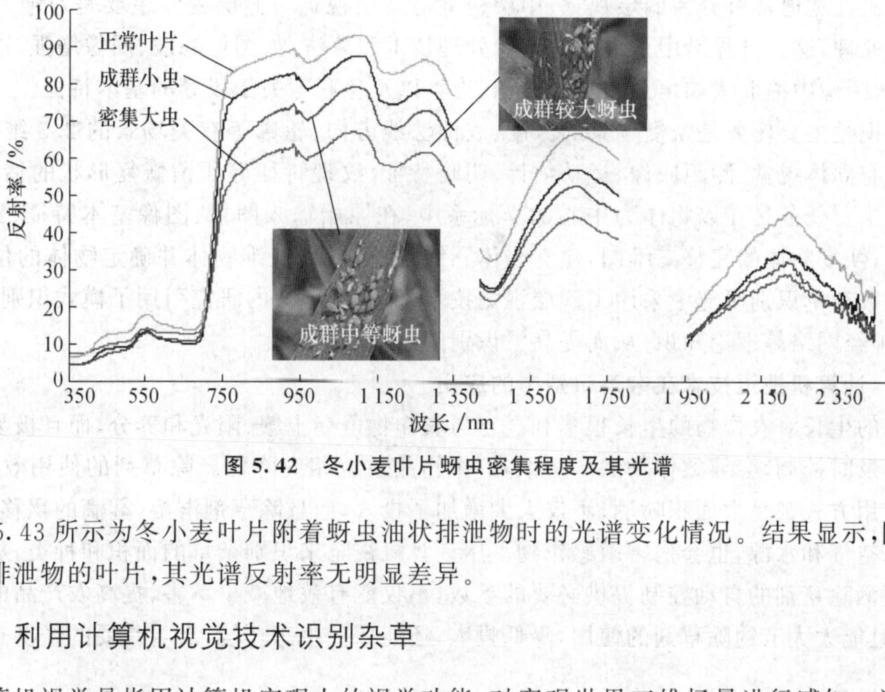

图 5.42　冬小麦叶片蚜虫密集程度及其光谱

图 5.43 所示为冬小麦叶片附着蚜虫油状排泄物时的光谱变化情况。结果显示，附着有蚜虫油状排泄物的叶片，其光谱反射率无明显差异。

5.3.2　利用计算机视觉技术识别杂草

计算机视觉是指用计算机实现人的视觉功能，对客观世界三维场景进行感知、识别和理解。20 世纪 70 年代初期，计算机视觉技术在遥感图像和生物医学图像分析两项应用技术中取得成效后开始崭露头角，随着图像处理技术的发展、计算机硬件成本的下降和速度的提高，它的研究和应用已扩展到工业、农业、军事等诸多领域，并取得了相当多的成果。日本、美国、加拿大和欧洲一些国家已在农业自动化领域中应用计算机视觉技术方面开展了广泛而深入的研究，在杂草识别方面的研究也有了近 20 年的历史。随着精细农业在我国的发展，特别是智能农机的国产化，计算机视觉技术在杂草识别中的应用也将获得推广。

5.3.2.1　计算机视觉

计算机视觉是研究用计算机来模拟生物外显或宏观视觉功能的科学和技术。计算机视觉

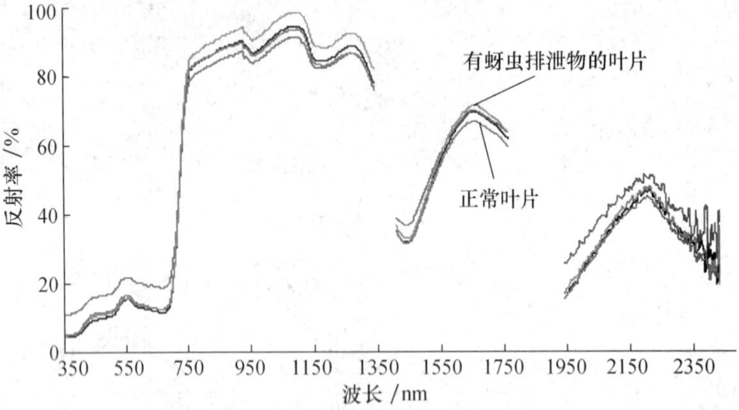

图 5.43 冬小麦叶片附着蚜虫油状排泄物时的光谱

理论是多学科的交叉和结合，涉及数学、光学、生物学、计算机和信号处理等诸多学科的理论知识。计算机视觉通常可分为低层视觉、中层视觉与高层视觉。低层视觉主要是对输入的原始图像进行处理，这一过程借用了大量的图像处理技术和算法，如图像滤波、图像增强、边缘检测等，以便从图像中抽取诸如角点、边缘、线条、边界以及色彩等关于场景的基本特征。

中层视觉主要任务是恢复场景的深度、表面法线方向、轮廓等有关场景的 2.5 维信息，实现的途径有立体视觉、测距成像、运动估计、明暗特征、纹理特征等所谓恢复形状的估计方法。高层视觉主要任务是在以物体为中心的坐标系中，在原始输入图像、图像基本特征、2.5 维图的基础上，恢复物体的完整三维图，建立物体三维描述，识别三维物体并确定物体的位置和方向。大多数杂草识别研究中采用了低层视觉技术，但是近年来的研究引用了模式识别、遗传算法、人工神经网络等理论知识，从而提高了识别的效率和精度。

5.3.2.2 计算机视觉技术在杂草识别中的应用

杂草的生长对农作物的生长很不利。它与农作物争夺土壤、阳光和养分，而且极易蔓延生长。如不及时控制，会导致作物的产量下降，作物品质也相应降低。除草剂的使用效果虽好，但由于使用方式都是大面积喷洒，不仅大大增加了投入，而且除草剂淋溶，雾滴的飘移和挥发，既污染了空气和水源，也会伤害敏感作物。用计算机视觉来识别杂草的面积和种类，从而为后续变量喷洒除草剂的自动控制提供必要的参数，不仅能有效地减少草害，提高农产品的产量和质量，而且能大大节约除草剂的使用，降低投入，还能保护生态环境，有着重要的经济意义和生态意义。

早在 1986 年 D. E. Guyer 等就计算机视觉技术在植物识别方面作过论述。在多年来的研究中，用于杂草识别的图像有灰度图像、光谱图像、真彩色图像和遥感图像，所采用的主要分析方法包括颜色特征分析法、纹理特征分析法、形状特征分析法。针对不同的图像可以采用单一的分析方法，也可以综合多种方法进行识别。

1. 室内静态条件下的杂草识别

植物叶面由于组织结构的不同，对某些单色光的反射率也就不同，E. Franz 等(1991)利用这种特性对子叶期大豆和 3 种田间常见杂草进行识别。采用统计学的方法计算植物叶面边缘附近的区域(不包括边缘)对近红外光、红光和蓝光的反射率，并选定反射率的均值、方差和偏度作为重要统计参数。分类实验结果表明：可选用红光波段的偏度，近红外光波段和蓝光波段的均值和方差作为分类方程的特征参数；对于48个选定的实验对象（叶正面的朝向正对阳光），错误分类率为5.25%（错误原因主要是实验对象叶面的纹理结构对反射光谱的影响）；当使用此分类方程对66个独立的实验对象进行分类时，错误率上升到24.2%；为了利用光谱特性识别单个的对象，建立分类方程时必须考虑叶面对光源的朝向。这种方法适于室内的静态条件下的识别，当室外有风吹动时，叶面的边缘区域变得模糊，不利于反射光谱特征的提取。

植物、土壤背景和作物残留物对光的反射率不同，普通作物和一些杂草的茎的光谱也有较大区别。根据这些特性，可以通过滤波器进行杂草的识别。N. Zhang等（1995）通过颜色分析、形状分析、纹理分析研究识别小麦地里的杂草的技术方法，发现：用4个选定的滤波器所获图像的像素灰度比可有效地将对象分成小麦叶子、杂草叶子、杂草茎、土壤和沙等5类；红/绿滤波器对识别淡红色的杂草茎非常有效；利用偏心率、密实度和3个不变矩等形状参数可以识别阔叶草等杂草品种；通过纹理分析和傅立叶频谱分析，利用叶片纹理的微小差别可以把阔叶草等杂草从其他植物中识别出来。

杂草叶面的外形也是可以用于识别的特征。E. Franz、M. R. Gebhardt等还研究和制定了一种通过植物叶面的外形识别绒毛叶、常青藤叶、大狐尾草叶和大豆秧苗叶的方法，适用于大豆秧苗子叶的完全展开期和第一片真叶的长成期。曲率被用来描述完全可见（全封闭）或部分可见（半封闭）叶片的边缘，对于全封闭叶片可以通过它们各自的边缘曲率函数模型来识别，这个函数模型要求能将局部曲率的差别最小化；对于半封闭叶片，使用各自的边缘曲率函数模型对曲率进行二次采样。识别的结果表明：虽然同类叶片的朝向和大小有所不同，但在较黑背景条件下用形状进行匹配错误率很低；对于绒毛叶植物的第一片真叶，曲率是不充分的描述因子，因为它的锯齿边缘变化多样；当叶面与中垂线夹角超过30°时，形状匹配方程要发生相应改变。

颜色特征分析也是用于杂草识别的重要方法。D. M. Woebbecke、G. E. Meyer等（1995）针对变化的土壤、作物残留物和光照条件，利用颜色特征进行了杂草识别研究。将普通的彩色照片通过扫描仪数字化，研究彩色数字图像在RGB颜色坐标系统、HIS颜色坐标系统的取值，发现直接利用R、G、B值区别杂草和土壤背景（包括土壤、作物残留物和植物阴影）效果不好。采用归一化颜色分量r、g、b（其中$r=R/(R+G+B)$，$g=G/(R+G+B)$，$b=1-r-g$）值可以克服光照变化及阴影的影响。颜色特征参数选为RGB颜色坐标系统的$(2g-r-b)$值或HIS颜色坐标系统中修正的H（色调）值时进行杂草和土壤背景分割最为有效，同时指出颜色特征不适于区别单子叶和双子叶植物。

M. S. El-Faki、N. Zhang等通过研究美国堪萨斯州影响冬小麦的3种主要杂草和影响大豆的3种主要杂草，发现这6种杂草的茎的颜色与杂草和作物的叶及土壤的颜色有较大的区别，所以，可以将图像的R、G、B值经过一些算术运算形成颜色特征值，特征值经统计学方法制定的分类器分类后，即可将这6种杂草识别出来。与此同时M. S. El-Faki、N. Zhang等还对影响颜色特征的因素作了研究，指出土壤的含水量、光照条件和摄像头的焦距是影响识别的3个主要因素，并提出了相应的改进措施。

人工神经网络理论和技术的发展为杂草识别提供了新的理论基础，T. F. Burks、S. A. Shearer等设计了2种四层BP神经网络模型，一种是11×5×5×6型，另一种是11×12×6×6型，对5种主要的杂草和土壤进行分类。比较分类结果表明，第二种神经网络模型分类的正确率高，说明神经网络模型的拓扑结构设计对分类的结果有很重要的影响，此分类满足实时性的要求，但在田间变化的光照和风向等条件的影响下分类的算法还需要研究。

2. 田间动态条件下的杂草识别

随着精细农业技术的应用与普及，发现杂草识别结合变量除草控制一起进行研究有着更加实际的意义。N. Wang、N. Zhang 等(2001)设计了一种光学杂草识别传感器。通过二极管分光计研究小麦和 9 种杂草的茎和叶以及土壤的光谱特性，选定 5 个波长值(496、546、614、676、752 nm)作为输入变量的特征波长值，以此建立杂草识别的分类器模型，并设计了一种光学杂草识别传感器。田间实验结果表明，当把选定的 9 种杂草作为杂草类，与小麦、土壤进行分类时，训练分类器的分类正确率分别为 64.3%、98.3%和 98.7%，验证分类器的分类正确率分别为 62.5%、83.1%和 79.5%；当杂草密度高于 0.02 株/cm^2 时，训练和验证分类器的分类正确率都高于 70%；当杂草以单株形式出现于土壤背景时，分类正确率降低到 50%以下。在进行杂草密度的实验中，没有发现杂草和小麦之间的错误分类。

识别杂草的目的是为了除草，除草作业是在田间变化条件下进行的，因此针对户外杂草识别的各种影响因素，L. Tian(1995)作了基于计算机视觉系统的户外植物识别的知识研究。在这个理论知识的基础上，L. Tian、D. C. Slaughter 等(1997)设计了一种计算机视觉系统，用于识别番茄秧苗和田间的杂草。图像是在自然条件下获得的，通过环境适应性分割算法(EASA)处理后，将秧苗、杂草与土壤背景分割开，再利用 4 个几何特征参数可以识别出番茄秧苗，这时图像中剩下的植物都被认为是杂草。使用这种技术 65%的番茄秧苗可以被识别。为了提高户外识别的正确率，L. Tian、D. C. Slaughter 等(1998)对环境适应性分割算法(EASA)进行了发展，这种算法基于部分监督学习过程，可根据田间的环境条件进行学习，建立颜色查找表，当条件变化时，颜色查找表随之改变，植物与土壤背景分割时，根据具体的颜色查找表，利用统计模式识别理论进行颜色值归类，从而达到图像分割的目的。实验结果表明，该算法能适应大多数白天田间的环境条件(光照和土壤类型的变化)。与静态的分割算法相比较，在晴天条件下 EASA 算法分割精度提高 25.9%，在多云和阴天条件下精度提高 54.3%。

基于上述算法，B. L. Steward、L. Tian 等(1998)针对变量喷药的实时性要求，又加入了适应性图像扫描算法，用来估计杂草的数量。这种用于变量喷药机的计算机视觉系统的组成如图 5.44 所示。CCD 摄像头(cameras)定时采集田间的图像，即将田间的景物以电信号的形式记录下来，装在计算机内部的图像采集卡将电信号转变成数字信号，即将图像数字化，并传到计算机内存交由杂草识别程序处理，处理的最终结果以电信号的形式传到喷洒控制器(sprayer controller)，从而达到变量喷药(精确喷药)的目的。在田间作业时，基本满足实时性的要求。

为了提高分类精度，L. Tang、L. Tian 等利用遗传算法(GA)对彩色图像的分割进行了改进，提出了一种针对户外变化光照条件下的基于 GA 的植物和土壤背景分割的算法。该算法将图像的 RGB 值转成 HIS 颜色坐标系统值，对 HIS 颜色值进行编码，通过选择、交叉、变异的运算，达到给定阈值时算法结束。结果表明，该算法不仅能适应光照的变化，分类精度也比改进的 EASA 算法高。变量喷洒除草药剂，不仅要选择药剂的浓度，还要选择药剂的种类。因为不同类的杂草要使用不同的药剂去除，如单子叶的杂草和双子叶的杂草，由于其生长环境不同需使用不同化学性质的除草剂，L. Tian 等又研究了一种新的基于叶面组织分析的杂草分类方法，包含一个低层视觉(用 Gabor 小波变换提取杂草叶面的组织特征)和一个高层视觉(基于神经网络的模式识别分类算法)。这种设计策略模拟了人类大脑的结构，能够实时对阔叶草和窄叶草分类，满足选择除草剂的要求，对 40 张田间图像进行分类，正确率达 100%。

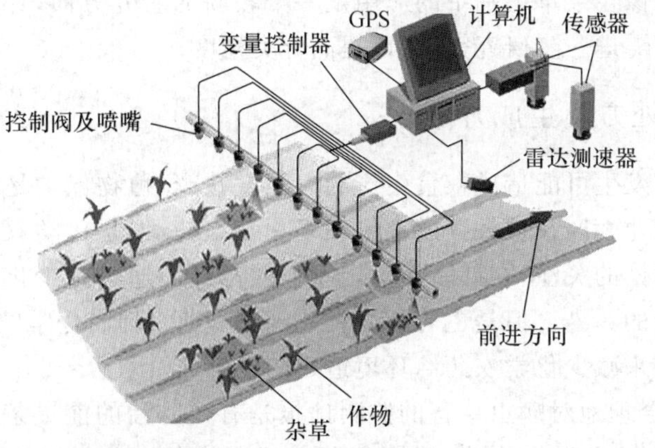

图 5.44 变量除草机的计算机视觉和控制系统(B. L. Steward 等,1998)

3. 高光谱遥感技术在杂草识别中的应用

遥感及遥感图像处理技术的迅速发展也促进了精细农业的发展。近几年来,使用高光谱遥感图像对田间蔓生的大面积杂草进行识别和统计,将处理结果加入变量除草机中集成的地理信息系统中,以供变量除草机在田间作业时参考,这种方式为计算机视觉技术在杂草识别中的应用注入了新的活力。但由于遥感图像受地表几何畸变的影响,所包含的数据有些失真,为此,H. Yao、L. Tian 等作了高光谱图像系统和处理技术优化的研究,分别采用手工纠正法、传感器增大法、图像处理法 3 种方法比较纠正高光谱图像的几何畸变的效果,3 种方法各有利弊,但如果能把偏位角传感器集成到图像提取系统中,传感器增大法将是最理想的方法。

4. 杂草识别的应用

基于上述田间动态条件下进行的杂草识别研究的理论基础,美国伊利诺斯州立大学的 B. L. Steward、L. Tian 等(1998)研制出了第一代"Smart Sprayer",该喷药机的杂草识别和变量控制硬件系统同图 5.44。识别算法采用基于 GA 的分割算法,配合自行研制的喷嘴(该喷嘴可以控制开度大小),不仅实现了针对杂草区域进行喷洒,还可以针对杂草区域的面积大小控制喷洒量,而且在除草的同时计算机生成了杂草区域的分布图。田间使用效果表明,使用该种方法可以节约 52%的除草剂使用量。在此样机的基础上,D. C. Slaughter 等(1999)又研制出新一代样机模型,该喷药机可以识别阔叶植物和窄叶植物,从而选择不同的除草剂进行喷洒。

随着计算机视觉系统的硬件组成部件的成本不断下降,计算机视觉技术的不断发展,精细农业生产中越来越多地使用计算机视觉技术,在杂草识别方面的应用技术也会越来越成熟,但就目前来看,仍有许多技术难题还须进一步研究解决,如:

①已有的杂草识别研究中,大多数研究还是在室内静态的条件下进行的,但在实际应用中要求识别算法能够适应户外动态的条件。虽然一些动态的算法已获得了成功,但分类精度仍不是很高,并且都是针对特定的地域。有效地利用现代数学的分析方法,如分形理论、小波变换可以在图像处理和识别的软件设计方面实现算法的快速性和有效性。

②精细农业体系中的变量除草机要求识别程序的动态算法不仅能选择喷洒量,还能选择除草剂的种类,所以如何同后续的变量控制很好地结合,能将识别的结果实时地传送给后续的变量控制从而实现完全实用化的精确喷药仍需进一步研究。

③高光谱遥感图像在杂草识别中的应用是一个较新的研究方向，针对土壤、作物、杂草的遥感图像分类方法还需进一步研究完善，以提高分类精度。

5.3.3 田间调查处方图生成方法

作物病虫草害的发生可能造成粮食生产的大幅度减产，植物保护是农业生产过程中一个非常重要的环节。农业生产在很大程度上依赖于化学农药，但是化学农药的过量使用也造成了大众对生存环境污染的关注，在许多发达国家目前都试图通过减少化学农药的使用来减轻化学农药给环境造成的污染。但是也有不少发达国家是通过提高化学农药的使用效率和改进化学农药的使用方法来减少化学农药给环境造成的污染。

通常说来，科学合理地对病虫草害的监测预报是有效防治的前提条件，在21世纪随着传统农业向高技术农业发展，基因农业、精细农业、农业生产的产业化将成为农业发展的方向，病虫草害的防治将在信息技术、生物技术、自动监控检测技术、自动化和农业机械化等一系列高新技术最新成就的基础上，用已有的和即将具备的一切先进技术手段，以最佳配方、最少消耗，来换取对自然资源的最大节约和对人类与社会的最大产出。而智能化多媒体软件技术、数据库和网络技术、3S技术等，为传统的病虫草害预测预报提供了新的手段。这些技术的配套使用，将导致全国乃至全球病虫区域性测报站间的病虫预报和有关信息自由快速地传递，这样将大大地提高病虫信息的时效性和准确性，为病虫害防治提供及时可靠的决策依据和量化的病虫害管理决策体系。随着信息技术特别是计算机技术和全球定位技术的普及，农业工作者开始通过计算机进行病虫草害发生情况的预测和预报，即"处方防治"。病虫草害的处方防治就是根据病虫草害的发生区域实行按需防治，在病虫草害发生的地方喷洒化学农药，而在病虫草害没有发生的地方不喷洒化学农药。根据病虫草害发生的程度大小，在发生程度比较严重的地方多喷洒化学农药，在发生程度不严重的地方少喷洒或不喷洒化学农药。

病虫草害实行处方防治和传统的防治方法相比，一方面可以减少化学农药的使用数量，另一方面可以在使用化学农药的过程中充分考虑其他生产因素。例如在除草剂的处方图的生成过程中，可以考虑喷洒地块土壤的类型、喷洒地块的地貌特征、喷洒地块的有机质含量和过去使用除草剂的有关情况。这样在喷洒除草剂的过程中避免了杂草防治过程中杂草对除草剂的抗药性和土壤环境对除草剂的药效发挥的影响。例如杂草在田间是以块状的形式分布的，在地块的有些地方有杂草存在，而在有些地方则没有杂草，同时杂草在田间的分布也有密度高低之分，在杂草密度低的地方并不需要喷洒除草剂。Mortensen等人的研究证明，当依据杂草的空间分布分析喷洒苗后除草剂时，双子叶杂草除草剂的用量可以减少71%，单子叶杂草除草剂用量则可以减少94%。

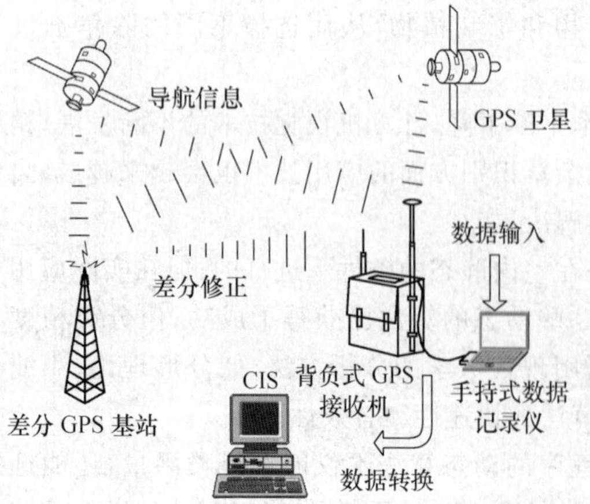

图5.45 病虫草害田间调查处方图生成系统构成

病虫草害处方图的生成通常是在GPS系统的帮助下，采用现场调查采样的方法，见图5.45。采样系统包括卫星信号接收系统、田间采样信息记录设备以及处方图生成数据处理的 GIS 软件。采样人员在田间行走实时地记录地块中不同位置的杂草分布情况，通过 GIS 软件对得到的病虫草害分布进行插值分析，根据分析结果确定化学农药的喷洒方法。

图 5.46 和图 5.47 是一个地块经过田间采样、信息处理后得到的化学除草剂喷洒处方图，其中图 5.46 是苗前除草剂喷洒处方图，喷洒草甘膦用于去除地块中已出苗的杂草；图 5.47 则是作物出苗后用于喷洒苗后除草剂的作业处方图。

从图 5.46 和图 5.47 可以看出，在没有杂草生长的地方不喷洒除草剂，而在杂草生长的地方喷洒除草剂，与此同时也可根据田间杂草的生长情况，确定是喷洒一种除草剂还是两种以上除草剂。通过选择不同的除草剂达到控制不同杂草的目的，增加杂草防治的针对性，减少除草剂的使用量，以便达到减少除草剂喷洒总量的目的。

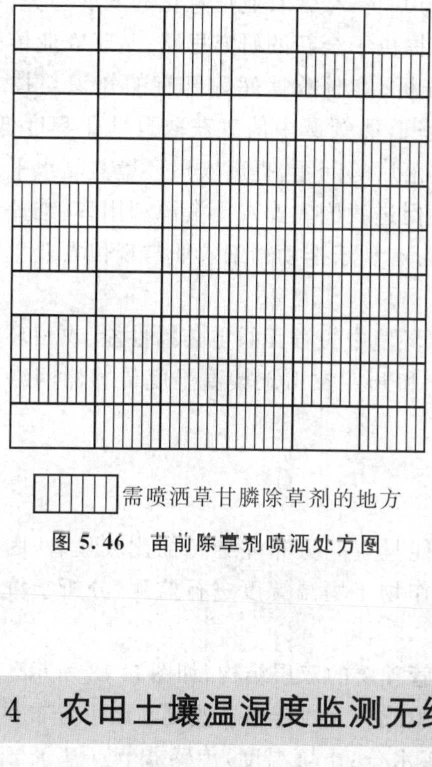

图 5.46　苗前除草剂喷洒处方图

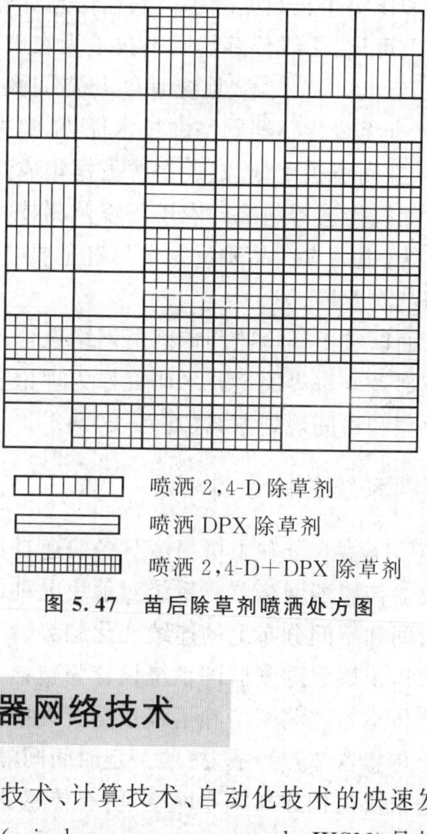

图 5.47　苗后除草剂喷洒处方图

5.4　农田土壤温湿度监测无线传感器网络技术

无线传感器网络是随着微电子技术、无线通信技术、计算技术、自动化技术的快速发展和日益成熟而产生的重要新技术。无线传感器网络(wireless sensor network，WSN)是指由部署在监测区域内的大量廉价微型传感器节点组成、通过无线方式通信的多跳自组织网络系统。

无线传感器网络新技术的出现为农田环境信息的实时采集、传输、处理、分析提供了集成化解决方案，为农业环境自动监测开拓了全新的研究思路。无线传感器网络技术应用具有以下优点：①智能化程度高。传感器网络中的所有传感器节点，从信息获取、传输到处理分析，采用全自动化的工作模式，整个过程无需人工干预，能够极大地提高工作效率，节约人力物力。②信息时效性强。传感器网络的节点被部署在监测区域内，根据设定间隔连续采集传感器数据，采样间隔甚至可达到秒级，这使农田环境信息的动态获取、数据快速更新成为可能。③覆盖广域空间。无线传感器网络能够容纳成千上万个传感器节点，分布式获取监测区域中的环境信息，并且节点具有多跳自组织能力，这样的技术特点能够很好地满足缺乏基础结构的农田广域空间环境监测的应用需求。④支持多路传感器数据同步采集。传感器网络中的每个传感器节点可以提供多路传感器 A/D 转换通道，支持多个环境参数信息的同步采集，这将有利于信息融合与数据互补、综合分析农田中不同环境要素之间的相互影响，实现科学管理决策。⑤灵活性强。由于田间的工作环境比较复杂，采用有线网络进行数据传输，整个工作过程必然会受到系统本身以及外界环境中多种复杂因素的影响，而传感器网络采用了无线通信技术，节点部署灵活，易于维护且降低了监测系统成本。⑥产品成本低。随着信息与通信技术的飞速发展，无线传感器产品的成本在不断下降，据预测，无线传感器产品价格每 18 个月降低 50%。⑦系统可扩展性好。传感器网络可以与无线广域网、互联网技术相结合，组成集信息采集、处理、发布、远程监控、查询的多层次立体化应用服务体系，实现包括地理空间信息数据、土地资源数据和作物生长数据等各类农业信息资源的整合与共享，符合农业信息化的发展趋势。

综上可见，无线传感器网络技术为农田环境监测提供了全新的研究思路，基于农业传感器技术、GPS 与 GIS 技术、地统计学与空间数据插值分析、实时数据库等已有的知识与技术积累，并结合无线传感器网络的技术优势，解决农田环境监测领域中信息获取自动化程度低、时效性差、空间覆盖度低、缺乏多源数据集成、管理模式落后等问题，提高农田环境监测水平。开展基于无线传感器网络的农田环境监测技术研究，对促进我国农业水土资源利用率、维护农田生态系统、提高农产品质量安全具有重要的应用价值，有利于推动精细农业与现代农业生产管理的跨越式发展。

下面以农田环境监测传感器网络设计方法、农田环境中短程无线电传播性能、农田环境监测节点部署方法等关键技术研究作为理论基础，设计和开发农田土壤温湿度传感器网络系统监测原型和田间规划方案(刘卉，2008)。

5.4.1 系统总体设计

鉴于土壤水分和土壤温度具备快速自动检测功能且空间分布差异特征比较显著，因此设计开发的传感器网络监测系统对地块上种植的大田作物土壤温湿度进行监测，分析土壤温湿度在时间和空间分布上的连续变化趋势。

农田土壤温湿度监测系统设计为包括节点层和管理层的双层结构，如图 5.48 所示。系统由无线传感器监测网络和远程数据管理中心两部分组成。无线传感器监测网络由分布在农田中多个传感器节点组成，按照一定时间间隔采样土壤水分、土壤温度，传感器节点基于 ZigBee 无线通信协议构建树簇型网络，所有传感器节点数据最终路由到汇聚节点，由汇聚节点将全部数据通过 GPRS 远程无线通信方式转发到远程数据管理中心。远程数据管理中心负责数据接收、存储、显示和分析。

5.4.2 无线传感器监测网络设计

无线传感器监测网络包括两种类型节点。一类为传感器节点，负责土壤温湿度数据采集，数目众多，分布在监测地块中，基于 ZigBee 无线通信协议组成树簇型网络；另一类为汇聚节点，网络中仅有一个，作为 ZigBee 网络协调器，负责数据汇总和远程转发。

5.4.2.1 传感器节点硬件设计

传感器节点以 Jennic 公司的 JN5121 无线微处理器模块为核心，扩展设计了外围总线、多路传感器接口、太阳能供电系统。

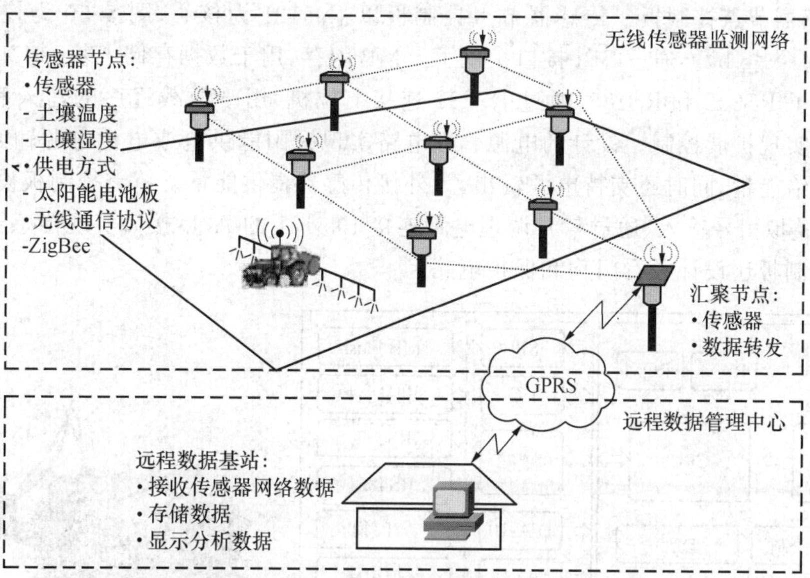

图 5.48 农田土壤温湿度监测系统总体结构示意图

(1)JN5121 无线微处理器模块 JN5121 是一款支持低成本、低功耗 2.4 GHz IEEE 802.15.4 的 SOC 片上系统,集成了无线射频收发器和微处理器的单晶体模块(JN5121 Data Sheet,2006),图 5.49 为 JN5121 原理框图(a)和实物照片(b)。JN5121 无线控制微处理器具有 16 MHz 32 位 RISC CPU,64kB ROM 可以写入网络堆栈协议,96 kB RAM 能够支持路由和协调器设备类型程序。JN5121 的无线收发器高度集成化,集成了 2.4 GHz 无线电、O-QPSK 调整解调器、基带控制器和安全协同处理器,同时提供 IEEE 802.15.4 MAC 库,免去了用户复杂而专业的无线射频设计。此外 JN5121 模块还提供了丰富的片上资源,包括 4 路 12 位 ADC 输入和 2 路 11 位 DAC 输入、异步串行口、SPI 接口、定时器/计数器、内部温度传感器及电量监测等,为用户节点外围设计提供简明优化的解决方案。

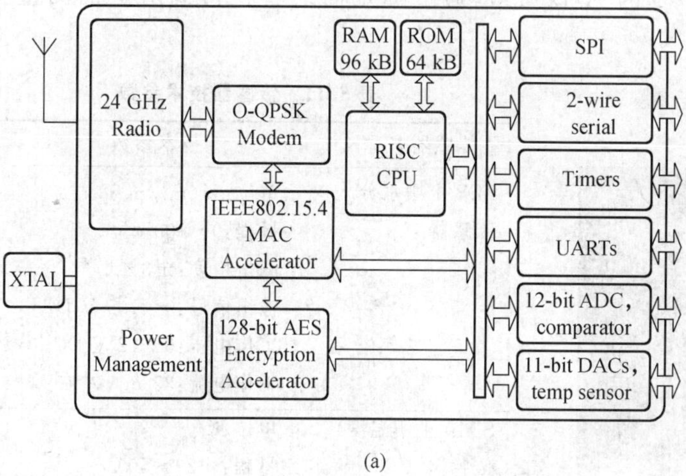

(a)

(b)

图 5.49 JN5121 无线微处理器模块

(2)传感器节点控制板　传感器节点控制板以 JN5121 为核心，图 5.50 为控制板原理框图(a)和实物照片(b)。通过 SPI 接口扩展了 1 MB 闪存，用于数据存储。基于 JN5121 异步串行端口扩展了 RS232 和 RS485，通过 RS232 连接上位机，用于板载程序的写入和调试，通过 RS485 总线实现扩展控制。设计的电源管理电路实现太阳能供电或电池电源输入，为控制板各种器件供给能量，同时还支持电源输出，为外接传感器提供能量。节点控制板设计扩展支持 6 路传感器模拟信号输入，通过信号调理电路连接 JN5121 的 A/D 接口实现传感器数据采集。此外节点控制板还设计了看门狗和保护电路。

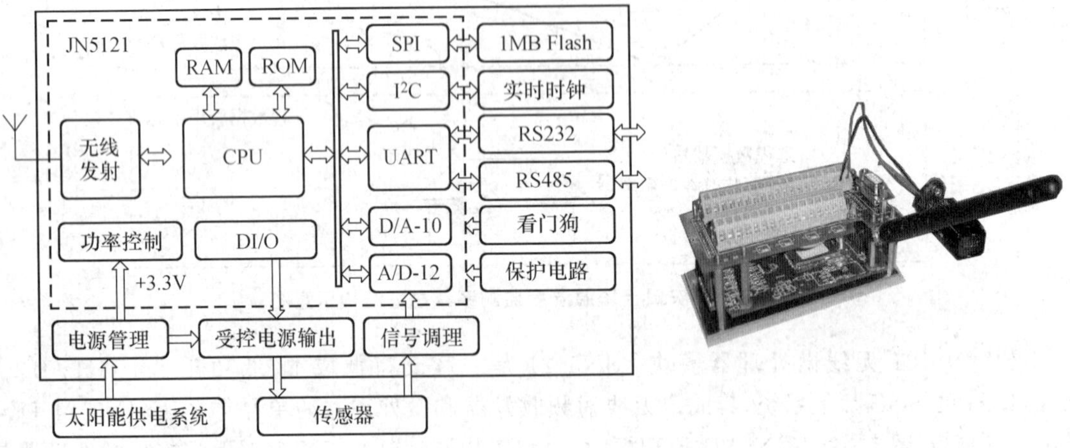

(a)　　(b)

图 5.50　传感器节点控制板

(3)土壤温湿度传感器　土壤水分传感器采用了 FDS 系列水分传感器产品，应用频域测量方法确定含水土壤混合体的介电常数，计算土壤水分。土壤温度传感器采用基于半导体 PN 极测量原理的 ST10。图 5.51 是土壤水分和土壤温度传感器实物照片，主要技术参数见表 5.11。不同传感器信号和电源电缆分别连接到节点控制板的传感器通道对应接口，模拟信号通过调理后接入 JN5121 的 A/D 通道，通过标定曲线转换得到对应的测量参数值。

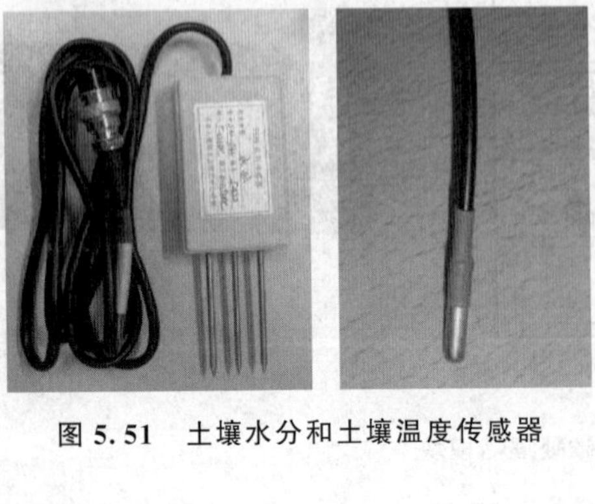

图 5.51　土壤水分和土壤温度传感器

表 5.11　传感器技术参数

传感器名称	技术参数
FDS 土壤水分传感器	单位：%(m^3/m^3) 量程：0～100% 测量精度：±3% 输出信号：0～1.5 V DC 工作电压：5～12 V DC 工作电流：35 mA 左右
ST10 土壤温度传感器	单位：℃ 量程：－20～50℃ 测量精度：±0.5℃

(4)太阳能供电系统设计　鉴于系统网络容量较小,全部节点均采用太阳能供电方式。太阳能供电系统白天通过太阳能电池板接收太阳光辐射,将光能转换成电能,在控制器作用下向蓄电池充电;使用时控制器再根据设定程序释放蓄电池中的电能为设备供电。传感器节点的太阳能供电系统采用多晶硅太阳能电池板、镍氢蓄电池,其中大部分传感器节点采用 2 W 电池板,少量承担路由任务的传感器节点采用 5 W 电池板。由于供电系统输出功率与太阳能电池板面积成正比,因此太阳能供电系统很大程度上决定了节点外观设计。图 5.52 是传感器节点壳体组成结构(a)和实物照片(b),目前传感器节点体积略大,今后可以进一步优化外形设计。

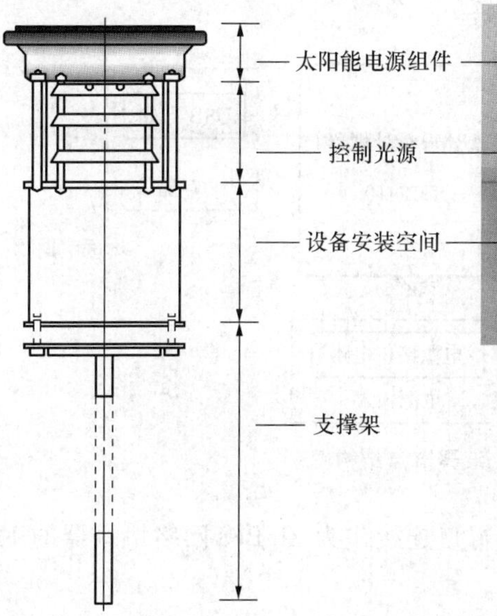

(a)

(b)

图 5.52　传感器节点外形结构

5.4.2.2　传感器网络软件设计

Jennic 公司是 ZigBee 联盟成员,为支持 JN5121 模块系列的应用开发,基于 ZigBee 技术标准推出专门的编译开发平台 CodeBlock 以及 IEEE 802.15.4 和 ZigBee 协议堆栈。CodeBlock 是一款功能强大的免费集成开发环境,Jennic 网站提供的软件安装文件自动配置了 Jennic JN5121 编译器(CodeBlock IDE User Guide,2006)。

用户需要自定义应用层传输协议中 MSG 结构类型语句格式,自定义语句格式包括起始符、数据流向、数据长度、语句类型、节点识别符、数据信息、校验和结束符,如图 5.53 所示。起始符 2 字节,以“0x88 0xFB”表示;数据流向为 1 字节,分上行(0xAF)和下行(0xFA);数据长度 1 字节,从语句类型字段到数据信息字段;语句类型 1 字节,区分当前语句为实时数据采集语句、系统参数配置语句、查询语句等;节点识别符 2 字节,表示语句接收的传感器节点地址,用于识别节点;数据信息字段根据语句类型长度可变;校验 2 字节,采用 CRC 校验法;结束符 2 字节,以“0xFC 0xFC”表示。例如,协调器查询实时传感器数据的语句定义为:88 FB FA 07 04 01 01 00 01 61 90 FC FC。

16 bit	8 bit	8 bit	8 bit	16 bit	长度可变	16 bit	16 bit
起始符	数据流向	数据长度	语句类型	节点识别符	数据信息	校验	结束符

图 5.53 自定义 MSG 数据类型格式

5.4.2.3 汇聚节点设计

同传感器节点相比,汇聚节点要求较强的处理能力和运行速度,因此设计中选择基于 ARM9 内核的 S3C2410 芯片。根据汇聚节点在无线传感器网络中的基本功能,扩展相应的硬件接口设计,图 5.54 为汇聚节点的结构框图。

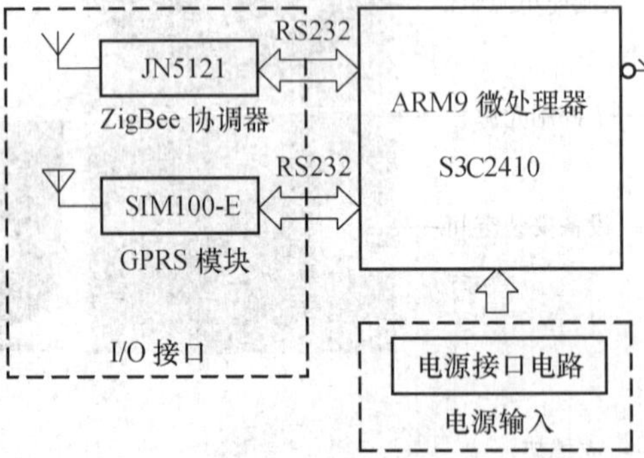

图 5.54 汇聚节点结构图

(1)汇聚传感器网络数据　通过异步串行口连接作为 ZigBee 网络协调器的 JN5121 无线微处理器模块,接收传感器网络数据。

(2)转发 GPRS 远程数据　通过异步串行口连接 GPRS 模块 SIM100-E,实现远程数据转发功能。

(3)数据本地存储　扩展设计 USB 存储电路实现传感器网络数据本地存储。

(4)电源输入　设计支持直流电源输入的接口电路。采用功率为 8 W 的太阳能电源组件,此外也提供 9～12 V 的稳压直流输入接口,可根据汇聚节点田间实际安装情况,选择其他更适宜的供电方式。图 5.55 为汇聚节点壳体组成结构(a)和实物照片(b)。

5.4.2.4 应用软件设计

汇聚节点应用软件基本功能包括数据接收模块、GPRS 远程数据转发模块、数据本地存储模块。

(1)数据接收模块　基于 ZigBee 协议的传感器网络协调器功能由 JN5121 板载程序自行完成,汇聚节点数据接收模块只需完成串口数据通信功能。串口数据接收程序基本流程为:初始化串行端口,当串口中断时接收 JN5121 数据,随后退出中断,等待下一次中断到来。数据通信格式采用传感器网络定义的统一格式。

(2)GPRS 远程数据转发模块　GPRS(General Packet Radio Service,通用分组无线业务)是基于 GSM 网络升级改造的 2.5 G 移动通信网络。GPRS 采用封包形式传输数据,用户之间通信不需要单独占一条通信信道,而且多个用户同时占用一条通信信道也不会造成网络堵塞。在农田温湿度监测系统中,汇聚节点需要将传感器网络采集的数据发送给远程数据中心,汇聚

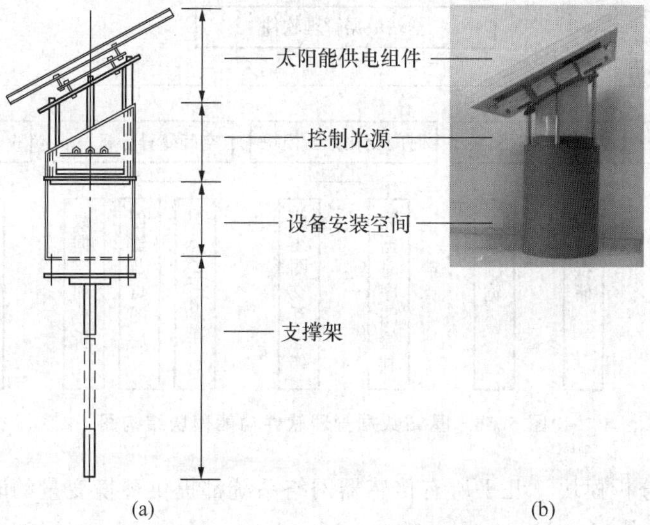

图 5.55　汇聚节点外形结构

节点作为移动客户端可采用定时主动链接远程数据中心服务器的工作模式。

(3)数据本地存储模块　数据本地存储采用USB接口存储方式,具有容量大、可扩展、热插拔的优点。每个时间间隔所接收的传感器网络数据通过USB接口,以文本文件格式(.txt)保存到U盘上。根据用户设定保存历史数据,以防止因远程传输故障造成的数据损失,提高数据可靠性。

5.4.3　远程数据管理中心设计

农田土壤温湿度监测系统的节点层与管理层之间采用GPRS远程数据通信方式,因此远程数据管理中心即为一台具有公网IP地址的计算机。运行在远程数据管理中心的基站数据管理软件是设计的核心,它负责接收、存储、分析无线传感器网络采集的土壤温湿度传感器数据,并配置修改传感器网络参数。随着系统的进一步完善,基站数据管理软件还应扩展网络发布功能,为上层授权客户提供基于Internet的远程数据访问。

5.4.3.1　软件功能需求分析

根据软件工程理论,软件开发过程一般可分为需求分析、概要设计、详细设计、编码和测试工作,其中需求分析是软件工程项目的开端和关键环节。遵循软件工程实施方法,通过需求分析,将基站数据管理软件划分为以下基本功能模块,如图5.56所示。

(1)数据接收模块　汇聚节点与基站之间采用客户端/服务器(C/S)工作模式,具有公网固定IP地址的基站作为服务器端,而汇聚节点作为客户端。汇聚节点按照设定时间间隔汇集传感器网络采集的数据,并主动向数据中心的基站服务器发起连接请求,服务器在确认客户端的连接请求后,开始接收数据,并根据自定义数据包协议完成数据解析。

(2)数据库存储模块　采用数据库方式存储和管理系统数据。根据数据类型和采集时间建立数据库,将数据接收模块解析的各种传感器数据存储到数据库对应表格的对应属性字段中;当数据分析时,根据所选择的参数读取数据库表格中的数据。总之,数据库是数据操作介质,采用这种方式有利于提高管理软件的稳定性和灵活性。

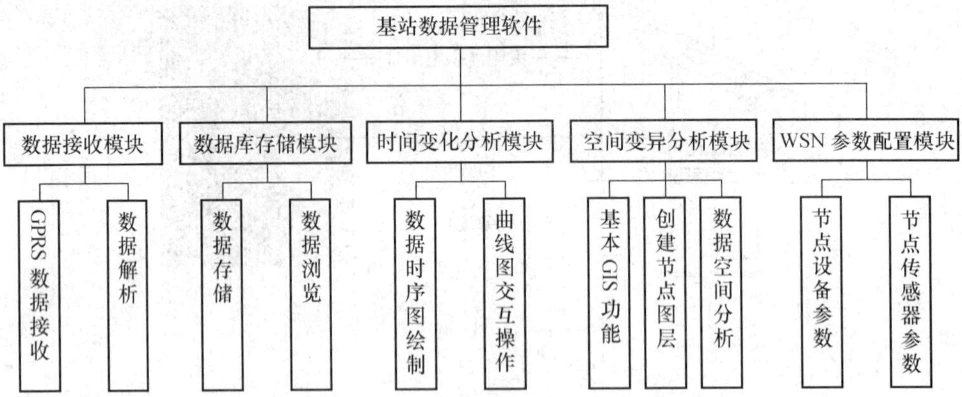

图 5.56 基站数据管理软件功能模块结构图

(3)时间变化分析模块　几乎所有传感器网络系统都提供环境变量的时间变化分析功能，如 Crossbow 公司的 MoteView 桌面软件(MoteView User Manual，2006)，F. J. Pierce 等(2007)设计的无线传感器网络系统管理软件。通过选择传感器网络监测的环境变量土壤水分、土壤温度、节点电量等，以时间为横轴，绘制监测量随时间变化曲线，能够简单快速地反映监测量连续时间变化特性。

(4)空间变异分析模块　在基站数据管理软件中融入了 GIS 管理分析功能。首先获得农田中部署的传感器节点位置信息，输入到基站数据管理软件中，创建传感器节点图层，选择某个时刻、某个监测量，生成全部节点空间插值分布专题图，分析监测量空间分布情况，并且通过叠加多个连续时段的土壤参数空间分布图，分析土壤参数空间分布变异趋势，为精细农业管理提供理论依据。

(5)传感器网络(WSN)参数配置模块　传感器网络需要配置的系统参数包括节点设备参数、节点传感器参数以及节点位置等。基站管理软件通过 GPRS 远程通信方式将配置参数发送给无线传感器监测网络的汇聚节点，再由汇聚节点根据指定地址设置对应节点。基站与汇聚节点之间的数据传输格式与传感器网络自定义 MSG 数据格式一致。

5.4.3.2 软件开发工具

根据软件功能需求分析，基站数据管理软件的开发环境及主要开发工具见表 5.12。

表 5.12 基站数据管理软件的开发环境及工具列表

类　型	名　称
集成开发环境	Microsoft Visual C++ 6.0
数据库组件	Microsoft Access 2003
GIS 支持组件	ArcGIS Engine 嵌入式组件库

普遍采用的 Visual C++ 集成开发环境和 Access 数据库组件不必赘述，这里简要介绍 GIS 支持组件库 ArcGIS Engine。ArcGIS Engine 是 ESRI 公司推出的完整嵌入式 GIS 组件库，它不是面向最终用户的，而是提供给应用程序设计者的开发工具。ArcGIS Engine 由 ArcObjects 核心包封装组成，可在各种编程语言和开发环境中调用，并且无需安装 ArcGIS 桌面平台。

5.4.3.3 功能模块的设计与实现

(1)数据接收模块 基于 Socket 通信编程技术实现汇聚节点与基站之间的客户端/服务器(C/S)工作模式。图 5.57 是基站数据管理软件的数据接收界面。

(2)数据库存储模块 采用了 Active X 数据对象(ADO)实现对 Access 数据库的操作。为了解决系统长期工作、数据量不断增加而可能导致的数据库操作效率及可靠性降低问题,采用按时序方式建立数据库进行数据管理。根据采集时间、节点类型、数据类型,将从数据接收模块中解析的数据存储到对应数据库的对应表格的对应属性字段中。同时此模块还提供用户界面和接口,使得用户能够清晰浏览无线传感器网络采集的数据。基站数据管理软件的数据库浏览界面见图 5.58 上部。

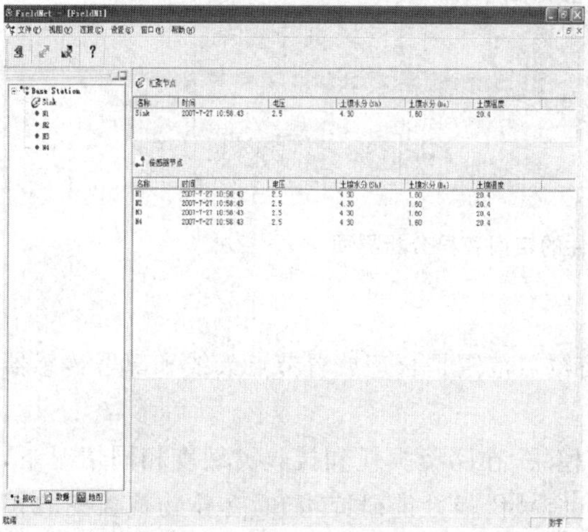

图 5.57 基站数据管理软件的数据接收界面

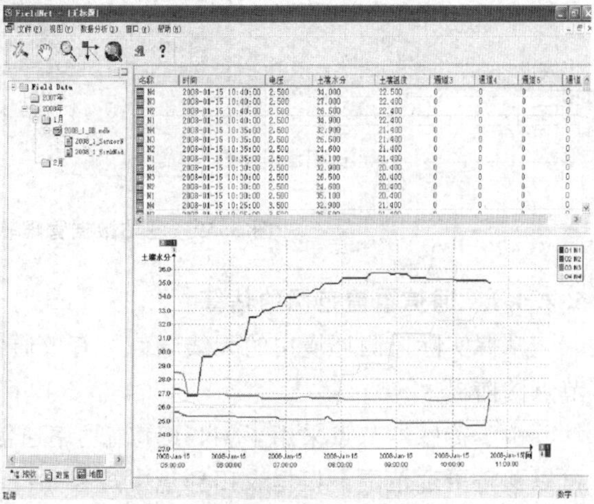

图 5.58 基站数据管理软件的时间变化分析界面

(3)时间变化分析模块 从数据库表中读取环境变量数据,绘制环境变量随时间变化曲线,实际上是以另一种更加直观的方式显示数据表中的数据,便于对监测量的连续变化特性进行分析。时间变化分析界面如图 5.58 所示。

(4)空间变异分析模块 根据需求分析,空间变异分析模块又划分为 3 个子模块:地图浏览及管理、创建节点图层、数据空间分析,上述功能的实现基于 ArcGIS Engine 嵌入式 GIS 组件库。图 5.59 为基站数据管理软件的空间变异分析界面。

5.4.4 系统田间规划

根据农田环境中短程无线电信号传播性能和传感器节点部署方法可知,真正适用的农田环境监测传感器网络系统在安装前必须首先考察实际监测环境,进行系统规划,确定合理的传感器节点部署方案。

为了有利于今后监测系统性能的分析与试验,选择一块具备良好灌溉条件的地块安装农田环境监测传感器网络。监测区域长约 220 m,宽约 150 m,面积约为 50 亩,主要种植作物为冬小麦。

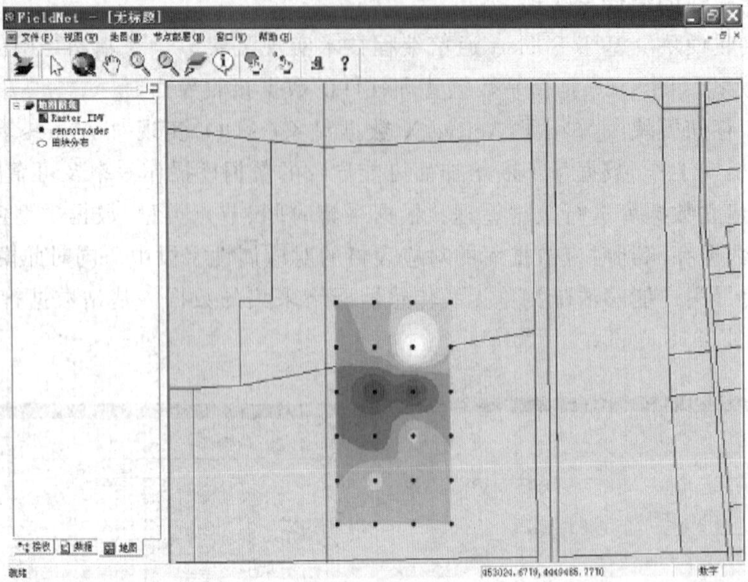

图 5.59 基站数据管理软件的空间变异分析界面

5.4.4.1 通信覆盖范围的估算

掌握实际监测环境中的无线电信号有效通信覆盖范围是合理放置节点天线和部署传感器节点的前提。

由于传感器节点采用了 JN5121 高功率通信模块，在路径损耗和接收灵敏度相同情况下，可以覆盖更远范围。根据农田环境中短程无线电信号传播性能研究可知，在作物覆盖的农田环境中，当天线高度低于作物株高时，无线电信号传播性能会受到显著影响，因此天线高度至少应高于小麦成熟期株高。

5.4.4.2 传感器节点部署规划

根据农田环境监测节点部署方法研究，首先采用规则网格部署传感器节点，参考此地块历年的土壤采样方式，选择了正方形网格节点部署方案。

传感器节点在小麦抽穗期的有效通信范围约为 150 m，参考地块历史数据和文献，土壤水分的空间变程范围为中等变程，一般为 70～90 m，土壤温度的空间变程范围为长变程。因此，相邻网格最大间距选择为 40 m 比较适宜，可以同时保证网络连通性和传感器数据的空间相关性。

农田环境监测传感器网络部署的地块监测区域长约 220 m，宽约 150 m，按照 5 m×3 m 正方形规则网格部署节点 15 个，按照 ZigBee 协议的节点类型定义，其中协调器节点 1 个、路由器节点 2 个、终端设备节点 12 个，组成树簇型网络拓扑。利用基站数据管理软件生成传感器网络节点图层(图 5.60)，获得所有节点的地理坐标。在传感器节点现场安装时，根据节点地理坐标，利用 GPS 设备导航至指定位置进行节点设备安装。

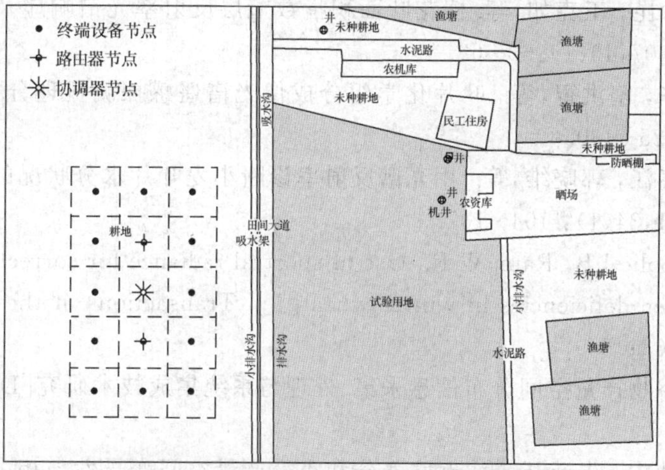

图 5.60　农田土壤温湿度监测传感器网络节点部署图

参考文献

[1] 承继成. 精准农业技术与应用[M]. 北京:科学出版社, 2004.

[2] Wollenhaupt N C, Mulla D J, Gotway C A. Soil sampling and interpolation techniques for mapping spatial variability of soil properties[J]. The Site - Specific Management for Agricultural Systems, 1997: 19 - 53.

[3] Ferguson R B, Gotway C A, Hergert G W, et al. Soil sampling for site - specific nitrogen management[C]//Proceedings of the 3rd International Conference, Minneapolis, Minnesota, June 23 - 26, 1996:13 - 22.

[4] http://www.mesasystemsco.com/category.php? cat=3[OL].

[5] http://www.cpn-bj.com.cn/intro-503dr.html[OL].

[6] 杨敏华. 面向精准农业的高光谱遥感作物信息获取[D]. 北京:中国农业大学,2002.

[7] 杨敏华,刘良云,刘团结,等. 小麦冠层理化参量的高光谱遥感反演试验研究[J]. 测绘学报, 2002, 31(04):316 - 321.

[8] 周启发, 王人潮. 水稻氮素营养水平与光谱特性的关系[J]. 浙江大学学报, 1993, 19(Sup.): 40 - 45.

[9] Fernández C J, McInnes K J, Cothren J T. Carbon balance, transpiration, and biomass partitioning of glyphosate - treated wheat plants[J]. Weed Science, 1994, 42:333 - 339.

[10] 黄文江,王纪华,刘良云,等. 冬小麦红边参数变化规律及其营养诊断[J]. 遥感技术与应用, 2003,18(04):206 - 211.

[11] 赵春江,黄文江,王纪华,等. 不同品种、肥水条件下冬小麦光谱红边参数研究[J]. 中国农业科学, 2002, 35(08): 980 - 987.

[12] Lee K S, Cohen W B, Kennedy R E, et al. Hyperspectral versus multispectral data for estimating leaf area index in four different biomes[J]. Remote Sensing of Environment, 2004, 91:508 - 520.

[13] 柏军华，李少昆，王克如，等. 棉花叶面积指数冠层反射率光谱响应及其反演[J]. 中国农业科学，2007,40(1):63-69.

[14] 牛铮，陈永华，隋洪智，等. 叶片化学组分成像光谱遥感探测机理分析[J]. 遥感学报，2000,4(2):125-130.

[15] 王纪华，赵春江，郭晓维，等. 用光谱反射率诊断小麦叶片水分状况的研究[J]. 中国农业科学，2001,34(1): 104-107.

[16] Stone M L, Solie J B, Raun W R. Use of spectral radiance for correcting in-season fertilizer nitrogen deficiencies in winter wheat[J]. Transactions of the ASABE, 1996, 39(5):1623-1631.

[17] 张漫. 农田谷物产量空间分布信息采集、处理与系统集成技术研究[D]. 北京:中国农业大学,2003.

[18] 陈树人，肖伟中，朱云开，等. 土壤养分和小麦产量空间变异性与相关性分析[J]. 农业机械学报,2008,39(10):139-143.

[19] Franz E, Gebhardt M R, Unklesbay K B. Shape description of completely visible and partially occluded leaves for identifying plants in digital images[J]. Transactions of the ASAE, 1991, 34 (2): 0673-0681.

[20] Zhang N, Chaisattapagon C, et al. Effective criteria for weed identification in wheat fields using machine vision[J]. Transactions of the ASAE, 1995, 38(3):965-975.

[21] Woebbecke D M, Meyer G E, et al. Color indices for weed identification under various soil, residue, and lighting conditions[J]. Transactions of the ASAE, 1995, 38(1):259-269.

[22] Wang N, Zhang N, et al. Design of an optical weed sensor using plant spectical characteristics[J]. Transactions of the ASAE, 2001, 44(2):409-419.

[23] Tian L, Slaugthter D C. Environmentally adaptive segmentation algorithm for outdoor image segmentation[J]. Computers and Electronics in Agriculture, 1998,21(3):153-168.

[24] Tian L. Knowledge based machine vision system for out door plant identification[D]. University of California, Davis, C A, 1995.

[25] Tian L, Slaugthter D C. Outdoor field machine vision identification of tomato seeding for automated weed control[J]. Transactions of the ASAE, 1997, 40(6):1761-1768.

[26] Steward B L, Tian L. Real-time weed detection in outdoor field conditions[C]//Proc. SPIE 3 543, Preicion School of Engineering, Purdue University, 1995.

[27] Slaughter D C, Chen P, Curley R G. Vision guided precision cultivation[J]. Precision Agriculture, 1999, 1(2):199-216.

[28] 刘卉. 基于无线传感器网络的农田环境监测关键技术研究[D]. 北京:中国农业大学，2008.

[29] MoteView User Manual. 2006[M]. Crossbow Technology, Inc.

[30] Pierce F J, Elliott T V. Regional and on-farm wireless sensor networks for agricultural systems in Eastern Washington[J]. Computers and Electronics in Agriculture, 2008, 61(1):32-43.

第6章 变量作业技术及其关键设备

6.1 变量作业原理及处方图的生成

6.1.1 变量作业概述

精细农业技术思想的核心是基于时空变异的农业管理与投入，即在获取农田小区作物产量和影响作物生长的环境因素差异性信息的基础上区别对待，按需实施定位调控。因此变量作业技术(variable rate treatment，VRT)是精细农业的核心，变量作业机械是实现这一技术必不可少的关键手段。

变量作业技术可包括两大类，即基于作业处方图(map-based)的 VRT 和基于传感器(sensor-based)的 VRT。它们的变量目标分别采取先前生成的电子地图或实时(机具行进间)生成的决策数据两种形式。基于作业处方图的变量作业技术，为了得到作业处方图，首先必须全面获取作物产量、土壤参数等的时空变异信息，接着还需根据植物生长模型以及气象等环境条件，预测作业的发芽率、长势以及养分需求，然后综合上两步的分析结果，再利用地理信息系统(GIS)和决策支持系统(DDS)，就可最终得到所期望的作业处方图，根据处方图采用不同方法与手段或相应的处方农业机械按小区实施变量投入。由于处方图是建立在先前分析基础上的，因此它与实际农田的当前需要(例如施肥需求量)总是存在一定差异。因此，人们期望在条件允许的情况下，应用现代传感技术和智能决策技术实时监测和确定作物(或土壤)的需肥量，然后实时控制机器进行变量作业，从而实现更为精细的因时、因地、按需施肥，但这后一种变量作业技术需要具备能实时监测作物需要或土壤成分或病虫草害分布的技术与设备，要达到实用程度还有一定的困难，截止到目前尚有许多探测技术和实时决策技术有待开发。

在精细农业实践中，变量作业技术目前已应用于农作物的播种、施肥、喷药、灌溉等环节。精细播种是将精细种子工程与精细播种技术有机结合，要求精细播种机的播种量、播种深度都处于最佳状态。精细施肥要求能根据地区、土壤类型的不同以及土壤中各种养分的盈亏情况，作物的类别和产量水平，将氮、磷、钾和多种微量元素与有机肥加以科学配方适量投入，从而做到合理施肥。化学农药精细喷洒是根据田间杂草的分布，通过计算机视觉或者人工半自动方法按照喷洒处方图实现化学农药的喷洒。精细灌溉是自动监测控制条件下的精细灌溉工程技术，如喷灌、滴灌、微灌和渗灌等，根据不同作物不同生育期间土壤墒情和作物需水量，实施实时按需灌溉。

精细农业机械设备包括精细收获机械、精细播种机械、精细施肥机械、精细除草机械以及精细灌溉机械等。

6.1.2 变量作业处方图的生成

变量作业处方图是作物产量空间分布信息、土壤参数时空变异信息、气象信息、遥感信息等多种信息的融合，并集成了 GIS、ES 和模拟模型技术。针对主要农业措施的变量处方图生成系统，包括变量施肥、灌溉、喷药等处方图生成系统，可根据不同生产规模，提供基于像元、农机作业单元、作业区和地块等不同分辨率的精细生产变量投入决策处方。

6.1.2.1 变量施肥处方图的生成

以国家农业信息化工程技术研究中心王秀等(2005)开发的施肥处方图生成系统为例。

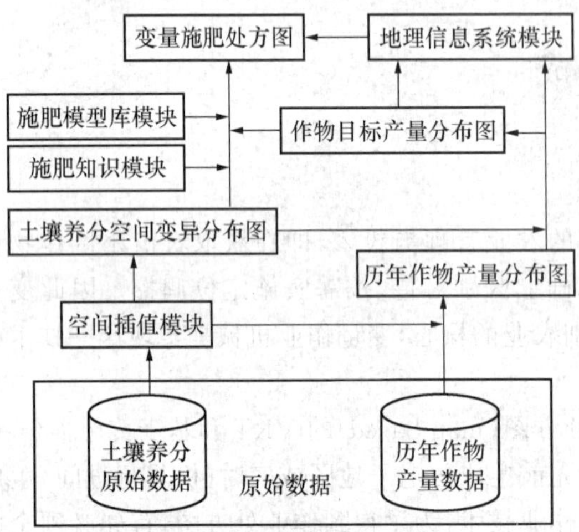

图 6.1 施肥处方图生成系统逻辑结构

该施肥处方图生成系统逻辑结构如图 6.1 所示。在系统中，地理信息系统模块是核心，实现土壤养分原始数据和历年作物产量数据的导入，提供地理信息系统的基本功能及一些空间分析工具，其作用贯穿于整个施肥处方图生成的过程，并将土壤养分空间变异分布图、作物目标产量分布图、变量施肥处方图等生动形象地表示出来；空间插值模块负责对土壤养分原始数据和历年作物产量数据的处理，生成土壤养分空间变异分布图和历年作物产量分布图，将历年作物产量分布图融合处理后得到作物目标产量分布图；施肥模型库模块负责施肥模型库的建立、管理和维护，并负责为变量施肥处方图的制作提供合适的施肥模型；施肥知识模块负责为施肥处方图的制作提供合适的施肥知识。

该系统施肥处方图生成系统的整体流程如图 6.2 所示。

通过对土壤养分原始测定数据进行克里金插值，获得土壤养分空间变异分布图；通过对历年作物产量数据进行克里金插值，生成历年作物产量分布图，再对历年作物产量分布图融合，得到作物产量分布图，在此基础上进而获得地块的目标产量分布图；根据施肥模型库，选择适合于该地块种植作物的施肥模型，生成作物全生育期底肥施肥处方图。在生成处方图的过程中，要判断栅格施肥量是不是小于零，如果小于零，应将此栅格施肥量置零，产生这种情况的原因是原来土壤中的养分含量高于作物需要的养分量，即不用施加肥料就可以满足作物的需求。如果需要做时间运筹处方，即生成不同施肥期的施肥处方，需要用户指定地块的土壤肥力水平，系统将根据知识管理，选择适合该地块种植作物在指定肥力下的不同施肥期的施肥比例，并按此比例生成不同施肥期的施肥处方图。

在图 6.2 中，时间运筹指根据地块的土壤肥力水平生成不同施肥期的施肥处方图，即当地块的土壤肥力水平为低肥力、中下肥力、中肥力时，生成底肥处方图、早春期处方图和拔节期处方图；当地块的土壤肥力水平为中上肥力和高肥力时，生成底肥处方图和拔节期处方图。选择地块肥力为高肥力时生成的施肥处方图示例如图 6.3 所示，其中左边为底肥施肥处方图，右边为拔节期施肥处方图，底肥和拔节期施肥比例为 1∶1。

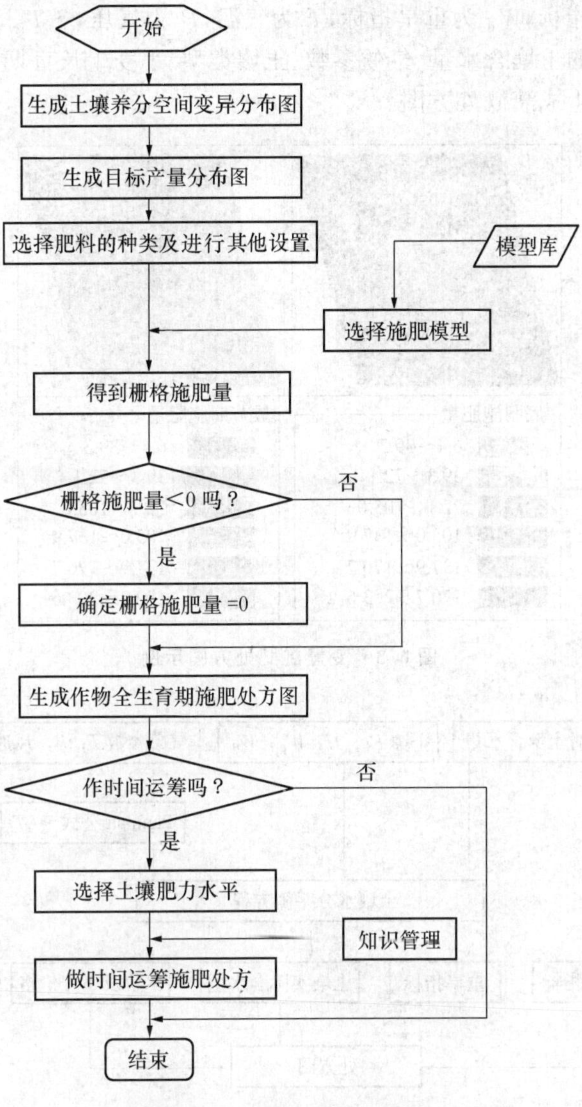

图 6.2　施肥处方图生成流程

6.1.2.2　变量灌溉处方图的生成

变量灌溉也称精细灌溉，是精细农业应用实践的一个重要方面。由于地块中不同地点的含水量存在很大差异，从而不同区域作物需要的灌溉量就不尽相同，变量灌溉根据地块内每一个小区域作物的实际需水量进行灌溉，从而达到灌溉用水的最优分配，既可以节约用水又可提高作物产量。变量灌溉处方图生成系统可生成灌溉处方指导灌溉机械进行变量灌溉。

以国家精准农业示范区建立冬小麦变量灌溉决策支持系统为例(周建军，2004)。

该系统依据试验地块的具体土壤特性，结合土壤水分预报模型，冬小麦耗水 - 产量关系模型，通过经济效益综合评定，计算分析后得到整个地块的灌水方案，针对平移式喷灌和固定式喷灌两种不同的灌溉机械，提供其变量灌溉处方图，同时利用控制器自动控制固定喷灌的灌水量，实现冬小麦的节水灌溉。

此冬小麦灌溉处方图生成所需数据流程如图 6.4 所示(图中 F_c 为田间持水量，H 为计划灌溉深度，W_p 为轻旱指标，W_d 为重旱指标，T 为气温，P 为气压，ET_0 为潜在蒸散量）。采集的数据包括试验地块的土壤含水量、气候参数、土壤类型、小麦生长育期、水价及小麦价格等参数，再进行灌溉决策，生成灌溉处方图。

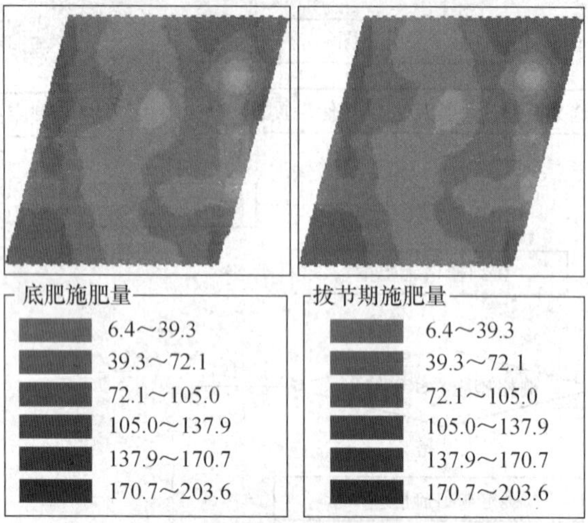

图 6.3　变量施肥处方图示例

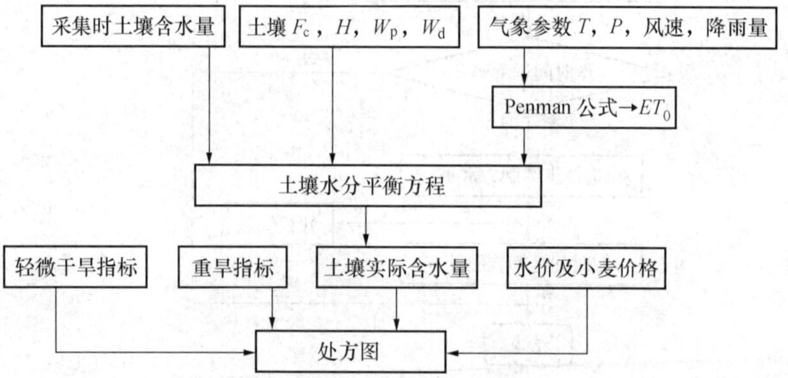

图 6.4　冬小麦灌溉处方图生成所需数据流程

6.1.3　变量作业设备研究现状

在支持精细农业实施的变量作业系统方面，基于通用总线技术，集成各类农田信息采集传感器、定位装置、实时在线测量设备和能够执行作业控制任务的人机交互终端设备等于一体的智能化拖拉机、带有电子控制单元（ECU）和作业过程监测传感器的作业机械等是目前欧美、日本等发达国家农业工程界应用研究的热点。一批基于通用总线 CAN，符合 LBS 协议（DIN9684/ISO11783）的作业监控终端设备、各类实时作业在线测量传感器产品陆续进入市场。美国 Ag Leader 公司的 Insight 系列作业监控终端设备具有 CAN 总线接口，可与其他公司的多种作业控制器配套组成形式多样的作业控制系统。美国 Mid-Tech 公司的 Legacy 系列基于 CAN 总线技术的作业控制终端设备、TASC 系列作业控制器均具有标准总线接口。该公司作业控制和自动驾驶系统 Field Pilot 可以根据需要配置成精细变量施肥、变量喷药等作业控制系统，同时能够实现作业农机具的智能导航和自动驾驶。以美国 CASE IH 公司和 John Deere 公司、德国 Amazone 公司以及英国 RDS 公司为代表的许多大型农业机械制造公司已经开发出各自的诊断、决策和系统控制系统，以及可用于测产联合收获机、精细变量施肥机械、精细变量施药机械、精细变量播种机械和精细变量灌溉机械的智能机械控制系统，并且逐渐进入推广和产业化阶段。

随着精细农业技术在我国大面积推广应用，将逐渐全面实现农业生产的变量管理，根据土壤的养分状况和作物的长势，实行种子、肥料和化学农药等农资的变量投入。目前发达国家和部分发展中国家都投入了大量的资金开展这些相关技术的研究和应用推广。随着农业生产社会化服务程度的提高，一些农业生产设备供应及服务公司直接向用户提供精细生产的相关设备，与此同时也提供配套的技术服务。国际上精细农业变量实施设备主要是来自于精细农业设备制造商的推动，所以还是以单项技术应用居多。在这些技术设备的开发过程中，不同生产厂家的产品需要实现互通互用。CAN 总线技术可以为变量作业设备内部的电子监控系统提供通用标准接口。通常情况下，精细农业变量实施相关的控制单元作为 CAN 总线上的一个智能监控节点，它能够接收挂接在总线上的各个相关传感器的反馈数据，系统具有独立处理信息和根据管理处方图生成控制命令控制变量作业机械的功能。国外主要智能农业装备生产商开始应用总线技术，开发基于总线的作业电子控制单元(ECU)，实现变量作业设备的分布式、标准化控制系统。目前这个领域是国际上农业智能装备研发的热点。

我国精细农业的研究相对于发达国家而言起步较晚，变量作业系统涉及机、电、液、气、光等多领域的技术问题，包括 GPS 与农业机械、农田 GIS 的接口技术，作业处方图与农机智能控制终端的接口标准，农业信息标准和资源共享机制。变量实施设备基本上从国外整机进口，系统使用和维修的成本比较高，难以为国内用户所接受，从客观上限制了变量实施设备和技术的推广应用普及。为此，我国在变量作业技术研究方面重点开展了基于 CAN 总线的智能控制系统和适应不同作业类型的变量施肥、变量化学农药喷洒应用等关键设备的研究与开发。目前，已开发了基于 CAN 总线的导航控制系统和智能控制终端，研制了变量施肥机、旋耕变量施肥机、变量农药喷洒机、光谱杂草识别化学农药喷洒机，体现了精细农业之精细定位、定量决策、变量实施的技术思想，变量实施技术框架见图 6.5。

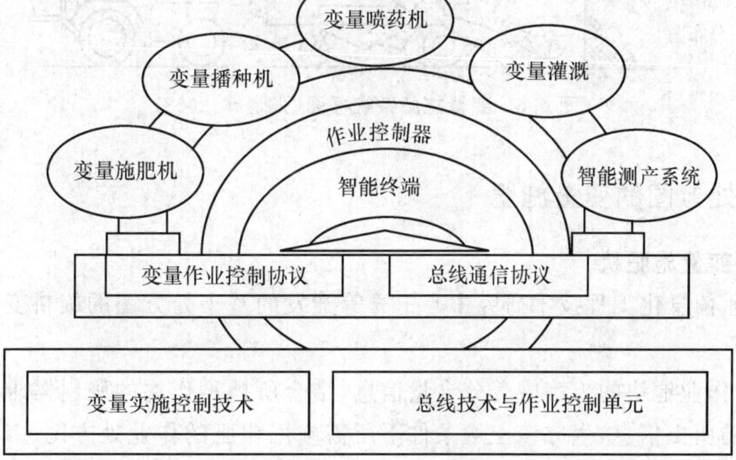

图 6.5 变量实施技术框架

6.2 变量施肥技术及其关键设备

化肥作为植物生长的养分来源受到了各国农民的普遍欢迎，将其视为增产的主要手段之一。通常情况下农民把化肥均匀地撒播在地表，然后再进行相应的后继农艺作业。这样均匀地撒播，意味着在土壤养分不同的地方仍然施以相同数量的化肥，就造成了化肥在原本养分已高位置处的过量使用，不但形成浪费，而且这些过量使用的化肥一部分在土壤中被分解或吸收掉，另外一部分就在土壤中被淋溶、进而被地下水，极易造成地下水源污染。因此，随着农业生产可持续发展呼声的日益增强，化肥对环境造成的污染越来越受到有关国家的重视，多数发达国家开始制定相关的法律限制化肥的使用数量。而原本养分欠缺位置处的土壤，在均匀施肥后可能仍然养分不够充足，因而该局部达不到目标单产量。

变量施肥是以不同空间单元的土壤肥力分布、产量数据与其他多层数据（土壤理化性质、病虫草害、气候等）的叠合分析为依据，以作物生长模型、作物营养专家系统为支持，以高产、优质、环保为目的的变量处方施肥理论和技术。图 6.6 是精细施肥处方农作系统框图。在全面获取了作物产量、土壤参数的时空变异信息后，根据植物生长模型以及气象等环境条件，利用地理信息系统（GIS）和决策支持系统（DDS），最后可得到施肥作业时的"处方"；以这个"处方"作为依据，以 DGPS 作为农机具田间定位工具，借助于电子及液压自动控制机构，就可按照处方图实现期望的变量施肥。

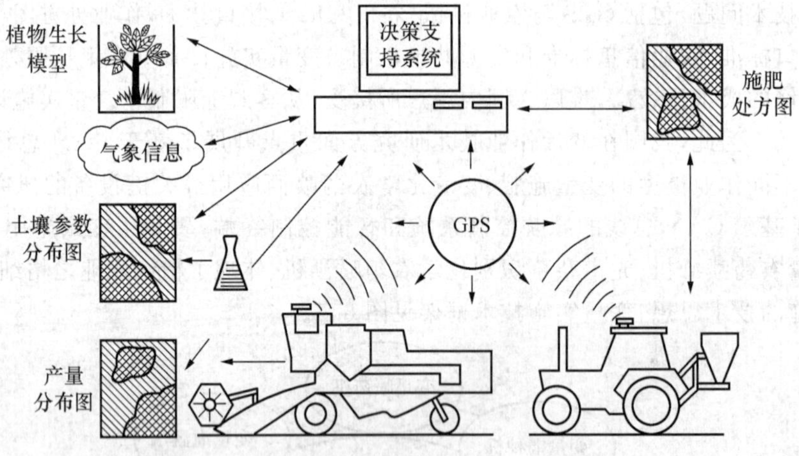

图 6.6 变量施肥系统框图（张晓辉，2002）

6.2.1 基于处方图的变量施肥

6.2.1.1 旋耕变量施肥机

以国家农业信息化工程技术研究中心王秀等开发的基于处方图的旋耕变量施肥机为例，如图 6.7 所示。

首先，根据作业地块的土壤中养分含量信息，结合所播种作物的肥料需求和专家知识，再根据地块已有的历史信息，生成该土壤条件下所需施用化肥的作业处方图。将该处方图导入精细变量施肥机控制系统的计算机内，计算机把该处方图内有关施肥量的信息通过与安装在施拉机上GPS测得的地理位置信息相互匹配，自动取得该位置处所需施肥数量，并将当前位置处的施肥数量值传输给施肥控制系统的中央控制器，中央控制器将这些数字信号转换成模拟信号后控制液压节流阀的开度，通过调整供油的数量达到控制液压马达以及排肥器转速的目的，液压马达的转速信号通过安装在轴上的编码器反馈给控制器，控制器把接收到的编码信号换算成施肥量反馈给计算机，计算机在显示屏幕上显示出目前位置单位面积(所)施肥(料的数)量。施肥机械田间的作业信息如拖拉机行走的轨迹、速度、GPS信号情况、作业面积、肥料箱中所剩的肥料数量以及田间实际的施肥量都可以由驾驶室内的计算机实时记录，供后续处理与分析。样机如图6.8所示。

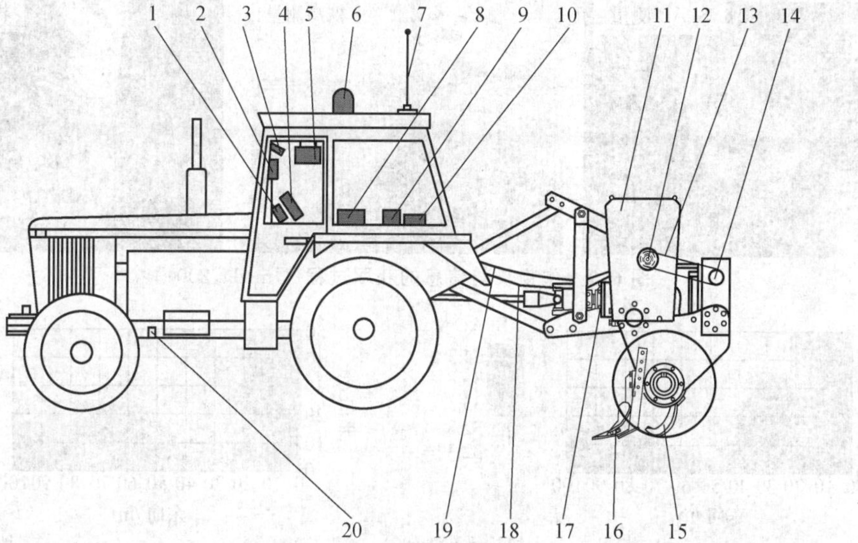

图6.7　变量旋耕施肥机结构简图(孟志军,2007)

1. 数据交换器　2. AgGPS170计算机　3. 导向光棒　4. 施肥控制开关　5. 施肥控制器　6. GPS卫星接收天线　7. 无线电接收天线　8. 接线盒　9. 电源分线盒　10. GPS流动站　11. 肥料箱　12. 传动轴链轮　13. 传动链条　14. 液压马达　15. 旋耕刀片　16. 深松铲　17. 变速箱　18. 回油管　19. 供油管　20. 测速雷达

图6.8　旋耕变量施肥机样机(王秀等,2003)

6.2.1.2 基于光谱技术的变量施肥机

光谱分析可以在获取土壤参数分布信息和作物长势信息方面发挥重要作用。图 6.9 是在制定水稻追肥的变量施肥处方时作物长势信息的获取过程，利用基于透射光谱的叶绿素计测量水稻叶片的叶绿素水平（SPAD），同时栅格采样测量作物的株高和单位面积植株数。图 6.10 是 3 个作物生长信息的空间分布图，以及在 3 个参数的基础上构建的一种新的植被指数空间分布图。计算公式为

$$VI = SPAD \times 株高 \times 单位面积植株数 \tag{6-1}$$

图 6.9 作物长势信息的获取过程（Umeda，2001）

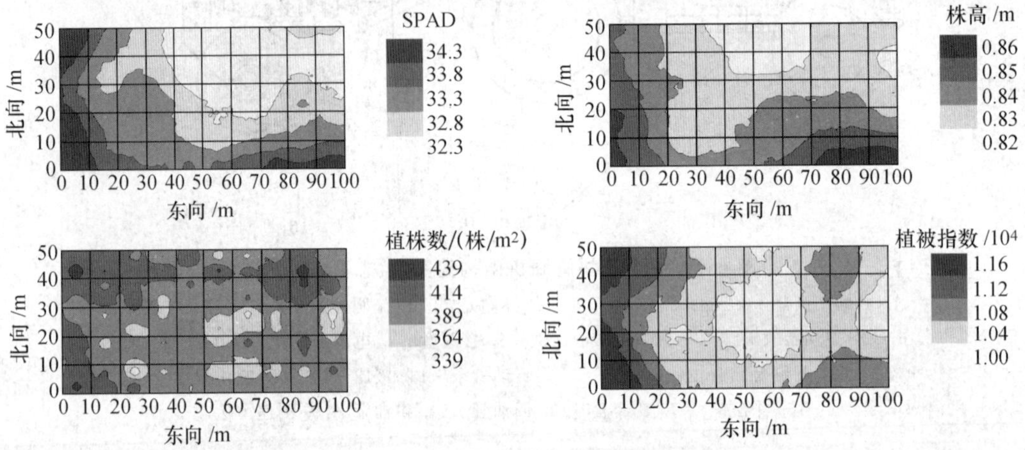

图 6.10 作物生长信息的空间分布（Umeda，2001）

在获得的植被指数分布图的基础上，生成了追肥施肥处方图，再利用图 6.11 所示的变量施肥装置将肥料以喷雾的形式施加到农田。通过控制喷嘴的开闭程度，可以方便地改变施肥量。应用效果表明这种精细施肥技术不仅可以降低肥料投入，降低生产成本，也可以获得更高的收成，从而获得更大的经济效益和环境效益。

图 6.11 液态追肥变量喷施装置（Umeda，2001）

（MD—计量装置）

6.2.1.3　变配方施肥机

如图 6.12 所示，此施肥机可按田块的不同需要，有针对性地撒施不同配方及不同量的干粉混合肥。具体工作过程如下：田间各局部所需的肥料、农药及微肥的比率及单位面积用量，都事先已编程存入微处理器 1 中，计算机读取处方图 2 后，将信息送往电液阀 3 以控制由肥料斗 4 经计量轮 5 排出的肥料量。肥料落入不锈钢输送链 6 后被带到混合搅龙 7，在此注入泵 8 将农药注入，同时微肥从微肥斗 9 撒落其中。上述混合物（肥料、农药）落到水平短搅龙 10 中进一步搅拌并推送到竖直搅龙 11。混合物升运到顶后被双刮板 12 送到分配头 13，然后进入 20 个分立的输送管 14 中。混合肥此时到达文丘里喷管 15 与空气流混合。该气流由液压驱动鼓风机 16 产生并被分送到空气多路歧管 17，压力升高，气流加速将混合肥料带到不锈钢管 18 和喷嘴－反射器 19 处，随即以扇形撒向地表。

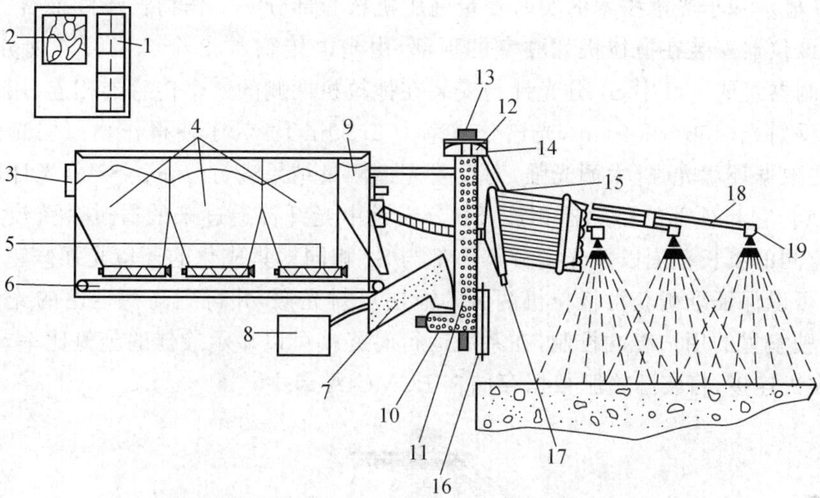

图 6.12　精确变量干粉混合施肥机（何勇，2003）

6.2.2　光谱技术与基于传感器的实时变量施肥

利用作物冠层的反射光谱监测作物营养状态（长势）的机理如图 6.13 所示。当农田的土

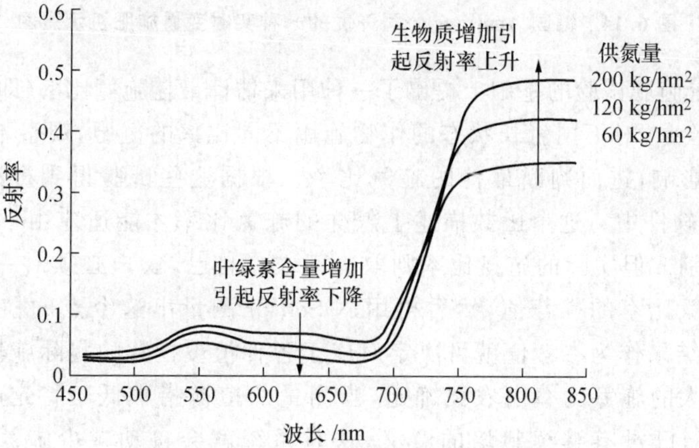

图 6.13　绿色植物冠层的反射光谱

壤肥沃、养分充足时，在可见光区由于叶绿素吸收的增加使得反射率下降。而在短波近红外区，由于生物质的增加使得反射率也相应增加。科学家希望能够利用作物的这一光谱特性，在进行追肥作业时，采用光谱技术实时监测作物长势，并立即给出施肥方案，再由同一台拖拉机搭载的变量施肥系统将肥料根据需要播撒在田间。

6.2.2.1 粉状肥料的变量施肥

图 6.14 是德国 Amazone 公司开发的一种实时变量施肥机示意图。该机器主要适用于麦类作物的春季追肥。在该机器的中央控制单元里仍然存储有变量施肥处方图，但同时在拖拉机的前部又安装了基于光谱分析技术的作物长势传感器，主要是监测作物冠层的叶绿素含量，通过叶绿素判断作物的营养状态，进而计算出氮的追肥需要量，然后再作为控制量控制施肥机。

图 6.15 显示基于光谱技术的实时变量施肥机核心部分——作物长势传感器 N-Sensor 的工作原理。该仪器安装在拖拉机驾驶室的顶部，由光电传感器、2 个二极管阵列分光计、光纤和 1 个微控制器组成。其中 S1 分光计与安装在拖拉机两侧的 4 个传感器相连，用来分光来自作物表面的反射光(450～900 nm，光谱分辨率为 3.3 nm)。为了使得作物冠层光谱测量具有可比性，需要根据环境光强(太阳光强)对反射光谱测量结果进行修正。S2 分光计即被用来校正环境光影响，它与顶部的传感器相连，S2 分光是由光纤传递进来的通过余弦校正散射体的太阳光，所监测的波长范围以及光谱分辨率都与 S1 相同。集成化的环境光强修正装置和特别的观测角度可以保证准确获得拖拉机两旁的冠层反射光谱，并得到高稳定性的光谱指数。整个系统由驾驶室里的用户终端控制，在系统运行时终端可以显示最佳的施氮比率，系统还可以与 GPS 接收机连接，将实际施肥数据存储在 PCMCIA 卡中。

图 6.14 德国 Amazone 公司开发的一种实时变量施肥机示意图

此系统在传统施肥试验的基础上提出了一种用来估计最佳施氮比率(即单位面积施氮量)的标定算法。试验中，对不同生长状态的作物施用不同比率的氮肥，观察不同施肥量对不同生长状态作物的影响，进而判断最佳的施氮比率。根据这些试验得到标准标定函数，将它写在 N-Sensor 的软件中。这个函数描述了怎样的施氮比率才能适应由 N-Sensor 所指出的氮供给的相对差别。但实际的施氮比率则取决于农户自己，农户必须对一小块特定区域的作物给出一个施氮比率的推荐值，然后再用 N-Sensor 测量出这个点的植被指数(N-Sensor value)，以得到的结果作为参考值就可决定对应于各种植被指数的实际施氮比率，如图 6.16 所示。最小和最大的施氮比率由农民确定，当测量的植被指数低于特定临界值时，表明作物长势非常不好，已没有继续栽培的意义，这时系统就会自动减少施氮比率来避免无效施肥。

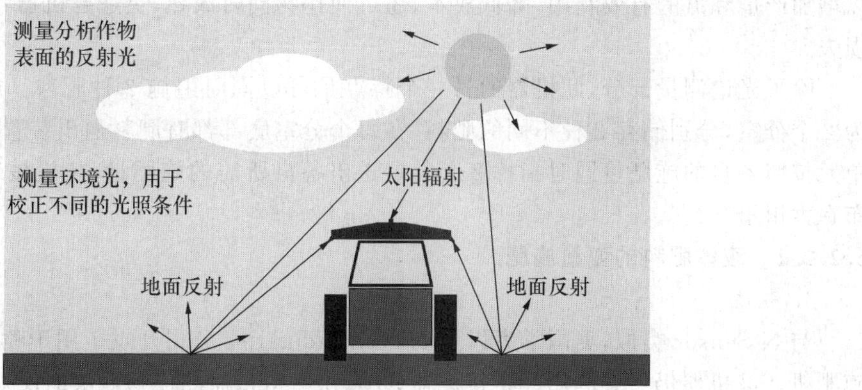

(a) N-Sensor 工作原理

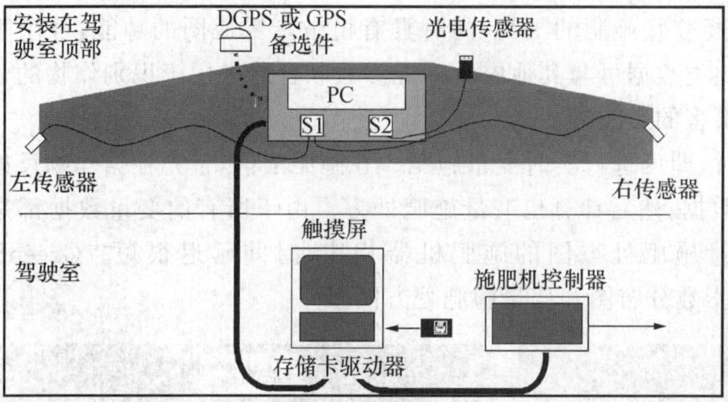

(b) 传感器结构示意图

(c) 监控界面和存储卡

图 6.15　基于光谱技术的实时变量施肥机工作原理

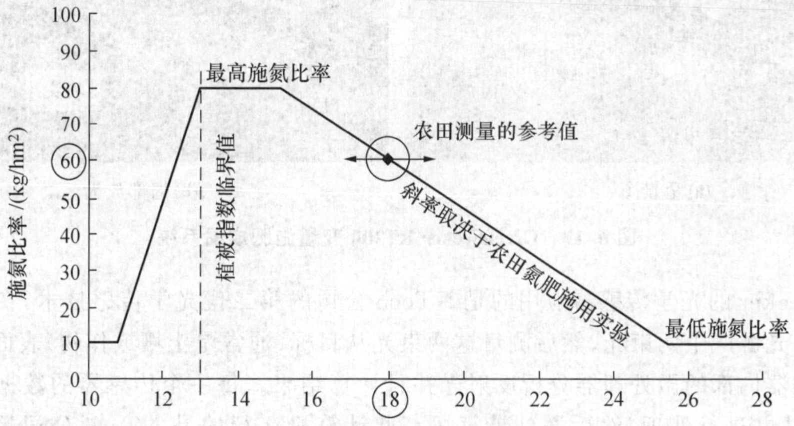

图 6.16　施肥量的计算模型

使用 N-Sensor 可以探测到田间各处作物的氮营养水平之间的差别并能根据这个差别来进行变量施肥，避免局部田块氮肥过剩或欠缺。应用结果表明，基于 N-Sensor 的变量施肥可以增加产量和氮的有效利用，降低成本，还可使作物同时成熟，更适合机器收割，从而降低收割损失。

除了光谱测量部分，此机器的另一个特点是可以同时追施 2 种肥料。后部的储肥罐被分为 2 个分室，分别储存 2 种不同的肥料，在每个分室底部都有肥料送出装置。作业时中央控制单元按照各自的施肥量同时指挥 2 套装置送出各自所需的施肥量，待机械装置将其混合后撒布在大田里。

6.2.2.2 液体肥料的变量施肥

1. 概述

与 N-Sensor 类似，美国学者以及 NTech Industries 公司开发了用于喷施液体肥料的变量施肥机。该机器仍然是利用光学传感器(GreenSeeker)监测作物冠层的反射光谱，根据作物的营养状况实时改变和控制液肥的喷洒量，实现变量施肥。

代表性的产品是 GreenSeeker RT200 变量施肥成图系统，如图 6.17 所示。该系统依据作物的归一化植被指数，作为进行变量施肥的工具，同时具有植被指数成图的功能，可用于作物生长分析和历史数据收集。此类数据可与其他农学标准参数联合起来用于识别作物的营养反应、生长状况、产量、胁迫、病虫害的影响等。

当施肥机通过作物上方时，即可进行实时变量施肥。在施肥之前，首先根据作物反射光谱实时计算作物冠层的 NDVI 数据，然后计算出变量施肥处方。由于所有的变量数据都是实时采集的，因此与其他基于变量施肥处方图的施肥机器相比，时间延迟很短。GreenSeeker RT200 可以同时生成 NDVI 指数分布图和变量施肥处方图。

(a) 全景图　　(b) 局部放大

图 6.17 GreenSeeker RT200 变量施肥成图系统

GreenSeeker 的光学传感器应用的是 NTech 公司的第二代光学传感技术，在两个特定的波段由 LED 光源产生两束光，然后测量这两束光从目标(通常是土壤或作物)表面反射回的光能量，由传感器内部的微处理器分析反射光并且计算结果。每一个传感器的数据传输到传感器的接口模块并进行处理，然后送到计算机。此计算机运行的是 NTech 公司的 RT 功能软件，该软件用于实时显示输出结果，并且可将数据输出到一个文件，给变量施肥控制器提供合适的施肥量。

GreenSeeker 传感器采用主动光源。当打开这一单元，在传感器下方的方形窗口内会立即产生一束红光。传感器工作时离作物冠层的高度为 32～48 英寸(80～120 cm)。传感器的测量宽度为 24 英寸(61 cm),这一宽度在传感器设定的高度范围内不会改变。传感器是通过方形窗口发射光到作物冠层,作物冠层的反射光聚焦到圆形窗口后的探测器。传感器的安装方向并不重要,但是矩形的 LED 窗口必须和施肥机的悬臂平行。当传感器等距地安装在悬壁上时,RT200 系统的工作状态最好。传感器安装在标准的不锈钢支架上,采用 CAN 总线方式连接,外部传感器的接口都连接在 CAN 节点上。

2. 施氮肥的田间准备

使用 GreenSeeker 进行变量施肥,必须在种植之前或种植后不久建立一个充分施氮的参考带(NRS)。NRS 用来确定作物生长所需要的氮肥量,包括确定当年最大的期望产量值及作物对过量施肥的反应等。理想的 NRS 应该能覆盖整块地的长度,至少应该有 300～500 英尺长(90～150 m);另外 NRS 还应具有代表性(不应是过高或过低产量区)。建立 NRS 所需的氮肥量是由作物和地区来决定的,该施肥量等同于保证作物在整个生长期内所需的最高氮肥量。例如,如果冬小麦的 NRS 采取每英亩 100 lbs(110 kg/hm^2)的氮肥施用量,则农田中的其他地方在播种前应施较少的氮肥,一般每英亩施肥 20～30 lbs(22～34 kg/hm^2)是比较理想的。

其他的区域可被认为是非参考区域,也可看作是限制氮肥量的对照区域。

具体的工作过程是,应用 RT200 读取 NRS,然后依靠专用的作物生长模型算法计算出追肥量。

为了利用 GreenSeeker 传感器确定 NDVI,进而实施精细追肥,作物覆盖率至少要为 50%。读取 NRS 信息时,可以使用悬臂安装在喷杆上的 RT200 系统,也可使用手持式 GreenSeeker 传感器。无论采用哪种传感器(喷杆安装式传感器或者手持式传感器),采集 NRS 信息时传感器都应该以高于作物冠层 32～48 英寸(80～120 cm)的高度通过作物。要采集 NRS 的大部分地区及对照区域的信息,以准确确定它们各自的 NDVI 值,然后将采集到 NDVI 值输入 RT 命令软件。RT200 系统(RT 命令软件)允许进行跨骑 NRS 区域边缘的信息采集,用左边或者右边的喷杆读取它们各自地域的信息。利用可以让机器行进在 NRS 和非参考区域的边界,令左边喷杆的传感器读取 NRS 的信息,令右边喷杆的传感器读取对照区域的信息。

3. 变量控制

RT200 系统使用串口与 GPS 接收机和 Recon 进行通信,GPS 用于采集地理标定数据和成图。RT200 内嵌专用软件 RT Commander,此软件可运行在掌上电脑 Pocket PC 2003 上。

图 6.18a 是系统的主界面,系统可以只进行田间作物 NDVI 指数的监测与成图,也可以进行新的变量施肥控制作业。RT Commander 软件可以与 GPS 接收机、变量控制器、NTech RT200 接口模块进行通信。

图 6.18b 是一个变量施肥方案的例子,与 N-Sensor 类似,在某个临界值(图 6.18 中为 0.40)之前,施肥量随着 NDVI 的减小而增加;当 NDVI 减到临界值以下时,再增加施肥量已毫无意义,施肥比率急剧下降。

4. 推荐施肥量计算

GreenSeeker 提出了一套基于 NDVI 计算推荐施肥量的算法。下面以冬小麦为例介绍其过程(李民赞,2006)。

①首先利用 GreenSeeker 读取冬小麦的生长信息,读取日期要安排在 Feekes 制植物生长

阶段的第 4～6 期(分蘖期的最后一期和拔节期的第一期)。要同时监测充分施氮的参考带(NRS)和限制氮肥量的对照区域。根据测量结果分别计算出不同区域的植被指数 $NDVI_{\mathrm{NRS}}$ 和 $NDVI_{\mathrm{Farmer}}$(图 6.19)。

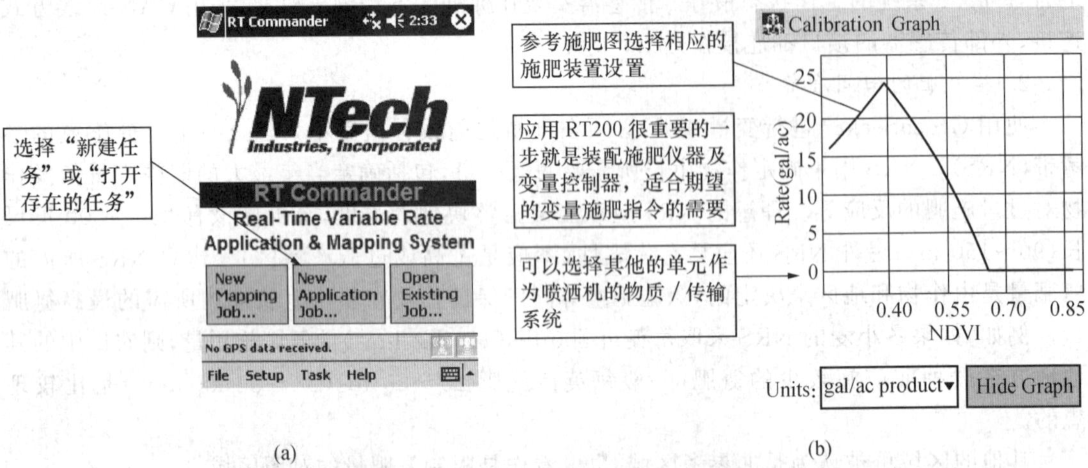

图 6.18 GreenSeeker RT200 系统的主界面(a)及施肥方案举例(b)

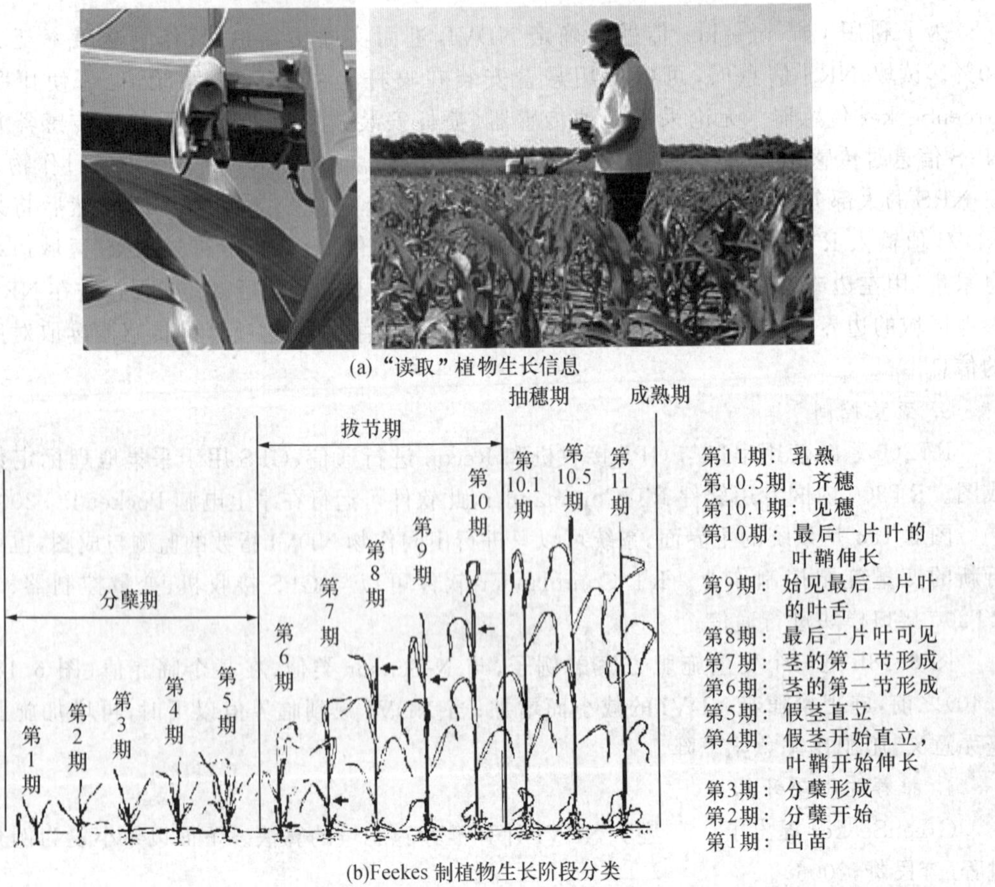

图 6.19 获取植被指数 $NDVI_{\mathrm{NRS}}$ 和 $NDVI_{\mathrm{Farmer}}$(李民赞,2006)

②根据对照区的植被指数 $NDVI_{\text{Farmer}}$ 计算表征作物生长状态的指数 $INSEY$(in-season estimated yield)，计算公式为

$$INSEY = NDVI_{\text{Farmer}} / D_{GDD} \tag{6-2}$$

这里 D_{GDD} 表示从播种日到测试日之间 $GDD>0$ 的天数。

③利用 $INSEY$ 计算不施追肥条件下的期望产量 YP_0，这一步是确定推荐施肥量的关键，地域不同，气候条件不同，品种不同，计算公式也是不同的，需要在多年研究的基础上，才会得到理想的效果。一般推荐公式为

$$YP_0 = k_0 + k_1 e^{k_2(INSEY)} \tag{6-3}$$

式中 k_0、k_1、k_2 均为模型常数。

④计算作物对施肥的响应系数 RI：

$$RI = NDVI_{\text{NRS}} / NDVI_{\text{Farmer}} \tag{6-4}$$

⑤根据 YP_0 和 RI，计算充分施氮区的作物的期望产量 YP_N，一般认为产量与植被指数 $NDVI$ 呈比例关系：

$$YP_N = YP_0 \times RI \tag{6-5}$$

⑥计算谷物中氮元素的含量，根据对照区和充分施氮区的期望产量 YP_0 和 YP_N，计算出各自的收获谷物中氮元素含量 $GNUP_0$ 和 $GNUP_N$。

⑦计算出推荐施肥量 FNR：

$$FNR = (GNUP_0 - GNUP_N)/k \tag{6-6}$$

这里 k 为小于1的系数，它与作物品种、肥料利用率等有关。

整个过程的简化如图6.20所示。实际进行变量施肥时，利用实时监测的NDVI代替上述过程中的对照区数值，就可获得该监测点的推荐施肥率，借助于变量施肥控制机构，实现基于作物长势时空变异的精细施肥。

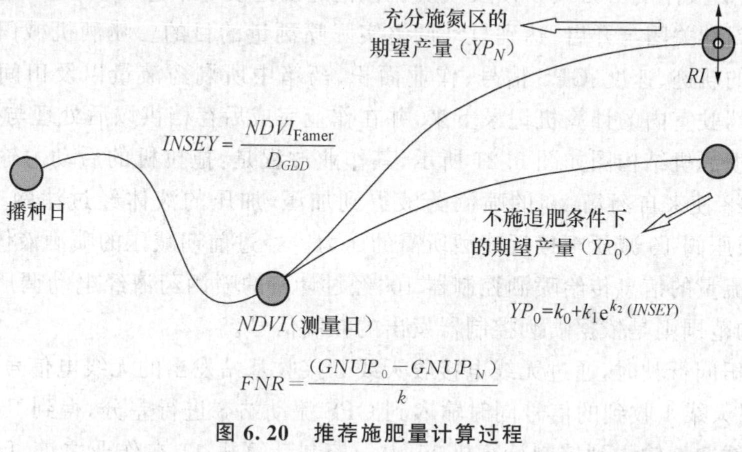

图6.20　推荐施肥量计算过程

6.3 变量施药技术及其关键设备

化学农药喷洒是植物保护的有效手段,长期以来多是依靠人工使用背负式喷雾器来完成,在农药的喷洒过程中时常发生人畜中毒的情况。近年来,在很多经济发达的地方或者是劳动力短缺的地方,开始使用由拖拉机牵引的机动喷雾器进行农药喷洒。这些大型喷雾器在作业时都是实行均匀喷洒,当遇到病虫草害发生严重、非常需要喷洒农药的田间局部地块时,可以起到较好的防治效果;但在病虫草发生较轻或者没有病虫草害发生的田间局部地块仍然被喷洒上相同数量的化学农药,这样就造成了化学农药的极大浪费,而且其残毒对生态环境也造成了较大的危害。

随着全球定位系统技术的普及与推广,农业机械进行田间作业时在GPS系统的帮助下能够准确实时地获知自身所在的地理位置。变量农药喷洒机械的控制系统可根据事先生成的处方图信息或来自传感器实时测量的信息,在行驶中进行变量喷洒作业。遇到需要多喷洒农药的田间局部地块就多喷洒农药,遇到需要少喷洒农药的局部就减少喷洒量,在不需喷洒的局部则停止喷洒。

用于防治病虫草害的变量喷药机技术也已达到实用化程度。基于处方图的变量喷药机与上节所述液肥变量施肥机有相同之处(有的机器可通用),但也有区别。其不同点主要表现在尽管不同的田间施肥单元之间施肥量可能不同,但一个单元之内施肥量还是相对均匀的;但除草剂的变量喷施作业不仅要求喷施量随杂草的密度不同而改变,而且还要求药剂尽量喷洒在杂草上。

6.3.1 变量农药喷洒机的作业原理及过程

国外已有的变量喷洒机大多为自走式;而牵引式的则类似于拖拉机的拖斗,喷雾压力泵由一个单独的汽油机来驱动。其工作原理是在实验室根据田间调查获得的信息生成对该土壤条件下所需喷洒化学农药的处方图,将该处方图导入喷雾器控制系统的计算机内,计算机把处方图中喷洒量的信息与GPS地理位置信息一一匹配,取得逐点所需喷洒的农药量数据并经交换器把它传输给喷洒系统的中央控制器。中央控制器综合上述处方图传来的逐点喷洒量、单个喷头喷洒量、喷洒液体的压力大小以及喷洒机械前进的速度等信息,自动地调整喷洒节流阀的开度大小及阀门的关闭与开启,达到自动调整实际喷洒量的目的。喷洒机械田间的作业信息如拖拉机行走的轨迹、速度、GPS信号、作业面积、药箱中所剩药液量以及田间实际的农药喷洒量都可以由驾驶室内的计算机记录下来,并在作业完成后存档供以后处理与分析之用。

变量农药喷洒机结构图如图6.21所示,其作业过程是:拖拉机的后动力输出轴驱动隔膜泵18,隔膜泵18使来自药箱20的喷洒药液得到加压,加压的液体经过滤网17滤除其中杂物,再经手动减压阀16减压至接近喷洒所需的压力。经过前期减压的喷洒液体通过流量传感器5后把液体流量的信息传给喷洒控制器10,经过计量的喷洒药液经电动调压阀3进行第二次调压,调压的范围则是依据喷洒控制器发出的控制信号。

拖拉机在田间行驶时,通过无线电接收天线2接收基站发出的无线电信号,该信号和拖拉机上GPS卫星天线1收到的信号同时输入到GPS流动站8进行差分,得到卫星差分信号,该差分信号经接线盒9输入到控制计算机11内。控制计算机11在作业之前,已经存储了喷洒处方图，拖拉机在作业行驶中根据 GPS 卫星信号，把当前位置处所需的喷洒量数据传输给喷洒控制器 10，喷洒控制器 10 依据所用型号的喷头规格喷量控制电动调压阀 3 和电磁单向阀 4 达到所要求的喷药量。

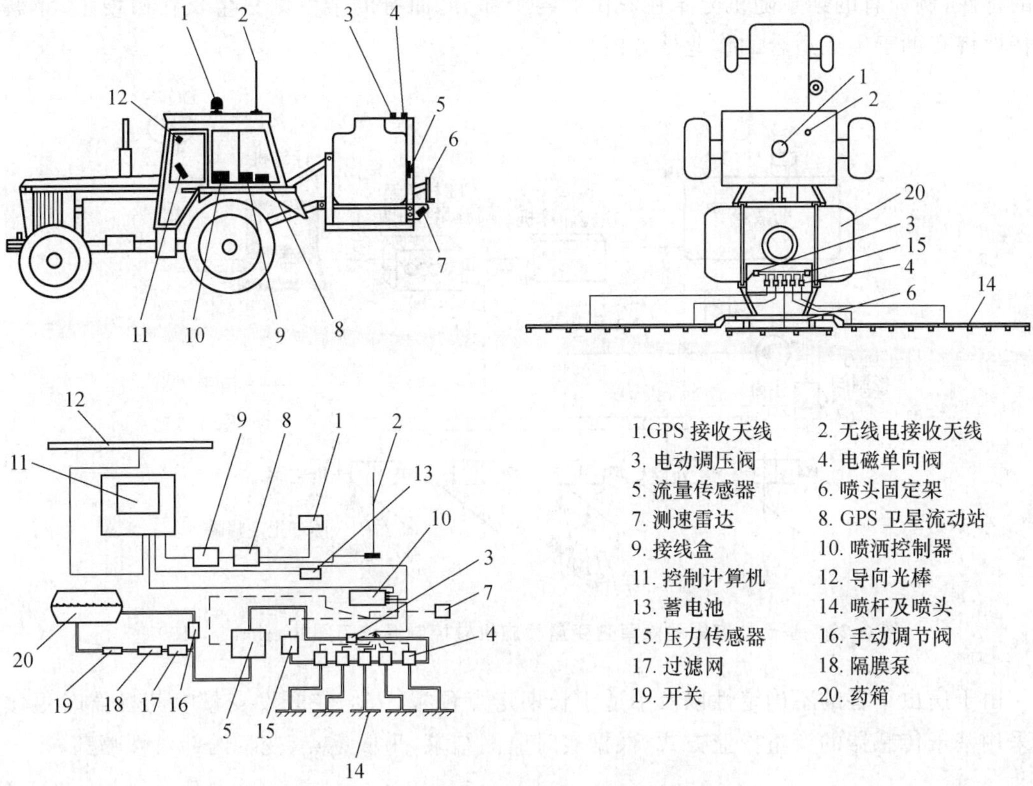

图 6.21　变量农药喷洒机（王秀，2008）

喷药机由三点悬挂机构与拖拉机相连，拖拉机后动力输出轴与隔膜加压泵 18 通过万向联轴器连接在一起。整个喷杆 14 的高度可以根据作物冠层的高低上下自由调整。喷药机喷杆由 5 段组成，左、右两段喷杆在运输状态时可以折起以便通行。

喷头的开关由电磁单向阀 4 控制，该电磁单向阀的控制信号线与控制器 10 相连，流量传感器 5 和压力传感器 15 把感应到的药液流量和压力信号输入到控制器 10，控制器通过电缆与控制计算机 11 相连。根据计算机 11 发出的喷药量信息，控制器 10 控制电动调压阀 3 的开度大小，达到调节喷洒流量的目的。

变量农药喷洒机实体结构及田间作业情况见图 6.22。

图 6.22　变量农药喷洒机田间作业

6.3.2　基于处方图的变量施药技术及其关键设备

图 6.23 是基于处方图的除草剂变量喷施机械控制系统简图。存储有作业处方图的计算

机接收DGPS定位信号，并根据定位信号和处方图向控制单元发出控制指令，依据这一指令，控制单元控制电磁阀打开或关闭喷嘴，从而实现除草剂的变量喷施作业。在这个系统中，作业处方图的生成是关键，除了要进行采样、调查并利用GIS技术预测其分布外，还要熟悉杂草品种的特性，例如有的杂草随机分布在农田的各个部分，而有的杂草则只生长在田埂上，了解这些特性将有助于生成适合的作业处方图。

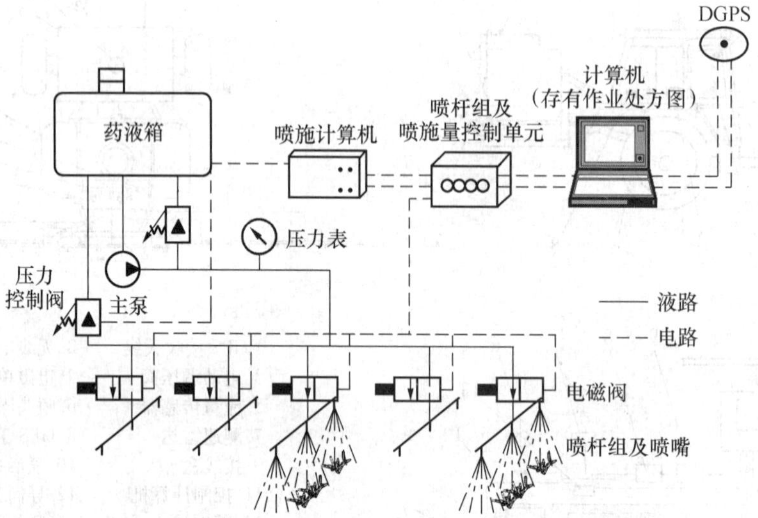

图6.23 基于处方图的除草剂变量喷施机械控制系统简图(Gerhards，1999)

由于病虫草害的不确定性以及不适于长期定点预报，人们在开发变量喷药机器时更倾向于采用基于传感器的变量作业方式，根据实时监测结果，采取逐点、变量的针对性喷药。

6.3.3 基于传感器的实时变量施药技术及其关键设备

基于传感器的变量施药机，其关键技术有两项，首先要能识别和区分植物与土壤，其次要能识别和区分作物与杂草。

对于植物与土壤的识别，基本原理是：光敏传感器所接收的自然光(日光)、在土壤表面的反射光和在绿色植物表面的反射光三者光谱成分有很大差异，叶绿素植物强烈吸收日光中的630～650 nm波段，对750和1 200 nm的日光强烈反射，而土壤的反射率则在整个波谱范围内呈线性增长。所以，可用两个具有不同波长带通滤光片的光电二极管，两个通频带分别对应645 nm波长的红色光和850 nm波长的近红外光，计算出反射比率即得出土壤与植物判别的依据。对于作物与杂草的识别，可借助于高分辨率光谱仪，因为各种植物(包括作物和杂草)叶面反射谱总的形状虽然相同，但杂草和作物幼苗的反射谱是有显著区别的。

6.3.3.1 基于植物光谱特性的一种光学杂草传感器

美国学者N. Wang和N. Zhang等(2001)在研究了不同农作物和杂草的叶子及茎的光谱特性的基础上，基于判别分析模型设计了一种光学传感器用于实时识别杂草。实验室的测试结果显示传感器工作良好，能够识别小麦、没有作物的土壤和集中在一起的9种杂草。

杂草传感器的硬件包括光学单元、信号处理单元、照明部分和数据接收部分，见图6.24。其中，光学部分是基于判别分析模型设计的。传感器包括5个光电晶体管、5个低成本的薄膜滤光片，这些滤光片能够近似地通过所选择的5个特征波长(545、614、675、751和1 453 nm)的光。对于信号处理电路，由光电晶体管输出的电流信号使用增益为8.2 V/mA的传统电流/电压转换电路转换成电压信号，然后放大信号通过一个Butterworth低通滤波器来减少由光源、提供电源的电路和信号传输线引起的噪声。光学部分和信号调理单元被固定在同一个盒子中。透镜和被探测物体之间的距离为400 mm。数据接收部分安装在计算机中，系统可执行A/D转换和数据处理，也能够显示信号的平均值和傅里叶光谱值，且数据可以存储供下一步处理。

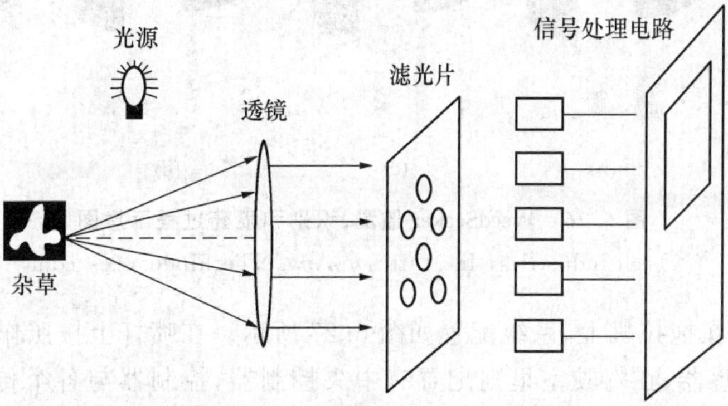

图6.24　一种光学杂草传感器的结构(N. Wang,2001)

6.3.3.2　基于植物光谱特性的精细除草机

NTech Industries公司开发了一种基于植物光谱特性的精细除草机(WeedSeeker)。WeedSeeker是一种基于传感器的实时除草机器。它利用了绿色植物的光谱反射特性，主要是检测和识别作物行间的杂草，只在有杂草的区域喷洒除草剂，达到节约投入和保护环境的双重目的。

图6.25是WeedSeeker杂草检测识别传感器的实物图和示意图。由于该除草机器主要是用于作物行间杂草的清除，因此它不需要分辨同为绿色植物的作物和杂草，而只需分辨绿色植物和裸土，其工作原理是基于叶绿素的吸收特性。如图6.25b所示，传感器采用主动光源方式，在传感器的头部安装有二极管光源和光电检测器。光电传感器接收来自于二极管光源的地面反射光，进而判断是裸土还是杂草，在传感器的后部集成了开/闭可控的喷嘴，根据检测结果控制喷嘴的开闭，实现定点喷药除草。

(a) 实物图

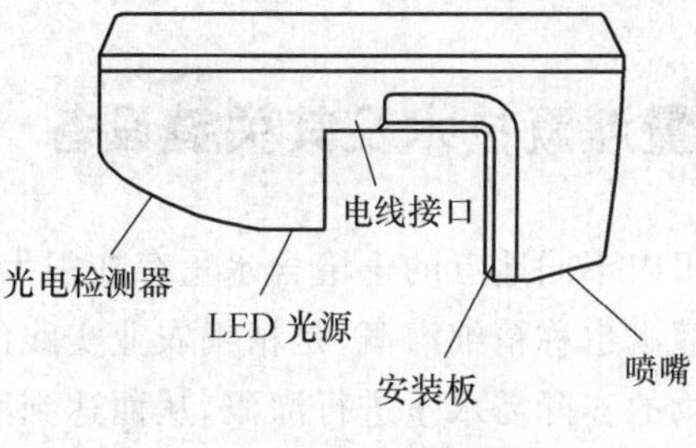

(b)示意图

图6.25　WeedSeeker杂草检测识别传感器

(NTech Industries, Inc. http://www.NTechIndustries.com)

图 6.26 是 WeedSeeker 监测、识别和喷药过程的示意图。二极管光源在行进间始终发出红色光束,当光源下方是土壤时系统没有动作(图 6.26a);当光源照射在杂草上时,根据叶绿素的光谱特性,光电检测器对杂草做出正确识别(图 6.26b);从检测到杂草开始,根据行驶速度相应滞后一定时间后,开启可控喷嘴(图 6.26c);根据设定的参数,当进入杂草喷药区域立即打开喷头,喷洒除草剂(图 6.26d);当移出杂草喷药区域后,关闭喷头,停止喷药(图 6.26e)。

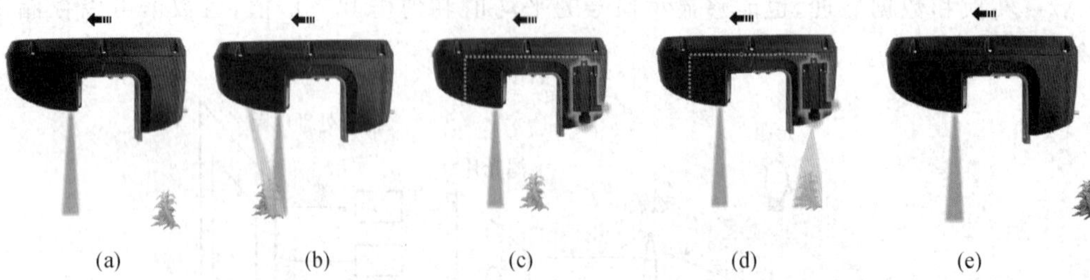

图 6.26 WeedSeeker 监测、识别和喷药过程示意图

(NTech Industries, Inc. http://www.NTechIndustries.com)

整个系统搭载在拖拉机上,系统配置如图 6.27 所示。在喷杆上按照作物的行距均匀分布着 WeedSeeker 传感器,在驾驶室里则配置有中央控制器,控制器与各个传感器以 CAN 总线方式连接在一起。控制器上设置了多个按钮用于完成各种设置以及标定功能。

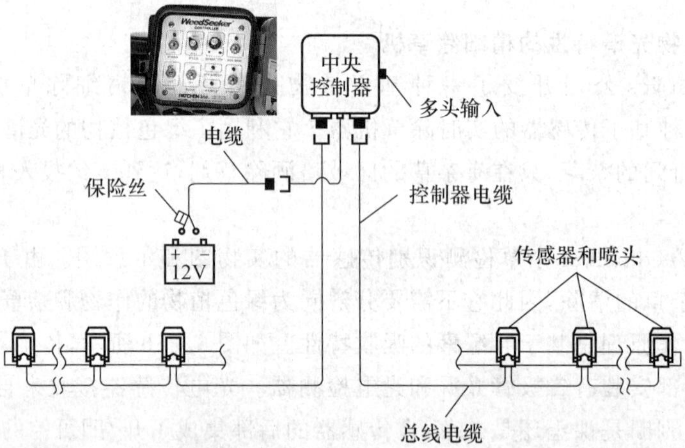

图 6.27 WeedSeeker 精细除草机系统配置图(NTech Industries, Inc. ,2004)

6.4 变量灌溉技术及其关键设备

由于农田内不同地点的土壤含水量存在很大差异,故不同区域作物需要的灌溉量也不尽相同。变量灌溉也称精细灌溉,是精细农业实践的一个重要方面。变量灌溉根据农田内每一个小区域作物的实际需水量进行灌溉,从而达到灌溉用水的最优分配,既可以节约用水又可提高作物产量。美国维蒙特公司研制并生产出了平移喷灌机,可以通过调节行走速度来实现变量灌溉。美国明尼苏达大学 Robert 等人在变量灌溉方面也进行了大量研究,研究了作业区的划分、采样点的分布等准则、算法和方法。

6.4.1　平移式变量喷灌机

美国维蒙特公司生产的伐利 8 跨梁喂式平移喷灌机，总跨度为 421 m，该机器具有完善的自动控制设备，机器上装有信号接收装置，可以接收控制室发出的指令，指挥喷灌机进行移动和自动喷灌，如图 6.28 所示。

以平移喷灌机为核心的平移式喷灌系统，还包括水泵拖车、8 个管状跨梁以及供水渠等组成部分。水泵拖车设在喷灌系统的一个端头，上面安装有发动机、水泵、农药及液肥供给装置以及用于导向、灌水流量控制和遥控操作等的控制机构总成。水泵的进水口浸没在供水渠内，灌溉水由水泵流出后，沿跨梁输送到各个喷头。单个跨梁长度约 50 m，跨梁与跨梁之间以铰接方式相连，两个跨梁的主水管则利用胶皮管实现柔性连接，连接处下方通过三角支架支撑在一前一后两个轮胎上，轮胎既起支撑作用，又作为驱动轮驱动平移喷灌机前进或后退，三角支架上安装有驱动电机为驱动轮提供动力。跨梁上按等间隔布置挂满了喷头，由于喷头为垂直吊装，而且喷头的设计又可以保证即使在压力不大的情况下，喷水也可以呈圆形均匀分布，从而保证既节约用水又均匀灌溉。在跨梁与跨梁的每一个连接处都配置有控制驱动电机运转和保证系统走直性（使 8 个管状跨梁基本呈一直线，同步前进）的控制线路盒，称之为塔盒，其中位于中央和端头的塔盒起着更重要的作用。整个喷灌系统在控制系统的指挥下，边吸水、边灌溉、边行进，同时在数百米的宽度内实现高质量的节水灌溉。

图 6.28　伐利 8 跨梁喂式平移喷灌机外观

显然，在喷嘴流量不变的条件下，行驶得越快地面单位面积上的受水量越少。故在工作时，为了调节喷灌量，可以在喷灌机上调节行走速度，也可在室内遥控调节行走速度。此喷灌机配套有信号基站，基站连接在计算机上，计算机发出的控制指令由基站广播。灌机上装有信号接收装置，可以根据接收到的信号控制喷灌机的行走速度，以达到变量灌溉节水的目的。喷灌机上装有 GPS，通过无线传输可把喷灌机的实时位置传输到控制室内的计算机上，此计算机上装有一套软件，可以根据平移喷灌机灌溉处方图和得到的喷灌机的实时位置，决定喷灌机的行走速度并发出控制指令，如图 6.29 所示。不难看出，美国维蒙特公司生产的伐利 8 跨梁喂式平移喷灌机单靠调节行走速度来改变灌溉量，尚不能完全符合处方图的要求，因为各个喷头不能独立调节变化流量，体现不出农田各点在横向上的需水差异。

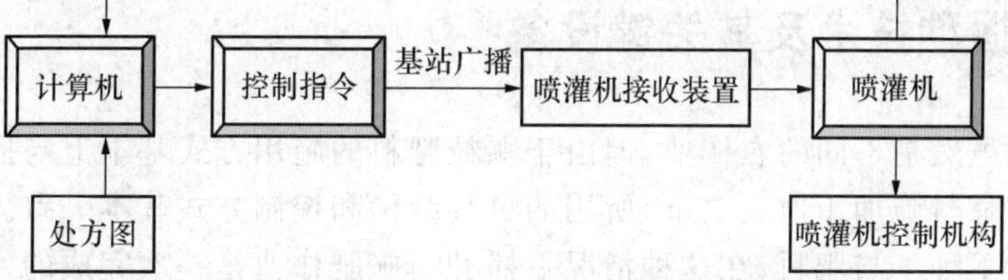

图 6.29　伐利 8 跨梁喂式平移喷灌机实施灌溉流程图

6.4.2 固定式变量灌溉设备

固定式喷灌在国内外应用较多，可以在草坪、作物、苗圃上使用。有些系统具有智能化程度很高的中央计算机自动控制系统，可由连接的土壤湿度传感器、风速传感器、雨量传感器等传感器，根据需要启动、关闭、暂停灌溉系统。

以下介绍的固定式喷灌设备，采用 TDR 测定土壤含水量，生成不同区域的灌溉处方图，利用控制器实现自动或手动控制实现变量灌溉，各个区域的灌水量根据作物实际需水量实施灌溉，既降低了成本，又最大限度地提高了水资源的利用率。

此喷灌设备由喷头、控制器、电磁阀和雨量传感器组成。其中，土壤的允许喷灌强度是喷头选型考虑的主要因素。喷灌强度是指单位时间内喷洒在地面上的水量（水深），一般用组合喷灌强度。对于喷灌强度的要求是水落地面后能立即渗入土壤而不出现积水和地面径流。控制器可接多个电磁阀，控制每一个轮灌区，每个轮灌区可以根据面积大小和喷头的覆盖范围，使用多个喷头，但同一个轮灌区中各个喷头喷水量是一样的。电磁阀布置在离控制器较近的地方，以减少电线的布置。每个区域的灌溉量可以根据处方图获得，可以人工或自动调节控制器进行灌溉。控制器可以连接计算机，计算机从处方图中自动获取每个区域的灌溉量，进行灌溉。控制器连有雨量传感器，该传感器可以监测降雨，当降雨强度达到所设定的数值时能自动关闭灌溉系统，防止不必要的灌水。系统流程图如图 6.30 所示。

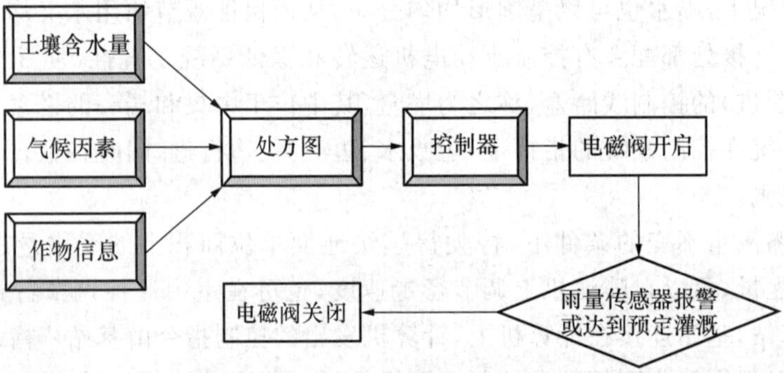

图 6.30 固定喷管机实施灌溉流程图

喷灌系统中喷头的布置包括喷头的组合形式、喷头沿支管上的间距及支管的间距等。喷头布置得合理与否，直接关系到整个系统的浇灌质量。喷头的组合形式主要取决于地块形状及风的影响，基本形式为矩形和三角形，或为其组合变换。矩形布置适用于地块规则、边缘呈直角的地块，这种形式可使各条支管的流量比较均衡；三角形布置适用于不规则地块，喷洒均匀度要高于矩形，同时所用喷头数量较少，但不易使各支管的流量均衡。

6.5 变量播种技术及其关键设备

播种和施肥虽然是不同的农作业，但由于颗粒肥料的施用方式基本上与播种作业一致，都是把粒状的生物材料施加于地表之下，所用的机具结构和控制方式基本一致。另外，现代的播种作业是同时播下种子与肥料，在这种情况下播种与施肥作业是一次完成的。

要实现变量作业，“作业处方”是关键。图 6.31 为变量播种机，图 6.32 为变量播种处方图，依据作业处方图，播种机可进行变量播种。以 Micro Trak 公司的 MT9000 产品为例介绍其工作原理。图 6.33 是 MT9000 的控制面板，这种控制系统可以通过控制球阀的开闭程度改变液态肥料(也包括农药)的施用量，也可以通过控制一套电气或液压系统改变粒肥的使用量或改变播种机的播种量。

图 6.31　变量播种机(www. caseih. com)

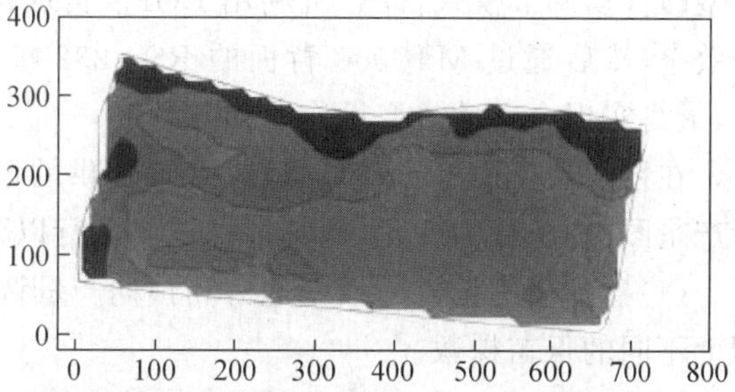

图 6.32　变量播种处方图(www. caseih. com)

如图 6.33 所示，面板可分为 3 个主要部分：选项旋钮、显示屏及各种开关和按钮。选项旋钮共有 12 个位置，其中显示选择 6 项、标定选择 6 项，显示选择有地速、流量、总的经过面积、总的作业面积、总的流量以及总的作业流量，标定选项有目标作业效率、作业效率可调范围、喷杆宽度、最小限制流量、流量计以及作业距离等。显示屏划分为 3 个区域：上半部显示作业效率，左下角一般显示工作压力，右下角则显示由选项旋钮所指定的项目数据。在各种开关和按钮中有 3 组比较重要，分别是喷杆开关组 8、作业效率按钮 7 以及主控开关 12，喷杆开关组可控制 6 个喷杆的开闭；本系统可预置 3 种作业效率(即播量 RATEl、RATE2 以及 RATE3)，按下不同的按钮可设定机组的当前作业效率；主控开关有 3 个位置：HOLD、MAN 以及 AUTO，开关处于 HOLD 时可进行系统的基本标定和特殊标定，处于 MAN 时表示系统通过手动调节达到目标作业效率，处于 AUTO 时则表示系统由自动控制模式达到目标作业效率。该控制器背面配置有 RS-232 接口，当与上位机相连后，既可以将控制器本身所储存的机器状态信息上传用于储存和处理，也可以实现基于上位机的自动控制，即由上位机完成标定、设定及控制功能。

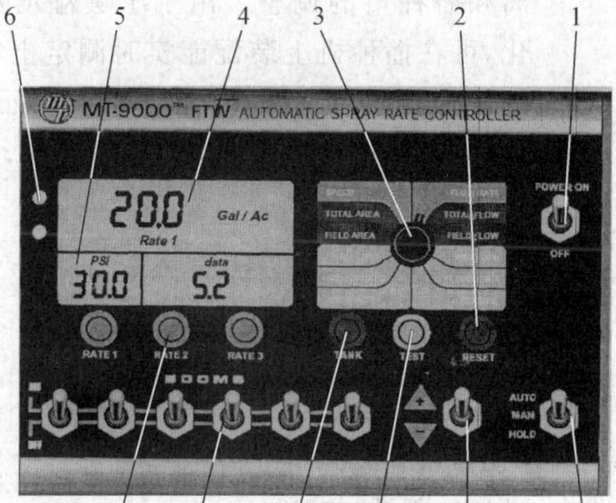

1. 主开关　　2. 复位开关
3. 选项旋钮　　4. 作业效率显示
5. 压力显示　　6. 警报指示灯
7. 作业效率按钮(3 个选择)　　8. 喷杆开关
9. 液料箱按钮　　10. 试验按钮
11. 调整开关　　12. 主控开关

图 6.33　MT9000 控制器控制面板 (Manual of MT - 9000，2000)

由以上叙述可知，MT9000 可以实现两种类型的变量作业，一种是由作业者手动控制的较粗放的变量作业，另一种是由计算机控制的较精细的变量作业。在前一种类型即手动模式，变量作业水平可以简化为 3 个级别，若需要改变作业量的农田区域不是很细碎交叉而且边界易于辨认，则可以由驾驶员目视定位，按下作业效率按钮实现 3 级水平的变量作业：而在后一种类型即自动调节模式，计算机利用 DGPS 实现精确定位，根据处方图计算出每一个小区的作业效率，然后通过 MT9000 背面的 RS - 232 接口适时设定目标作业效率和控制作业机械工作，最终实现全自动的变量作业。

在精细农业模式下，为了适应 GIS 提供的不同地块的播种期土壤墒情、土地生产能力（参考产量图）等条件的变化，精细播种机要进行以下的调控，如图 6.34 所示。

(1)播种量的调控　根据地力和预期产量调整排种轮转速 n_1，控制播种量，以取得单位面积上不同的保苗株数。

(2)开沟深度（或种子覆土深度 δ）的调控　根据土壤水分、温度和种子特点调整开沟器相对地表的深度，并且控制覆土深度 δ 保持一个符合要求的稳定值，在此要有相应传感器检测 δ。

(3)施肥量（甚至肥料组成）的调控　根据土质、作物品种、密度等条件变化，通过改变排肥器转速 n_2 或出肥口开度以调控单位面积施肥量 q，必要时甚至调控肥料的组成（如 N、P、K、微肥、有机肥等养分的比例）。

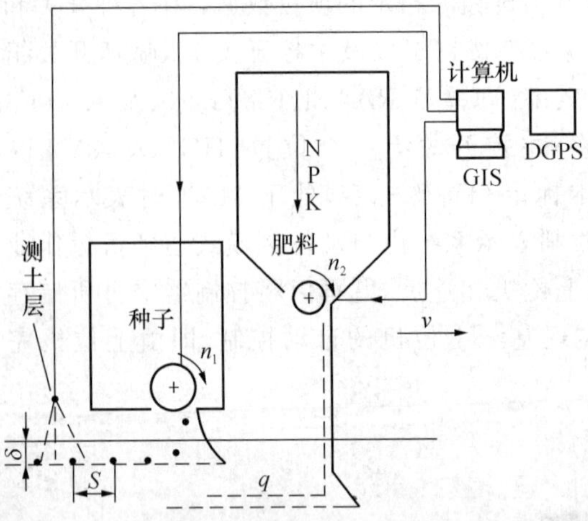

图 6.34　精细播种示意图

播种机工作时，由 DGPS 准确确定播种机所在位置，通过 GIS 了解该位置的土壤、水分、产量能力等条件，由计算机事先存储的模型和算法程序计算确定所需的粒距 S、施肥量 q 和覆土深度 δ，并发出指令通过执行机构控制这 3 个参量。为了保持 δ 稳定，还要有检测装置随时检测 δ 偏离预定值的情况并进行反馈控制。播种机械要根据小区的土壤湿度及肥力等因素进行播种深度、播种距离和播种量的调整。由于土壤湿度经常变化，可在播种机上装配能实时测定土壤湿度的传感器，然后根据小区土壤湿度及地形起伏，实时调整播种深度以提高发芽率，或根据处方图，按小区实施播种距离和播种量的调整。

参考文献

[1] 何勇. 精细农业与 3S 技术[M]. 杭州：浙江大学出版社，2003.

[2] 承继成. 精准农业技术与应用[M]. 北京：科学出版社，2004.

[3] 李民赞. 光谱分析技术及其应用[M]. 北京：科学出版社，2006.

[4] 马成林. 精密播种理论[M]. 长春：吉林科学技术出版社，1999.

[5] 孟志军. 基于处方图的变量施肥作业系统关键技术研究[D]. 北京：中国农业大学，2007.

[6] 王秀,周舟,马伟,等.注入式变量农药喷雾装置[P].200820123123.
[7] 王秀，孟志军，潘瑜春,等. GPS定位技术在小汤山精准农业研究中的应用[G]//中国数字农业与农村信息化发展战略研讨会材料汇编. 北京:科学技术部农村与社会发展司，2003.
[8] 王秀，赵春江，苗孝.土壤采样密度及栅格尺度对处方图结果的影响[C]//农业工程科技创新与建设现代农业:中国农业工程学会学术年会论文集第三分册,2005.
[9] 张晓辉，李汝莘. 法国的精确农业研究及应用现状[J]. 农机化研究，2002(1)：12-15.
[10] 周建军，王秀，杨世凤.平移喷灌机变量决策支持系统研究[J]. 河北农业大学学报，2004,27(1):103-107.
[11] 周建军. 基于组件式 GIS 的变量灌溉决策支持系统研究[D].保定:河北农业大学，2004.
[12] Gerhands R，et al. Results of a four year study on site-specific herbicide application[G]//Precision Agriculture'99(Part Ⅱ). Sheffield Academic Press，UK，1999:689-697.
[13] Wang N,Zhang N，et al. Design of an optical weed sensor using plant spectical characteristics[J]. Transactions of the ASAE，2001，44(2):409-419.
[14] NTech Industries，Inc. http://www. NTechIndustries. com[OL].
[15] Zhang N，Chaisattapagon C，et al. Effective criteria for weed identification in wheat fields using machine vision[J]. Transactions of the ASAE，1995，38(3):965-975.
[16] Umeda M. Precision agriculture study for paddy field at Kyoto University[G]//Promoting Global Innovation of Agricultural Science & Technology and Sustainable Agriculture Development，Session 6：Information Technology of Agriculture，International Conference on Agricultural Science and Technology，2001：166-173.

第7章 农业装备自动化及农业机器人技术

18世纪瓦特发明并改进了原始的蒸汽机，从而启动了第二次产业革命。200年来，机器被引入到了人类生产和生活的各个方面，大大地提高了劳动生产率，极大地改变了人类的生活方式。在农业方面，机械化的发展启动了农业现代化的发展进程，从而被科学家们评为20世纪最伟大的工程技术之一。

进入20世纪后半叶，计算机技术的发明和发展又启动了人类的第三次产业革命，使人类又迎来了崭新的信息时代。同样，在传统的农业机械上也发生了信息革命，基于计算机的传感检测技术、自动控制技术、信息获取与融合技术、机器视觉技术、现场总线技术等得到了引入和应用，实现了农田作业机械的部分或全部自动化，特别是基于信息和知识的精细农业理念和技术的研究、普及、推广，使得基于自动监控技术的全自动农业机械的研究、开发与推广都得到了空前的繁荣与发展。

农业机械自动化以农业机械和农业设施设备为基础，将电子技术、传感技术、动力技术、能源技术、机械技术、计算机技术、智能化控制技术应用于农业机械的设计、制造、应用诸环节，以实现农业机械和农业设施性能与性能价格比的飞跃，极大地提高了生产效率。

农业机械自动化系统研究从技术上大体可分为：①农业传感器技术研究；②农业机械系统中关键执行器件研究；③传感器信息融合与数据处理软硬件系统研究；④系统监控界面可视化与控制软件研究；⑤总线技术与信息网络系统研究；⑥系统总体性能与结构研究等。

农业机器人作为农业智能控制技术研究成果中新一代生产工具，在提高农业生产力、改变农业生产模式、解决劳动生产力不足问题等方面显示出极大的优越性。农业机器人是一种以农产品为操作对象，兼有模拟人类智能感知和行动功能、可重复编程的柔性自动化或者半自动化设备。近年来，农业机器人主要应用在移栽、嫁接、喷药、采摘、果实分级等领域。

7.1 拖拉机的自动导航控制技术

拖拉机是最主要的田间行走农业机械，是实现各种机械化作业的动力，是农业生产中最重要的动力机械。因此，围绕着拖拉机自动控制技术的研究实践也就非常活跃，在某些方面全自动化拖拉机已达到了实用化的水平。促使拖拉机自动导航控制技术快速发展的原因概括起来有以下3个方面：

①大功率、高速拖拉机和相应宽幅配套机具的发展，增加了人工驾驶的难度。拖拉机由双轮驱动发展到四轮驱动，动力由不到100 kW增加至数百千瓦；农机具的作业宽度从几米增加到30～50 m，作业速度越来越高；此外，原来耕作、播种、施肥等独立完成的作业，现在可由联

合机组一次完成。对这种体积庞大、作业复杂的现代农业机械，人工驾驶难度大大增加，因此需要借助于自动控制技术在保证拖拉机按规定路线高速行驶的同时，还要保证配套机具具备良好的作业性能。

②精细农业的引入与推广，也推动了农业机械自动导航技术的发展。在保证农业可持续发展和生态环境保护的前提下，为了提高农业生产率，精细农业要求采集田间的大量信息，使生物生产的操作过程变量化，如变量施肥、变量播种、变量灌溉、变量喷药、变量使用除草剂等。所有这些复杂的作业过程，必须依靠自动控制机器系统才能自动完成。

③在恶劣环境下的生物生产操作过程中，为保证作业者的安全，需要无人操作的自动控制系统。如植物保护中的农药喷洒作业、水田作业过程等，都是不适合人工操作的环境，迫切需要满足作业要求的全自动作业机械。

拖拉机的自动控制技术主要体现在全自动导航技术、多台控制技术、现场总线技术等，以下将详细介绍这几部分内容。

7.1.1 自动导航总体设计

拖拉机自动导航的一个主要任务就是路径跟踪，即按照预定的路径实现自动行驶。自动导航之前首先需要设定预定路径，路径规划模块可以根据避障、地物的识别以及导航拖拉机的位置及姿态规划出拖拉机行走路径。导航控制算法可以根据规划的路径、车辆速度、车辆运动学模型和导航偏差通过导航控制算法进行速度控制、转向控制以及制动控制，从而实现自动导航。自动导航包括两大部分内容，第一部分是定位，第二部分是导航控制；定位是自动导航的基础，导航控制是自动导航的核心。自动导航总体框架如图 7.1 所示。

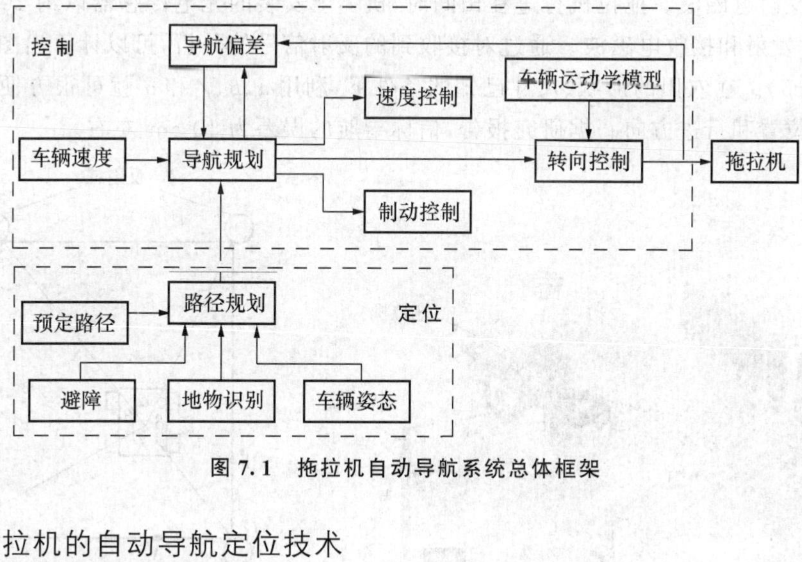

图 7.1 拖拉机自动导航系统总体框架

7.1.2 拖拉机的自动导航定位技术

导航定位回答了导航的基本问题之一——“现在在哪里?”，它是自动导航的首要问题，导航定位的精度直接影响到农机进行航线自动跟踪的质量。定位技术大致可分为两类：一是绝对定位技术，主要包括激光定位、地磁传感器定位和 GPS 定位。GPS 定位系统作为典型的绝对定位系统，能够全天候为接收机提供绝对位置、速度和方向等信息。该系统需要接收 4 颗以上卫星的信号才能决定车辆的位置，当受到外界干扰时定位误差增加。二是相对定位技术，包括视觉定位、航位推算等。航位推算技术是相对定位技术的典型应用，根据起始位置，通过累加距离推算移动车辆的位置，使用的传感器元件有电子罗盘、陀螺仪和里程计等。由于传感器件存在随机误差和系统误差，测量信号会产生飘移，当经过一段时间后，此误差将影响导航系统的性能，但在短时间内，定位结果具有较高的可信度。因此，在许多的研究中，采用绝对定位与相对定位相结合的方法，从而达到提高定位准确性的目的。

拖拉机中常见的导航定位方法有：基于信标的导航定位技术，基于机器视觉（machine vision）的导航定位技术，基于差分全球定位系统（DGPS）的导航定位技术，基于光纤陀螺仪或电子罗盘的导航定位技术，及基于上述多种方法的多传感器组合导航定位技术等。

7.1.2.1 信标导航

信标导航的原理是在农田的若干确定位置设置信标，自动拖拉机通过安装在机体上的测量装置，感知机器与各个信标之间的位置关系（如距离或角度等），推算出自身的位置和姿态。在这种方式下，机器的定位误差只跟各信标的相对位置有关，跟机器行驶过的距离无关。

图 7.2 是一个利用信标导航的自动拖拉机示意图，一个可发射和接收电磁波的光电定位传感器被安装在机体上，农田的拐角处安装有可反射电磁波的反射柱，机载计算机控制电磁波的发射与接收，并根据检测结果判断机器的位置与行进方向。其导航原理和描述见图 7.3。

如图 7.3 所示，假定农田形状为一四边形，在自动拖拉机进入田间之前首先确定一个直角坐标系（即图中的 XOY），同时确定农田 4 个角在 XOY 坐标系中的坐标。然后在 4 个角均树立反射柱以反射电磁波。拖拉机行进在田间时，机体上安装的光电传感器以约 20 r/min 的转速旋转，同时发射和接收电磁波。通过对接收到的反射信号的分析，可以计算出图中的 4 个角度（α、β、γ 和 δ）。在农田的形状、尺寸已知的条件下，利用 α、β、γ 和 δ 就可很方便地计算出拖拉机的田间位置和行进方向。据研究报告，信标导航的误差为 10 cm 左右。

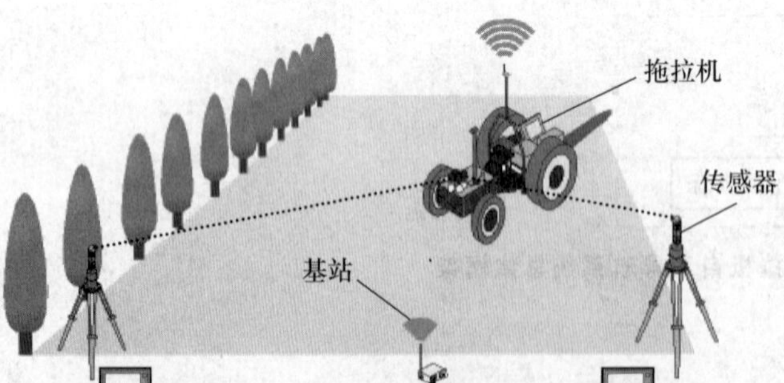

图 7.2 信标导航自动拖拉机（松尾陽介等，2001）

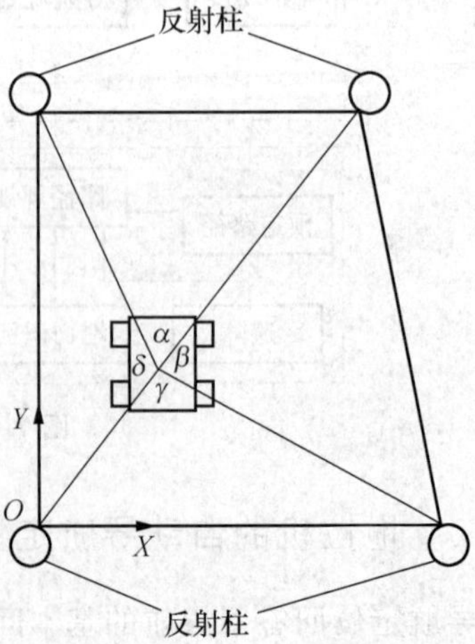

图 7.3 信标导航示意图（Kondo 等，1998）

7.1.2.2 激光导航

激光传感器能精确测试反射激光光束的物体的位置，在自动导航中，用光束平面或立体扫描，通过被反射回光束的测量计算出角度和距离。此方法在测试距离和分辨率上有很大提高，但价格较高，对灰尘、雨雪的敏感性也很高，影响对田间位置的测量。

图7.4是一个以激光作为传输信号的定位传感器原理图。传感系统由内旋转机构、反射镜、激光发生器、光电接收和数据采集与传输器件等部分组成。工作时，激光经旋转镜面机构向外发射，当扫描到由后向反射器构成的反射柱时发射光被反射回来，反射光经光电接收器件处理后作为检测信号，启动数据采集程序，读取旋转机构的码盘数据（目标的测量角度值）；然后将数据传递到上位机，进行数据处理；根据已知农田尺寸、形状和检测信息就可计算出车辆在当前坐标系下的位置和方向。这种定位系统的可靠性与反射柱的个数和位置有关，精度和车辆与路标的距离、速度有关。

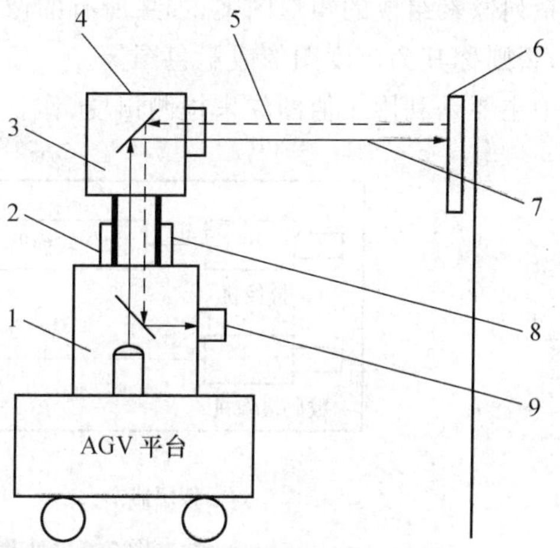

图7.4　激光定位传感器原理图（武传宇等，2002）

1. 激光发生器　2. 电机　3. 斜面反射镜　4. 旋转镜面机构　5. 反射激光束　6. 合作路标　7. 发射激光　8. 转角编码器　9. 光电转换器

7.1.2.3　机器视觉导航

机器视觉技术又称计算机视觉技术，是指由人类设计并在计算机环境下实现的模拟或再现与人类视觉有关的某些智能行为的技术，如对印刷与手写文字的识别、图像模式识别和物体三维表面的形状识别以及距离、速度的感知等。机器视觉技术随着图像处理技术的发展，计算机硬件成本的下降以及处理速度的提高，其应用研究领域已扩展到机器制造、农业生产、农产品品质自动检测和分级等。由于机器视觉技术在地物识别和三维形状、距离测量等方面的优势，它也被广泛应用在机器导航领域，并已达到了实用化程度。

机器视觉技术是利用一个代替人眼的图像传感器获取物体的图像，再将图像转换成一个数据矩阵，并利用一个用作代替人脑的计算机来分析图像，同时完成一个与视觉有关的任务。计算机视觉系统的组成如图7.5所示。其中，视觉传感器一般用CCD(charge coupled device，即固态电荷耦合器件)摄像机，其类型有单色摄像机和彩色摄像机两种，一般呈二维阵列形式，具有低能耗、低滞后、低抖动、低几何畸变和高分辨率等优点。单色摄像机对光的敏感范围一般是从可见光到近红外区（波长400～1 200 nm），而彩色摄像机只能接收R、G、B三路基色信号，对光的敏感范围只能在可见光范围（波长400～760 nm）。TV摄像机的输出信号为视频信号，呈模拟信号的形式，要输入到计算机中，必须经过A/D转换器将其转换为数字信号。

计算机完成的主要工作是图像的底层处理、图像特征提取、模式识别和理解等。计算机视觉系统完成的主要功能为：①根据颜色或光谱反射信息，对目标进行区分；②根据二值图像的形状特征或根据灰度图像的纹理特征，进行目标的特征识别；③根据三角测距原理等理论对目标进行深度距离测量。

传感器得到的图像主要是栅格图像，也称光栅图像，是指在空间和亮度上都已经离散化了的图像。一幅栅格图像可以考虑为一个矩阵，矩阵中的任一元素对应于图像中的一个点，而相应的值对应于该点的灰度级，数字矩阵中的元素叫做像素。数字图像与马赛克拼图相似，是由一系列像素组成的矩形图案，如果所有的像素有且仅有2个灰度级（黑或白），则称其为二值图像，否则称其为灰度图像或彩色图像。二值图像占用内存小，且数据处理简便，在机器视觉导航中主要是利用二值图像来检测田埂、作物行或专门设置的导航线等。

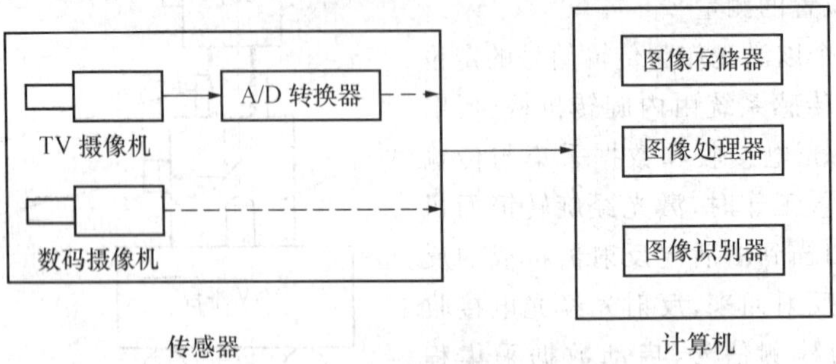

图 7.5 计算机视觉系统组成框图

机器视觉是一种非接触边界跟踪传感器，它不仅可以用于实时识别田间的局部导向特征为机器系统自动导航服务，还可以对田间的作物状态进行识别，如识别植物和裸露的田埂，识别植物和杂草等。在初期的农业机器人视觉导航系统中，采用在地面上铺设白色条状标志作为路标，机器人在行走过程中不断地对标志线进行探测，并调整行进路线与标志线的偏差。当遇到障碍时，采取等待或绕开方式，避障后再根据标志线回到原来的路线上，最终在标志线的引导下到达指定的目的地。路径标志简单、可靠，成本低、柔性好、易于控制，图像处理技术容易实现，但要求机器人有规整的作业环境、固定的行进道路，因而难以在具有复杂作业状况的农业机器人中应用。

有鉴于此，近期的机器视觉导航自动机器直接分析田间作物的图像，利用检测到的作物行列和田埂等引导机器直行作业。图 7.6a 即为基于机器视觉的行作植物自动导航机器系统，拖拉机的顶部安装有 2 台 CCD 摄像机作为导航传感器，随着机器的行进，摄像机连续拍摄前方的景象，图 7.6b 为拍摄到的图像例，图像处理系统首先将图 7.6b 所示的图像二值化，然后再经过一系列的滤波、傅里叶变换、小波变换等适当的数学处理，就可以得到图 7.6c 所示的二值化导航图，图中的两条直线即被用来引导机器前进。当然，为了有效区分绿色植被和裸露的地面，且消除自然光照随时间变化的影响，可以采用相应的技术措施，例如，在摄像机前加中心波长为 800 nm 的近红外滤波片，可以阻止可见光进入，而只允许近红外光透过，其结果可使得植被和土壤更容易区分。

(a) (b) (c)

图 7.6 基于机器视觉的行作植物自动导航机器系统（http://narc.naro.affrc.go.jp/）

上述为机器视觉导航应用于旱田作业用自动机器的示例。在水田作业中，也有利用作物行导航的实例，例如日本学者开发的无人驾驶全自动插秧机。在插秧作业中，由于水田四周一般有明显、整齐的田埂，机器视觉导航系统可以很方便地检测到它，因此，自动插秧机第一轮作业可以从水田的某个边沿开始，完成与田埂平行的第一轮插秧，从第二轮开始，导航系统可以检测到刚完成插秧的秧苗行，并以此行作为引导行，进行下一行的插秧作业。依此类推，最后完成整块农田的插秧。但是，由于水田有水面反射，反射光的干扰使得秧苗行信息的检出较旱田要困难得多。图 7.7a 即为机器视觉导航的全自动插秧机拍摄的导航用图像。

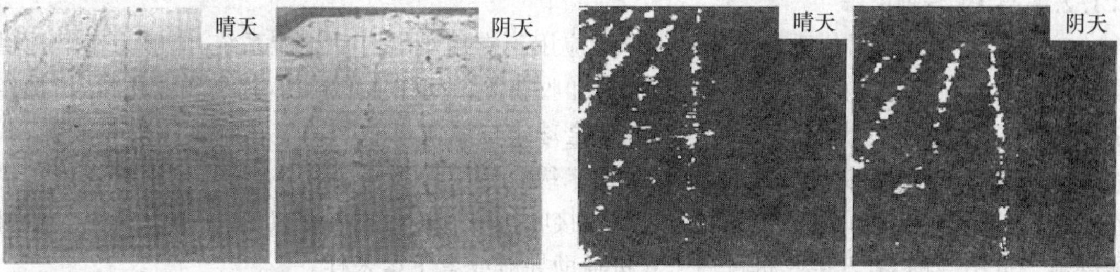

(a) 原始导航图像　　(b) 处理后的二值图像

图 7.7　自动插秧机的机器视觉导航(陈兵旗等，1999)

显而易见，受水面反射光的影响，用肉眼也很难分辨秧苗行。在这种场合，开发者导入了新的图像处理算法，新算法同时进行图像的浓淡信息解析、色彩信息解析和微分处理，最后得到了清晰的导航用二值图像(图 7.7b)。

基于机器视觉导航的自动行走机械，除了要利用图像处理技术确定机器的位置和前进方向，作为田间作业机械，还应对前方的障碍物进行方位和距离的正确判断，以确定作业对象，或使机器绕行障碍。前方地物的方位与距离的判断主要是利用三角测量原理。三角测距法有主动与被动之分，这里以被动法为例说明其测量原理。

根据三角测量原理，利用物体在两个视点的图像可计算出物体的深度距离，如图 7.8 所示。图中 L 代表两视点(CCD)的水平距离，D 为在镜头轴线方向目标物至镜头的深度距离，d 为镜头中心面至成像面的距离，x_1 为在视点 1 位置时目标物成像点至成像面边缘的水平距离，x_2 为在视点 2 位置时目标物成像点至成像面边缘的水平距离，根据三角测量原理，深度距离 D 可按下式计算：

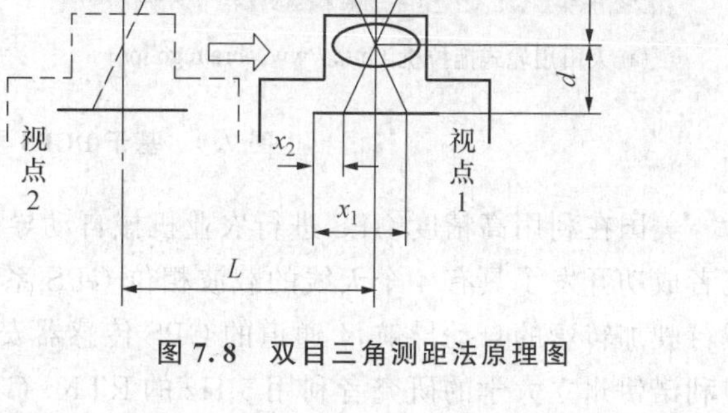

图 7.8　双目三角测距法原理图

$$D=(d\times L)/(x_1-x_2) \tag{7-1}$$

此方法属于被动测距法，在自然光线下就可进行三维测量，但其最大缺点是图像处理的时间长,主要原因是左、右两幅图像中匹配点的寻找比较困难。

农田作业有时面临的是复杂农田背景或一些人类不宜进入的有毒、高温、高湿环境,因此应用图像处理的方法,根据实际农田图像,规划出一条行走路径的无线视觉导航是视觉导航系统的一种较好方式。机器视觉传感器探测范围宽,信号丰富完整,在提供导航信息的同时还可以获得田间杂草分布等信息。其适应能力强,比较灵活,不需要预先设定导航路线,非常适合行间作业的农机导航。而当前的计算机图像处理技术日益成熟,相关硬件的性价比不断提高,机器视觉导航必将成为农机导航的一个重要发展方向。

7.1.2.4 GPS 导航

GPS 作为一种绝对位置传感器已经广泛应用于农用车辆自动导航系统,能够为车辆提供高精度的绝对位置信息,保证实施播种、喷药和收获等田间作业的精度,提高作业质量,增加经济效益。实用的精确测量定位系统有差分式全球定位系统(DGPS),定位精度一般是米级;载波相位差分(RTK)GPS,精度稍高,能达到厘米级。这两种不同精度的 GPS,可根据农用车辆作业的实际需求来选择使用。高精度的 GPS 接收机可用于机械除草机、变量施肥机等农业机械导航。低精度的 GPS 接收机可用于农机辅助导航或者土壤采样。

基于 DGPS 的田间行走机器自动导航系统如图 7.9 所示。首先基站的坐标是已知的或确定的,基站的天线和拖拉机上安装的移动站天线同时接收来自 GPS 卫星的信号,并将该信号转换为地球坐标。基站根据卫星信号和已知的基站天线的位置坐标计算出差分数据,并将该数据传送给移动站供其修正机器的位置坐标的检测结果。根据机器位置的检测结果和对机器的运行状态、姿态的监测结果,给出控制指令,驱使机器平稳、正确地驶向目标。

(a) 大田用轮式拖拉机 (http://www.brain.go.jp/)

(b) 柔软地用半履带拖拉机
(http://narc.naro.affrc.go.jp/)

图 7.9 基于 DGPS 导航的拖拉机

美国在利用高精度 GPS 进行农业机械自动导航方面已作了大量研究,如斯坦佛大学的研究者成功开发了具有 4 个天线的载波相位 GPS 系统,用于 John Deere 7800 拖拉机在田间直线行驶加转弯的自动导航,4 通道的 GPS 传感器安装在驾驶室上,直线跟踪偏差小于 2.5 cm。伊利诺伊州立大学的研究者利用 5 Hz 的 RTK-GPS 对 Case 7720 拖拉机进行自动导航,为消除滞后问题,GPS 安装在拖拉机前轮前方高于驾驶室高度的位置。当行驶速度为 4.5 m/s,以 3 m 为步长跟踪位置变化时,水平定位误差小于 16 cm。

7.1.2.5　多传感器信息融合导航技术应用

根据多种传感器的原理和局限性，每种传感器都有一定的应用范围。单一传感器由于获取的信息有限，通常会存在不确定性以及偶然的错误或缺失，影响整个导航系统的稳定性和精度，这就需要将一些传感器结合起来使用，将它们各自产生的信息进行综合，以便获得合适的环境信息。单一 GPS 导航、机器视觉(MV)导航或惯性导航系统(inertial navigation system, INS)导航，都因各种条件的限制存在一定的缺陷，难以提供连续、高质量的位置信息。如 GPS 要求视线范围内有 4 颗以上的卫星才能实现三维定位，因此卫星信号被遮挡或减弱就会影响定位精度；INS 存在累积误差和漂移误差，不宜长时间使用；MV 系统适应性较差，通常只能用于某一作物。在此情况下，就需要构建多传感器集成系统，将多源信息进行有效融合，为农机提供精确的位置信息。

多传感器融合技术是指利用多个传感器共同工作，得到描述同一环境特征的冗余或互补信息，再运用一定的算法进行分析、综合和平衡，最后取得环境特征较为准确可靠的描述信息。综合各种导航传感器的特性，将不同的传感器信息相融合是农业车辆导航的发展研究趋势。国内外许多学者都对多传感器融合导航进行了研究，通常组合这 3 种导航方式，再结合其他辅助装置，可实现农机的高精度自动导航。

1. GPS 和惯性传感器融合导航技术应用

典型的惯性导航传感器有陀螺仪、地磁方向传感器和行走速度仪等。陀螺仪是相对于惯性坐标的角速度传感器，包括机械式陀螺仪、震动陀螺仪和光纤陀螺仪等。陀螺仪通过测量角速度的变化来检测机器方向的改变，将这一改变传送给操向控制器，就可对机器的行进方向进行必要的修正，以保证机器按期望的路线行进。

电子罗盘是一种检测磁场的传感器，一般内置 3 个正交磁场传感器和双轴倾角传感器，输出的指向是电子罗盘指北轴线在水平面的投影和地磁北线在地面投影的夹角。电子罗盘在使用中易受外界干扰磁场影响。为保证定位的连续性和可靠性，可采用以 DGPS 定位为主、电子罗盘为辅的组合导航定位方法，利用 DGPS 获取位置信息，电子罗盘获取航向角度信息，利用卡尔曼滤波方法，对 DGPS 和电子罗盘提供的信息进行融合处理，以获得比单独采用 DGPS 定位时精度更高的定位效果。组合导航定位方法的原理如图 7.10 所示。

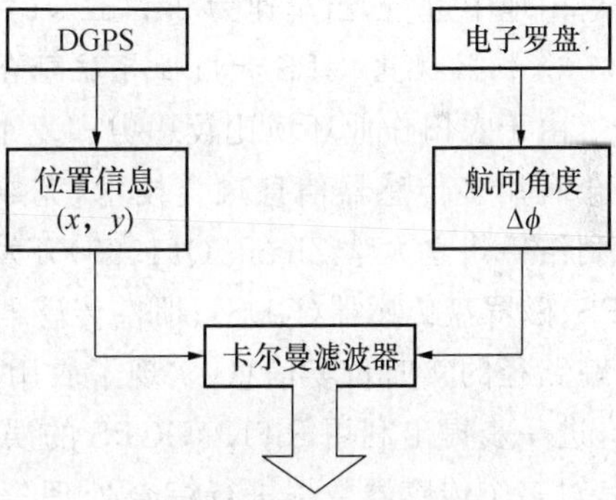

图 7.10　组合导航定位原理图

行走速度仪通过左、右 2 个测试轮检测行走距离，从左、右轮距离之差可算出行走方位。但是在不平整田间行驶时，测试轮产生的滑转以及田间的凹凸不平等都会产生累计误差，所以不适于长距离行驶控制，只限于地头转向的旋回调头控制。地磁方向传感器 (geomagnetic direction sensor, GDS)是地磁测量仪，它能感知地球的磁场，通过检测、记录地磁方向的变化，来推算出机器的前进方向及其变化，进而实现自动导航。GDS 的缺陷是易受车辆内外的电磁干扰，干扰来源有电力输送线和车辆的电力设备等。

2. 机器视觉与GPS融合导航技术应用

前面提到,GPS采用绝对坐标导航方式,工作可靠,可以进行大范围的工作路径规划;而采用相对坐标的机器视觉导航则更加灵活,具有实时性。在组合导航定位系统中,采用GPS获取导航车的绝对位置信息、航向角度和行驶速度,采用机器视觉通过图像处理获取导航基准线,并得到代表作物行特征的点,通过二者之间的信息融合可以完成各种复杂环境下的导航任务。

国外对于自动导航的研究起步较早,美国、日本等发达国家已经建立了一些机器视觉自动导航系统,一些相关的技术也已经应用到生产实践中,给农业生产者带来了便利,创造了利润。美国从20世纪70年代开始自动导航技术的研究,在GPS导航和视觉导航方面取得的一定的成绩。美国伊利诺伊州立大学Q. Zhang教授带领的课题组在自动导航方面进行了深入的探索,分别对GPS导航、单目机器视觉导航、双目机器视觉导航、多传感器信息融合导航、动态路径规划、避障、车辆运动模型建立和转向控制等方面进行了研究。

图7.11 立体视觉导航平台(John F Reid 等,2000)

图7.11即为使用立体视觉进行导航的研究平台,立体相机安装在车体的前部,实时探测农作物信息,并传送到PC机进行处理,RTK-GPS安装在车辆的顶部,提供一个参考信息,实验在大豆田地中进行,当车速为2.7 m/s时,视觉处理结果与参考路径之间的偏差不超过5 cm。

3. 机器视觉、GPS和惯性导航融合导航技术应用

由于农田作业环境比较恶劣和复杂,有时必须采用更多种传感器采集相关的导航信息,再综合利用多传感器信息融合技术,完成对机器位置、状态的正确估计,实现可靠的自动导航。伊利诺伊州立大学Zhang Q(1999)开发了用于农用拖拉机的自动导航控制系统,利用RTK-GPS、磁罗盘传感器(GDS)、惯性传感器、机器视觉系统等多种传感器提取拖拉机相对于预定跟踪路径的实时位姿信息,实现了农用拖拉机沿预定路径行走的无人驾驶。在此研究的基础上,进一步提出利用RTK-DGPS的误差模型和车辆运动的侧偏补偿模型来建立卡尔曼滤波器,对多个传感器数据进行综合处理。仿真试验的结果表明,引入DGPS误差模型可使定位误差从米级降低到小于25 cm;引入侧偏补偿模型,可使方位角度的估计由10%的系统误差减小到1%以下。图7.12是多传感器综合应用的一个示例,其中的轮子位置传感器用于测量轮子转过的角度,摄像机组成的机器视觉传感器负责识别拖拉机附近的环境和障碍物,GPS系统用于确定拖拉机在田间的确切位置坐标,惯性传感器测量拖拉机的运动状态和行程,计算机导航控制器通过传感器信息融合技术充分利用各个传感器的信息,并发出控制信号给电液导向阀,控制拖拉机的行驶方向和轨迹。

7.1.3 拖拉机的自动导航控制技术

农用车辆自动导航是指根据车辆的实际位置与期望路径的偏差(包括横向偏差与航向角)来确定车辆转向角的大小,使车辆按预定的路线行驶。自动导航技术主要包括:环境感知、路

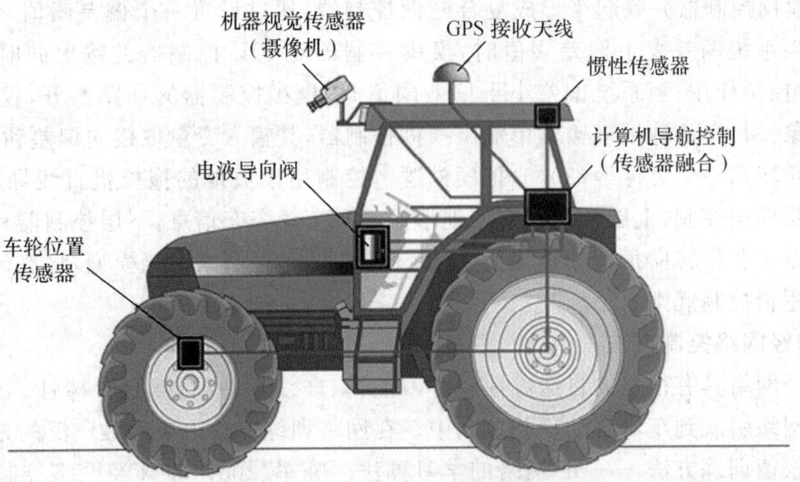

图 7.12 多传感器信息融合拖拉机自动导航系统(Zhang,1999)

径规划、车辆模型的建立和转向控制。车辆模型的建立和转向控制是导航系统自动控制部分研究的主要内容。目前所采用的农业车辆模型有车辆运动学模型、车辆动力学模型及神经网络模型等。转向控制理论方面有古典控制理论、模糊控制理论、遗传理论等,其中模糊控制理论在农业领域的自主车辆导航中得到了广泛运用。针对果树树冠喷洒农药时农药雾滴极易弥散在空气中、不宜直接由人现场操作的问题,S. I. Cho 等(1999)人研制了具有自动导航能力的智能系统。该系统设计了 13 条模糊规则,运用模糊推理的方法融合了机器视觉和 4 个超声波传感器的信息,并把融合结果作为导航指示信息,成功地对果园中作业的拖拉机进行了自动导航及避障。

7.1.3.1 PID 控制方法

PID 由于算法简单、鲁棒性好和可靠性高,被广泛应用于过程控制和运动控制,在车辆的自动驾驶中也得到了广泛应用。华南农业大学张智刚(2006)以日本久保田 SPU-60 型插秧机为对象进行轮式农用车辆自动转向控制研究,提出了基于速度的自适应 PD 控制方法,利用航向偏差作为控制器输入,控制器可根据插秧机行进速度在线调整其 PD 参数,进而输出前轮期望偏角。试验结果表明该方法可以较好地适应农用车辆作业速度的变化,提高其转向的快速响应特性和稳定性,航向跟踪效果好。中国农业大学的陈文良等(2006)以铁牛 654 拖拉机为试验平台设计了一种电控液压动力转向系统,提出了双通道 PD 控制方法,利用期望转角和实际转角的偏差作为控制器输入,控制器通过判断左右转向调整 PD 控制参数以补偿转向油缸的不对称性对转向系统造成的影响,从而使左右转向获得相同的转向特性。台架试验结果表明:该方法很好地解决了转向油缸不对称造成的左右转向不对称问题。

7.1.3.2 模糊控制方法

农田作业机械在田间环境作业时,由于农田地面状况较差,使得轮胎与地面作用过程复杂,建立比较准确合理的模型非常困难,并且不同车速对模型的频域响应影响很大,应避免运用车辆模型进行控制。模糊控制作为一种新的控制策略可以把具体领域的专家知识以模糊规则的形式方便地表达出来,通过模糊推理对系统的实时状态做出正确的决策,无需系统精确的数学模型,并对系统的参数变化具有良好的鲁棒性和适应性。中国农业大学吕安涛(2006)将

PID控制和模糊控制器并联起来形成复合模糊控制器，通过设置一个偏差阈值来进行模糊控制的切换。当系统偏差大于偏差阈值时，模糊控制器与PID控制器的输出同时作用于拖拉机，有较强的控制作用；当系统偏差小于偏差阈值时，模糊控制器的回路断开，仅由PID控制器作用于对象。吕安涛选用双输入单输出模糊控制器，其输入变量取横向偏差和航向角偏差，输出取为前轮转角。朱忠祥等(2006)把模糊逻辑控制用于坡地的拖拉机直线导航，导航控制器设计了双层模糊控制，上层控制器应用地形倾斜和车辆姿态信息，下层控制器利用偏移误差和方向角误差来获得转向角度的最佳值，并基于重建的神经网络车辆模型，将遗传算法进行优化得到模糊逻辑控制规则。

7.1.3.3 神经网络控制方法

人工神经网络具有很强的自适应性和学习能力、非线性映射能力、鲁棒性。近年来，很多学者将神经网络引入到车辆自动行驶控制中。在网络训练方法中应用最广泛的是误差反向传播式的网络权值训练方法——BP网络的学习算法。陈军(2007)将神经网络控制技术应用于车辆的自动行驶控制中，使得控制器具有良好的自学习功能，提高了控制器的环境适应能力和现场处理能力。在牧草地上的实车试验，车辆沿直线路径自动行驶时，95%的偏差绝对值小于5 cm。Noguchi(1997)等应用神经网络和遗传算法建立了具有自学习能力的农业车辆控制系统，在该系统中农业车辆的运动模型被认为是一个非线性系统，根据不同的约束条件进行导航路径的优化。这一模型对于农业车辆在平坦路面上的自动导航行驶具有很好的控制效果。

7.1.3.4 遗传算法控制方法

遗传算法(genetic algorithms,GA)是一种基于自然选择和自然遗传的全局优化算法，采用从自然选择机理中抽象出来的选择、交叉和变异3种遗传算子对参数编码字符串进行操作，在快速寻优过程中得到了普遍应用。遗传算法擅长全局搜索，它可以在复杂的、多峰的、非线性及其不可微的空间实现全局搜索。刘建娟等(2006)利用遗传算法对模糊神经网络参数进行综合设计、优化，亦即对模糊系统的隶属度函数的参数进行优化，并将遗传算法优化的模糊神经网络用于组合导航系统数据融合算法中，并进行了算法仿真。合肥工业大学的焦俊等(2008)提出了一种基于遗传算法的变结构控制方法。利用遗传算法在线调整变结构控制律中的参数，既保留了传统趋近律的优点，又有效改善了系统的控制，使系统最终以理想方式在滑模面上运动。

7.1.4 多台机器的伺服控制与导向技术

前面介绍的导航技术主要应用于单台全自动拖拉机或作业机械，这些机械可以完成一些人力所不能达到或者代替人类在有毒、高温等恶劣条件下完成农田作业，而且农作业多为单调的重复劳动(如耕耘作业、收获作业等)，操作者在把全自动机器开进田间后，具体作业可任凭机器独自进行，操作者此时可腾出手来从事另一项作业。

但是，在农业生产中，比起让机器独自工作，由1位操作者同时操作多台机器来完成多项作业的情况更普遍些，例如在牧草收获作业中，操作者控制主作业机械进行牧草收割作业，另外一台打捆机则自动追随在割草机之后，自动完成打捆作业。又例如在我国北方的三夏季节，可以设想操作者控制主机(联合收获机)进行小麦的收获作业，同时另一台免耕播种机则自动追随在联合收获机之后完成玉米播种作业。这种多台机器的伺服控制与导向技术，可保证较少的操作者完成多项复合作业，而且其制造成本较全自动导航机器要低得多，因此出现了多项研究成果和多种试验机型。这里介绍两种实用机型。

一种机型如图7.13所示，操作者驾驶主动车行驶在前，从动车紧随其后，主动车与从动车之间有一条具有一定张力的传输电缆相连。从动车上装配有控制车速和方向的自动控制变速、转向机构；主动车上安装有可测量主动车的车速和转向角的传感器。具体控制过程可由图7.14来说明。

图7.13　一种主从型自动导向机器系统（http://www.brain.go.jp/）

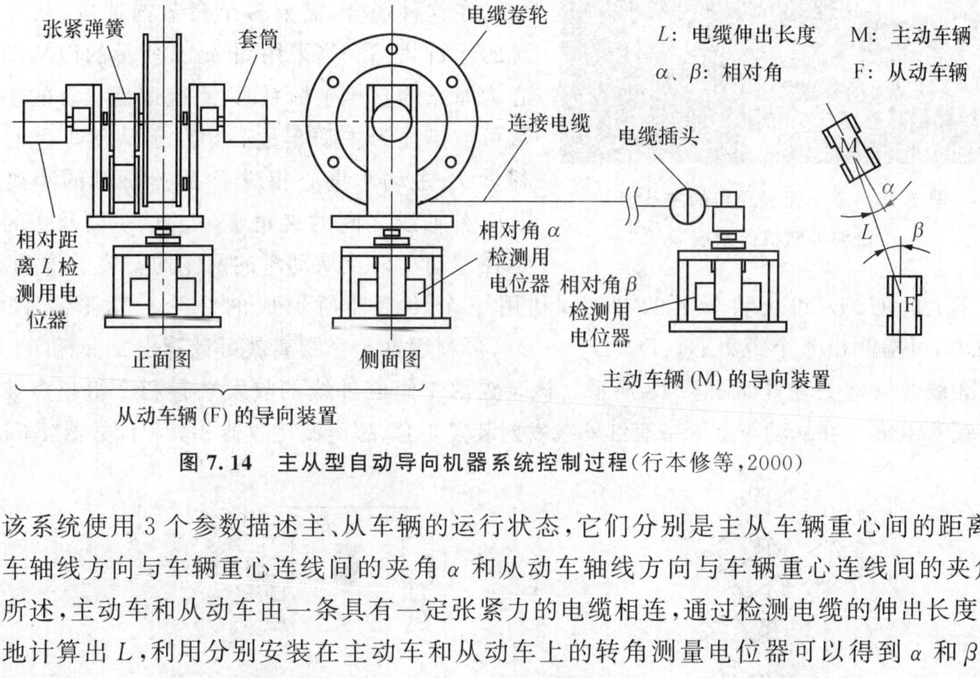

图7.14　主从型自动导向机器系统控制过程（行本修等，2000）

该系统使用3个参数描述主、从车辆的运行状态，它们分别是主从车辆重心间的距离L、主动车轴线方向与车辆重心连线间的夹角α和从动车轴线方向与车辆重心连线间的夹角β。如前所述，主动车和从动车由一条具有一定张紧力的电缆相连，通过检测电缆的伸出长度可以方便地计算出L，利用分别安装在主动车和从动车上的转角测量电位器可以得到α和β。主动车的车速、转向角和相对角α等数据通过电缆传送给从动车，从动车上的控制机构在收到主动车传来的数据后，再结合从动车上测得的L和β，计算出从动车应达到的车速和转向角，并将计算结果转换为控制指令，发送给从动车的车速操控机构和转向操控机构，以保证从动车按照期待的路线行进。

图7.15是分别在往复作业和回转作业的情况，从动车辆自动导航的试验结果，从图中可以看出试验结果相当理想，可以满足农作业的要求。

以上介绍的主从型导向机器系统的主动车与从动车之间有一条电缆相连，其优点是主从车间的通信准确、快速且易实现，不足之处是连接电缆降低了整个作业系统的机动性。以下介绍另一种系统——基于无线通信的主从型自动导向机器系统。

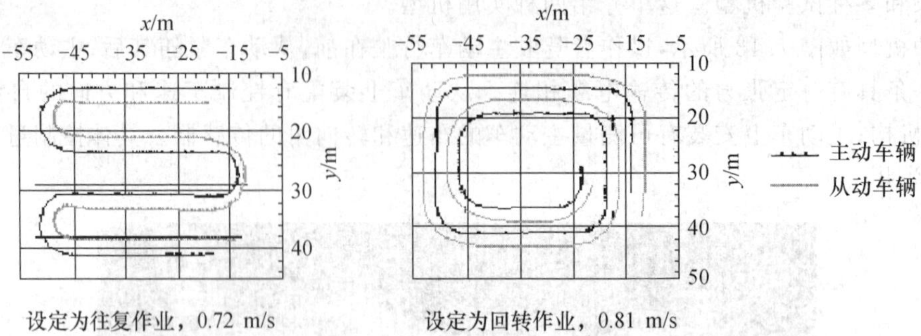

图 7.15 主从型自动导向机器系统作业试验(行本修等,2000)

图 7.16 基于无线通信的主从型自动导向机器系统

图 7.16 是这种自动导向机器系统的作业情景，驾驶员操纵主动车行驶在前，从动车紧随主动车之后，边前行边完成预定的作业任务，主从车辆之间的通信为无线通信。

在这种场合，需要多个参数描述主、从车辆系统的运行状态。当采用图 7.17 所示的以从动车重心为原点的直角坐标系时，系统运行状态的主要参数可被描述为主动车重心相对于从动车重心的偏移量 x、主动车重心相对于 X 坐标轴的距离 y 以及两车轴线之间的夹角 θ 等。x、y 以及 θ 的求法是在主动车以及从动车的两侧均安装了传感器，即主动车上的 C、D 和从动车上的 A、B，利用 4 个传感器所形成的 2 个三角形$\triangle ADC$ 和$\triangle BDC$，可检测出 4 个距离 D_1、D_2、D_3 和 D_4，再利用这 4 个距离就可计算出 x、y 和 θ。

无线通信检测装置如图 7.18 所示。该装置由 1 组红外线的收发装置和 2 组超声波的收发装置所组成。在从动车上配备有红外线发射装置 1 套、超声波接收器 2 套和计数器(counter)

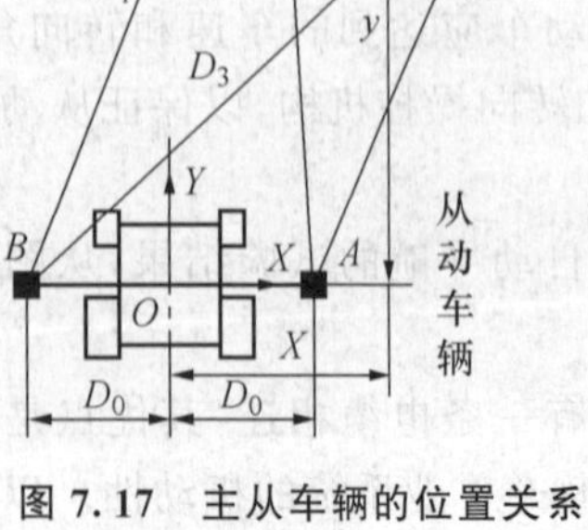

图 7.17 主从车辆的位置关系

(飯田訓久等,1999)

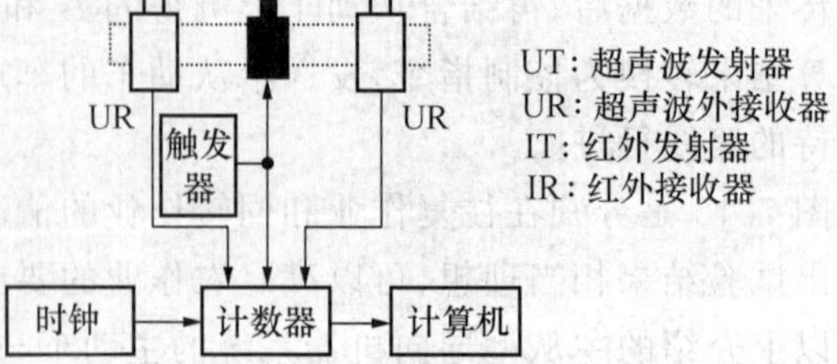

图 7.18 车辆位置关系的计测方法

(飯田訓久等,1999)

回路;在主动车上搭载有红外线接收装置1套和超声波发射器2套。工作时,首先由从动车向主动车以一定的频率发送红外脉冲信号,该信号被作为发射超声波信号的触发器,主动车在收到该红外脉冲后,即交替控制主动车两侧的发信器向从动车发送超声波信号。从动车上的传感器根据接收同一超声波脉冲所产生的时间差,就可方便得出距离 D_1、D_2、D_3 和 D_4,进而推导出系统状态参数 x、y 和 θ。根据这3个参数,就可得到从动车的车速、转向角等控制参数,进而控制从动车按理想的方式行进和工作。

7.1.5　农业机械标准总线

国际上精细农业变量实施设备主要是来自于精细农业设备制造商的推动,所以还是以单项技术应用居多。随着拖拉机和各种农业机械上应用的智能化电子控制单元的发展,使其接口的通用化、标准化设计变得越来越重要。各种技术设备的开发过程中,不同生产厂家的产品需要实现互通互用。传统的控制方式采用集中式控制,即所有的传感器或操作控制机构均直接挂在中央控制单元(计算机)上,中央控制单元根据传感器传送来的信息和控制机构的当前状态,向各个执行机构发出控制指令。这样的控制方式,不仅使得中央控制单元的电路与软件设计变得很复杂,而且中央控制单元不得不为每一种作业机械预留数据传输接口,使得接口的通用性差,影响技术的推广和普及。大量电子信息的传输迫切要求采用总线方式,并实现总线的标准化,这样,任何传感器或执行机构的接口都可设计为标准总线方式,可以与任何一种配备有标准总线的动力机械(拖拉机)配套工作。国外主要智能农业装备生产商开始应用总线技术,开发基于总线的作业电子控制单元(ECU),实现变量作业设备的分布式、标准化控制。CAN(Controller Area Network)总线技术可以为变量作业设备内部的电子监控系统提供通用标准接口。目前这个领域是国际上农业智能装备研发的热点。在这种背景下,基于CAN现场控制局域网络的串行总线协议就被选为了农业机械应用的总线标准协议的基础。

7.1.5.1　CAN总线

CAN属于现场总线的范畴,是一种新兴的现场总线,能有效支持分布式控制或实时控制的总线式串行通信网络。CAN总线是开放系统,没有严格遵循国际标准化组织的开放系统互联的7层参考模型OSI,仅采用OSI模型中的3个典型层:物理层、数据链路层和应用层。CAN的数据链路层又分为逻辑链路控制(LLC)子层和介质访问控制(MAC)子层。物理层定义信号怎样传输,完成电气连接;MAC子层主要是传送规则,即控制帧结构、执行仲裁、错误检测、出错标定和故障界定;LLC子层主要是报文滤波、超载通知和恢复管理。物理层和数据链路层的功能可由CAN接口器件来完成。应用层的功能是由微处理器完成的。通讯介质可以选用双绞线、同轴电缆和光纤。图7.19为CAN总线通信模型。

由于采用了许多新技术和独特的设计,使得CAN总线构建的系统具有以下特性:

①系统具有良好的故障隔离能力。CAN总线的收发接口电路的2个输出端,在任意时刻,一端的电平只能是高电平和悬浮状态,而另一端只能是低电平和悬浮状态,使得即使多个节点同时向总线发送数据,也不会使总线呈现短路状态。CAN总线节点在错误严重时能够自动关闭,保证总线上其他节点的操作不受影响。

②CAN网络具备良好的可靠性设计。CAN的通信控制器工作于多主方式,网络中的任意节点在任意时刻均可向总线发送数据而不分主从,可构成多主结构或冗余结构的系统。

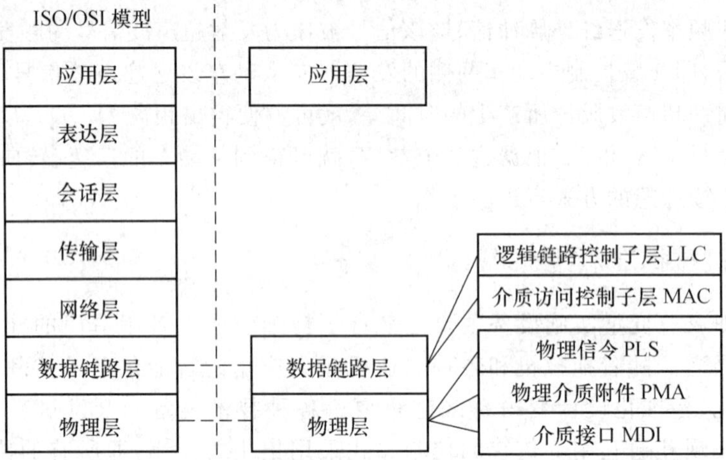

图 7.19 CAN 总线通信模型(谢斌,2008)

③网络的实时响应性能好。CAN 对于传送的信息帧可以设定不同的优先级,并通过总线仲裁机制使高优先级的信息能够被优先及时地传送,保证了紧急信息能及时被处理。

④CAN 具有良好的传输防错设计。CAN 采用短帧结构,使得数据传输时间短,提高抗干扰能力,而且 CAN 的每帧信息都有 CRC 校验及其他检错措施,保证了数据传输的较低出错率。

⑤CAN 总线的通信距离远,通信速率高。CAN 总线的通信距离最远可达 10 km(5 kbps 以下),其通信速率最高可达 1 Mbps(此时通信距离在 40 m 以下)。

图 7.20 显示了用于变量作业农业机械设备上的 CAN 总线系统的拓扑结构。

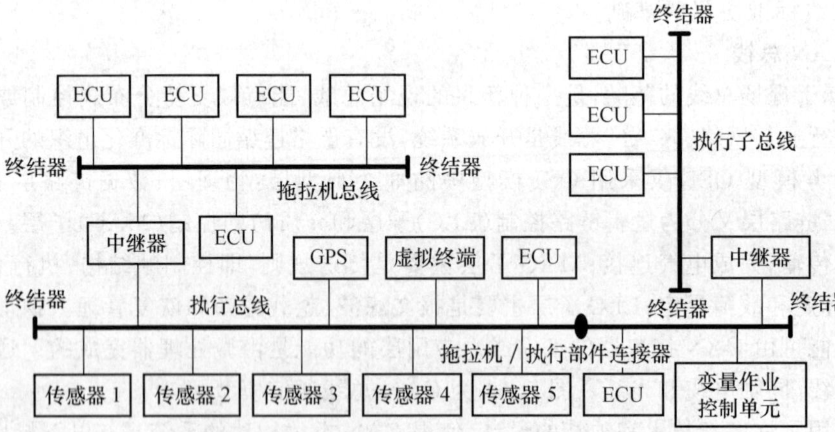

图 7.20 CAN 总线系统的拓扑结构(孟志军,2007)

在此结构中,有 3 路 CAN 总线,并且在 2 路需要进行通信的 CAN 总线之间由 CAN 中继器连接,这样不但可以增加整个系统结点的数量,每路 CAN 总线还可以采用不同的传输速率,实时性要求高的地方可以采用较快的速率通信,要求不高的地方可以采用较低的速率通信。CAN 中继器主要用来增加总线驱动能力,实现两路 CAN 总线之间速率的转化以及数据的转发。每路 CAN 总线上的各传感器结点、ECU、GPS、控制终端以及计算机等，都可以实时地进行通信，根据任务的实时性要求，可以配置所要实现的各任务的优先级。

随着采用 CAN 多路传输网络电子控制产品的问世，电子及信息技术与拖拉机产品的结合已从分系统孤立地、局部的应用进入到多系统集成、监测与控制一体化的新阶段。现代农业装备正在迅速吸收和应用电子信息科技发展的成果，拖拉机与自走式农业机械由电子化向网络化、智能化、分布式控制技术方向发展。现场总线应用于农业，已经成为现代农业装备技术组成的一个重要方面。

图 7.21 是 CAN 总线在拖拉机/农业机械作业系统上的一个应用实例。图中的作业为播种前的整地作业，种床质量是衡量作业质量的主要指标。拖拉机和农机具都采用了标准总线设计，二者通过标准的总线接头相连。在拖拉机上除了中央控制单元和用户界面之外还装配了发动机控制子系统、变速箱控制子系统、农具挂接控制子系统和外部液压控制子系统等；在农机具一侧，配备了 2 个传感器（耕深传感器和种床质量传感器）和 2 个控制子系统（农具控制子系统和耕深控制子系统）。所有这些系统、机构和传感器都按标准协议连接在标准总线上，共同协调工作，完成规定的作业任务。

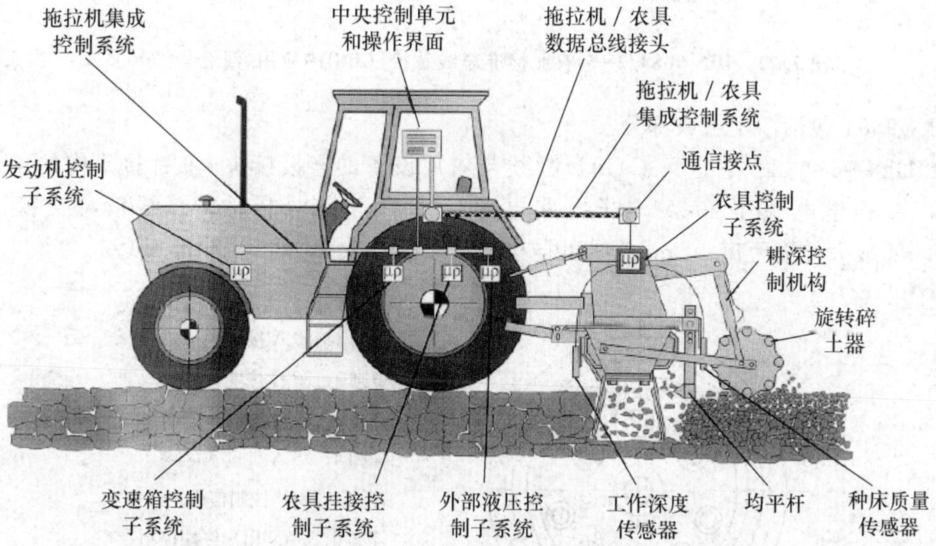

图 7.21　CAN 总线在拖拉机/农业机械作业系统上的应用实例（Scarlett，2001）

CAN 总线协议最早是德国 BOSCH 公司开发的用于汽车的总线通信协议标准，其工作方式与农业机械上的网络拓扑结构十分相似，支持 CAN 协议的接口通信芯片已可由世界各地 IC 供应商提供。1986 年，德国首先提出了基于 CAN 2.0A 版本的农业机械总线标准（DIN 9684），并从 1993 年起在欧洲各国的农机制造厂商普遍采用。同时，美国也作出了相似的努力，目标是 SAE J1939。这两种标准均基于 CAN 总线，但是二者并不兼容。20 世纪 90 年代中期，以 DIN 9684 为基础，国际标准化组织（ISO）制定了基于 CAN 2.0B 版本基础上的 ISO 11783，作为正式的农业机组数据通信及其接口设计的国际标准。ISO 11783 标准很多来源于 DIN 9684 和 SEA J1939，它是用于农用车辆控制和通信的最新网络标准。

下面就 DIN 9684 和 ISO 11783 总线标准在拖拉机上的应用做一介绍。

7.1.5.2 DIN 9684 农业总线标准

DIN 9684 农业总线标准的应用原理如图 7.22 所示。

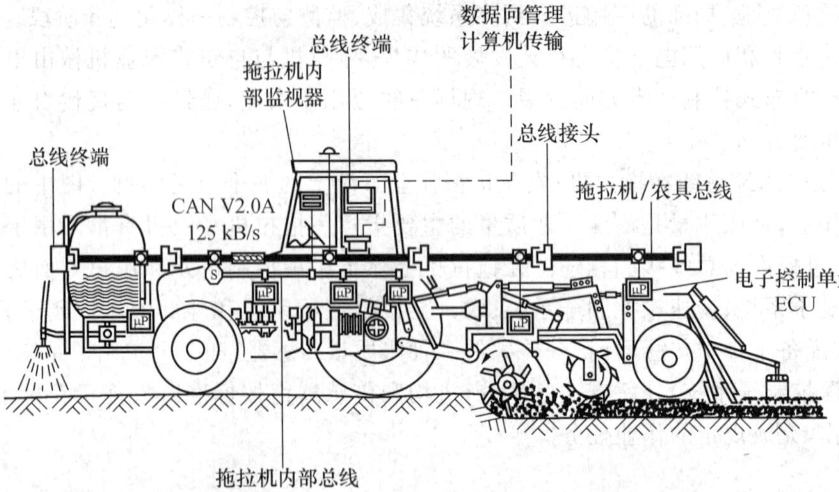

图 7.22 DIN 9684/2-5 农业标准总线系统(LBS)的应用(汪懋华,2000)

DIN 9684 包括 5 个组成部分。

(1)DIN 9684-1 它定义了 CAN 总线与农用设备的连接接头。9 针接头中的 4 个分别用于 60 A 强电电源和 25 A 电子电路电源;5 个用于信号传输。总线信息交换速率为 125 kB/s;最大传输距离 40 m;总线可挂接的最多用户数为 16 个(图 7.23)。

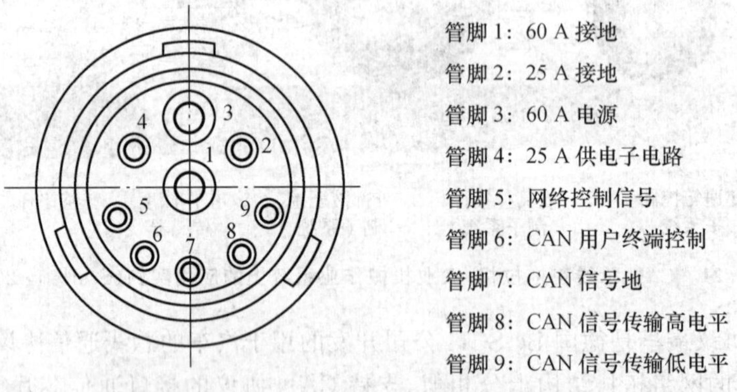

图 7.23 DIN 9684-1 电缆终端接头(汪懋华,2000)

(2)DIN 9684-2 叙述了根据 ISO 11898 串行数据总线标准定义的数据格式。系统采用分布式总线结构。用户终端通过总线发出消息,所有其他用户(ECU)根据各自的识别码检测总线,获取需用的信息和与总线实现信息交换。图 7.24 表示了 DIN 9684-2 农业总线系统的数据标准格式。数据场可传输包括 8 个字节的数据。各用户(ECU)接口设置的 11 位编码的识别器同时定义了其通向总线的优先级别。

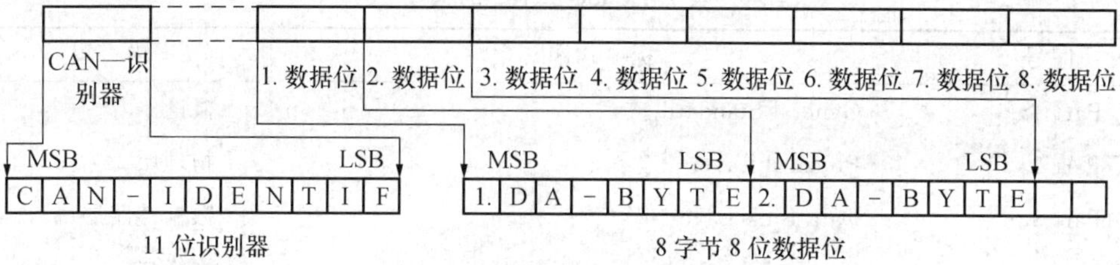

图 7.24　DIN 9684-2 数据标准格式(汪懋华,2000)

(3)DIN 9684-3　定义了系统功能和识别器结构。系统初始化时,借助于4个农具识别位和3个安装位置识别位进行机器系统的结构识别;在初始化过程中,最多16个挂接用户中的每一个用户动态地获取向所有用户播发的地址;基本消息作为第2优先级也向所有用户广播;为了允许用户间直接通信,目标信息定义为第3优先级;其他优先级用于中央输入输出单元及任务管理。

(4)DIN 9684-4　定义了农业总线终端的键功能、屏幕功能与总线终端和农具终端的数据传输。当一个农业机器接入总线系统,一个特定的表征码即由终端计算机传给总线终端,当这个工作表征码被激活后,该终端计算机即可控制向总线虚拟终端的输入/输出功能。

(5)DIN 9684-5　定义了移动作业机械与农场管理计算机间的接口、有关语法、语义和实施规则等。

7.1.5.3　ISO 11783 农业总线标准

为了使不同农业车辆的电控单元能够互联、数据共享,国际标准化组织(ISO)制定了ISO 11783标准,即农业车辆串行数据通信与控制网络的国际标准,它是一种在CAN底层协议(物理层和数据连接层)之上实现的高层协议。在国外,CASE IH、Fendt等公司已开发出很多符合ISO 11783标准的产品。

ISO 11783协议的物理层和数据链路层基于CAN 2.0B协议,CAN 2.0B规定了报文标识符最长29位,报文的数据场最多达64位。大多数由ISO 11783规定的报文被融入一帧CAN报文中。同时,ISO 11783为长报文规定了一个多包传输协议。

ISO 11783规定了CAN总线在农业车辆上应用的高层协议,即应用层协议。整个ISO 11783标准总共由14部分构成,如表7.1所示。这14个部分分别是概论、物理层、数据链路层、网络层、网络管理、虚拟终端、机组信息应用层、电源信息、拖拉机ECU、任务控制、数据词典、诊断、文件服务和自动化功能。下面就相关部分规范进行详细介绍。

ISO 11783协议的物理层部分定义了网络使用无屏蔽线的四芯电缆作为传输介质。接口共有4针,分别为:TBC_PWR(Pin1),CAN_H(Pin2),CAN_L(Pin3),TBC_RTN(Pin4)。Pin1和Pin4分别是电源和地,为总线上的节点提供电源。Pin2和Pin3用来实现数据的通信。

ISO 11783协议的数据链路层部分主要定义了总线上数据传输的方式和数据帧格式。CAN 2.0B定义了两种信息帧的格式:标准帧和扩展帧。两者的区别在于标准帧的标识符长

表 7.1 ISO 11783 的构成

序号	标题	内容
Part 1	General Standard	概论
Part 2	Physical Layer	物理层
Part 3	Data Link Layer	数据链路层
Part 4	Network Layer	网络层
Part 5	Network management	网络管理
Part 6	Virtual Terminal	虚拟终端
Part 7	Implement Messages Applications Layer	机组信息应用层
Part 8	Power Train Messages	电源信息
Part 9	Tractor ECU	拖拉机 ECU
Part 10	Task Controller	任务控制
Part 11	Data Dictionary	数据词典
Part 12	Diagnostics	诊断
Part 13	File Server	文件服务
Part 14	Automatic Functions	自动化功能

度是 11 位，而扩展帧则为 29 位。ISO 11783 协议规定传输数据格式必须为扩展帧格式，具体的组成如图 7.25 所示。从图中可以看到，CAN 数据帧被分为不同的位场：帧开始 SOF、仲裁场、控制场、数据场、CRC 场、应答场和帧结尾 EOF。协议数据单元(PDU)是数据帧的关键组成部分，由 29 位标识符组成，共分成 7 段位域：优先级(P)、保留位(R)、数据页(DP)、PDU 格式(PF)、特定 PDU(目标地址、组扩展或专用)、源地址(SA)和数据域。

(1)优先级 P　占 3 个二进制位，消息优先级可从最高的 0(000)设置到最低的 7(111)，这 3 位仅在总线传输中用来优化消息延迟。总线上“0”为“显性(dominant)”位，“1”为“隐性(recessive)”位，当在总线上出现同时发送显性和隐性位时，其结果为显性，因此优先级位数值较低的信息帧就占据了总线。一般控制消息的缺省优先级是 3，其他面向数据的消息的缺省优先级是 6。

(2)保留位 R　保留位(reserved bit)占 1 个二进制位，为将来的国际标准扩展使用，保留位以“0”发送。将来定义可用来扩展 PDU 格式、定义新的 PDU 类型、扩展优先权域或增加地址空间。

(3)数据页 DP　占 1 个二进制位，是用来选择参数组扩展的辅助页位。0 页包含现在被定义的所有报文，1 页为将来额外扩展用，在 0 页用完后才被分配。

(4)PDU 格式 PF　有 8 个二进制位，用于决定协议数据单元的格式。共有 2 种格式，即 PDU1 和 PDU2，当 PF 的值小于 240 时为 PDU1 格式，实现数据帧定向到特定目标地址的传输；当 PF 的值在 240～255 之间时则为 PDU2 格式，用于不指向特定目标地址的数据帧的传输，即扩展参数组。

(5)特定 PDU 域 PS　有 8 个二进制位，其定义取决于 PDU 格式(PF)，如果为 PDU1 格式，则 PS 表示目的地址(DA)；如果为 PDU2 格式，PS 用做参数组扩展(GE)值。

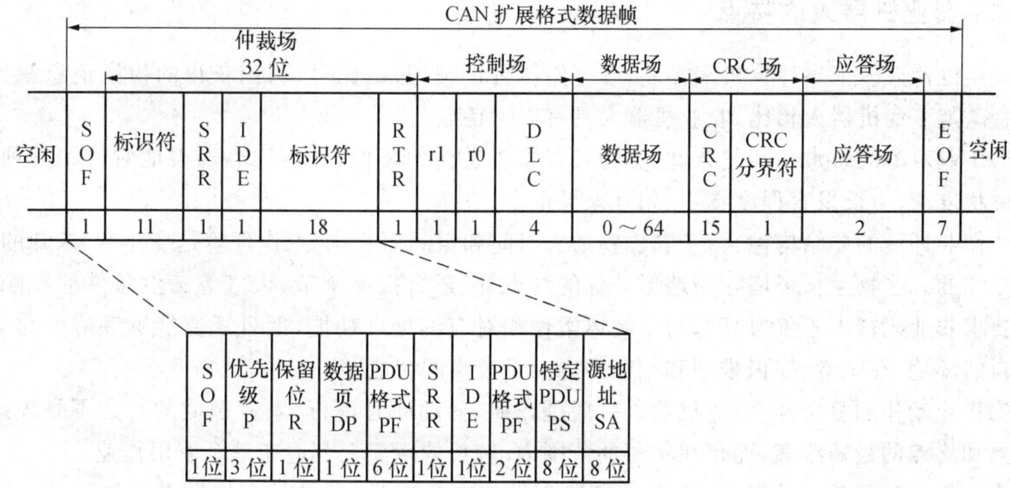

图 7.25　ISO 11783 协议定义的数据帧格式

(6)源地址 SA　占 8 个二进制位,总线网络中每个设备节点只有一个源地址,两个不同的 ECU 不能同时用同一个地址。

(7) 数据域 DATA　可以为 0～8 个字节,每个字节占 8 位,在 ISO 11783 下,数据长度往往会超过 8 个字节,根据字节数的不同采用不同的传输协议。当需要 8 个字节或少于 8 个字节的数据用于传递一个参数组消息时,CAN 数据帧的所有 8 个字节都可以被用到。当需要 9～1 785 个字节传递一个参数组时,则需要多个 CAN 数据帧来实现。

欧洲一些大农场已开始建立和使用农场办公室计算机与移动作业机械进行数据交换的管理信息系统,其通信协议均采用 ISO 11783 标准。随着现场总线技术的不断发展,引进和吸收国外一些先进的农业机械装备,将控制局域网络(CAN 总线)用于大中型农业机械的内部电子监视和控制系统中,使得安装在农业机械上的各智能化电子控制单元(ECU)具有通用、标准的接口,按照国际标准的总线协议(ISO 11783)编写总线通信应用软件,将是未来农业装备的发展趋势,也是精细农业技术体系中的一项重要技术。

7.2　农业作业机器人技术

现阶段,多样化发展的机器人的定义还没有定论,农业机器人也是如此,关于农业机器人的定义在各种关联学会上都没有进行过正式的探讨。另一方面,根据 ISO(国际标准化机构)/TC184(产业自动化系统)/SC2(工业用机器人)的技术报告 ISO/TR8373:1988,工业操纵机器人被定义为:自动控制的可再编程、多用途、有数个自由度的带操纵机能的机械。在日本工业标准中的定义为:拥有可自动控制的操纵机能或移动机能、可完成各种作业程序、可使用在产业上的机械。根据这些描述,将可模仿人类上肢的多种动作进行农业作业的机构、可自主行走的拖拉机类借助视觉机构、GPS 等高级传感系统及判断机能可自主动作的机构均可被称为农业机器人。

7.2.1 农业机器人的特点

农业机器人多依靠计算机来控制，其存储器可正确记录、储存、利用获得的检测信息和作业信息。与工业机器人相比，农业机器人具有以下特点：

①作业对象的娇嫩性和复杂性：生物具有软弱易伤的特性，必须细心轻柔地对待和处理，且其形状复杂，生长发育程度不一，相互差异很大。

②作业环境的非结构性：由于农作物随着时间和空间而变化，工作环境是变化的、未知的，是开放性的。作物生长环境除受地形条件的约束外，还直接受季节、天气等自然条件的影响。这就要求农业机器人不仅要具有与生物体柔性相对应的处理功能，而且还要能够顺应变化无常的自然环境，在视觉、知识推理和判断等方面具较高的智能性。

③作业动作的复杂性：农业机器人一般是作业、移动同时进行，农业领域的行走不是连接出发点和终点的最短距离，而是在狭窄的范围内、较长的距离上及遍布整个农田作业。

④操作对象和价格的特殊性：农业机器人操作者是农民，不是具有机械电子知识的工程师，因此要求农业机器人必须具有高可靠性和操作简单的特点。

上述农业机器人的定义中带有手臂的机器人（没有感觉机能），对于室外的插条、嫁接、果实装箱、码垛堆积等作业动作困难。很多情况下，需要带有机器视觉等感知能力，在复杂的环境下识别或认识对象物的颜色、形状、尺寸。另外，农业机器人的末端执行机构，很少有人类这样的 5 个手指（包含 3 个、4 个），为提高农作业效率，多安装有喷嘴、吸盘、刀具、剪刀、2 根手指等作业专用的特殊的末端执行机构。另外，在农场、温室中设置的车轮、履带、轨道等，使得机器人首次可以自由地进行作业。有时，如果作业对象可以被更有效地运送到机器人的面前，也会构建带搬送装置的固定式机器人系统。由此可以看出，机器视觉机构、末端执行机构、机械手臂（执行装置）、移动机构等构成了农业机器人的主要元素，如图 7.26 所示。

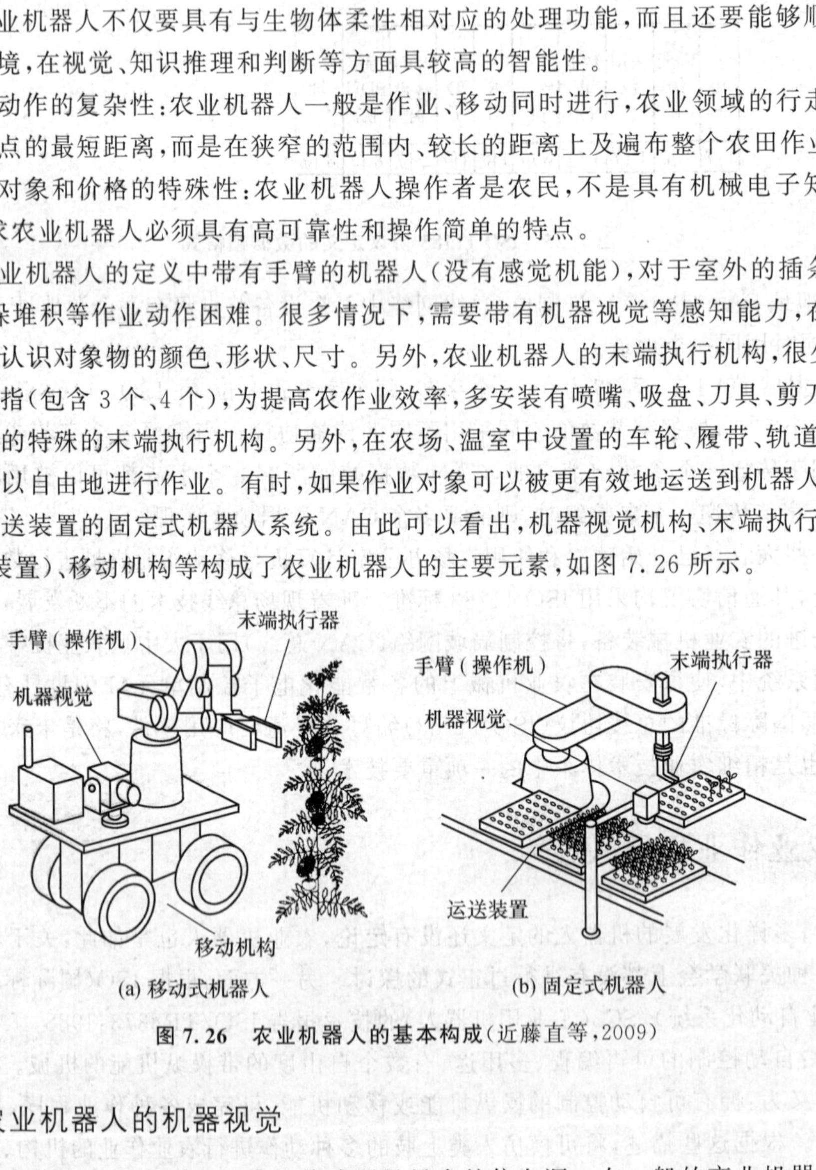

图 7.26 农业机器人的基本构成（近藤直等，2009）

7.2.2 农业机器人的机器视觉

机器视觉作为农业机器人的外部传感器是最大的信息源。在一般的产业机器人中也有许多不带机器视觉的情况，但是，以不定型的农作物及其多样的农产品为对象的农业机器人，为了识别同类产品中微妙的颜色、形状和大小等方面的差异，多数情况下需要机器视觉。在人类的五官(视觉、触觉、听觉、嗅觉、味觉)中,一般认为九成外界信息都是通过视觉获得的,在目前多数农业机器人的外部传感器中,则几乎100%的信息都是通过视觉、触觉以及接近觉获得的。

农业生产大多处在时刻变化的太阳光下,或者在温室、植物工厂以及选果设施等各种形式的室内环境中进行,无论是哪种环境都有必要进行适当的图像采集。太阳光的照射强度,在太阳升起之前到太阳落山之后,几乎是在0~100 000 lx范围(或更大范围)变化。而且,中午的直射光、从窗户射入的光、云雨天的阳光、黄昏时的光等,各种光的色温也在2 000~6 000 K范围内大幅变动。另一方面,在室内采用人工光源时,短期内可以看作是不变的光环境,但是对于现在流行的卤素灯以及荧光灯等的照明装置,在经过1 000 h、2 000 h使用之后,其亮度、色温等会发生变化。特别是对于果实、蔬菜等农产品,许多情况下需要采用特别设计的照明方法,以防止在农产品不规则的外形上产生镜面反射光或阴影,以及确保不产生光斑。

在这种多样的作业对象和变化的环境下,对农业机器人机器视觉的要求很高。不局限于人类的可见光领域,以植物的分光反射特性为基础,除了近红外领域和紫外领域,研究甚至涉及X射线领域、远红外领域以及太赫兹波领域。

目前实用化的系统中使用的摄像机几乎都是VGA(video graphics array)类的(约30万像素),图像灰度值多数只有256级。在现实中,实际上由人眼判断的农产品的微妙颜色变化、草莓等的细小果梗的认识,以及检测温州蜜橘的黑斑病、夜蛾造成的微小伤口、病虫害等缺陷,在多数情况下256级不能满足要求,一般需要解像度从XGA(extended graphics array)(约80万像素)到SXGA(super extended graphics array)(约130万像素)之间、灰度级在512以上。在此为了参考,表7.2列出了人与一般CCD摄像机(charge coupled device camera)的比较结果。如表所示,人对观测物体的辨别能力约为0.07 mm,这样的感光度远远高于CCD摄像机。

表7.2 人与一般CCD摄像机的比较

项　目	人	CCD摄像机
焦距	f 17.1 mm(可变)	f 12 mm(以2/3 CCD的视角为准)
视角	约50°(感知角度:水平180°,垂直90°,聚焦范围4°)	约49°(标准镜头40°~50°)
口径	F3.4	F1.4
视觉元件的大小	ϕ1.5 μm	12 μm×12 μm
解像度	10 000×10 000	640×480
被照物解像度	约0.07 mm(明视距离25 cm)	约0.7 mm(与镜头有关)
最低感知照度	0.005 lx	约9 lx
感光度	ISO 10^9 ~ ISO 10 E 400	相当于ISO 1600
感知发光间隔	约10 Hz	约30 Hz(现在用摄像机可以75 Hz扫描1 280×1 024像素)

一般情况下,从摄像机等获得的图像是二维图像,为了得到各个茎叶的距离、果实的凹陷等的三维信息,用一台固定的摄像机是比较困难的。因此,必须使用立体图像法、基于视点移动的方法、手眼系统、激光等三维图像构建方法获得距离信息。机器视觉的对象物也不局限于

果实、茎叶及作物等的植物器官、个体以及作物群落,其范围正向着土壤(表土、土中)、加工食品、植物伤口愈合组织、细胞、菌甚至昆虫、动物等领域扩展。

在农业机器人的机器视觉中,由于以复杂多样的生物、土壤、自然界等为对象,因此希望其分光感度特性广、动态适应性高。进一步,在植物工厂那样人工可完全控制的环境中没有太大的问题,但是在利用太阳光的温室里,工作环境的温度和湿度变化较大。还有,在共同选果设施场所,不仅会由于光源、电源等发出的热量使得局部温度超过 40℃,而且经常由于大量的果实纤毛以及果粉等的粉尘的存在,对摄像机、照明装置产生恶劣影响。克服这些恶劣环境,也是农业机器人的机器视觉需要解决的课题之一。

在农业机器人的机器视觉的对象物中,常见的有芦笋、大葱、茄子、苦瓜、青椒、洋葱、番茄、土豆、柿子、莲雾、酸橙、柚子、橘子等。机器视觉特别重视的特征是对象物的大小、形状、颜色以及纹理(texture),这些特征对于不同种类的对象物变动范围很大,但是对于同一种类的对象物,基本上都限定在某个范围内。

首先,关于尺寸大小,从像樱桃那样小到像南瓜、西瓜那么大的果实都有,不过,通过预先根据对象品种进行设定,用 mm 单位进行测量,并不是困难的事。关于形状,有像柑橘、梨子那样的球形,茄子、黄瓜那样的长圆筒形,芦笋、大葱那样的细长形,青椒那样的细长圆锥形,莲雾那样的圆锥形,葡萄那样由多个果实集合在一起形成果房的形状,等等。此外还有热带果实、西洋果实等,果实的大小和形状多种多样。

再用颜色来观察这些果实,一般多数情况下,果实在没有成熟时呈现绿色,随着成熟度的增加,从绿色变为黄色或者红色,这是叶绿素、类胡萝卜素以及类黄酮等色素产生的颜色,而像茄子那样呈黑紫色、蓝莓果那样呈紫色的果实呈现的属于花色甙类的色素。

纹理也是各种各样,从番茄、茄子等表面像镜子那样光滑、有光泽,到像温州蜜柑那样表面有许多油胞,以及像苦瓜那样有许多小凸起,等等。农业机器人的机器视觉将这些特征量的差别用数字来表示。在构筑机器视觉系统时,首先必须调查各种领域中农作物独特的反射特性。

7.2.3 农业机器人的执行器和机械臂

产业机器人可代替人进行工业产品的组装、焊接、喷漆、搬运等各种作业。产业领域机器人能发挥如此大的作用主要是因为处理对象的标准化和规格化,而农业机器人的处理对象比较复杂,很多参数无法实现标准化。因为即使同一棵树上生长的果实,其形状及大小、颜色、硬度、成熟度、位置等完全不同,而且这些情况还会随着时间而改变。因此,农业机器人必须首先找出作业对象(如收获作业中处于成熟期的作物),然后一边回避枝叶等障碍物一边接近对象,进行有目的的作业。换言之,农业机器人必须自己从外界收集情报并加以判断,决定接近对象的方法并进行作业。下面简单介绍农业机器人的末端执行器(end-effector)与机械臂(arm)的特征和构造。

末端执行器被定义为:机器人具有的、可直接作用于作业对象的部分。末端执行器的功能相当于人的手,一般被安装在机械臂的前端执行各种作业。农业机器人最初在末端执行器上安装工具,根据作业种类更换末端执行器即可完成不同作业。设计制作农业机器人的末端执行器时,需要在充分把握对象物的物理性质的基础上,探讨如何完成作业目标,不需要完全模仿人使用两手进行作业,只要获得同样的效果即可。

机械臂的主要作用是将末端执行器移动到目标位置。产业机器人的机械臂有许多种类型,如在流水线产品组装作业中为水平多关节型、在焊接与喷漆中为垂直多关节型、在装箱作业中为圆柱坐标型,可根据作业目的分别使用。农业机器人的机械臂也有很多种,其中对象物的大小、质量和栽培方式是影响机械臂构造的主要原因。

7.2.3.1 末端执行器

1. 末端执行器的机构

末端执行器由夹持机构、切断机构、吸引机构、吸附机构及压入机构等组成,下面分别对这几部分进行介绍。

(1)夹持机构　与工业机器人一样,农业机器人的末端执行器上也装有夹持机构。但由于农业机器人的作业对象更为脆弱,在夹持机构的设计中,需要对对象物的夹持部分及夹持力进行探讨。夹持机构可分为:①以支点为中心手指开闭型:这种机构像剪刀一样以支点为中心,手指前端开闭时运行轨迹为弧形。②手指平行开闭型:相对安装的手指保持平行状态进行开闭动作的机构,多采用平行连杆装置或齿条、齿轮装置传动。③多指机械手:带有若干个(一般3个以上)手指的末端执行器。手指多为柔性材料,像人的手那样包握对象物,适合于脆弱物体。④SMA(shape memory alloy)利用型:驱动上述把持机构要使用电机或气缸等由多个零件构成的末端执行器,也有像SMA那样接通电流就可以自动变形运动的类型。使用SMA的末端执行器构造更加简单紧凑,故常用于夹持植物组培苗或幼苗。夹持机构最重要的作用就是在不损伤的前提下握住对象,夹持力也并不是越小越好。

(2)切断机构　农业机器人上使用切断机构的情况有收获、剪枝、摘果、除草、收获农产品的调制、剪羊毛等。切断力要适中,太小当然不能切断作业对象物,过大虽然可有很大余量进行作业,但会过度增加末端执行器和周边机器的重量、尺寸,还会成为机械臂和移动机构的负担。要选择最佳切断力,必须充分调查作业对象的切断特性、形状、大小等情况。

(3)吸引机构　机器人在收获大型果实时,需要把持果实或果柄进行作业,当果实过小或表面柔软不能把持时,则要利用吸引力将其带到末端执行器中。

(4)吸附机构　农业机器人经常需要使用柔软材质的吸附机构把持作业对象。典型的吸附机构有吸附杯,用真空泵产生的真空压吸附对象。吸附杯的特点是只需调节真空泵的压力就可以改变吸附力,只要作业对象有平坦的部分,不管对象物大小、形状,改变吸附杯的数量就可对应各种情况。

(5)压入机构　压入机构多作为幼苗移植的末端执行器。

2. 末端执行器的功能

农业机器人末端执行器最重要的功能就是对作业对象的柔和处理。为了使末端执行器实现这种柔和作业,首先需要掌握作业对象的特点,包括对象物的尺寸、重量、形状等基础物理特性及压缩特性、摩擦特性、切断阻力等力学特性,如有必要还要测量声波特性及电特性等。其次,还要掌握生物生长状况,这也是设计末端执行器时不可缺少的要素。此外,末端执行器受机器视觉和机械手臂的影响也很大。由于机器视觉检测出的位置会有一定误差,机械手臂的伸缩、旋转会产生挠曲或间隙,受此影响末端执行器就不能到达正确位置,因此末端执行器就需要具有吸收这些误差的机能。总之,农业机器人的末端执行器不仅要应对生物体的个体差异,还要具有应对其他机构误差的鲁棒性。

7.2.3.2 机械臂

1. 机械臂的基本机构

机械臂由连杆及连接连杆的关节组成，关节上存在1个或多个自由度。关节一般有旋转关节和直动关节。自由度的数量越多手臂就越能获得更多的姿势，越易于回避障碍物。具有7个以上自由度的手臂称为冗余自由度，虽然增加了灵活性，但需要很多执行器，不仅手臂整体重量加大，还使控制变得复杂。因此，设计机械臂时，首先需要根据作业对象，探讨适合的自由度及关节种类、连杆长度（相邻关节间长度）及偏移量等基本机构；其次，手臂的内部机构也是很重要的因素。

内部机构是指包含机械手臂的粗细及形状、执行器的种类及安装位置、传动机构（齿轮、链条等）、减速器、轴等机械要素的机构。基本机构主要涉及运动学性质，内部机构与力学性质密切相关。在以作物为对象的农业机器人中，影响机械臂基本机构的重要因素是栽培方式。作物的栽培方式有垂直地面的、有使用棚架的、有栽培在地表的，种类繁多，因此使用的机械臂也必须具有适合栽培方式及作业的机构及尺寸。常见的机械臂种类有直角坐标型、圆柱坐标型和极坐标型。其中，直角坐标型的机械臂与位置相关的关节采用直动关节，构造简单，定位精度高，适合处理穴盘苗以及在地表附近作业。极坐标型的机械臂动作区域大，从下方容易接近上方的对象物，适用于葡萄架下作业。

2. 机械臂的安全性

在农业领域使用机器人，最重要的是安全性。对于机器人来说，不但要完成作业，而且必须以保证安全为前提。农业机器人的作业对象在大小、形状、颜色、存在场所等方面都大相径庭，机器人需要具备一边判断周围的状况，一边决定下一步的动作，一边避免事故的系统。

7.2.4 农业机器人开发实例

7.2.4.1 收获机器人

1. 樱桃番茄收获机器人

图7.27所示是日本开发的樱桃番茄收获机器人，它是由行进在导轨上的电动车、机械手、吸引式采摘臂、以计算机为主的控制机构等几部分组成的。为了使采摘臂能避开茎、叶等障碍物，采摘臂被设计成可以左右90°摆动。采摘臂的上部安装了三维视觉传感器，从该传感器的发光部能发出激光束，当激光束遇到物体后发生反射，反射光被光电元件记录并成像，利用三角测量方法就可计算出对象物的距离。三维视觉传感器的发光部件和光电元件都安装在步进电机的轴上，可以在上下方向做±36°的摆动，从而完成垂直方向的搜索，水平方向的搜索则是依靠机械手的动作来完成的。发射光源采用了2个激光二极管，其发射波长分别是685 nm（红光）和830 nm（近红外光），来自于两个光源的光被混合后以一束光的形式被发射出。红光及近红外光的激光二极管分别由不同频率的方波激发，在光电元件的输出端可以方便地将二者分离识别。利用红光及近红外光的反射输出之比，不仅能计算出对象物的距离，还可以识别成熟果实与未成熟果实以及茎叶。

具体的果实搜索过程为：首先使机械手水平摆动，在摆动的同时由三维视觉传感器记录正面的图像，记录的图像尺寸为100×100像素；然后，根据记录的三维图像，识别已成熟果实、未成熟果实以及茎叶等障碍物，同时根据收获时机械手可能的轨迹，确定果实的收获程序；机械手的前端由4片塑料片构成，它们按花苞的形式安装，由一个电机控制开闭，打开时像花瓣，闭合时形成中空的圆锥形，依靠前端的开合，实现接近和抓住果实的目的；最后利用真空吸力，将果实与茎、枝分离，并将其输送至果实箱暂存。

从以上介绍可知，这种收获机器人结构紧凑，行进需要导轨支撑和引导，因此可以省略导航以及操纵装置，但这种机器人只适用于设施栽培作物。

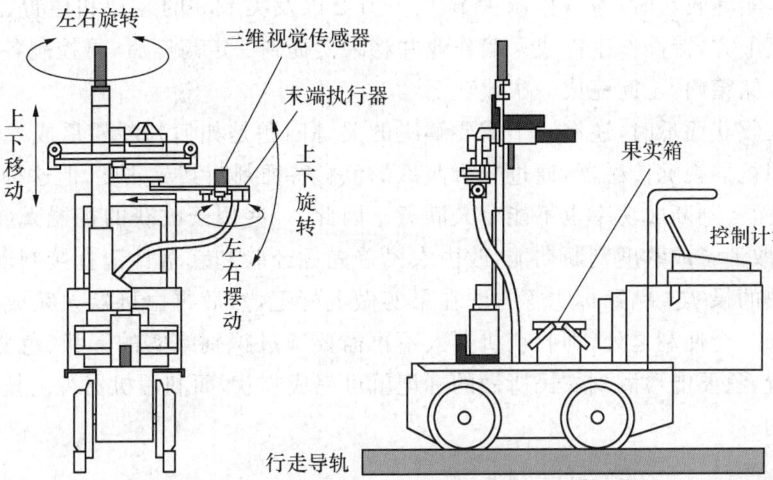

图7.27　樱桃番茄收获机器人（近藤直等，2009）

类似的机器还有黄瓜收获机器人（图7.28）。黄瓜收获机器人结构大体与樱桃番茄收获机器人类似，但也有自己的特点，主要表现为：①成熟果实与非成熟果实以及茎叶的识别更加困难，樱桃番茄成熟后呈红色，利用三维视觉图像以及果实对红光和近红外光不同的反射率，可以较容易地区分成熟果实与非成熟果实以及茎叶，但达到采摘程度的黄瓜和未达到采摘程度的黄瓜以及茎叶均为绿色，且都为细长形状，因此其识别较困难，采摘成功率也较低；②黄瓜和瓜秧的连接与番茄不同，采用拧摘方法较难采摘，要用剪断方法，先把黄瓜抓住，用接触传感器找出瓜秧，然后剪断，采摘速度较低。

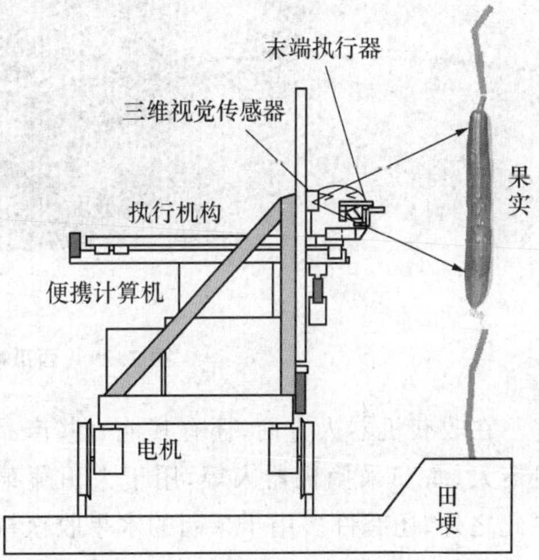

图7.28　黄瓜收获机器人（Kondo，1998）

2. 西瓜收获机器人

西瓜收获机器人与上述的樱桃番茄以及黄瓜收获机器人有所不同，它主要是为大田栽培而设计的。对于西瓜收获机器人的技术要求可概括为4项：①检测末端执行器与果实的相对位置；②绘制果实分布图；③机器人本体及运动部件的自动控制；④果实的采摘。第一和第二项功能一般可利用机器视觉传感器实现，根据机器视觉传感器的检测结果，辅以先进的图像处理技术和算法，可以准确地检测出末端执行器与果实的相对位置并绘制出果实分布图。至于第三和第四项功能，则可通过基于电子、机械和液压技术的现代控制技术来实现。

图 7.29 是已开发的一种西瓜收获机器人的实际作业情景和结构示意图，系统包括操作手、末端执行器、视觉传感器和行走装置等。如图所示，系统具有 3 个自由度，关节 1 由单缸液压马达、电磁阀及光电编码器所构成的液压伺服系统来控制，关节 2 由 2 个液压缸、1 个电磁阀和 1 个电位器所构成的位置伺服系统来控制，关节 3 则由带有转速传感器和光电编码器的直流电机控制。实际收获时，通过控制关节 1、关节 2 以及关节 3 的运动和位置，可将操作手定位在果实的正上方，待操作手完成采摘作业并将果实提到一定高度后，再控制各个运动环节将果实放置在存储箱内，至此完成一次收获。

采用机器人收获西瓜时，还有一个需要解决的关键问题是如何判断西瓜成熟与否。有关研究曾试图利用机器视觉传感器，通过分析西瓜的色彩特征判断其成熟度，但这种方式会大大降低收获速度，而且判断成功率也不能令人满意。因此，一些用于收获的机器人（不只西瓜收获机器人如此）取消了成熟度判断功能，改由农民首先凭经验和栽培日记直接判断成熟度，并采用诸如在成熟的果实上粘贴标志等方法在果实做上标记，然后再由机器人完成收获。采用这种方法还带来一个便利之处，即收获机器人不再需要通过识别果实的形状、色彩、温度等来判断果实的位置，只要能检测到农民所做的标记就可完成收获，而利用机器视觉技术检测标记是很容易做到的。

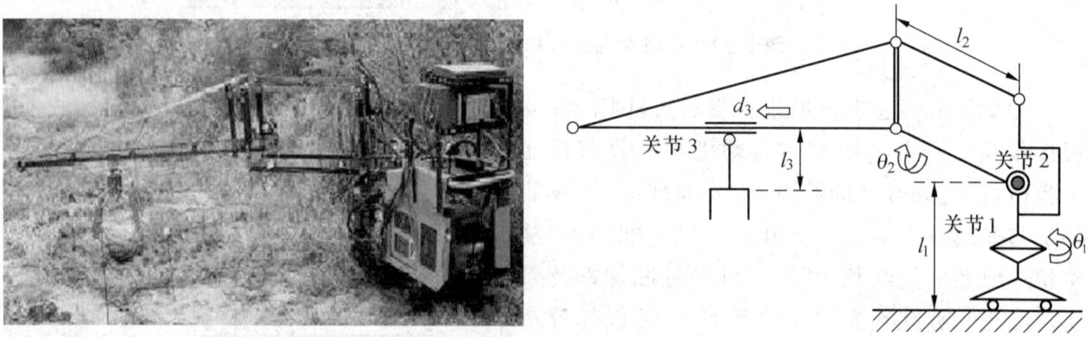

(a) (b)

图 7.29 西瓜收获机器人（Sakai，2000）

在收获机器人方面，还有其他一些产品和成果，例如用于温室的收获机器人还有草莓采摘机器人、番茄采摘机器人等，用于大田蔬菜的还有甘蓝、生菜等结球类蔬菜的收获机器人等。除此之外，还有许多用于果园的水果收获机器人，例如，苹果收获用、葡萄收获用等机器人。所有这些收获机器人虽然目的各异，结构也不同，但其基本构成大体是一致的，首先利用机器视觉传感技术检测并定位对象物，然后利用机、电、液控制技术完成采摘和搬送等。

7.2.4.2 栽培管理机器人

1. 嫁接机器人

嫁接是避免连作障碍、提高果实品质和产量稳定性不可欠缺的技术，自古以来即被广泛采用。

半自动嫁接机器人的作业过程是：先由操作者将接穗苗和砧木苗装到机器上，机器人将二者的苗轴切断，用夹子将接穗和砧木结合、固定，最后将接合好的苗送出机器人。这种操作看似简单，但是即使是同一种作物，形状、大小、硬度都不一样，有的弯曲，有的变形，状况很不一致。为了保证在各种情况下均能接合、成活，研究人员试验了各种方法。半自动嫁接机器人如图 7.30 所示，机器人左右对称，由苗喂入部分、扶持运送部分、切断部分以及将已从中间切断的接穗和砧木用夹子固定好的接合部分组成。接合部分后面有送料器，将夹子随意放入其中，送料器即可将其摆成整齐一列送至接合部分。除了送料器之外，其余部分均由气压驱动，由可编程控制器实施顺序控制，按照苗喂入、扶持、运送、切断、接合、送出的基本操作顺序循环连续动作。

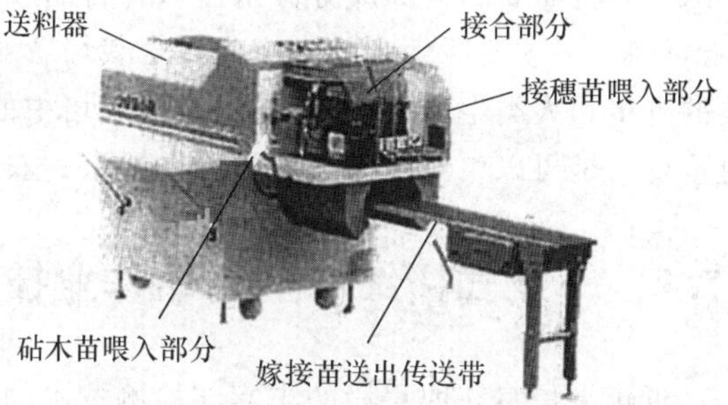

图 7.30　半自动嫁接机器人（近藤直等，2009）

2. 设施栽培机器人

现代化的园艺设施应用先进的科学技术，采用连续生产方式提高土地产出率、劳动生产率和社会经济效率，高效、均衡地生产各种园艺产品。它可以不受地点和气候的影响，四季稳定生产，在寒冷地带、沙漠地带，甚至在宇宙空间和地下空间也能提供新鲜的农产品，有效地改善了农业生态、生产条件，促进农业资源的合理利用和科学开发。除以上介绍的自动作业外，设施栽培还包括耕耘、育苗、定植、包装等，作业种类多，像摘叶、防除、搬运等作业反复进行，需要投入大量的劳动力。又由于设施内高温、高湿等不良劳动环境，作业自动化显得更加必要。目前蔬菜、花卉和苗木生产的数量不断增加，育苗中移苗工作需要很多劳力，而人工成本不断上升，因此在发达国家发明了机器人移苗机。机器人还能根据光反射和折射原理，准确地测定植物需水量，从而进行灌溉的精确控制。图 7.31 是花卉栽培中的作业机器人，图 7.31a 是一个菊花插枝机器人，它首先自动清除菊花茎秆上的老叶并进行必要的修剪，然后将茎秆自动插枝于栽培托盘中用于设施栽培；图 7.31b 是园艺用的精确灌溉装置，该装置由与栽培托盘中的营

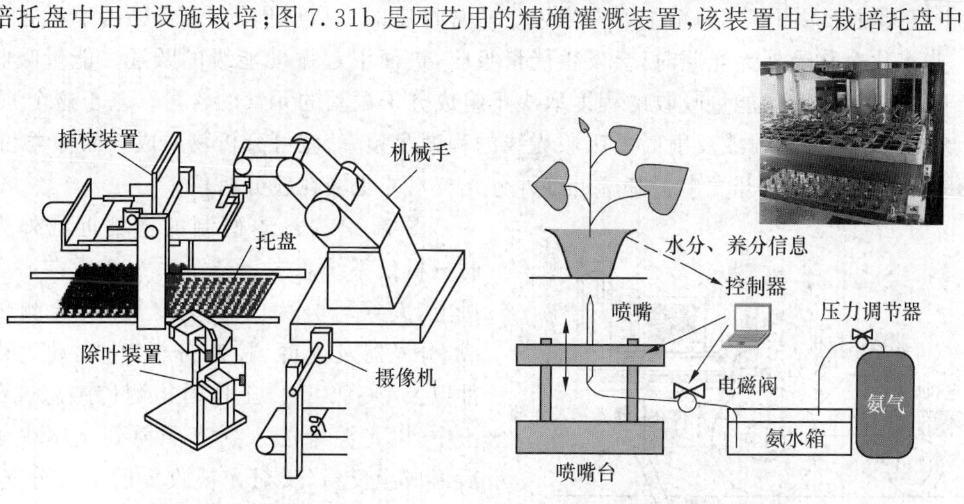

(a) 菊花插枝(Monta,2000)　　(b) 精确灌溉(Murase,2001)

图 7.31　设施栽培机器人

养单元数量、分布相同的“注射器”所组成，当作物需要水分及营养成分时，每个注射器将从托盘的下面将需要的营养成分分别注入各自的栽培单元中，该装置还可以把特殊的营养成分施加给作物，以便使所生产的农产品符合栽培者对色泽、口味以及特殊成分含量的期望。随着科技的进步和人类生活质量的提高，设施栽培中的自动化技术将不仅能提高生产率和作业质量，更重要的是可以生产出满足人类特殊要求的农产品。

7.3 车载式精细农业自动作业技术与系统

近年来信息获取手段的丰富与检测技术的发展以及 GPS 的广泛应用，极大地推动了精细农业信息检测手段的进步与发展。除了要引进和推广变量施肥播种机、变量农药喷洒机等自走式机器外，还需要使用一些车载式自动作业系统。许多国家农业工程研究领域的学者提出了在农业车辆上安装土壤信息实时采集系统平台的构想，并致力于付诸技术实践。这些作业系统包括土壤及栽培环境的自动采样、农田参数的在线测试以及农田的精细平整等。采集的信息包括土壤水分、电导率、坚实度以及 pH 等各种土壤理化参数。与农田尺度下的土壤定点采样技术相比，车载式土壤信息实时采集平台与行进式测量方法不仅可以更精细与高效地获取农田土壤空间分布信息，还可根据获取的土壤信息对农田作物生长状况与产量分布的影响进行精细比对分析。

下面介绍一些代表性的车载式精细农业自动作业系统。

7.3.1 基于近红外分光技术的土壤在线分析仪

目前，获取农田环境信息最主要的方法仍是制作产量分布图和土壤参数(土壤水分、有机质含量、EC、可吸收氮含量、pH 等)分布图。从最大限度地提高产量的角度来看，产量分布图和土壤参数分布图有着同等的重要性，但从最大限度地节约灌溉用水和减轻环境污染的角度来看，土壤参数分布图则有着不可替代的作用。因此，如何快速、准确地测量分析土壤参数并生成土壤参数分布图对实施精细农业来说是非常重要的。众所周知，化合物内部存在有分子振动，当该化合物受外界光照时，会发生能量吸收，进而引起振动能级的跃迁。能量吸收频率取决于分子振动频率，能量吸收的程度取决于组成分子振动的元素的含量。基于这个原理，利用近红外光在物质透射或反射时所吸收光线的程度及频率，就可分析物质成分的种类和多少。也正是利用这个原理，开发出了基于近红外分光技术的土壤在线分析仪。

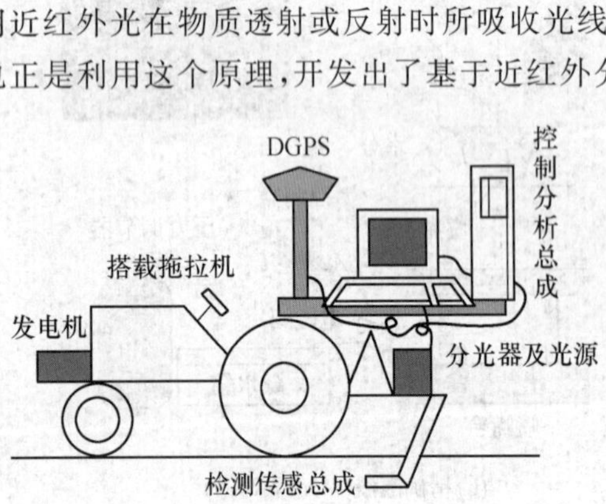

图 7.32 土壤近红外光谱实时分析仪系统总图
(Shibusawa, Li,等, 1999)

图 7.32 为日本研制的土壤近红外光谱实时分析仪系统总图。整个系统搭载在一台拖拉机上，大致可分为 5 个主要部分：检测传感总成、分光器及光源、控制分析总成、动力供给组件以及 DGPS 等。工作时检测传感总成深埋在土中，以光源来的入射光照射到土壤中观测面后形成漫反射，反射光被收集后送入分光器，分光后的信号被记录在计算机内，该计算机还负责控制整个系统的运行。系统的采样间隔或采样频率由 DGPS 控制，整个测试系统的电源由

搭载在拖拉机前部的发电机提供。

检测传感总成是由一台深松犁改造而成的，图 7.33 为其结构示意图。通过调整耕作深度，可调节土壤中观测面的深度。工作时，切削部切开土壤，在深松土壤的同时为观测做准备；新制作的均平板强制刮削土壤，以便尽可能形成较平坦的工作面；在均平板后面新增了观测室，观测室形成了密闭的观测空间，在观测室的顶部安装有 6 个传感装置：2 根入射光光纤，1 根可见光（VIS）集光光纤，1 根近红外（NIR）集光光纤，1 个小型 CCD 摄像机镜头和 1 个热电偶温度传感器。入射光光纤的透光波长为 400～2 400 nm，覆盖可见光和近红外区域，VIS 集光光纤的透光波长为 400～900 nm，NIR 集光光纤的透光波长为 800～2 400 nm。小型 CCD 摄像机用于监视观测面土壤的状况以及传感器的工作状况，温度传感器用于记录观测面的温度，以便将来分析土壤参数时进行温度补偿。观测室的长度（前进方向）约为 200 mm，宽度约为 50 mm，高度约为 75 mm。检测传感总成的工作深度设定为 150～350 mm。

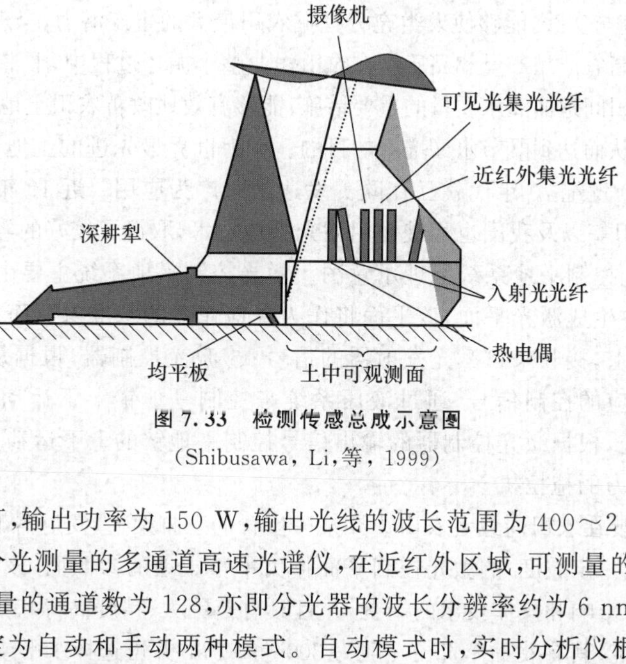

图 7.33　检测传感总成示意图

(Shibusawa，Li，等，1999)

光源采用卤钨灯，输出功率为 150 W，输出光线的波长范围为 400～2 400 nm。分光器采用的是可同时进行分光测量的多通道高速光谱仪，在近红外区域，可测量的波长范围为 900～1 700 nm，可同时测量的通道数为 128，亦即分光器的波长分辨率约为 6 nm。

测量方式被设定为自动和手动两种模式。自动模式时，实时分析仪根据 DGPS 的输出，等间距地进行自动、连续地测量；手动时，仪器每检测到一次触发信号，完成一次测量。

利用这种实时分析仪，在每个测量点上都可以测量到土壤深层表面的可见光及近红外反射光谱。图 7.34a 为田间深层土壤表面近红外反射光谱的例子，从图中可以看出不同点处反射光谱有着较明显的区别，这是由于土壤水分、有机质含量、氮含量等土壤参数的不同，从而导致土壤对入射光的吸收不同，因此使测量的反射光谱产生差别（吸收越多，反射越少）。通过光谱分析可知，不同的化学成分（化合键），所对应的吸收频率不同（称之为特征频率），通过对特征频率处反射光谱的分析，就可以检测出该点的土壤参数。图 7.34b 是利用土壤在 1 700 nm 波长处的反射光谱检测土壤有机质含量（SOM）的例子，可以看出，具有相当高的检测精度。

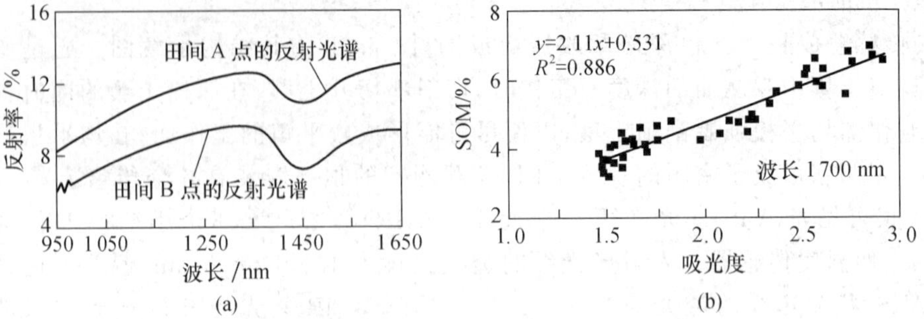

图 7.34 田间深层土壤表面近红外反射光谱及吸光度与土壤有机质含量的拟合曲线(李民赞,2001)

7.3.2 激光控制平地系统

精细农业的研究与实践,能够使人类充分挖掘农田最大的生产潜力,合理利用水肥资源,避免环境污染,大幅度提高农产品产量和品质。在农田作业整个循环过程中,平整土地是精细农业的重要组成部分,是改进田间地面灌水质量的重要措施,能够有效地改善农田土地管理,改善种床条件,实现精细节水灌溉,从而达到既节水又增产的目的。作为世界最先进的土地平整方式——激光控制平地技术,早在20世纪70年代就已在欧美发达国家广为应用。近10年来,发展中国家如印度、土耳其、巴基斯坦等以及我国也相继使用激光平地技术,取得了较好的经济效益。

图7.35是激光控制平地系统原理示意图。激光控制平地系统主要由5部分构成:①激光发射器,在田间上方生成激光平面,该平面将作为平地作业的基准参照面;②激光接收器,安装在平地铲的支撑杆上,接收来自激光发射器的信号;③激光控制器,根据从接收器获得的不同的激光信号发出相应的控制信号,通过液压系统来控制平地铲上下运动,完成挖土和卸土工作;④液压控制系统,根据激光控制器的输出信号控制平地铲的上下运动,完成平整作业;⑤平地铲和作为牵引动力的拖拉机。

激光发射器安装在农田内或者农田边界某一位置的三脚架上,发射器工作时,可在平地现场的上方构成水平(或一定坡度)的激光控制平面作为平整土地的参照面,该激光束构成的光学控制平面,不受地形的影响和操作技术的干扰,并且具有范围大、精度高等特点。根据不同需求,可选用不同的激光系统,其有效工作直径一般为300~900 m,并可选择水平或坡度的激光发射器。

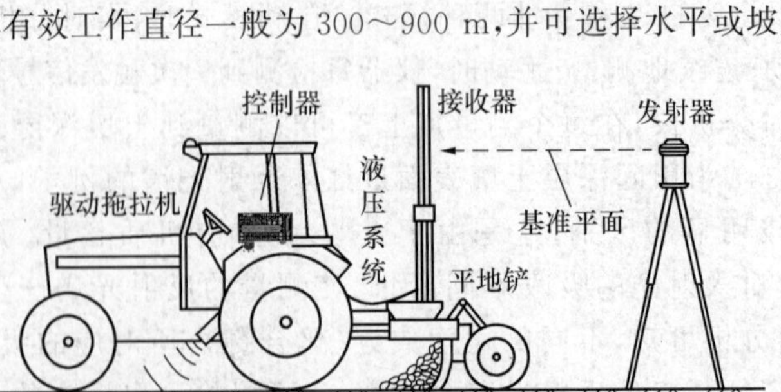

图 7.35 激光控制平地系统原理示意图(林建涵,2004)

激光接收器则安装在平地铲的桅杆上,以接收发射器发出的激光信号。平地铲随拖拉机在田间移动,当农田表面发生起伏变化时,接收器上感知的激光平面位置也将发生变化,这一接收位置(高度)的变化被接收装置检测到,并转换为地面距标准高度的误差,然后将该误差信号传至激光控制器。控制器即根据误差信号的大小,通过液压缸快速地调整平地铲高度。即使地面起伏不平,也可保证平地铲按设定的平面刮削。液压控制系统可以借用牵引车本身的液压系统,也可利用牵引机的动力输出轴,连接齿轮泵提供液压动力,实现独立驱动。后者通用性好,易于推广,但其液压系统要求反应速度快,控制精度高。

平地铲结构设计要求有独特的功能,可方便地完成挖、填土方和平整工作。铲刀入土角度及形状的设计需综合考虑土壤类型和农田表面实际情况,以便容易实现切土、带土、摊铺等功能。遇高地时,平地铲切土并带土移动;到低洼时,积土自行摊铺,填平地面。

7.3.3 土壤电导率(EC)实时测试系统

土壤学的研究结果表明土壤电导率包含了土壤养分与理化特性的丰富信息。例如土壤电导率能不同程度地反映土壤中的盐分、水分、有机质含量、土壤质地结构和孔隙率等参数的大小。有效获取土壤的电导率值,对于确定各种田间参数时空分布的差异有重大意义。传统的实验室测定土壤电导率的方法虽然精确,但过程繁琐,给工程实践带来不便。因此,人们开始研究与开发与拖拉机配套的土壤电导率(EC)实时测试系统,并逐渐应用于精细农业的生产与实践。

国外应用于农业的土壤电导率快速测量传感器可以归为两种基本设计:接触式和非接触式。非接触式土壤电导率传感器利用了电磁感应现象。首先向接近地面的发射线圈通入交变电流,产生一个随时间变化的磁场,称为主磁场;主磁场在土壤中感应出微弱涡电流,该微弱涡电流又在土壤中激发出另一个磁场,称为副磁场。然后,由接收线圈同时感应主、副磁场的变化。因为主磁场强度和副磁场强度的比值与电导率呈线性关系,所以,所测土壤的电导率可以方便地求得。典型代表是加拿大 Geonics 公司生产的 EM38 土壤电导率仪。

接触式土壤电导率传感器是一种电极式传感器,一般采用“电流-电压四端法”。所谓电流-电压四端法,是指测试系统包括 2 个电流端和 2 个电压端。作为激励信号的恒定电流经过 2 个电流端流入大地,通过检测 2 个电压端的电势差,就可换算出土壤的电导率。测量系统的原理如图 7.36 所示,其中恒流源为测试系统的激励。J 和 K 为电流端,M 和 N 为电压端。当从 J、K 端向大地输入一恒定电流时,M、N 端所检测到的电压变化将反映出 M、N 之间土壤电导率的变化状况。

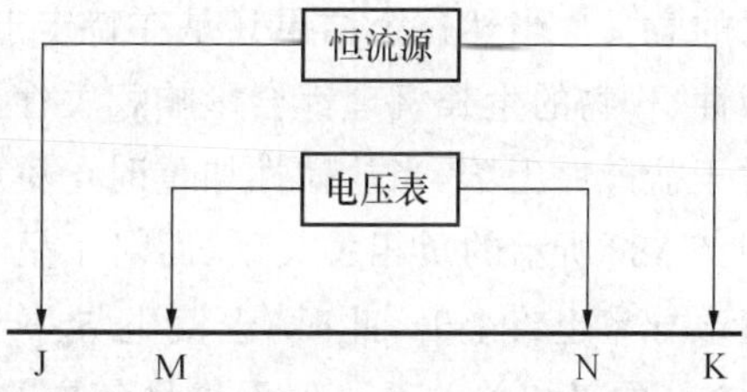

图 7.36 电流-电压四端法土壤电导率测量原理

图 7.37 为美国公司基于“电流-电压四端法”生产的 Veris3100 土壤电导率实时测试系统。图 7.37a 为该测量系统田间作业的情景,整个测量系统由拖拉机牵引,图 7.37b 所示为电极,被加工成圆盘形状。在拖拉机行驶过程中圆盘电极一直切入在土壤之中,用于向农田土壤输入电流和检测土壤间的电压降;检测信号经放大、变化后被传送至中央控制单元,中央控制单元放置在驾驶室内,可将土壤电导率数据和 DGPS 定位数据记录在硬盘存储器上,操作者还可以通过它控制系统的运行或进行必要设置和操作,例如,根据地块变化创建新的存储文件或删除旧的存储文件,将数据文件转存到移动存储器内等。GPS 移动站天线设置在拖拉机驾驶室顶部,与 GPS 基站共同完成精密的差分定位。

如图 7.37b 所示，Veris3100 测量系统的电极不是 2 对而是 3 对，各对电极的具体功能是：JK 电极对为输入端，从这里输入恒定的电流；输入电极内侧的 MN 电极对由于距离较近，用于检测浅层土壤的电导率；输入电极外侧的 UV 电极对由于距离远，则被用于检测深层土壤的电导率。采样频率为 1 s，测量系统依次读取 DGPS 数据（经度和纬度）和土壤电导率数据（浅层和深层），并将其记录和存储。

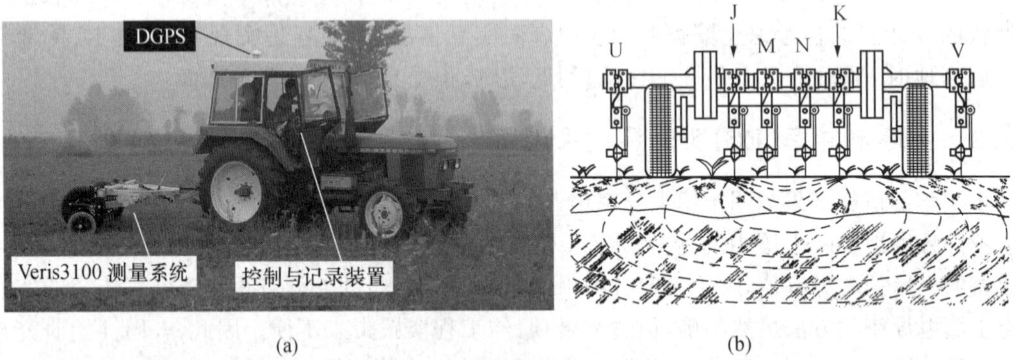

图 7.37 Veris3100 土壤电导率实时测量系统

（http://www.ext.colostate.edu/pubs/crops/00568.html）

根据测量得到的数据文件可以生成农田的土壤电导率空间分布图，进而还可推算出土壤养分参数、理化参数、质地等的空间分布。除此之外，有的研究发现土壤电导率与作物产量之间相关性也比较高，换言之，利用土壤电导率的空间分布，一定程度上可以预测出作物的产量。图 7.38 是关于土壤电导率与作物产量之间相关性的一个研究报告，从图中可以看出土壤电导率对玉米产量有着较大的影响，实时检测土壤电导率的空间变异对于实施精细农业具有重要的意义。当然这个结果只是在特定土壤条件下分析特定作物所得到的结果，显然土壤的酸碱性、作物的生长机理都会影响相关性的分析结果，有时甚至会得到截然相反的结果。例如，对于盐碱性土壤，当盐碱性加重时土壤电导率会上升，但产量会下降，土壤电导率与产量会呈图 7.38c 所示的负相关关系；而对于呈中性的土壤，当可吸收态氮（NH_4^+、NO_3^- 等）增加时，土壤电导率也将上升，此时，土壤电导率与土壤肥力呈正比，因此与作物产量也将呈不同于图 7.38c 的正相关关系。但无论呈怎样的关系，在充分实验的基础上，土壤电导率的空间分布图将会有助于精细农业的实施与推广。

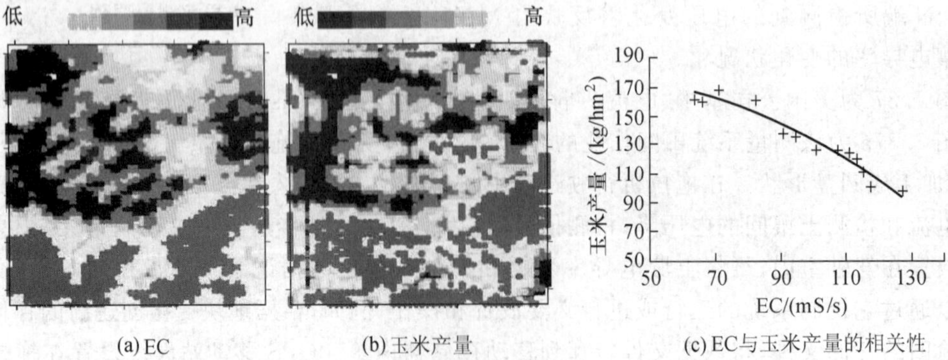

图 7.38 土壤电导率与作物产量之间的相关性（Lund，等，1999）

7.3.4　土壤坚实度车载测试系统

在田间作业中，农业机械会不同程度地对农田土壤产生压实作用，而压实后的土壤又会影响农作物的生长、发育和产量，实时测量农田土壤压实度的空间分布对于实施精细农业也是非常必要的。土壤压实度通常采用土壤圆锥仪进行测量，通过测量圆锥头在贯入土壤时所受到的土壤阻力，可判断土壤的压实程度。图7.39是自动土壤圆锥仪的结构图，它可以实现圆锥头的自动贯入以及土壤阻力的自动测量。车载式土壤压实自动测试系统除了自动圆锥仪以外，还包括中央控制计算机和DGPS，随着拖拉机在田间行进，圆锥仪的输出信号和DGPS定位信号被送到中央控制计算机记录、存储，在进行了后期的数据处理后，就可得到农田土壤压实度的空间分布图。

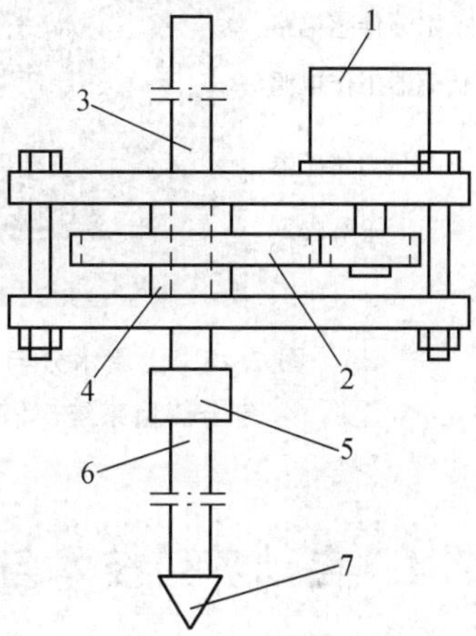

图7.39　自动土壤圆锥仪

（张利民，罗锡文，1999）

1. 电动机　2. 传动齿轮　3. 丝杆　4. 螺母　5. 拉压力传感器　6. 测杆　7. 圆锥头

土壤本身是一个多参数相互耦合的复杂系统，研究这种多参数同步测量对于实现农田土壤信息解译具有很高的应用价值。图7.40是一个车载式土壤水分与坚实度复合传感器同试验用拖拉机装配为一体的测量试验系统。其核心部分包括水分探头、传动力臂、压力传感器和开沟刃等。其中水分探头不仅包含土壤水分测量的双环电极，同时也是土壤坚实度测量的受力点。水分探头通过设计的圆孔穿过开沟刃，并与传动力臂底部垂直固接，探头与开沟刃圆孔壁间隙设计为3 mm。当复合传感器随着拖拉机行进时，锥尖受到的土壤阻力由传动力臂和杠杆支点传递给压力传感器。传动力臂和固定机架通过活动铰链连接，开沟刃双面加工成60°刃角，便于在拖拉机行进过程中破开水分探头上部的土壤。为防止行进中将土壤阻力通过开沟刃传递给压力传感器，导致不同深度行进时带来附加的测量误差，开沟刃与机架固接为一体，彼此间没有相对运动。此外，开沟刃还能在测量过程中有效防护土壤中硬物对测量装置的冲击。压力传感器基于应变片原理，信号处理单元将压力传感器输出的微应变信号放大后转换成数字量。

该系统包括一个性能可靠的工业计算机以及具有8路差分调理放大通道的数据采集卡。试验系统最高采样速率为100 Hz，测量系统需要220 V交流电，由拖拉机内电瓶12 V直流电源通过DC/AC变换后提供。机械连接部分除了采用三点悬挂架与拖拉机连接外，可通过液压系统连续调节与传感器相关的工作机构水平角度，实现复合锥柔性入土。限深轮用于调节测量深度，最大值为25 cm。

以上介绍了几种代表性的车载式精细农业自动作业系统，除此之外还有多种车载式自动采样和作业机械。图7.41为在田间自动采集土壤样本的作业系统，它可以根据作业者的要求采集不同深度的土壤样品，并将采集的土样自动封装在密闭的容器内，以供实验室内的土壤精密分析和诊断，同时利用车载的GPS系统可以记录下每个样本的位置信息。

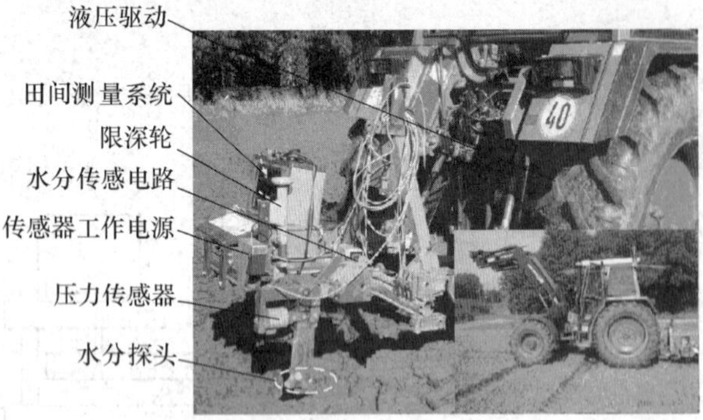

图 7.40 土壤水分与坚实度车载式复合测量系统(马道坤,2006)

图 7.41 土壤样本自动采集机器
(http://www.deere.com)

7.4 自动养殖技术与设备

随着配合饲料技术、疫病防治技术、环境控制技术以及机械化、自动化技术的发展,国外发达国家的家畜饲养业已向集约化、工厂化和信息化管理的方向发展,自动化饲料配置系统、电子自动称重器、微型计算机和电子家畜识别系统等高新技术的应用,使饲养业成为农业工程中自动化水平较高的领域,基本达到了精确饲养管理水平。

由于采用微机管理,家畜的各种饲养参数,如奶牛的产奶量、体重、体温、饲料量等数据信息都可存入计算机数据库作为饲养管理的基础信息,对这些基础信息数据的变化规律进行分析,可进行母畜发情期及疫病的诊断管理,也可建立家畜生理健康和繁殖档案,并为家畜的饲料处方、管理决策提供有用的数据信息。过去为采集这些管理信息,必须先对家畜进行编号,每日进行频繁的手写数据采集,然后由键盘录入管理电脑。这种数据采集方式不仅费时、费工,还往往产生错误的数据登录。为实现这些饲养数据的自动登录,20 世纪 70 年代初英国(在 Silsoe) 和荷兰(在 Wageningen)农业工程院分别开发了一种动物电子识别系统并在试验饲养场进行测试。1976 年德国商行(Daca)开始制造在荷兰开发的电子动物识别系统,并成功地装置了第一套计算机控制奶牛饲喂系统。荷兰于 20 世纪 70 年代中期便开始使用电子奶牛编号自动识别器,按奶牛产奶量实施精饲料定量配给技术,80 年代后发展成为以计算机为基础的奶牛场自动化管理信息系统。

本节以家畜饲养中的电子识别装置、全自动奶牛饲养机器人和全自动家蚕饲养机器人为例,介绍精细养殖的最新技术和发展。

7.4.1 家畜饲养中的电子识别装置

在规模化的饲养场里,特别是在奶牛场与种猪场中,为便于管理和记录,分清奶牛或种猪的血缘关系,要登录奶牛、母猪的生育记录、喂饲量、体重、每日增重、产奶量及疫病情况等资料和数据。这些资料和数据,都可在微机的数据库内进行数据的记录、修改、追加或删除。数据库软件还具有很强的检索、排序、计数、统计、制作报表和图表、显示或打印数据的功能。

奶牛个体编号电子自动识别器作为获取个体信息的基础，于20世纪70年代中期即研制成功商品化产品。早期推广应用的一种奶牛编号自动识别器，是长期挂在脖子上的小型密封无源信号转发器，一个固定的激励信号发生器通过发射天线依次地发射出一串不同频率的高频电磁波，挂在牛脖子上的每一个转发器经过调谐，只对其中的两种频率做出响应，从而给转发器中的转发振荡器提供功率，并使振荡器先后转发出两个固定频率的时序信号，该信号被接收机接收后经过解码就可判断出牛的编号。80年代后期，一种直径约2 cm、厚0.8 cm、质量不到10 g、单价在5美元左右的微小信号转发器产品进入市场，它可永久性地植入牛、猪等家畜耳朵的皮下，信号接收距离在60 cm以内，还有更微型的圆筒形信号转发器，可通过注射针管植入皮下。在牛、猪出生后即植入这种信号转发器，使整个生长、养殖过程直至出售时的称重、屠宰均纳入自动信息管理系统。近几年，又一种耳扣式个体编号识别器在养猪场推广应用，这种微型无源信号转发器由塑料密封，质量小于5 g，可用于按个体发育和健康状况进行定量自动配料，建立动物个体管理信息档案，自动监测体重增长、母畜发情期、健康指标自动诊断等，与手持式数据采集器结合，还适用于不同规模的牲畜科学饲养管理。英国80年代后期研制的平养肉鸡场鸡群体重信息采集系统，能实现根据市场价格信息控制饲养成长增重规律，预测最佳上市日期和最好经济效益的优化目标。

7.4.2 全自动奶牛饲养机器人

20世纪六七十年代，脉动挤奶机就问世了，此后随着电子技术的发展，在90年代又诞生了全自动奶牛饲养机器人。

如图7.42所示，奶牛自由放养在庭院里，对于每头奶牛个体都有详细的档案，记录着奶牛的生育记录、喂饲量、体重、每日增重、产奶量及疫病情况等资料和数据。每头牛每天挤奶一次，根据生物钟以及养成的习惯，奶牛会大约在每天固定的期间进入挤奶房单向通道，在入口处前述的电子识别装置会获得奶牛的身份号码，然后调用相关档案资料，确认其身份，如果该奶牛已经完成当天的挤奶，属于误进入，则旁门打开，奶牛直接返回庭院；如果尚未挤奶，挤奶房入口自动打开，奶牛进入挤奶台，全自动挤奶机器人自动检测奶头位置，自动装卡挤奶杯，然后启动机器工作；挤下的奶通过管线流入储罐。在挤奶的同时，自动测量装置自动计量挤奶

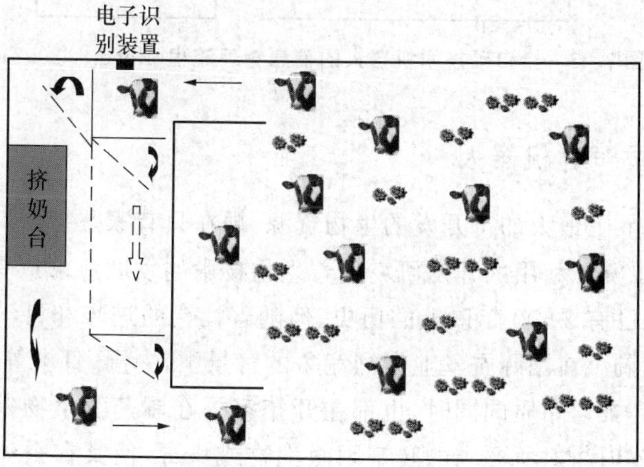

图7.42 全自动奶牛饲养机器人示意图(Robert,2002)

量、体重、体型、奶头的相对位置等，并将结果存入档案，以便针对每头奶牛个体的具体情况，进行有针对性的饲料投入和病害防止，实现基于个体差异的精细养殖。

全自动挤奶机器人的信息管理流程如图 7.43 所示。自动电子识别装置将奶牛的身份资料传给计算机，计算机利用决策支持系统制订出该头奶牛的以饲料处方为主的饲养管理计划。奶头传感器将奶头的位置坐标传给计算机，计算机则发出装卡或开始挤奶的指令。挤出的鲜奶首先由在线牛奶传感器实时进行品质分析和流量计量，并将分析与计量结果传给计算机，计算机在记录挤奶量的同时，根据品质分析结果，做出对该批牛奶是储存还是废弃的指令。

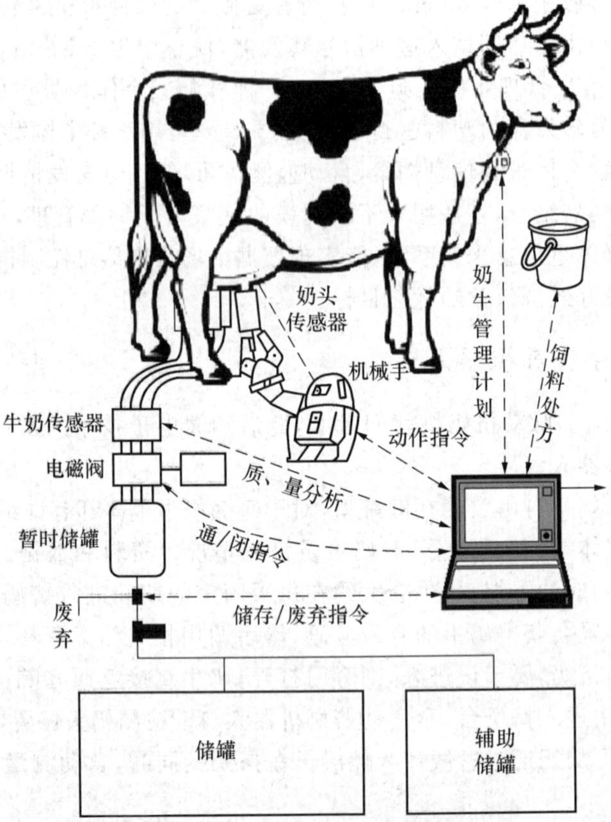

图 7.43 全自动挤奶机器人的信息管理流程(Robert，2002)

7.4.3 全自动家蚕饲养机器人

昆虫被认为是世界上最大的待开发的生物资源，现在只有家蚕、蜜蜂等少数几种昆虫被人类所利用。因此，昆虫资源利用的开发研究随着生物技术的发展愈来愈受到关注和重视。

家蚕养殖被公认已有 3 500 年以上的历史，但随着社会的进步和科学的发展，蚕业在世界范围内出现了生产过剩。在国际蚕丝业激烈竞争的背景下，中国、日本等传统的养蚕大国在努力增加蚕丝品种、提高蚕丝品质的同时，也都在开拓家蚕在制药等生物领域的应用。例如，以家蚕为载体，向家蚕体内注射所要求的转基因微生物或病毒，使其在蚕体内大量繁殖，以制取一些昂贵的生物药品。为实现这一目标，需要全封闭的、全自动的大规模家蚕养殖设施，在这种背景下，昆虫(家蚕)的大规模养殖机器人就应运而生了。

图 7.44 为日本开发的大规模家蚕养殖机器人框图，整个设施由控制室和密闭的养殖室两部分组成。由于用于生物制药的家蚕养殖具有一定的危险性和污染性，养殖作业必须在密闭的环境下进行，必须尽可能地实现全部作业自动化。如图所示，在控制室里，通过计算机可以控制温湿度等环境条件、家蚕的入库与出库作业、生长条件的监视以及自动投喂饵料等。

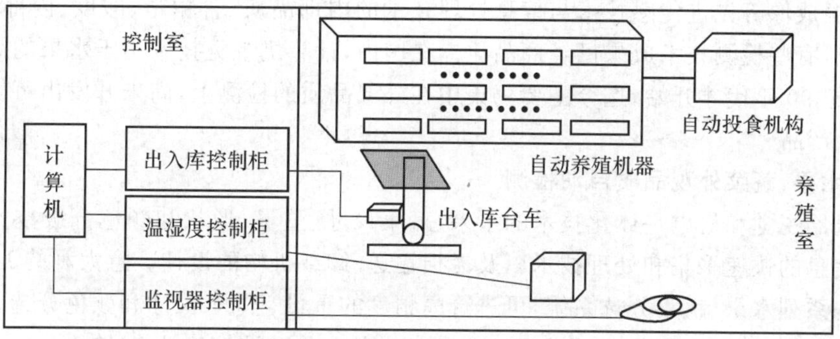

图 7.44 大规模家蚕养殖机器人框图

(Li, Ohura, 2001)

如图 7.45 所示，家蚕被放置在长方形的养殖盘内。每个盘尺寸为 80 cm×120 cm，设计养殖密度为 1 000 头。每套设施由 20 个以上的养殖盘构成，养殖盘按货架方式排列，可自动出入库和自动投食。为了实现基于个体变异的精细养殖，该系统确定以一个养殖盘为最小操作单元，根据各盘之间的差异分别投喂饵料。因此，该系统采用条形码技术来识别养殖盘，并记录各个盘的养殖状态，从而实现了养殖的有的放矢。由于机器可以随时自动识别养殖盘的配置，即使养殖盘的顺序发生混乱，系统也可以迅速恢复记录，并重新核实数据库中各盘的养殖记录，保证精细养殖的实施。

图 7.45 正在自动出库的家蚕养殖盘

(Li, Ohura, 2001)

目前，随着科技的不断发展，养殖自动化的程度越来越高。同时伴随着精细农业理念的深入，基于变异分析的精细养殖将会在更多的动物饲养中得到应用。

7.5 农产品品质分析检测技术

农产品的品质检测与农业中的食物安全问题密切相关，在农产品加工技术中，农产品的品质检测占有重要的地位。目前国内外在农产品的品质检测中的主要应用成果是基于计算机视觉技术的水果、蔬菜的检测与分级，禽蛋、肉、食品类的检测与分级，经济作物（如烟叶、茶叶等）的检测与分级，谷物籽粒（如大豆、花生、玉米、大米等）的检测与分级等。

7.5.1 水果、蔬菜品质检测技术

水果的品质检测包括外部品质和内部品质两部分，外部品质检测的项目有大小或重量、形

状、颜色和表面缺陷，而内部品质无损检测的项目为水果的硬度、糖含量、酸度、口味及某些内部缺陷等。国外在水果外部品质检测方面，水果的形状、大小和颜色检测技术已比较成熟，且基本实现了自动化分选，但因外部表面缺陷检测的复杂性，基于计算机视觉的缺陷检测仍处在研究阶段。内部品质的无损检测也是目前国外研究的热点，现在正广泛进行基于近红外、超声波、核磁共振成像等先进传感技术与信息处理技术的内部品质(含糖量、酸度、内部缺陷等)无损检测研究，有些检测技术成果已经商品化。在国内，计算机视觉技术用于水果的品质检测研究从 20 世纪 90 年代才开始，迄今主要仍集中在外部品质的检测上，尚未开发出可实时检测分级的商品化产品。

7.5.1.1　水果、蔬菜外观品质自动检测

基于机器视觉和机电一体化技术的水果、蔬菜尺寸、重量、形状和颜色分级技术的关键是表面视觉信息的快速采集和处理技术以及无损输送、卸载机构的设计。意大利的 UNITEC 公司开发了一系列水果、蔬菜分选系统，可进行高精度的重量、体积、尺寸和颜色分选。尺寸小于 40 mm 的水果分选速度可达 18 个/s，大于 40 mm 的水果分选速度达 12 个/s。

图 7.46 为 UNICA 系列分选机，主要依据果蔬的重量、尺寸、颜色等指标，实现自动化分选。它具有精巧的杯式无损输送和柔和卸载机构，可将被分选物柔和卸载至人工包装台或电动输送带。每行分选速度可达 6 个/s，可分选瓜、菜椒、黄瓜、菠萝、芹菜、土豆、西红柿等。图 7.47 为行杯式水果形状、大小、重量、颜色机器视觉分选系统。

一般的水果形状、大小、颜色分选系统，其输送机构多为辊子式输送机构，如图 7.48 所示。

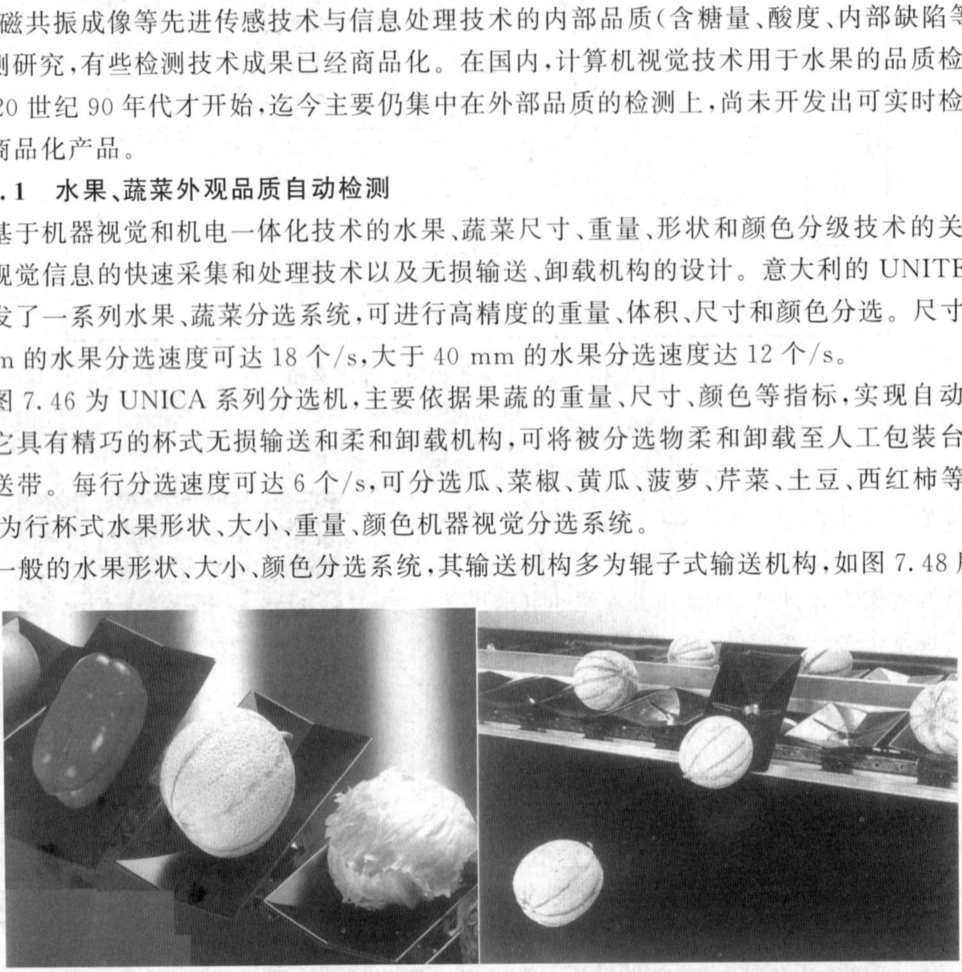

图 7.46　UNICA 系列分选机的输送结构和卸载过程(http://www.unitec-group.com/)

图 7.47　行杯式输送分选系统
(http://www.unitec-group.com/)

图 7.48　球形水果的辊子输送形式的机器视觉分选系统(http://www.unitec-group.com/)

该输送机构可保证在水果输送过程中，输送带上方的摄像机摄取到水果多个面的图像，从而完成水果形状、大小和颜色的检测。这种系统适合于苹果、橘子、桃子、梨等球形水果的分选，可按体积、直径、长度、颜色分级，分选的等级可达 12 级，行数有 2、4、6、8 几种系列。

水果表面缺陷类型较多，主要有刺伤、碰压伤、磨伤、日灼、雹伤、病虫果、虫伤及表面疵点等。利用计算机视觉进行缺陷检测，本质上就是将各种缺陷区从正常的果面区中分辨出来。基于计算机视觉的水果自动分选系统应满足以下基本要求：①水果表面应 100％地检查，因为即使很小面积的漏检，也会使级别发生较大的变化；②高速，即视觉检测速度应满足分选生产线的高效率要求；③达到与人工分选相当的分选精度；④具有鲁棒性，即适应水果类型、尺寸、形状、颜色等因素的变化。目前在表面缺陷检测方面存在的主要难题有：①对水果整个表面快速地进行机器视觉检测比较困难；②快速而准确地检测出水果表面的各种缺陷且与梗、萼凹陷区正确区分比较困难；③球形的水果表面引起光照强度在投影面内呈曲面分布，同时二维图像上的透视区域与水果实际表面存在畸变，均给图像的缺陷检测带来困难和造成误差；④传统的图像处理及模式识别算法速度太低，成为计算机视觉技术应用的“瓶颈”问题。

7.5.1.2　水果、蔬菜内部品质无损检测

反映水果内部品质的主要属性有硬度、糖度、酸度、维生素 C 含量及内部缺陷等。

1. 水果硬度检测

水果的硬度可间接反映水果的成熟度、运输中的抗损坏性、储藏期等。目前用于水果硬度检测的方法主要有变形法和声学法。变形法会造成苹果表面的轻微损伤，而且只是测量水果表面的局部硬度，实际上，水果表面硬度变化较大，故限制了变形法的应用。声学法包括声波脉冲响应法和超声波法。声波脉冲响应法(20～1 500 Hz)就是利用麦克风测量受轻微敲击水果的声波强度，由此确定水果的硬度。此法的优点是简单、无损，且能反映水果的整体硬度，缺点是必须注意周围噪声的绝缘及机械振动的消除，此外，水果形状也影响测量精度。超声波(大于 20 000 Hz)法是根据超声波在水果等介质中传播时能量衰减系数的大小确定水果硬度，但由于水果内部含有较多气隙且各向异性，故超声波很难穿透整个水果。

在农产品加工中，水果的成熟度以及随后的质量评估都非常重要，要求有一种可靠、快速、非破坏性的检测技术，用来测量水果中与成熟和品质有关的一些物理性质。不同的水果其成熟的决定因素也略有差异，如鳄梨的硬度、油和干物质含量是测定成熟度方法考虑的主要因素；芒果的成熟决定因素是果肉的软化程度、酸的减少和可溶性固形物、总固形物的增加等。硬度是水果成熟的一个主要指标，硬度的变化开始于采摘之前，并在采收、处理和储藏过程中继续变化。除硬度外，化学变化也是主要指标。穿透实验是检测硬度的一种最可接受的方法，但实验要花很长时间并且对水果造成破坏。因此迫切需要非破坏性的水果成熟度检测技术。

用声波检测技术测定鳄梨的仪器包括一套声波发射和接收的装置，能够发射和接收穿过水果果皮和果肉的声波信号。测量声波衰减有两种方法：一个以时域为基础，另一个以频域为基础。传感器装在一个可移动的结构之上，可方便两种方法进行。两种方法中的传感器轴的角度都是大约 120°。脉冲发生时传感器能够同时发射和接收从果皮传递而来的声波信号，一个传感器用于发射，另一个用于接收。脉冲声波由发射传感器进入水果果皮，经过果肉组织，再由接收传感器捕获，结构示意图如图 7.49 所示。

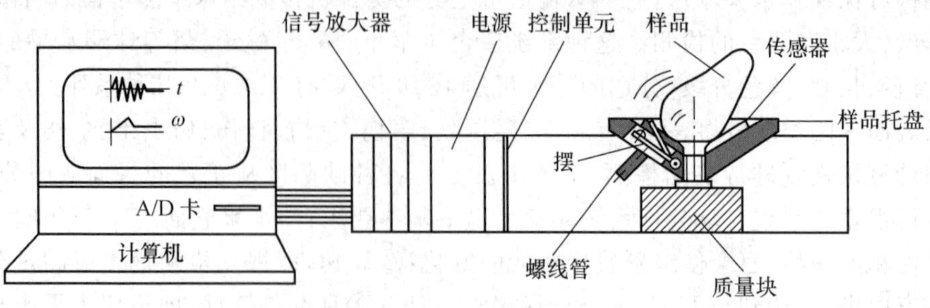

图 7.49 鳄梨硬度声学检测装置(Galili 等, 1998)

2. 糖度、酸度和维生素 C 含量的自动检测

近红外法(NIR)是果蔬的糖度、酸度快速检测方法之一。如图 7.50 所示,按照光路的布置方式分漫反射、漫透射和透射。漫透射和透射的特点是:①可以测量果实整体,②可以测量厚皮果品,③可以检测果实内部特征,④只限于易透光物料,⑤需要配置高灵敏度、高动态范围检测器。漫透射和透射适用于苹果内部水心、褐腐病、鸭梨内部褐变等果皮较厚的果实。漫反射的特点是:①适合多种果品,②只能获取一个方向且为果皮附近的果肉信息,③不能测量柑橘之类的厚皮果实,④在选果线上,近红外线照射位置一定,而果实大小和人工放在输送装置上的果实位置,将使测定位置产生偏差,从而影响测定精度。漫反射适用于检测果皮较薄的桃、梨、苹果等果实的糖度、酸度。

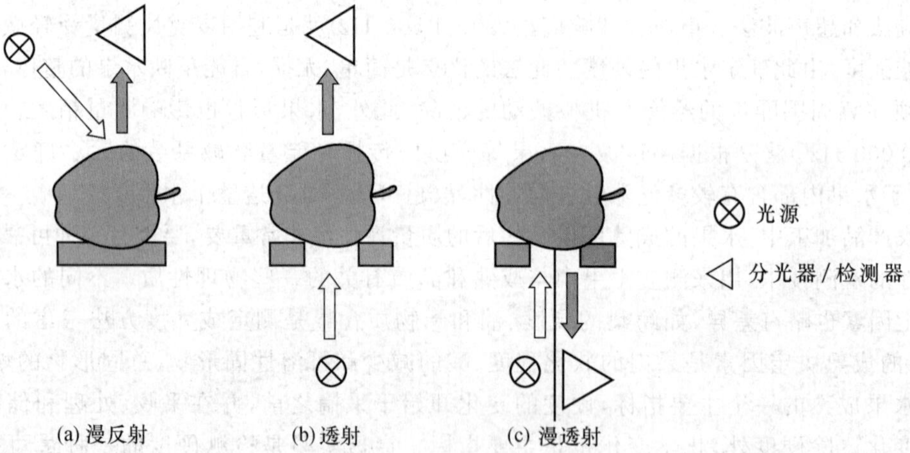

图 7.50 光路布置方式

在水果和蔬菜方面,测量对象有黄瓜、大白菜、番茄、鲜辣椒、南瓜、水蜜桃、苹果、柑橘等,分析指标有 β - 胡萝卜素、糖分、维生素 C、粗蛋白、中性纤维、糖度、酸度和内部褐变等(表 7.3)。另外,在蔬菜食用安全方面也有所研究,如硝酸盐含量和有机磷农药残留的鉴别等。近红外光在水果品质无损检测方面逐渐发展到无损智能在线检测阶段。

采用近红外反射法,光线经过的路径比透射法短,且入射光线与接收器有一夹角,此夹角的确定对测量起关键作用,此外二者之间必须加一隔板(图 7.51)。利用 884 nm 和 834 nm 波长的反射率的比值,已实现了桃子和苹果糖度的自动测定。

表 7.3　近红外光谱检测水果品质统计表

水果品种	检测成分	采用的方法
哈密瓜、甜瓜、	糖度、水分、干物质、可溶性固形物	透射
香瓜	干物质、糖度、苹果酸	透射
芒果、菠萝	糖度、酸度、硬度	反射
草莓、李子	总糖、蔗糖、山梨糖醇、酸度、硬度	反射
油桃、樱桃、桃子	总糖、酸度、山梨糖醇	反射
日本梨、苹果	干物质、可溶性固形物、蔗糖、葡萄糖、果糖、山梨糖醇、酸度、硬度、叶绿素、水分、还原糖、总糖及苹果酸、褐变、水心病	反射或透射 反射
番茄	胡萝卜素、叶绿素、糖度	
温州蜜柑、蜜橘	糖度、酸度	反射或透射

Lu 等(2002)利用近红外光(700～1 700 nm)检测苹果的硬度和糖度。光源采用 250 W 的石英钨丝卤素灯,其光线经传感探头进入 MS257 成像光谱仪和 InGaAs 探测器,经过 A/D 转换后进入计算机(图 7.52)。分别采用 3.5 mm 和 5.5 mm 光纤接收近红外光信息,在近红外光和破坏性检测标准值间进行线性回归,建立了苹果硬度和糖度的无损检测用数学模型。

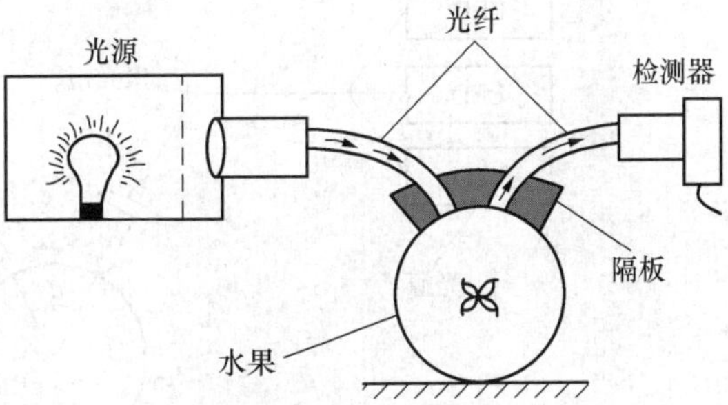

图 7.51　近红外反射法测水果糖度
(李庆中, 汪懋华,1999)

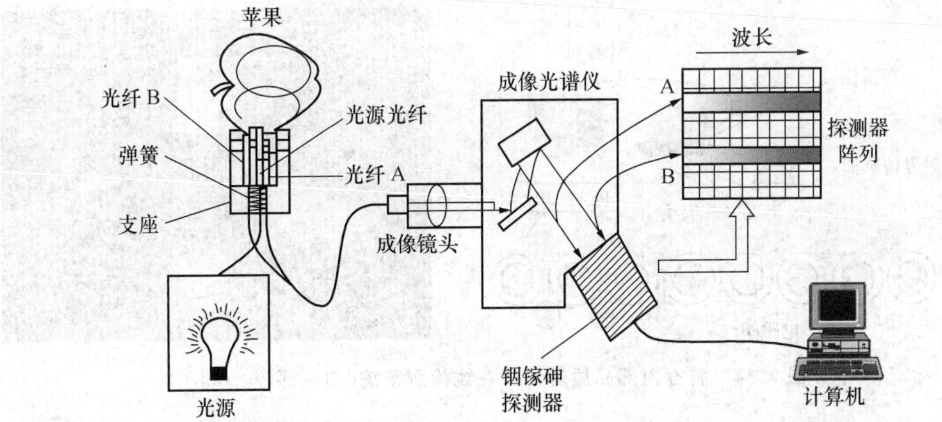

图 7.52　苹果硬度和糖度近红外光检测系统(Lu 等,2002)

Masahiro(1998)等研制了用于水果和蔬菜糖度的无损检测系统(图 7.53)。该系统检测原理是：当近红外光照射在水果或蔬菜上时,通过检测其吸光度,并通过数学模型来预测水果和蔬菜的糖度。该系统至少有 3 个 LED 光源,光源发射 3 种波长的近红外光(在 860～

960 nm之间),系统检测误差为±1.0 Brix。

图7.54为脐橙内部品质近红外光在线检测系统,它由卤钨灯光源(50 W/12 V)、光纤探头(SMA905)、光谱仪(USB4000)、光电传感器(E3F-DS10C2)、SpectraSuite软件、旋转电磁阀、调速电机、水果托盘和传送装置等组成。传送装置速度可调,波长范围600~880 nm,积分时间40 ms,采样间隔0.2 nm,光源和水果托盘间的距离可调。光源垂直照射水果,光纤探头与垂直方向呈45°角。每个水果经过光电传感器,光电传感器给4 V触发信号至USB4000光谱仪,触发光谱仪采集一次光谱,并代入脐橙内部品质无损检测用模型进行计算。刘燕德等(2008)以赣南脐橙为检测对象,探讨了不同传送速度对检测结果的影响。

3. 水果内部缺陷的检测

目前国内外正研究利用近红外光谱技术、X射线技术、磁共振和磁共振成像技术等方法检测农产品内部缺陷,因X射线技术、磁共振和磁共振成像技术成本高及安全性等问题,故很难在农业中推广应用。

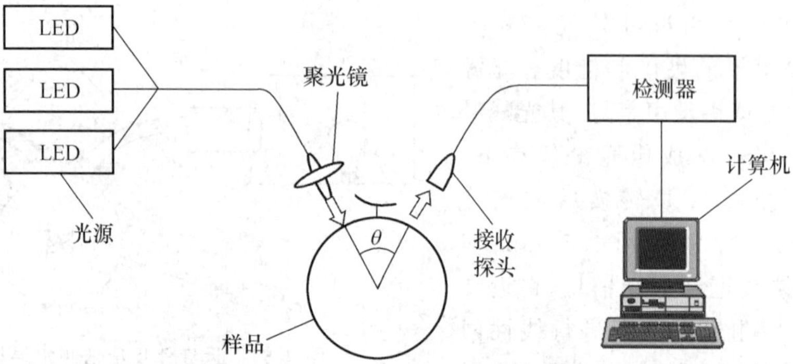

图7.53 图7.52系统的检测原理示意图(Masahiro等,1998)

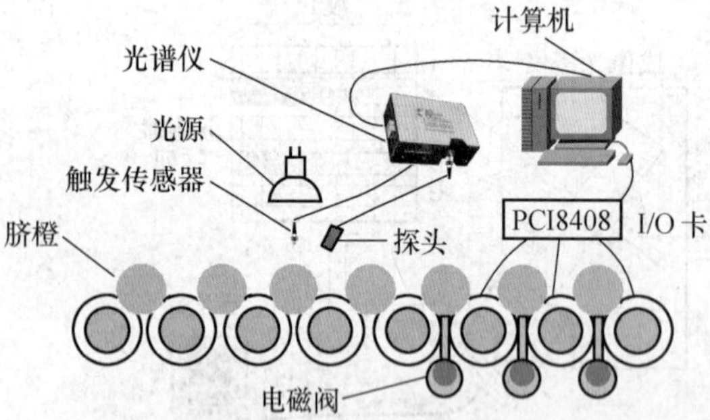

图7.54 脐橙内部品质近红外在线检测系统(刘燕德等,2008)

国内外研究学者对苹果的水心、褐腐病、果肉褐变和梨的黑心检测进行了大量研究,根据检测目标特性,多采用可见/近红外透射光谱法。韩东海等采用光密度差分法对水心苹果等级进行了分析,采用810和760 nm处光强值能较好判别轻度和重度水心果;韩东海等利用可见/近红外连续透射光谱技术(650~900 nm)对苹果内部褐变进行了研究,选择715、750和810 nm 3个特征波长进行了褐变果判别分析,实验结果表明,样品的正确判别率达到95.65%;王加华等采用可见/近红外能量光谱法快速判别苹果褐腐病、水心，图 7.55 为水心苹果、褐腐病和正常苹果的能量光谱图，采用多种分析方法建立模型，褐腐病苹果判别率都为 100%，水心苹果判别率最高达到 96.7%，为在线分选提供了一种新思路。

水果在采摘、运输、分选、包装过程中，由于碰撞或挤压不可避免地对水果造成损伤，损伤检测也广受关注。损伤主要为浅层损伤，多采用近红外漫反射法进行检测。

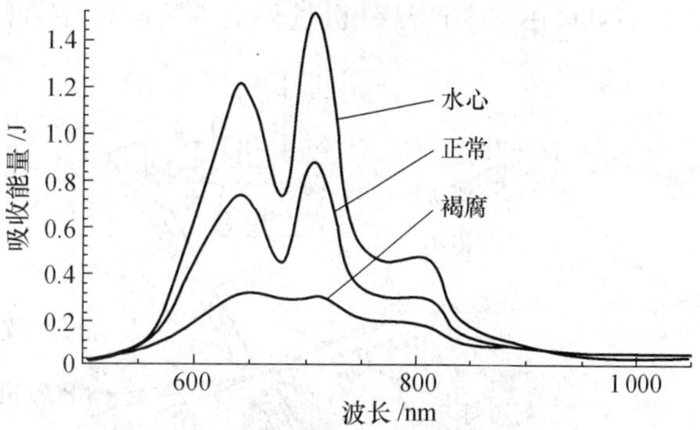

图 7.55 水心、正常、褐腐苹果绝对能量平均光谱（王加华等，2006）

7.5.2 谷物品质检测技术

谷物、种子及其他籽粒类农产品品质的检测对于发展高产、优质、高效农业有重要意义。谷物籽粒的外部品质检测的主要指标有粒重、纯度、完整度、透明度及杂质含量。除粒重外，其他指标都需要视觉性检查，故机器视觉在谷物籽粒外部品质检测中具有较大的潜力。而谷物籽粒的内部品质检测的主要指标有硬度、蛋白质含量、脂肪含量、含水量等。近红外检测技术在内部品质检测中有较大潜力。

1. 谷物籽粒外部品质检测

利用机器视觉进行谷物品质检测，主要从 3 方面提取特征参数，即形态特征(尺寸和形状)、颜色特征以及纹理特征。外部品质的检测分静态抽样检测和动态分选检测。静态检测容易实现，而动态分选涉及的关键技术是视觉信息的快速采集和处理以及籽粒分选机构的设计。

目前在国外，有的国家已有商品化谷物籽粒色选产品出现。例如英国 SORTEX 公司生产的大米、麦粒、花生、咖啡豆等的高性能色选机，采用了 CCD 技术进行双面检测，能去除颗粒中的最细微的疵点谷粒、虫类以及杂草、石子等植物类和杂质，确保产品质量。在世界范围内已安装了 1 000 多台的 90000 型系列色选机如图 7.56 所示，高性能 CCD 探头从前、后两面检测产品，剔除细微异色颗粒，具有集成式振荡器和宽槽喂料系统，杂质的剔除由压电喷嘴完成。该喷嘴具有速度快、精度高的特点。计算机内存有 100 多种色选样品的数据，CCD 镜头前的滤色片可自动选择，分选生产率为 4～16 t/h。

2. 谷物籽粒内部品质检测

内部品质的检测，目前在国外研究较多的是近红外技术，有的国家已有商品化产品出现。图 7.57a 所示的是瑞典波通(Perten)仪器公司生产的 DA7200 近红外连续光谱测定仪，可广泛应用于产品在自然状态下的检测，可快速、无损地测量粉状体、谷物群体、乳状体、液体和单粒谷物的色泽、脂肪、水分、蛋白质、纤维素、淀粉及其他物理化学特性，1～3 s 内可得到测试结果。DA7200 是一个波长从 950～1 650 nm 的近红外分光光度计，采用了并行处理二极管阵列技术。二极管阵列技术的光学系统如图 7.57b 所示，用一个宽频带光源(卤钨灯)照射样品，光与样品作用后，衰减后的光进入到探测器，入射光则通过固定衍射光栅分光，且入射光的能量同时被传感器测量，利用入射光与反射光的分光特性，就可以分析出谷物籽粒的内部品质,DA7200 在整个产品分析过程中不粉碎样品,可实现非破坏性检测。

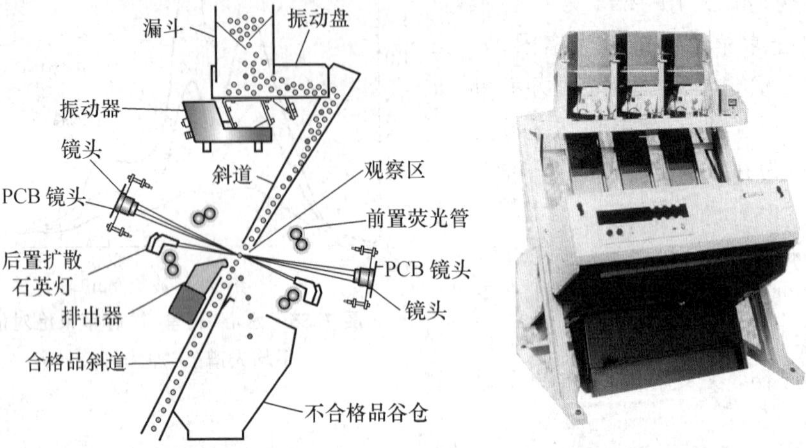

(a) 原理图　　(b) 外形图

图 7.56　SORTEX90000 型系列色选机(http://www.sortex.com/)

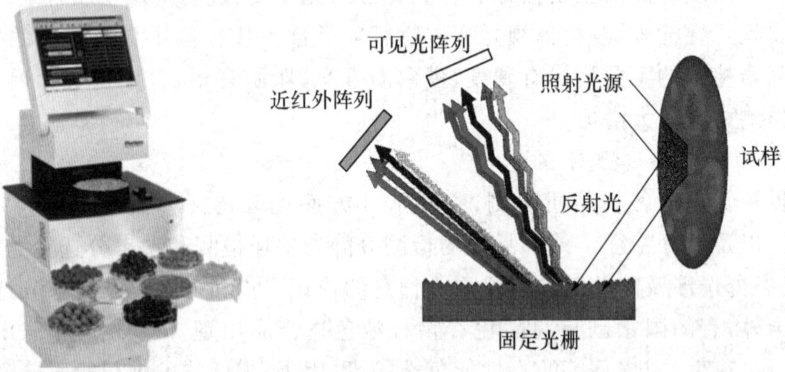

(a) 外形图　　(b) 工作原理

图 7.57　DA7200 近红外光谱测定仪(http://www.perten.com/)

目前近红外光检测技术还存在不足,如不同地区的不同机构,在近红外仪器的定标过程中,往往采用各自测定的标样,不同机构的标样之间有一定的差异,导致测定的结果也有一定的差异。样品的粒度大小、均匀程度及装样方法对漫反射测量结果的精度都有较大的影响,预测能力及预测精度有待进一步提高。近红外光能够更好地测定生物材料,但是贸易中原料的多样性和标准是挑战性的问题。

参考文献

[1] 陈军,朱忠祥,等.基于神经网络的农用车辆自动跟踪控制[J].农业机械学报,2006,38(5):131-133.

[2] 陈文良,谢斌,宋正河,等.拖拉机电控液压动力转向系统的研究[J].农业工程学报,2006,22(10):122-125.

[3] 焦俊,陈无畏,王继先,等.基于遗传算法的自动引导车自适应变结构控制[J].农业机械学报,2008, 39(7): 114-118.
[4] 李庆中,汪懋华.基于计算机视觉的水果实时分级技术发展与展望[J].农业机械学报,1999, 30(6):4-7.
[5] 刘建娟,徐晓苏.改进遗传模糊神经网络在舰船组合导航中的应用[J].船舶电子工程,2006,26(2): 63-66.
[6] 刘燕德,陈兴苗,欧阳爱国.可见/近红外光谱法无损监测赣南脐橙可溶性固形物[J].光学学报,2008, 28(3): 479-481.
[7] 林建涵.激光控制平地系统接收和控制装置的研究与开发[D].北京:中国农业大学,2004.
[8] 吕安涛.一种拖拉机自动驾驶复合模糊控制方法[J].农业机械学报,2006, 37(4):18-20.
[9] 马道坤.车载式农田土壤水分坚实度与电导率复合测量方法研究[D].北京:中国农业大学,2006.
[10] 孟志军.基于处方图的变量施肥作业系统关键技术研究[D].北京:中国农业大学,2007.
[11] 王加华,韩东海.苹果内部品质近红外光谱分析检测技术[J].中外食品,2006,2:50-53.
[12] 汪懋华.农业机械化工程技术[M].郑州:河南科学技术出版社,2000.
[13] 武传宇,赵匀,蒋焕煜.农业自动行走车引导系统研究现状和发展趋势[J].农机化研究,2002(3):1-3.
[14] 谢斌.拖拉机作业机组分布式控制关键技术研究[D].北京:中国农业大学,2008.
[15] 张利民,罗锡文.差分GPS定位技术在土壤耕作阻力测量中的应用[J].农业工程学报,1999, 15 (4):35-39.
[16] 张智刚.插秧机的DGPS自动导航控制系统研究[D].广州:华南农业大学,2006.
[17] 周建军.车辆自动导航定位与控制方法研究[D].北京:中国农业大学,2009.
[18] 朱忠祥,陈军,等.基于PD控制的拖拉机半挂车机组自动直线倒车系统[J].农业机械学报,2006, 37(7):18-20.
[19] Cho S I, Ki N H. Autonomous speed sprayer guidance using machine vision and fuzzy logic[J]. ASAE, 1999, 42(4):1137-1143.
[20] http://www.unitec-group.com/[OL].
[21] http://www.ext.colostate.edu/pubs/crops/00568.html [OL].
[22] http://www.brain.go.jp [OL].
[23] http://narc.naro.affrc.go.jp/[OL].
[24] John F Reid, Zhang Qin, Noboru Noguchi. Agricultural automation guidance research in North American[J]. Computers and Electronics in Agriculture, 2000, 25: 155-167.
[25] Kondo N, Ting K C. Robotics for bioproduction systems[C]. ASEE, 1998.
[26] Li Minzan, Ohura M. Information technology for insect production system[C]//Promoting Global Innovation of Agricultural Science & Technology and Sustainable Agriculture Development. Session 6:Information Technology of Agriculture, International Conference on Agricultural Science and Technology, 2001: 283-290.
[27] Lund E D, et al. Practical application of soil electrical conductivity[G]//Precision

Agriculture'99(Part 2). Sheffield Academic Press, UK, 1999:771 - 779.

[28] Monta M. Robots for bioproduction systems[C]//Bio-robotics II, 2nd IFAC/CIGR International Workshop on Bio-robotics, Information Technology and Intelligent Control for Bioproduction Systems, 2000:1 - 11.

[29] Murase H. Microprecision technology in agricultural automation[C]//Promoting Global Innovation of Agricultural Science & Technology and Sustainable Agriculture Development. Session 6: Information Technology of Agriculture, International Conference on Agricultural Science and Technology, 2001:148 - 152.

[30] Galili N, Shmulevich I, Benichou N. Acoustic testing of avocado for fruit ripeness evaluation[J]. Transactions of the ASABE, 1998,41(2):399 - 407.

[31] Noguchi N, Terao H. Path planning of an agricultural mobile robot by neural network and genetic algorithm[J]. Computers and Electronics in Agriculture, 1997, (18): 187 - 204.

[32] Lu R, Ariana D. A near infrared sensing technique for measuring internal quality of apple fruit[C]//ASABE conference paper, 2002.

[33] Robert E. A Primer on Robotic Milking System[D]. College of Agricultural Sciences (Agricultural and Biological Engineering), Pennsylvania State University, 2002.

[34] Sakai S, Iida M. Heavy vegetable harvesting robot[C]//Bio-robotics II, 2nd IFAC/CIGR International Workshop on Bio-robotics, Information Technology and Intelligent Control for Bioproduction Systems, 2000: 47 - 50.

[35] Shibusawa S, Li Minzan, et al, Spectrophotometer for real-time underground soil sensing[C]//ASAE Paper No. 993030, 1999.

[36] Scarlett A. Integrated control of agricultural tractors and implements: A review of potential opportunities relating to cultivation and crop establishment machinery[J]. Computers and Electronics in Agriculture, 2001, 30: 167 - 191.

[37] Zhang Q, Reid J F, Noguchi N. Agricultural vehicle navigation using multiple guidance sensor[C]//Minneaplis: Proceedings of the International Conference on Field and Service Robotics, 1999, UILU-ENG-99 - 7013.

[38] 松尾陽介ら. 耕うんロボットの航法技術と作業性能(第1報)—開発目標と3方式の航法システム [J]. 農業機械学会誌, 2001, 63(3):101 - 106.

[39] 陳兵旗ら. 水田における移植水稲苗の検出—反射光の影響を受けない画像処理法 [J]. 農業機械学会誌, 1999, 61(5):57 - 63.

[40] 行本修ら. 次世代農業機械開発のための基礎技術開発(生研機構) [C]//第59回農業機械学会年次大会講演要旨, 2000.

[41] 飯田訓久ら. 無人追走方式の研究(第1報) [J]. 農業機械学会誌, 1999, 61(1):99 - 106.

[42] 近藤直, 等. 农业机器人 [M]. 乔军, 等译. 北京:中国农业大学出版社, 2009.

第8章 精细农业技术集成与应用

8.1 精细农业技术集成

精细农业是基于电子信息、计算机网络、农业工程、农业生物等多学科知识与技术，对农业生产进行定量决策、变量投入并精确定位实施的现代农业生产管理技术体系，是21世纪农业发展的重要方向之一。通过综合运用全球卫星定位系统(GPS)、地理信息系统(GIS)、遥感技术(RS)和传感器测量技术，辅助地面人工调查与科学试验，对农作物生产过程中气候、土壤从宏观到微观实施长期监测，对农作物生长、发育、病虫害、水肥以及产量状况进行信息获取，分析农田小区各种监测量的时空分布差异特征，从而进行智能诊断与决策，制订田间实施计划，在GPS和GIS集成系统支持下，通过变量可控的智能农业机械，实施定位定量的精细管理，实现科学合理的投入，获得最佳的经济和环境效益。精细农业不是一项单纯的工程技术，而是由一系列适用技术集成的复杂系统工程。

8.1.1 技术体系

精细农业的支撑技术主要涉及4个学科领域：信息技术、生物技术、农业工程技术及农机装备技术，如图8.1所示。

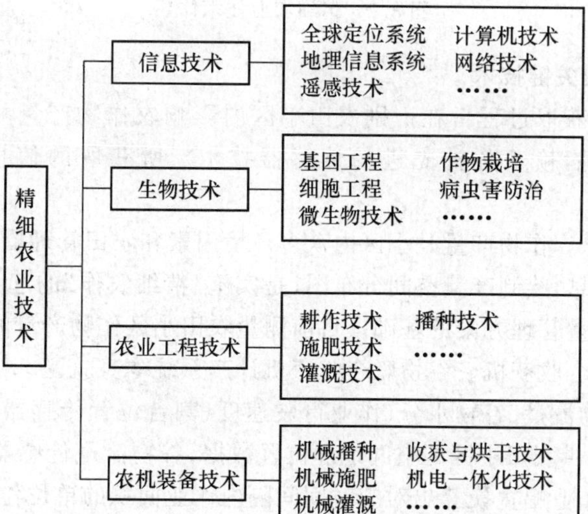

图8.1 精细农业支撑技术的学科分类

如果按照精细农业的实施流程，精细农业技术体系又可以描述为信息获取、信息分析与决策、田间实施、效益评估4个过程，如图8.2所示。信息获取过程是实施精细农业管理的前提和基础，通过采用各类传感器技术获取作物产量以及导致产量空间差异的环境因素。基于农学与生物知识，应用地理信息系统、数据库、专家系统等技术对这些传感器数据进行处理和综合分析，制订有效平衡空间差异的作业管理方案，因此信息分析与决策过程是精细农业系统的核心和关键。田间实施过程是通过信息、机械、控制等技术集成来保证智能农业机械能够按照预先设定的作业管理方案精确执行。此外，效益评估也是整个系统不可缺少的组成部分，通过经济和环境指标评价精细农业系统执行情况，并进而对系统进行不断优化。信息获取、信息分析与决策、田间实施以及效益评估4个部分都是精细农业不可或缺的组成部分，只有将它们有机集成才能实现精细农业的目标。

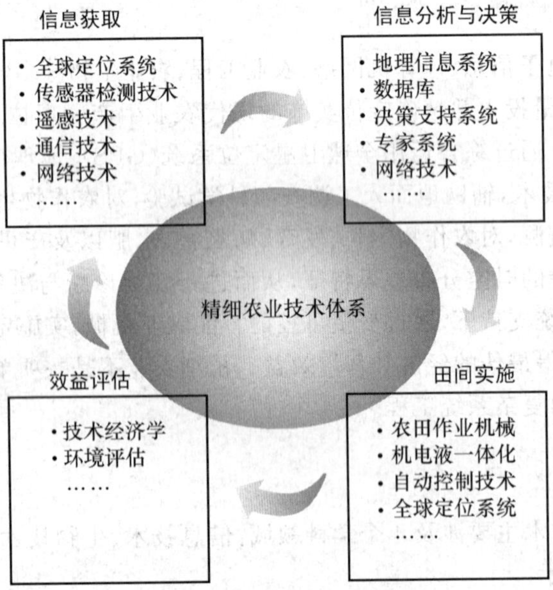

图8.2 精细农业技术体系

8.1.1.1 信息获取的关键技术

精细农业的信息获取过程旨在识别农田小区内影响农作物产量的各种环境、作物长势空间差异，而这必须依赖于各种先进的传感器技术。所获取的信息主要包括以下几种类型：

(1)作物产量信息　作物产量是小区内众多环境因素和农田管理措施综合影响的结果，因此获取农作物产量信息，绘制产量空间分布图，是实施“精细农作”的起点，是实现作物生产过程科学调控和制订变量管理方案的基础。目前测量农田小区作物产量的最直接方式是采用具有计产功能的谷物联合收获机。谷物联合收获机计产系统本身就是一个多种技术集成的复杂系统，主要包括了谷物流量、谷物水分、作业行驶速度、割台位置传感器以及GPS位置传感器和监控终端。GPS提供农田小区的空间地理位置数据，谷物流量传感器在设定时间间隔内自动累计产量，再根据作业幅宽换算出对应时间间隔内作业面积的单位作业产量，从而获得对应小区产量数据。

(2)土壤环境参数信息　土壤环境条件直接影响作物生长，通过获取小区内多种土壤参数，综合分析可能导致作物产量差异的原因，从而制定有关施肥、改土、耕作和种植的定位处方决策。这些土壤参数中，有些相对稳定、时空变异较小，如土壤容重、耕作层深度、土壤pH、有机质含量、土壤P和K含量等，对于这类土壤参数，不必进行频繁测量，可在实施精细农作管理前进行一次全面测量，然后不定期地选择性复测即可，一般采用人工采集土样、实验室化验的分步处理方式。而有些土壤参数，由于农作导致时空变异较大，如土壤含水量、土壤N含量、土壤坚实度、土壤电导率等，对于这类土壤参数，局部不定期的测量和繁琐冗长的分步处理方式根本无法适时反映作物生育期内变化，因此需要能够实现快速检测的传感器设备。目前，基于土壤理化分析原理或光谱分析技术已经实现部分土壤参数的快速检测，如基于驻波比和频域分析原理开发的土壤含水量快速测量仪器，但是在土壤养分快速检测上还有待技术突破。根据采集方式，土壤参数快速检测设备可分为便携式测量仪和机载式测量仪，目前又出现基于无线传感器网络技术构建分布式土壤环境参数监测网络，能够获取更高时空分辨率的农田信息。

除了传感器技术外，农田土壤样本采集还涉及栅格采样技术。栅格采样是指导田间采集土壤样本的一种方法，包括了栅格数量、单位栅格的形状和大小，以及栅格中采样位置的选择，通过采样方案的优化设计，使样本最能表现土壤参数空间差异。

(3)气候环境参数信息　大气温度、大气湿度、风速、太阳辐射、降雨量等小气候环境参数一直都是重要的农田管理决策参考信息。在面积有限的农田区域中，小气候环境参数的空间变异并不明显，因此只需放置少量测量仪器即可。一般采用集成多种气象参数检测传感器的小型气象站实现对气候环境参数自动采集和存储。

(4)作物苗情长势信息　这类信息包括农作物苗情、长势以及病虫草害分布情况等，目前主要采用GPS定位设备引导下的查田抽样检测方式，随着掌上便携式设备的引入，较好地提高了信息采集的自动化程度和工作效率。此外，计算机视觉支持下的生物对象模式识别技术，遥感系统中的高分辨率多光谱近地测量技术，在这一领域也具有广阔的应用研究前景。

(5)空间位置信息　精细农业思想的实质是实现"作物生产定位管理"，几乎所有的农田管理作业过程中，都需要同步提供位置信息，目前主要采用GPS接收机输出空间地理坐标数据。在上述作物产量、土壤环境参数、作物苗情长势信息获取过程中，一般需要GPS定位设备协同工作，以实现这些信息的精确定位采集。

田间信息获取过程涉及不同的传感器技术、电子信息、软件工程、空间技术、网络和通信技术等多学科知识以及各种装备技术，并且随着科学技术的不断发展，将会有更多技术手段为精细农业信息获取提供先进适用的解决方案。

8.1.1.2　信息分析与决策的关键技术

将获取的各种农田信息转移和存储到数据管理服务中心，由数据管理服务中心的软件平台对数据进行整合处理与综合分析，并制订相应的决策方案，是精细农业的信息分析与决策过程。

1. 数据处理分析

即以地理信息系统(GIS)平台为基础，整合校对空间位置数据和各种不同类型的农田信息，绘制相应的专题图，主要包括：

(1)产量数据空间分布图　通过谷物联合收获机计产系统连续采样获得产量数据，基于空间地理位置显示为一系列连续点状数据，通过数值滤波方法剔除由于机械转弯或者收获机发生故障时记录的无效数据点，然后通过采用地统计学方法对所有数据进行统计分析，通过空间插值得到整个地块的产量数据空间分布图。

(2)土壤参数空间分布图　土壤采样旨在通过采集空间上非连续的土壤样本分析生成土壤不同参数的空间分布图，而对于非采样位置上的数据需要通过空间估计获得，称为插值，即基于已知采样点的土壤数据估计相邻非采样点土壤数据的一种方法。常用的插值方法包括最近相邻、局部平均、距离倒数加权、等高线和克里金插值等。当土壤采样点数目较多时，以克里金方法最优，它利用半方差图确定土壤数据变化程度和合理的采样间距。

(3)作物苗情及病虫草害分布图　这类数据的采集方式既不同于产量测量过程中的连续采样，也不同于土壤采样中的规则栅格采样，而是在田间巡查过程中，根据苗情或病虫草害发生情况，人为确定采样位置并记录数据，因此一般采用趋势面分析的数据处理方法，即通过某种形式的函数所代表的曲面来逼近该信息的空间分布。趋势面分析方法通常能够从总体上反映了苗情、病虫草害的空间变化性趋势。

2. 诊断决策

通过数据处理分析过程，得到产量空间分布图、各种土壤参数空间分布图、作物苗情分布图、病虫草害分布图。基于这些不均衡空间分布数据及历史数据，根据农学知识和经验，进行数据“诊断”，如地块哪里需要灌溉，灌溉量是多少；哪里需要施肥，施何种肥料，施肥量是多少；哪里需要喷药，喷何种药剂，喷洒量是多少。通过“诊断”制订出因地制宜、按需施用的变量处方决策方案，如变量施肥处方图、变量灌溉处方图、变量喷药处方图等。

例如产量空间分布图就是应用于农业生产决策的重要参考数据，目前主要有4种模式。

第一，最简单的一种方式，根据产量图计算出当季作物从土壤中移走的养分理论量，下一季再向土壤补入这些带走的养分量，这种施肥方法被称为“补充施肥”法。考虑淋溶损失情况，有时会适当增加一些施用量，比如增加10%的肥料用量。这种方法应用的前提是假设两个生长季的产量限制因子不改变。如果符合这个前提，那么生产效益将会由于肥料施用量的减少而增加。然而，事实上不同的气候条件会使肥料效应发生改变，使少施肥的地方出现营养缺乏，多施肥的地方出现营养过剩的现象。这种方法仅仅需要一年的产量信息和一个肥料补充模型，处方图可以很容易地通过软件实现，因此可以作为采用精细农业技术进行变量决策的一个很好的起点。

第二，更综合的决策模式。由一年的产量图数据、作物市场价格和单位面积的投入费用计算得出效益图，通过效益图，可以分析主要区域的产量限制因子。综合考虑产量限制因子造成的经济损失和补救措施的费用，决定今后的田间作业措施。这种模式可以说是一种基于产量图的利益驱动原则，它遵循精细农业的原则，不仅仅考虑田间的差异，而且考虑引起差异的原因，更具有提高经济效益、降低生产风险的潜力。

第三，基于多年的产量图数据进行决策。根据一块地多年的产量数据，可以获得产量空间趋势图和产量年际变化图，根据这两种图可以将地块划分出高产稳产区、低产稳产区和不稳定区，做出分类图。基于分类图，既可以做出长期决策如耕作策略，也可以做出中期决策如下一季的底肥施用量。

第四，基于第三种模式并引入了效益图。它假设无论是经济限制因子还是环境限制因子都已经被解除，因此给定的生产条件的生产潜力可以得到最大限度的发挥，比如土壤和气候，并且无法通过生产管理措施得到进一步提高。同第二种模式一样，基于产量数据、作物市场价格和每公顷的投入费用计算得出效益图，第二种模式仅仅基于一年的产量数据，而这种模式基于多年的产量数据，使分析更复杂，但是却可以使决策建立在更广阔和更可靠的基础上。然后划分不同的效益区如稳定高效区、稳定低效区和不稳定区，根据效益最大化原则决定各类区域是否采取措施和采取怎么样的措施如轮作措施、施肥量等。这种模式目标是综合考虑经济、环境和可持续发展等因素，获得最大的经济效益，从而达到精细农业的最终目的。

上面以产量空间分布图为例描述了诊断决策方法，但是除了产量以外，还有很多影响因素，并且由于各地块的具体条件不同，不可能仅仅应用一种决策方法，因此就需要建立智能决策支持系统。智能决策支持系统是根据生产者和农业专家在长期生产过程中获得的知识，建立作物栽培与经济分析模型、空间分析与时间序列模型、统计趋势分析与预测模型和技术经济分析模型，针对小区内农作物生长环境和生长条件时空差异特征，做出分布式投入决策，即田间投入处方图（treatment map）。决策支持系统（DSS）综合了专家系统 ES（expert system）和模拟系统 SS（simulation system）的优势，能够为精细农业的实施提供正确的决策支持。

决策支持系统可按以下 3 种方式操作：一是 GIS 平台和模拟模型单独运行，通过文件进行数据交互；二是建立一个通用接口，实现文件、数据的共享和传输；三是将模拟模型作为 GIS 平台的一种分析功能。GIS 作为存储、分析、处理、表达地理空间信息的计算机软件平台，其空间决策分析一般包括网络分析、叠加分析、缓冲区分析等。作物生长模拟技术是利用计算机程序模拟在自然环境条件下作物生长过程，除了不可控制的气候因素外，还有土壤肥力、墒情等可控因素。GIS 平台提供田间任何小区不同生长时期的时空数据，基于作物生长模拟模型，在决策者的参与下提供科学的管理方法，形成田间管理处方图，从而指导农机变量作业。

8.1.1.3　田间实施的关键技术

田间实施过程是信息获取、信息分析与决策工作的延续，直接影响整个精细农业的实施效果，是最能体现精细农业技术思想的关键步骤。田间实施是将信息分析与决策过程所制定的变量处方图下载到农业机械装备系统中，如同打印机一般依据处方图在田间实施各种调控方案，如变量处方施肥、变量处方灌溉、变量处方喷药等。

变量处方农作的田间实施需要通过智能农业机械装备实现，其核心技术就是变量控制作业执行机构。国外一些厂商已经推出了农机变量作业控制器产品，如美国 Midwest 公司的 Mid-Tech 变量控制器、Rawson 公司的 SCS 4000 变量控制器。在变量控制器、阀控马达及作业执行机构的配合下可以进行手动方式或简单的农机变量作业，如果希望实现基于处方图的全自动变量作业，还需要其他技术辅助配合，如 GPS 接收机提供实时位置数据、机载终端管理处方图并监视和存储各种作业数据，测速传感器实时采集准确的地速数据用于作业面积计算等。基于农田作业机械的智能变量处方控制系统是机电液一体化、智能控制技术在精细农业中的典型应用。

此外，在田间实施过程中，为了保证农机作业效果，防止因驾驶技术所导致的作业重叠和遗漏，农机导航也是非常重要的关键技术。按照作业过程中是否有人主动参与驾驶，可将农机作业导航划分为辅助导航和自动导航两种方式。典型的辅助导航设备，如导航光棒，由一排发光二极管组成，通过点亮不同位置的二极管指示偏差方向和程度，驾驶员根据提示做出相应调整，从而回到正确的作业路径上。辅助导航方式简单、成本低，但由于驾驶员的个人差异及反应速度限制，导航效果很难进一步提高。目前农机自动导航技术正在成为研究热点，农机自动导航系统通过集成高精度 GPS 定位系统、机器视觉、惯导系统、农机转向控制等多种技术，使农田作业机械能够按照设定作业路径或自动识别作物方式自动行驶，无需驾驶员操作。农机自动导航系统有助于提高作业效率，降低农忙时节的劳动强度，实行昼夜耕作。

8.1.1.4 效益评估

精细农业是农业经营理念的一次革命，其技术思想是先进的，但仍需要实践的检验和证明，因此效益评估环节必不可少，其反馈信息有利于逐步完善精细农业理论和技术体系。由于目前精细农业尚处于试验实践阶段，对效益评估的研究还不多见，这里仅从经济效益和生态效益两个方面简单讨论效益评估过程。

(1)经济效益评估　对精细农业的经济效益评估应从投入产出分析开始，但是仅从物质角度来测算是不够的，还需考虑技术引进、培训等其他非物质性投入，此外还需考虑长远经济效益及潜在风险。目前已有关于精细农业经济学研究，提出除了考虑运用农业经济学成本、收益和短期收益率等理论外，还需兼顾长远经济效益以及农民对新技术的掌握程度。因此，简化精细农业技术系统，构建综合技术服务体系，是提高精细农业系统经济效益的有效途径。

(2)生态效益评估　精细农业的按需投入思想旨在充分利用耕地资源、提高利用率、科学合理投入、减少农业活动对环境的不良影响，从理论上开展精细农作实践能够创造生态效益，但是还需建立有效的评价指标体系量化生态效益评估。上海精细农业示范研究中心进行了效益评估试验，选取两个面积相同、条件相似的地块，在采用相同输入量(作物品种、播种量、播种密度、肥料和农药使用量)前提下，比较常规管理模式和变量管理模式，提出了环境效益评价方法，并建立环境效益评价的数值模型，对不同农田作业方案进行自动识别和分析处理，显示精细农业措施下的温室气体排放、土壤和水体的环境变化。

8.1.2 技术标准化

精细农业技术体系是一个复杂的集成系统，涉及多个门类的学科知识，包括各种农业技术成果，可以划分为若干相对独立的子系统。此外，随着部分技术的实用化，一些厂商也先后推出了相关的精细农业产品。为了保证这些精细农业子系统之间协调工作，各种厂商产品之间互通互用、规范软硬件设计、制定数据格式标准和通信协议是技术应用发展到一定阶段的必然需求，因此精细农业系统集成和产业化过程中必将面临技术标准化问题。目前，ISO 国际标准化组织已经定义了很多与农业相关的协议，这里列出有关电子信息应用的两个国际标准：农业机械装备总线标准 ISO 11783 和农业电子数据词典标准 ISO 11788。

8.1.2.1 农业机械装备总线标准 ISO 11783

ISO 11783 是基于 CAN 总线通信标准定义的适于农林作业机械装备的串行控制与通信数据网络标准，通过简单的电缆连接可以将安装在农业工程机械上的各种电子控制单元(ECU)连接在网络上。ISO 11783 协议遵循 OSI 参考模型，包括物理层、数据链路层、网络层和应用层。最新发布的 ISO 11783 协议共 14 个部分，提供了各种信息的定义和功能描述。7.1.5 节中已有详细介绍，这里不再赘述。

市场上已经出现了符合 ISO 11783 协议的农业机械装备系统，如 Case MX 系列 Magnum™ 拖拉机，Flexi-Coil 公司 FlexControl 播种机和喷药机控制器，以及 John Deere 公司绿色之星（GreenStar）等，这些设备具有符合 ISO 11783 协议的 CAN 总线接口，可与其他公司生产的设备配套实现形式多样的精细农业作业控制。目前，ISO 11783 农业机械装备总线标准已经在欧美大中型农业装备的电子监视与控制系统中普遍采用。

8.1.2.2　农业电子数据词典标准 ISO 11788

1997 年，ISO 标准化组织发布了农业电子数据词典标准 ISO 11788，用于规范农业系统间的电子数据交换格式。协议包括了 3 个部分，分别是：

①ISO 11788-1-1997 第 1 部分，一般描述；

②ISO 11788-2-2000 第 2 部分，奶牛饲养业；

③ISO 11788-3-2000 第 3 部分，猪饲养业。

ISO 11788 的第 1 部分给出协议概述，并于 2000 年发布了用于室内畜牧养殖应用的第 2 部分和第 3 部分，以满足日益增加的畜牧养殖监控系统应用需求。通过 ISO 11788 协议，规范了农场中传感器采集设备、过程控制计算机和管理平台之间数据交换协议，实现数据的无缝连接。

8.2　精细农业实践过程

精细农业思想的提出使人们对科学利用农业资源潜力的认识和作物生产管理观念上产生深刻的变革，突破了传统的以单学科为主的工作方式。可以预言，它的应用实践和快速发展，使人类充分挖掘农田最大的生产潜力、合理利用水肥资源、减轻环境污染、大幅度提高农产品产量和品质成为可能，是各国农业科技革命的重要内容之一。通过研究发达国家精细农业思想发展与实践，结合我国农业经营的特点，本节探讨了开展精细农业实践的一般流程和基本原则。

8.2.1　实施流程

按照现代信息技术系统集成方式，以数据为中心，按照信息流组织管理各种农田作业过程，形成新型精细农作实施流程，如图 8.3 所示。采集各种类型信息建立精细农业管理数据库，输入农学知识模型作为智能诊断决策的参考依据，对数据进行适时处理分析，生成不同专题图，农场管理者依据专题图、个人经验、管理平台的知识模型进行诊断决策，生成处方图和经营策略，最终由农业机械实施变量作业。精细农业实施流程涵盖了传统农作中的耕作、播种、灌溉、施肥、收获等全部实践活动，并通过融入现代信息技术将这些农作管理进行量化和调控，转变为基于时空差异性的变量作业管理，同时又增加了许多精细农作特有的实践活动，如联合收获机在线计产、土壤参数采集、气象参数采集、数据综合处理分析等。

8.2.1.1　建立农田信息管理平台

农田信息管理平台是精细农业管理的核心系统，负责输入、处理所有农田相关信息，进行数据时空变异分析，制订正确的农作实施方案。目前精细农业的农田信息管理平台通常基于地理信息系统软件，如 ArcGIS、MapInfo、SuperMap 等，或是基于地理信息系统组件进行二次开发，如 ArcEngine、MapX 等。平台除具有一般地理信息系统的功能外，还需要支持与精细农业应用相关的数据接口、专业模型、特殊分析功能等。

数据库是农田信息管理平台的基础，如图 8.3 所示。数据来自农田现场测量、本地调查、历史数据、经济数据等，按照功能包括：

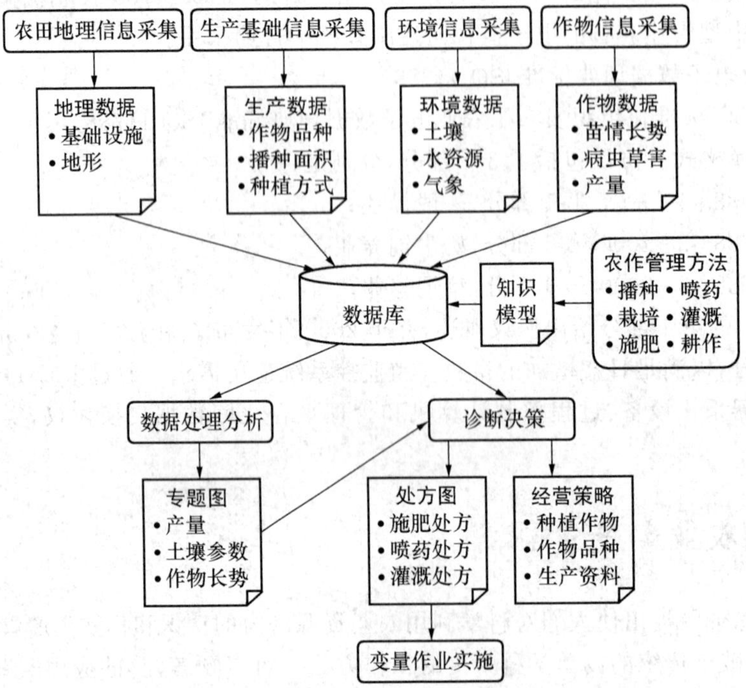

图 8.3 精细农业实施流程简图

(1)农田地理信息数据库

①用于作为地理背景的不同分辨率卫星影像数据、航空影像数据；

②利用 GPS 定位系统测量的农田基础设施分布数据，如沟渠、水井、晒场等；

③利用 GPS 定位系统测量的农田地形数据，如地块分布、地块类型(耕地、园地、林地、草地等)；

④GPS 控制点分布数据。

(2)生产基础信息数据库

①作物种类、品种、生态适应性、农艺形状、抗性、品质等；

②播种面积、种植方式、产量水平等；

③化肥投入、灌溉条件、农药使用量等；

④粮食价格及市场需求、种子价格、化肥价格、农药价格等。

(3)环境信息数据库

①土壤参数数据，如土壤类型、土壤剖面、土壤质地、土壤容重、土壤养分(土壤有机质、全氮、全磷、全钾、碱解氮、速效磷、速效钾)、土壤微量元素(硼、锰、铜、锌等)、土壤含水量、土壤渗透性、田间持水量数据等；

②气象数据，如日照时数、日平均温度、空气相对湿度、风速、降水量、气压等；

③水资源数据，包括水量、水质等。

(4)作物信息数据库

①苗情长势数据:运用高分辨率传感器,在不同的作物生长期实施全面监测;运用地物光谱仪和多光谱摄像机获取的信息,监测叶绿素密度的变化,并分析与养分的关系。

②病虫草害分布数据:通过遥感数据分析方式或便携式 GPS 田间巡查方式,记录农田作物病虫害类型、阶段、分布及规模。

③产量分布数据:在作物收获时,利用具有计产功能的联合收获机获得农田小区的作物产量分布。同时,逐年累计产量历史数据用于综合分析。

上述各类数据库的建立均需要通过各种形式的信息采集过程获取数据,这些数据中有的是基础数据,有的是即时数据。基础数据为农田信息管理平台的基本数据,在建立平台时就开始数据获取整理,逐步补充完善,如地理数据、生产基础数据、部分土壤参数和水资源数据等,这类数据采集不受作物生长时节的限制,采样更新频率较低。而即时数据需要在每季作物生长发育期内跟踪采集,如苗情长势、病虫草害、产量分布、土壤水分、土壤氮含量、气象数据等,要求较高的数据时空分辨率,需要更多的快速检测技术支持。

生成专题图是地理信息系统的基本功能,能够展示属性数据的空间分布。因此,在采集了土壤参数、作物信息等即时数据后,应通过农田信息管理平台对这些数据进行专题图分析,了解作物生长发育状况,以便做出正确、及时的诊断决策及相应的作业管理。

8.2.1.2　建立诊断决策专家系统

与传统农作相比,精细农作方式提供了大量的各种类型信息,单纯的人工决策无法做出全面准确的诊断决策,因此需要将专家系统(ES)融合到农田信息管理平台中进行智能诊断与决策。专家系统就是将专家的知识及有关作物的生长模型融入到生产决策方案的制订过程中,这样对每一取样点的具体情况做出决策,通过计算机插值分析得出整个区域的决策方案。在这个过程中依靠已有的专家知识进行推理决策,可以提高决策的科学性。图 8.4 和图 8.5 举例说明了精细农业实践中的小麦和玉米生产管理专家系统的决策过程及内容。

小麦生产管理专家系统可为制定产量目标提供科学依据,按产量设计程序,实现计划生产,同时提高科学管理的预见能力,及时预测预报小麦的生长发育,有预见地调节、控制小麦的群体结构、理想株型和产量构成因素,增加有效生长和有效积累。专家系统可以推荐适合该区域种植的优良作物品种;针对地力基础和目标产量确定施肥数量、元素配比和施肥方法;针对播种时间和肥力水平确定合理种植密度;针对土壤墒情、天气降水和苗情长势确定灌溉时间和水量:根据小麦生育进程和动态,针对群体结构和植株形态确定促控措施等综合系统栽培管理技术;针对不同麦田逐块进行决策,确定因地制宜的优化组合、因苗管理的最佳方案以及分类指导的应变决策。

玉米生产管理专家系统可以依据当地的生产条件和生产水平确定科学合理的产量目标,预测玉米生长发育,调节、控制玉米的群体结构、理想株型和产量构成因素。根据玉米生育期的管理要求可针对不同玉米田逐块进行决策,包括播前的土壤耕作技术、种子处理、玉米种植制度、充分利用全年光热资源的最佳品种、合理密度、播种期、种植形式、播种方式和播种量;查苗、补种、补栽、适时间苗、定苗、中耕除草、生长调节剂使用等田间管理技术;根据产量目标采用合理的施肥技术、节水灌溉技术以及病虫草鼠害防治技术;根据玉米生育指标确定合理的收获期和收获后采取的降水措施等。

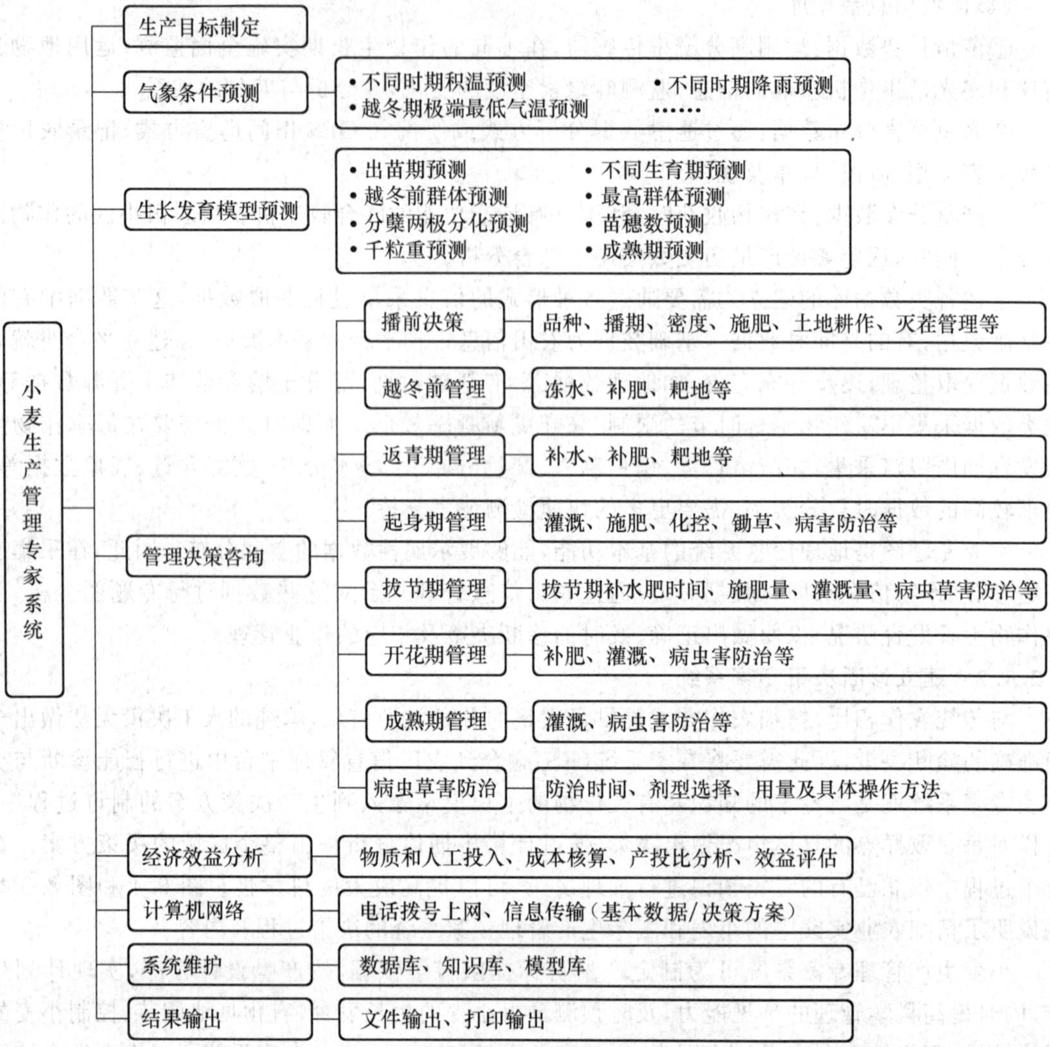

图 8.4 小麦生产管理专家系统

8.2.1.3 装备智能型农业机械

智能型农业机械是精细农业技术体系的重要组成部分,它是指农业机械上装备各种先进的传感器和微处理器进行数据采集和处理,如作业面积计算、产量在线计算,并通过机械、电子和液压控制技术操纵农机具实现变量自动精细作业。在精细农业实施过程中,智能型农业机械应用于播种、施肥、化学农药喷洒、灌溉和计产收获等各个环节。

(1)精细播种　将种子工程与精细播种技术有机结合,要求精细播种机播种均匀、精量播种、播深一致。精细播种技术既可节约大量优质种子,又可使作物在田间获得最佳分布,为作物的生长和发育创造最佳环境,从而大大提高作物对营养和太阳能的利用率。

(2)变量施肥　要求根据不同地区、不同土壤类型以及土壤中各种养分的盈亏情况、作物类别和产量水平,将 N、P、K 和多种可促进作物生长的微量元素与有机肥加以科学配方,制定农田施肥处方。变量施肥机械根据处方对农田局部地区的施肥速率进行实时调整,从而做到有目的地施肥。

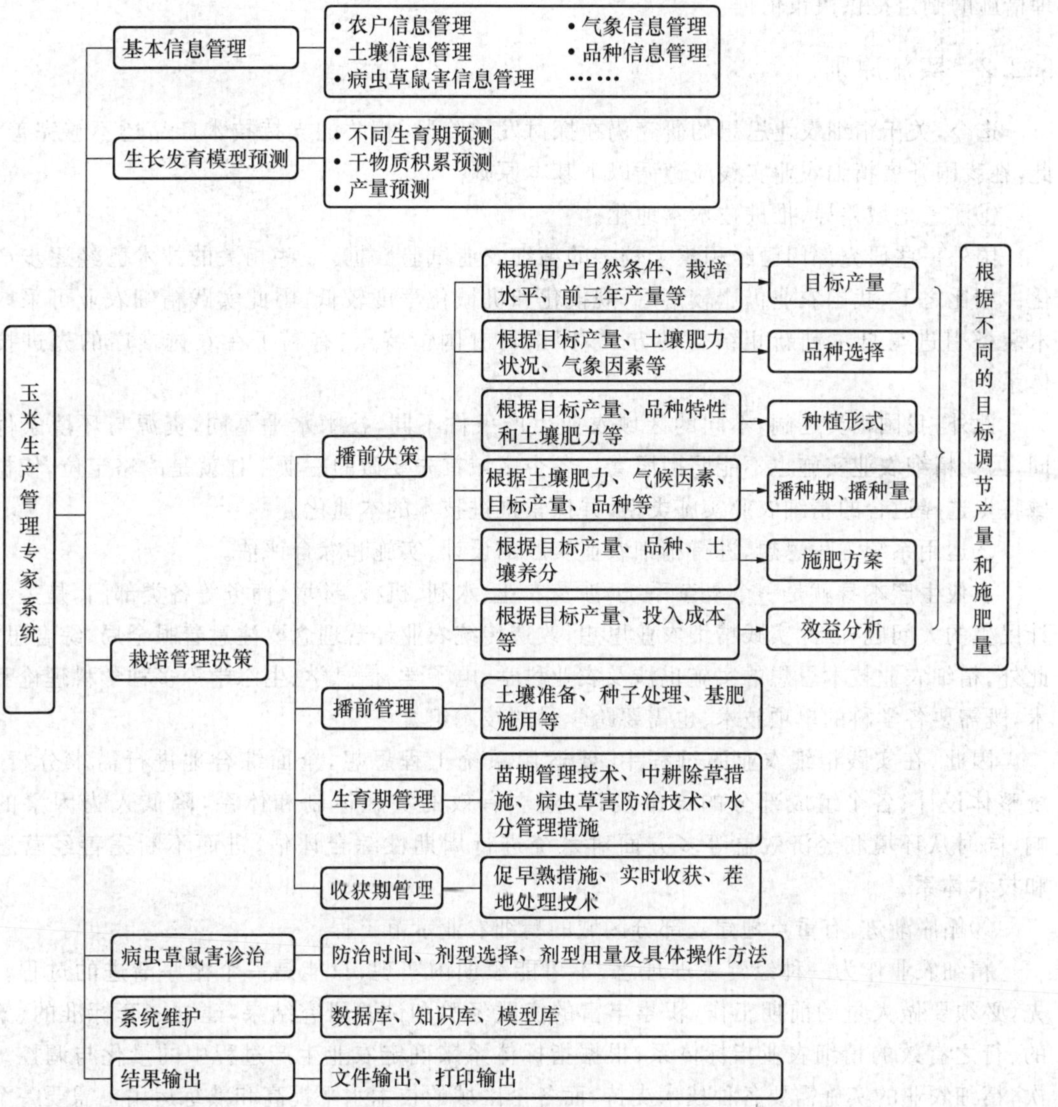

图8.5　玉米生产管理专家系统

(3)化学农药变量喷洒　化学农药变量喷洒是指根据田间病虫草害的分布情况，在病虫草害发生的地方喷洒农药，在没有发生的地方不喷洒农药。田间病虫草害的分布情况通常通过遥感或田间巡查方式获得，制定出药剂变量喷洒处方图，通过拖拉机牵引的喷洒系统进行变量喷洒作业。

(4)精细灌溉　在自动监测控制条件下的精细灌溉工程技术，如喷灌、滴灌、微灌和渗灌等，可根据不同作物不同生育期间土壤墒情和作物需水量，实施实时精量灌溉，能够大大节约水资源，提高水资源利用率。

(5)精细计产收获　精细计产收获既是精细农业实施的结果，也是下一年经营管理的依据。利用联合收获机上安装的计产系统对作物产量进行实时记录，利用这些带有地理位置坐标的产量及谷物水分数据可以了解目前管理条件下土地对于投入的响应情况，为今后生产管理措施的制定提供决策依据。

8.2.2 实施原则

迄今，关于精细农业思想的研究仍在探讨发展阶段，相关的支持技术产品还不够完善，因此，在我国开展精细农业实践应遵循以下基本原则。

①注意地域差异，推进技术本地化。

国外一些研究部门已经积累了较多的精细农业试验数据，一些相关的技术已经逐步产业化。相比之下，我国农业仍比较落后，规模化和机械化程度较低，因此实践精细农业可采取技术装备引进与自主创新相结合的方式，探索具有国情特点、有利于在农村推广的先进技术体系。

此外，我国幅员辽阔，不同的区域农业生产条件不同，技术水平不同，资源与环境条件不同，因此精细农业实施也不能照搬照套。各个区域首先要做的一项工作就是战略定位，依据区域特点选择适合的精细农业实施类型，并探索推进技术的本地化。

②运用系统工程思想，进行精细农业实践的设计、实施和综合评估。

农业生产本身就是一个复杂系统，涉及农业、水利、机械、环境、商务等各类部门，是关乎国计民生的大问题，因此实践精细农业思想，改造传统农业经营理念要注意着眼全局，综合思考。此外，精细农业技术思想的实施也涉及农业科学、电子学、信息学、生态学等多种学科理论和技术，既需要各学科的单项技术、也需要跨学科的技术组合。

因此，在实践精细农业的过程中，要运用系统工程思想，全面综合地进行需求分析、系统整体设计、各个组成部分的详细设计，建立有效的实施体制和体系，降低人为因素的影响，同时从环境和经济效益等多方面对系统进行周期性综合评估，进而不断完善经营思想和技术体系。

③循序渐进，有重点地建立部分区域的精细农业示范工程。

精细农业作为一种经营管理理念，不可能短期内实现，只能是一个循序渐进的过程。首先，必须要做大量的前期工作，积累丰富的实践经验和试验研究结果，建立一套标准的、繁杂的、行之有效的精细农业指标体系，根据指标体系来确定农业生产过程中的量化与调控。其次，精细农业的实施需要各种技术支持，而各个区域的技术水平提高和熟练运用也需要一个过程。再次，精细农业实施的对象是生物，周期长、差异显著且动态变化，进行客观的技术效益评估需要相对较长的时间。

因此，在部分技术较发达且集约化程度较高的地区率先进行精细农业示范，既有利于追踪技术发展，积累实践经验，探讨国产化道路，又能够防治因盲目跟进所导致的不利后果。

8.3 精细农业应用范例

从发达国家农业发展历程看，精细农业的出现和发展，不仅促进了农业生产的科学管理水平，而且极大地带动了相关产业的发展，如农业机械、信息获取产品、自动化控制设备。利用高新技术提高农业劳动生产率、资源利用率、经济效益，保护环境，实现农业持续发展已经成为当今世界现代农业发展的重要特征。因此，在我国通过实践精细农业技术体系，将有利于实现农业生产的自动化、智能化和信息化，最大限度挖掘农田单位面积生产潜力，提高水肥资源的利用率，降低农业生产成本，保护生态环境，提高农产品产量和品质，改造传统农业方面，促进我国农业现代化建设的步伐。不过也应看到，精细农业技术是在知识、经济、技术和管理水平发展到相当程度时的产物，而我国在机械、电子、信息技术方面与发达国家还有相当大的差距，缺乏统一的农业信息标准和资源共享机制，农机作业多数采用国外的进口部件，成本高，难以为更广泛的农户所接受。但是，我国农业正处于由传统农业向现代农业转变的历史时期，形势的发展要求我们不可能等到全部实现工业化后再发展高技术农业，因此只能采用农业工业化与现代化并进的发展模式。那么，解决这种跨越式发展的有效方法就是在部分技术比较发达且集约化程度较高的地区率先建立精细农业的示范基地，使其成为农业新技术、新产业的孵化器，通过精细农业应用技术的引进吸收、研究开发、示范推广，组装一批基于信息和知识的单项或成套实用先进技术及设备，逐步形成具有自主知识产权的我国精细农业技术体系。

近年来，国家逐渐加大了对精细农业研究的资金投入，科技部也把精细农业技术体系的研究列入了国家高新技术发展项目(863 计划)中，一批精细农业示范项目正在立项和开展中。2000 年，国家计委和北京市政府投资立项建立了全国首个精准农业示范区，上海市农工商总公司等多家单位联合建立了适合南方种植模式的上海精准农业示范基地，此外在东北、内蒙古、新疆农垦这些规模大、机械化水平高、生产管理较为集中的农业主产区也在开展关于精细农业技术示范研究。本节将以北京小汤山国家精准农业示范基地和黑龙江精准农业示范基地为例，介绍有关精细农业应用实践及研究的概况。

8.3.1　北京小汤山国家精准农业示范基地

北京精准农业示范工程项目是由国家发展计划委员会立项，国家计委、北京市计委和北京市农林科学院共同投资 5 209 万元建设的国家级高技术产业化示范工程。示范基地位于北京市昌平区小汤山镇小汤山现代农业科技园区内，占地面积 165 hm^2，建设期为 2000 年 8 月至 2002 年 8 月，由北京市农林科学院承担建设。目前，北京市小汤山国家精准农业示范基地已成为我国精细农业研究的重要基地之一，为精细农业研究与示范提供了重要平台，并且取得了一些适合我国精细农业发展特点的关键技术及研究成果。

8.3.1.1　示范基地建设

示范基地建设包括科研办公用房、食堂及宿舍、农机库、种质资源库、农资库、附属用房、粮食库、晒场、晾晒棚、室外工程及附属设施设备。此外，基地还引进了大量国外先进的精细农业田间作业装备和仪器，包括具有自动计产功能的联合收获机、大型平移式喷灌机、亚米级 GPS 差分定位导航系统、电导率测试仪、变量作业控制系统、地物光谱测定仪、原子吸收光谱仪、近红外光谱仪、光合测定系统和全自动凯氏定氮仪等。

科研办公用房除办公室、学术报告厅和大型会议室外，主要是各种实验室，设有智能农机控制实验室、农学参数化验与分析室、遥感实验室等。智能农机控制实验室主要用来安装基地 GPS 基站控制设备、喷灌机遥控设备、自动灌溉控制系统等设备，也进行一些控制仪器初期的实验及安装调试；农学参数化验与分析室主要用来放置示范项目购置的化验仪器设备，完成田间采集农学样品的现场测试与化验，满足农学参数化验的实时性要求；遥感实验室主要用来安置示范基地的遥感设备，完成遥感图像的纠正和遥感图像的分析与农田遥感数据的获取与分析。此外，办公楼内还专门设有展厅，主要用来展示小汤山示范基地的研究成果，促进与各界的合作和交流。为了满足示范基地精细农业科研试验的需要，在办公区房顶建立了自主差分GPS系统参考站，参考坐标由示范基地已知D级精度控制点引测得到，精度达毫米级。自主差分GPS系统正常工作时，参考站通过数传电台实时发射差分改正信号，使示范基地范围内的GPS流动站能够获得亚米级定位精度。同时，办公区房顶还建有大型平移式喷灌设备的远程控制信号发射站，可以发送室内计算机对田间喷灌设备的控制信号，实现田间喷灌设备的远程控制。

示范基地的农机库建筑面积1 130 m^2，主要用来放置各种大型、中型农机具，并设有相应的修理车间、工具及零件储备室。示范基地内灌溉系统管网主要管道之间均设阀井，可实现管网系统调水，确保灌溉需要。示范区还建设了标准的遥感飞行试验地块，面积约47 hm^2，整个地块采用从美国维蒙特公司引进的大型平移喷灌机进行灌溉，可以按照试验需要设计执行均匀或变量灌溉。

8.3.1.2　精细农业资源管理地理信息系统建设

精细农业实践中，建立农业资源管理的地理信息系统平台是关键步骤之一。通过地理信息系统平台实现对农田信息的高效管理，对各类农田信息的时空差异性进行及时分析，为作业处方生成及生产管理决策提供准确的信息。在建立小汤山各类农田基础数据库的基础上，示范基地研制开发了基于GIS的国家精准农业示范基地农田地理信息系统(图8.6)。系统除了具有地理信息系统的基本功能外，还针对精细农业的具体实践，设计开发了如下功能：

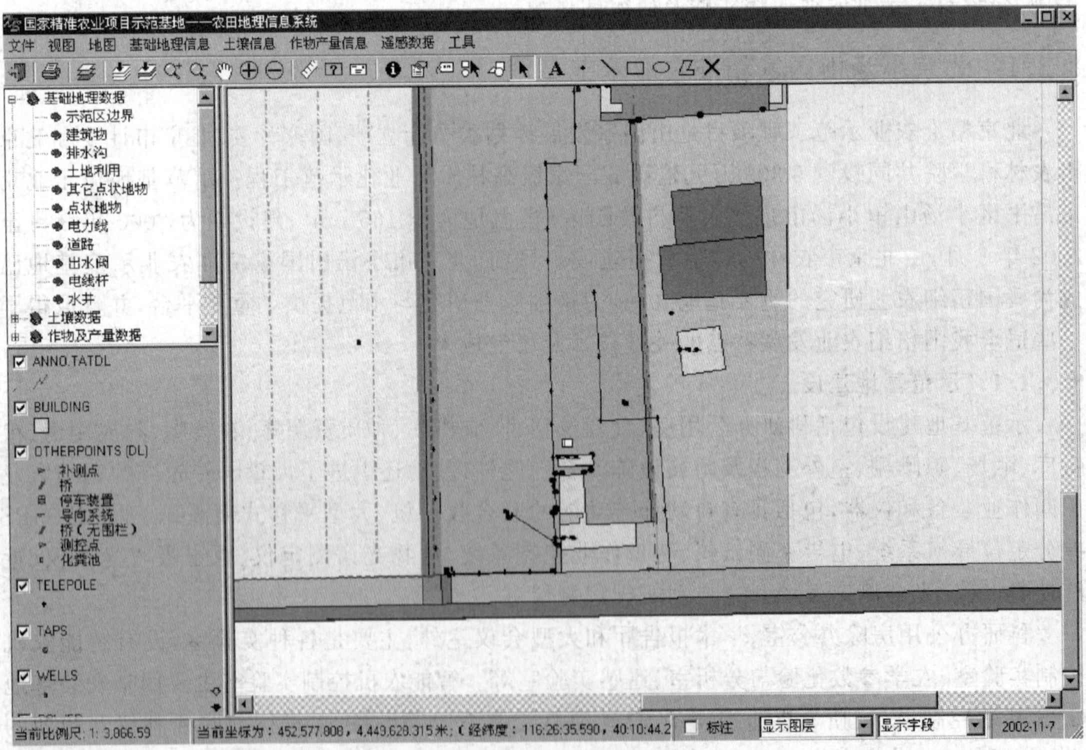

图8.6　小汤山国家精准农业示范基地农田地理信息系统

①支持地图显示操作(如放大、缩小、漫游)、图层控制维护、图层添加删除、地图显示比例尺显示与设置、遥感影像叠加显示功能。

②传统的GIS软件地图标志功能对于不完全熟悉GIS软件的人员来说操作比较困难，针对这一特点，软件增加了地图标注功能，即移动显示标注、地图注记标注、坐标显示（同时显示北京54平面坐标和WGS-84经纬度坐标），这样操作人员通过软件界面的直接操作，即可完成地图的标注。

③精细农业土地管理过程中需要对土地实现精确的测量计算，因此通过软件的量算功能，可以实现某一特定地块的边长和面积量算。

④热链接功能。软件可以对精细农业应用区域的某些特殊的标志实行图像管理，可以把区域内的一些特殊的地物特征以图像的形式记录下来，通过该软件可以实现对其观察与调用。如对某一建筑物的管理可以首先显示建筑物平面图，通过该平面图对某一特定房间进行影像或相片显示。

⑤农田基础地理信息的查询检索、统计分析功能。基础地理信息包括土地利用信息、道路、电力设施、排灌设施等，查询方式多样，点选地图对象显示属性，条件查询显示属性并定位，也可用通用查询工具查询。

⑥各种空间分析功能。如采用缓冲分析、叠加分析，显示任意区域内地理要素的统计值。

⑦土壤信息、农作物产量信息的查询统计分析、数据预处理分析功能。如将联合收获机的产量数据和野外土壤采集到的数据文件导入生成地图，通过该软件的功能对产量数据进行分析处理，以便于满足后续分析的需要；软件可以依据采集到的土壤养分数据，实现施肥尺度效应计算，以便于确定生产管理中应当采用的最佳施肥尺度单元。

⑧多时相数据的组织管理功能。如产量数据、土壤数据和作物分布数据等具有很强时间特性的信息都按时间序列进行组织管理，以便快速提取，用于分析。

⑨系统与外界之间的数据交换功能。系统能够接收GPS野外采集数据、采样测试数据、其他系统数据。实现坐标转换，如北京54平面坐标转换为WGS-84坐标，为野外数据采集和田间作业提供数据基础。

8.3.1.3 农田信息采集系统

基于PC的农田信息采集系统FieldSurvey 1.0（图8.7）和基于PDA的野外信息采集系统eFieldSurvey 1.0，通过与GPS定位设备及不同田间信息获取传感器设备的配合，能够实现对农田地理信息和各种影响作物生长的环境因素，如土壤养分、含水量、作物病虫草害等，进行定位采集。软件系统由如下模块构成：

①GPS通信与数据处理模块。支持NMEA0183协议，能与不同厂商的GPS系统通信，并将获取的GPS数据以多种形式显示，同时显示卫星信号信噪比图、卫星天空分布图、动态高程曲线、方位标尺等。

②基本地理信息系统（GIS）功能模块。实现地图的多层显示、漫游、放大、缩小，图层控制、地图元素的选择、属性查询、多媒体信息热链和基本的分析计算功能。

③农田空间信息采集记录模块。支持基于GPS位置的农田地物分布空间和属性信息的采集记录。实地采样时，可将地物分成点状、线状和面状3种形式，系统会根据用户所选的物体特点，显示交互界面。图8.8为一线状地物信息采集用户交互的界面；支持基于GPS位置的作物生育期苗情、长情长势、病虫草害分布空间及属性以及多媒体信息的采集记录。图8.9为田间小麦长势巡查的用户操作界面。

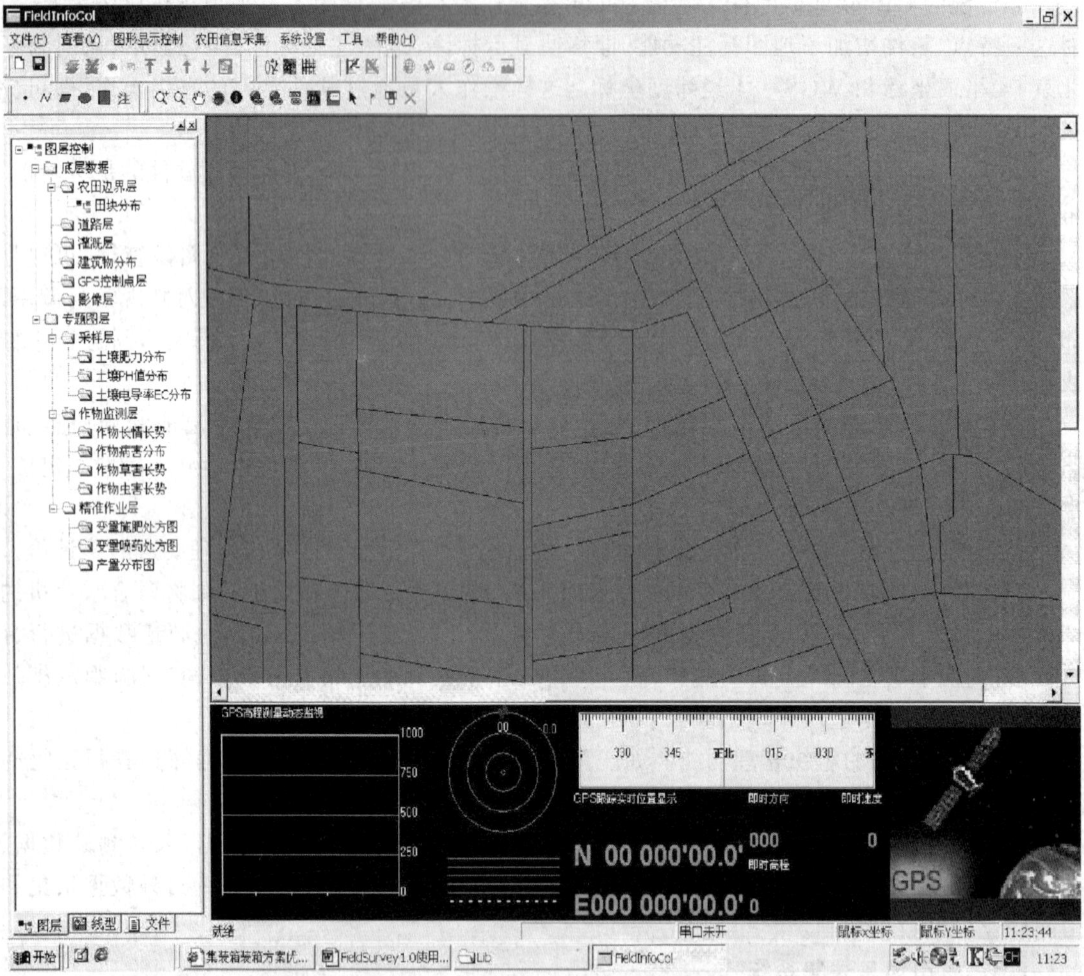

图 8.7 示范基地农田信息采集系统

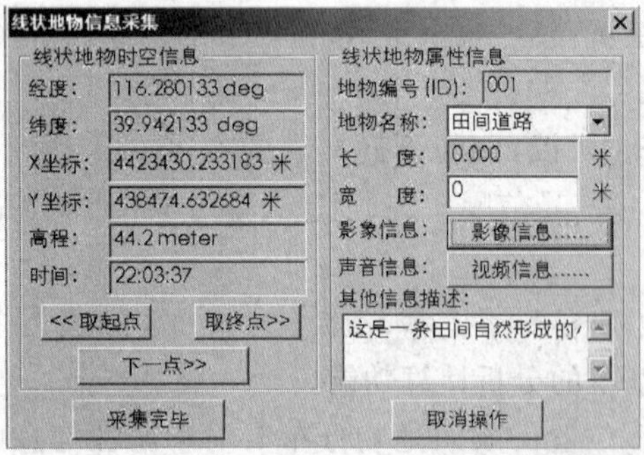

图 8.8 农田地物信息采集交互界面

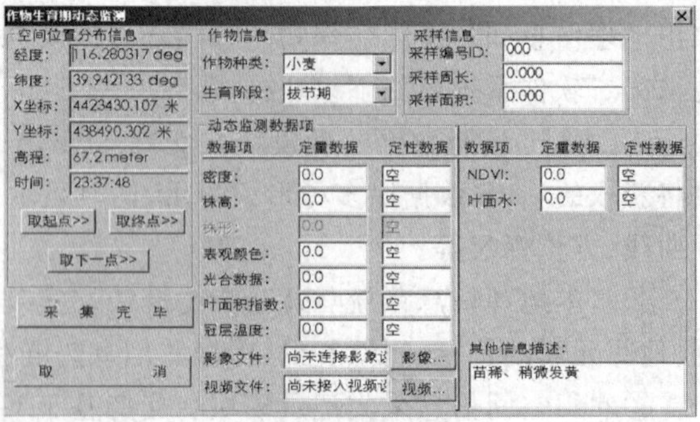

图 8.9 小麦田间巡查交互界面

④土壤栅格采样和导航模块。土壤采样是精细农业实践过程中的一个重要环节，目的是获取精细农业实施范围内土壤的类型、质地、肥力特性等方面的信息。FieldSurvey 系统改变传统采样方式，将采样工作设计、田间采样和事后处理有机地组织为一个完整的业务流程，实

现采样点空间定位、属性记录和导航实施过程的完美结合，初步实现了土壤采样信息获取的自动化。采样人员通过该软件指定采样的具体方法，程序自动地为采样人员生成采样点位置标志，采样人员通过该软件导航即可以到达采样点完成采样。图 8.10 是软件采样方法设置界面及生成的采样点位置图。

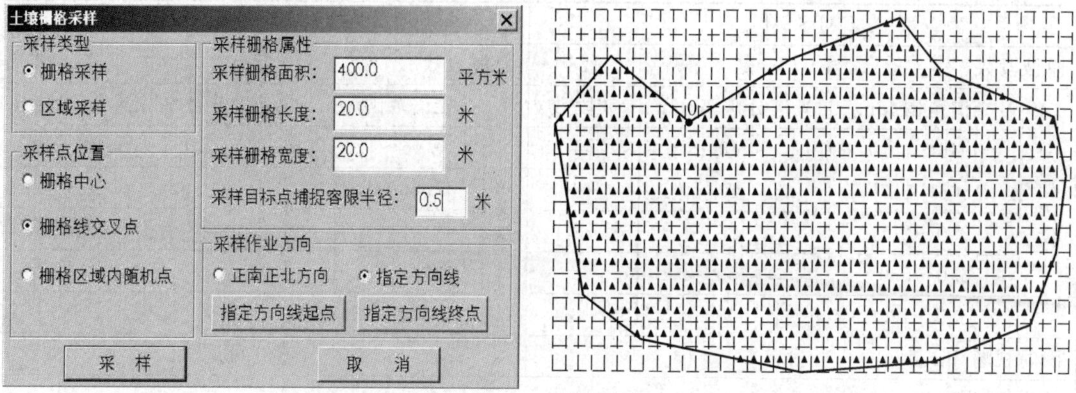

图 8.10　土壤栅格采样

⑤其他辅助功能模块。FieldSurvey 根据田间信息采集作业的实际需要，提供了一些辅助功能，包括坐标转换、GPS 定位轨迹跟踪回放、NMEA 原始语句记录等。

8.3.1.4　遥感技术在作物苗情监测中的应用

1. 航空遥感

通过不断跟踪国际高光谱遥感在精细农业应用中的最新技术，以我国自主开发的、具有国际先进水平的航空高光谱成像仪 PHI、OMIS 为基础，建立了我国农作物信息的航空遥感获取与分析技术体系，包括遥感平台和相关应用方法等，为航天卫星遥感应用于精细农业奠定了基础。

OMIS(Operative Modular Imaging Spectrometer)机载实用型模块化成像光谱仪由中国科学院上海技术物理研究所研制，它采用光机扫描方式成像，扫描部件为一个 45°旋转反射镜。OMIS 成像子系统采用特别的双光学通道设计，用成像主镜的中心遮光区形成 2 个独立的光学通道——主通道和辅助通道。由辅助通道承担短波红外 Ⅰ 光谱区(1.2～1.9 μm)，而主通道承担其他 4 个光谱区，使困难的光谱分离得以实现，又提高了光学效率。工作波段覆盖了 0.46～12.5 μm 可见近红外至热红外的全部大气窗口。系统共设计了 2 种工作模块 OMIS-Ⅰ型和 OMIS-Ⅱ型。OMIS 主要技术参数见表 8.1。

遥感图像光谱不仅在作物长势评估方面取得重要进展，在其他方面也取得了一定的研究成果，如：

①利用线状地物特征进行几何初校正，然后根据地面控制点(GCPs)进行几何精校正，成功地实现了无稳定平台的 PHI 飞行图像的几何校正与镶嵌。引入矩匹配(moment matching)方法，对各种辐射误差在图像上的综合效应进行了辐射校正，不仅消除了由于大气、太阳角、传感器、地物二向反射特性产生的条带和“微笑”(smile)效果，而且还很好地恢复了传感器条带噪声内的光谱信息。

②在植被覆盖下的地块土壤含水量的遥感方面取得进展。利用 OMIS 图像的 NDVI 和温度信息，建立了土壤含水量的遥感模型，利用这些模型可以进行土壤水分填图。

③在高光谱病害监测的光谱特征研究方面取得突破，利用多时相的 PHI 高光谱图像数据，了解、分析和发现了病害对作物光谱的影响及诊断光谱特征，并利用高光谱飞行数据，设计了病害指数，成功地监测了条锈病病害程度与范围。

表 8.1 OMIS 成像光谱仪主要技术参数

<table>
<tr><td colspan="4">OMIS-Ⅰ</td><td colspan="4">OMIS-Ⅱ</td></tr>
<tr><td colspan="3">总波段数</td><td>128</td><td colspan="3">总波段数</td><td>68</td></tr>
<tr><td rowspan="6">光谱仪</td><td>光谱范围/μm</td><td>光谱分辨率/nm</td><td>波段数</td><td rowspan="6">光谱仪</td><td>光谱范围/μm</td><td>光谱分辨率/nm</td><td>波段数</td></tr>
<tr><td>0.46～1.10</td><td>10</td><td>64</td><td>0.46～1.1</td><td>10</td><td>64</td></tr>
<tr><td>1.06～1.70</td><td>40</td><td>16</td><td>1.55～1.75</td><td></td><td>1</td></tr>
<tr><td>2.0～2.5</td><td>15</td><td>32</td><td>2.08～2.35</td><td></td><td>1</td></tr>
<tr><td>3.0～5.0</td><td>250</td><td>8</td><td>3.0～5.0</td><td></td><td>1</td></tr>
<tr><td>8.0～12.5</td><td>500</td><td>8</td><td>8.0～12.5</td><td></td><td>1</td></tr>
<tr><td colspan="2">瞬时视场/mrad</td><td colspan="2">3</td><td colspan="4">1.5/3 可选</td></tr>
<tr><td colspan="2">总视场/(°)</td><td colspan="6">>70</td></tr>
<tr><td colspan="2">扫描率/(帧/s)</td><td colspan="6">5、10、15、20 可选</td></tr>
<tr><td colspan="2">行像元数</td><td colspan="2">512</td><td colspan="4">1 024/512</td></tr>
<tr><td colspan="2">数据编码/bit</td><td colspan="6">12</td></tr>
<tr><td colspan="2">最大数据率/Mbps</td><td colspan="6">21.05</td></tr>
<tr><td colspan="2">探测器</td><td colspan="2">Si、InGaAs、InSb、MCT 线列</td><td colspan="4">Si 线列、InGaAs 单元、InSb/MCT 双色</td></tr>
</table>

2. 近地遥感

在北京小汤山精准农业示范区，通过建立地面及高架车近地遥感平台研究作物生长的机理模型。采用 ASD 地物光谱仪和 CCD 数码摄像机，对小麦全生育期冠层光谱动态与生化参量进行同步观测，并建立精细的模型，为遥感信息在精细农业中的应用奠定基础，为实现高效、经济的水、肥(重点是氮)监测和田间管理的决策信息提供依据。利用此方法取得的研究成果包括：

①分析了植被最典型的光谱特征，即红边光谱参数随生育期的变化关系。如红边位置在营养生长阶段会出现"红移"，红边光谱范围变窄，而当进入生殖生长阶段，叶片开始衰老，红边位置会出现"蓝移"，红边展宽。

②完成了叶绿素、全氮、可溶性糖、叶片及植株含水量、LAI 与 350～2 500 nm 光谱反射率在各个生育期的统计相关分析，了解、分析与发现了各种生化组分在各个生育期的相关性较好的敏感波段。

③将各个生育期的生化组分及物理参量(叶绿素、全氮、可溶性糖、叶面积指数)与冠层光谱特征参量进行了统计相关分析，挑选最佳光谱参量，建立了各个生育期的生化组分的遥感模型。发现绿峰(560 nm)特征、红边位置等是很好的色素组分反演参量；570 nm 和 670 nm 两个波段的归一化光谱指数与叶片可溶性糖含量在各个生育期都有显著或极显著的统计负相关系数；560 nm 反射峰的归一化反射峰高度与茎秆可溶性糖在各个生育期都有显著或极显著的统计正相关系数。

④在冬小麦亩产的遥感方法上取得突破，设计了更早、更可靠的产量预报光谱参量。传统方法主要利用可见近红外的光谱指数，如 NDVI、RVI、PVI、VARI 等，建立遥感统计模型，研

究认为近红外平台光谱反射率能够更好地反映作物叶面积指数及叶片或植株的健康状况，所以利用近红外平台的光谱反射率及光谱特征能够很好地实现作物产量预报。研究表明，利用近红外两个波段组合的归一化光谱指数，如[857 nm，1 210 nm]、[890 nm，980 nm]、[820 nm，1 650 nm]等，能够更早、更好地进行冬小麦估产，并以[857 nm，1 210 nm]光谱指数为例，建立了冬小麦返青至乳熟期的遥感产量估算模型。

⑤在叶片或植株水分遥感方面取得了 4 个重要进展。首先，发现在起身期至乳熟期，冠层光谱的红边形状，即红边宽度，与植株含水量始终都有很好的统计负相关关系，并建立了基于冠层光谱的植株含水量遥感反演模型。其次，发现利用水分的弱吸收特征能够较好地反演植株含水量，并建立了基于 1 190 nm 水汽弱吸收特征的植株水分遥感模型。第三，发现利用植被绿峰波段的反射峰高度，能够很好地反演返青至灌浆期的叶片含水量。最后，发现植株含水量与 740～900 nm 波段的光谱反射率在全生育期都有显著正相关特性，所以 740～900 nm 波段是植株含水量的指示性波段。

⑥对冬小麦重要的碳氮代谢指标即糖氮比进行了深入研究，发现 1 690 nm 处的反射峰面积、深度是糖氮比的指示性光谱参量。

8.3.1.5　联合收获机测产试验及产量图的生成

北京小汤山精准农业示范基地于 2001 年 6 月引进了美国 CASE IH 公司带有 AFS 产量监视系统的 2366 联合收获机，在每年的夏、秋两季分别进行了小麦和玉米的产量收获试验。

在试验过程中，要得到精确、可靠的产量数据，首先需要对 AFS 系统进行系统标定，包括对距离、面积、温度、湿度和产量的标定，以及损失率的测定，以提高产量测量的精度。距离标定时，首先用常规工具测量一定的距离，作为参考的实际距离，然后让联合收获机行驶此段距离，由测产系统计算距离，若测量距离与实际距离不相等，就输入实际距离并执行校准操作，系统计算一个距离校正系数。面积标定的方法与距离标定类似。温湿度是测产的重要参数，试验中在收满一个粮仓后，用便携式的谷物温湿度速测仪分别进行测量，并作为参考的实际值，通过与测产系统测量值比较后进行校准。重量标定的方法是将收获的作物用台秤称量后，输入智能终端，系统自动计算出测量值与实际值间的偏差。重量标定应当选用 3 车以上，每车的重量应在 1 300 kg 左右。测产系统的标定工作很重要，直接影响到各项参数的测量精度。通过标定，某地块中的作物湿度平均相对误差从标定前的 6.7%降低为标定后的 0.235%，减小了 6.465%，重量的相对误差由原来的 6.81%减小到了 1.54%。

联合收获机收获测产的现场试验结束后，需要将试验数据及时备份和处理，产量数据处理是测产系统中的一个重要环节。根据原始数据得到可信的产量分布图，分析造成产量差异的原因，从而为今后的决策提供参考。CASE IH 公司的 Instant Yield Map 数据处理软件，可根据原始数据得到原始的数据点图、栅格图、平滑栅格图和等值线图 4 种产量分布图，用户可根据实际需求将产量分成不同的等级，在每个等级填充不同的颜色。以 2001 年 6 月小麦收获试验中地块 F17 的产量数据为例，不同类型的产量图如 8.11 所示。图中，将产量划分成为 6 个等级，可以看出地块的边界部分产量较低，主要由于地块边界部分土壤压实比较严重，此外地块中间也有些产量较低的区域，通过观察发现杂草较多。

通过分析小麦和玉米产量数据，发现结果中会引入一些误差数据，主要来自割幅宽度设置误差、填充时间误差和延迟时间误差。但 Instant Yield Map 软件不包含误差处理功能，需要将产量数据输出，进行误差处理后，由其他软件生成产量分布图。以 2001 年地块 F14 收割的

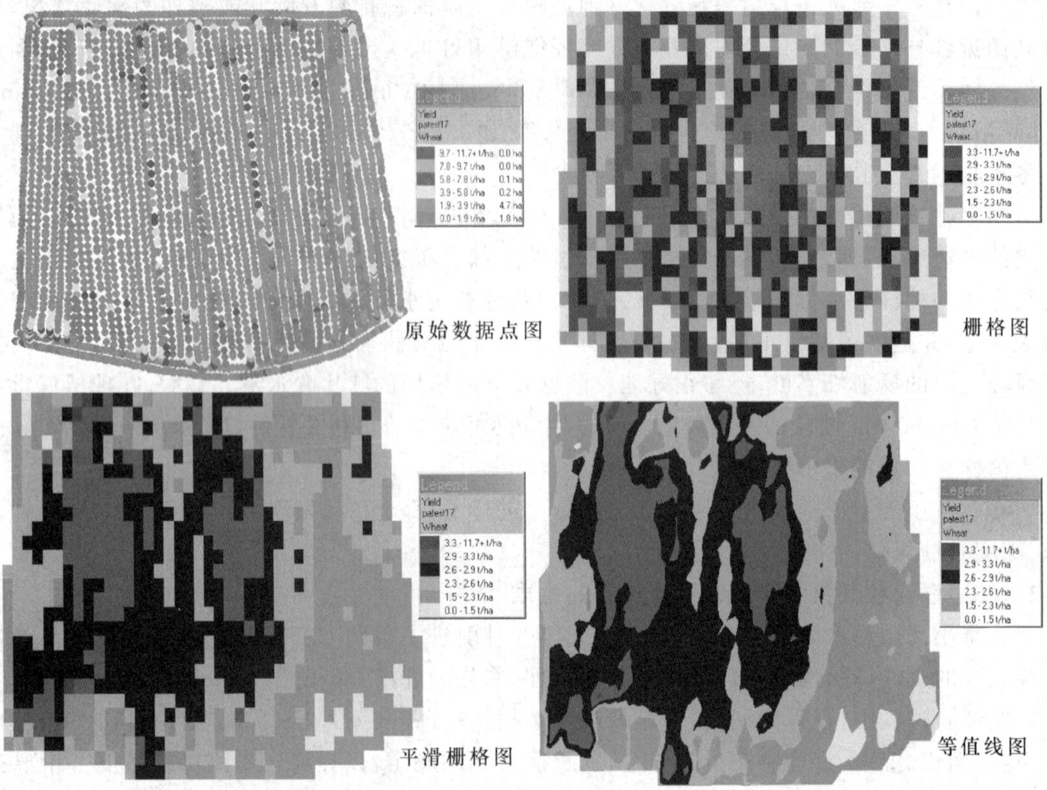

图 8.11 划分为 6 个等级的小麦产量图(张漫,2003)

小麦产量数据为例,首先不对误差数据进行处理,采用距离反比加权方法对原始数据进行插值,其中栅格大小为 20 m,搜索半径为 20 m;对误差数据处理后,再采取同样的方法进行插值,结果如图 8.12 所示。可以看出,进行误差处理后,能够得到产量变化比较平滑的分布图。

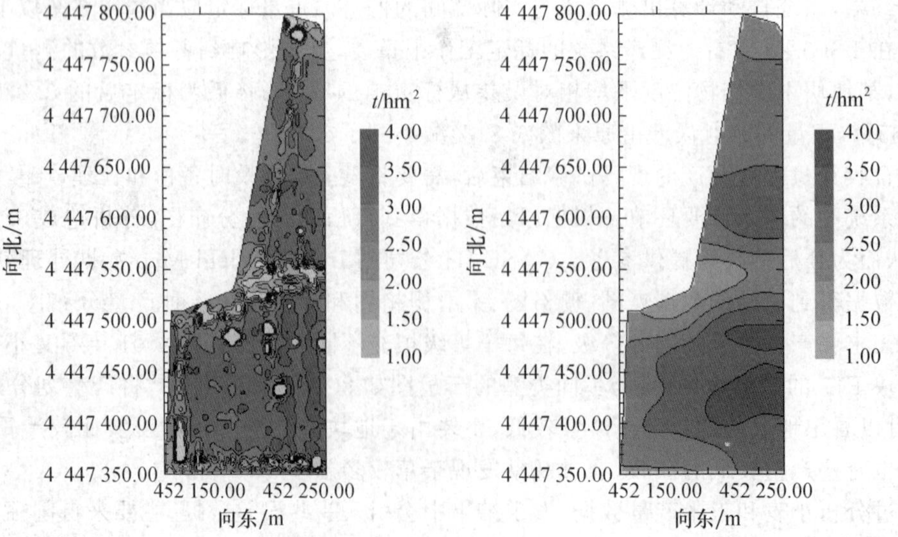

(a) 处理前　　(b) 处理后

图 8.12 误差处理前后的产量分布图(张漫,2003)

在北京小汤山精准农业示范基地，通过使用美国 CASE IH 公司带有 AFS 测产系统的谷物联合收获机进行小麦和玉米收获，不仅得到了大量的产量数据，而且对 AFS 系统的组成和工作原理有了深入的了解。产量图作为精细农业实施的起点受到越来越多的重视，产量图反映了农田生产力的空间差异，使生产者对农田有了更深入的了解，是比较容易接受的一种精细农业技术。通过产量图生产者可以了解农田小区产量的空间分布差异，并且随着多年产量图数据的积累，还可以利用产量图数据进行分析处理，成为重要的生产决策支持手段。

8.3.1.6　变量施肥作业机械的试验研究

北京小汤山精准农业示范基地引进了美国 Mid-Tech 公司的变量施肥控制系统，系统主要由控制台、液压控制机构和施肥执行机构组成，结构简图如图 8.13 所示。此外，为了配合变量施肥控制系统的作业，还需要机载终端、GPS 定位系统、雷达测速设备、辅助导航设备等。

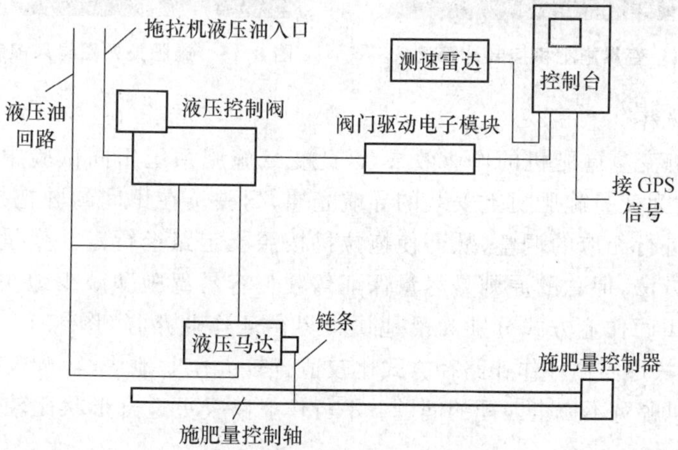

图 8.13　变量施肥机结构简图

1. 变量施肥控制系统

变量施肥试验中，首先将施肥作业处方图导入机载终端，机载终端实时接收 GPS 位置信息和雷达测速信息，并与处方图上的施肥量进行实时匹配，将施肥机械当前位置处的施肥控制指令传输给施肥控制系统的中央控制器，中央控制器将数字信号转换成模拟信号，通过电液比例控制机构调整阀门开度，控制执行机构实现肥料的变量施用。同时控制系统还将实际施肥量反馈给机载终端，用于后期的数据处理与分析。

2. 机载终端

试验中，采用了美国 Trimble 公司的 Ag170 作为机载终端（图 8.14），对变量作业过程中的数据进行监视、控制、作业导航和数据存储等。图 8.15 为通过 ATA FLASH 卡导入变量施肥处方图的操作。

3. GPS 定位系统

变量施肥试验中，采用了美国 Trimble 公司的 Ag GPS132 差分定位接收机，能够通过电台实时接收小汤山办公房顶的 GPS 基准站发出的差分改正数据，达到亚米级定位精度，能够满足试验需求。

4. 雷达测速设备

变量施肥机在作业时，需要实时采集准确的地速数据作为控制系统的输入量，计算或调整肥料的排放量。试验中采用了雷达测速，为了消除地块差异所导致的雷达测速误差，需要在机载终端上输入控制校正参数。

图 8.14 变量施肥机控制计算机

图 8.15 施肥处方图导入控制计算机

5. 辅助导航光棒

导航直接影响变量施肥机的作业效果，因此变量施肥系统田间试验中采用光棒辅助导航方式。图 8.16 为变量施肥机上安装的导航光棒，驾驶员在田间驾驶拖拉机时，通过观察导航光棒的偏向进行相应的调整，从而使拖拉机按照既定路径行走。变量施肥机在田间可选择多种的作业方法，但总的原则是尽量保证驾驶员容易驾驶和减少地头转弯的时间。目前较常见的两种田间作业方式分别为沿地块边界循环作业路径（图 8.17）和平行作业路径（图 8.18）。沿地块边界循环作业路径方式比较适合较大作业地块，转弯较少，但是容易发生施肥栅格与施肥机幅宽不完全匹配的问题。平行作业路径更适合形状比较规则、面积不大的地块。

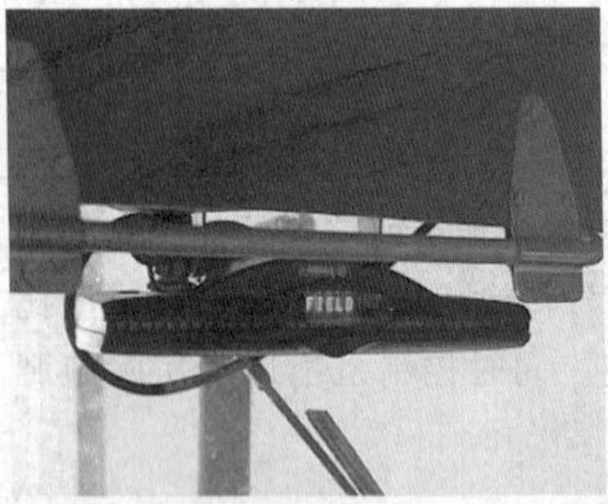

图 8.16 变量施肥机导航光棒

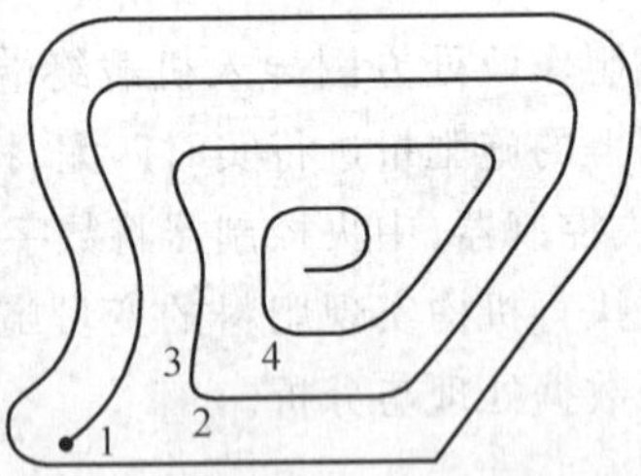

图 8.17 变量施肥机循环作业法

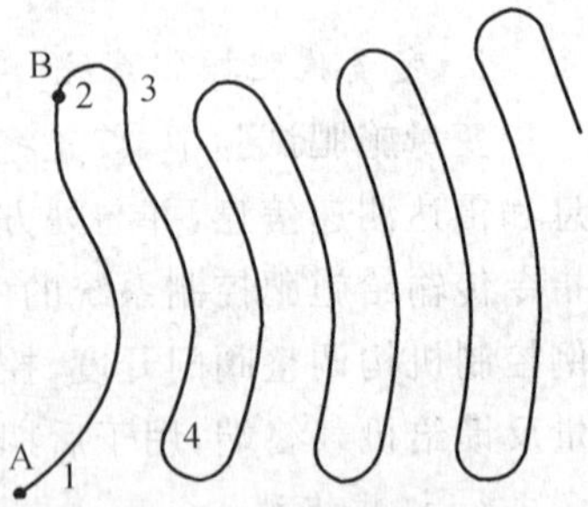

图 8.18 变量施肥机平行作业法

在初期田间试验中，变量施肥机收到了比较理想的作业效果。系统的动静态性能较好，按照美国农业工程师协会制定的“颗粒肥料撒施机施肥均匀性和标定测试方法”的检测，系统具有较好的工作精度。比较处方图和实际施肥量分布图，表明系统能够按照施肥处方图进行变量作业。

8.3.2 黑龙江精准农业示范基地

黑龙江八一农垦大学 2001 年成立了“黑龙江八一农垦大学精准农业技术研究中心”，开展精准农业技术研究与推广工作，2002 年在黑龙江省友谊农场五分场二队实施精准农业试验示范项目，黑龙江省农垦总局农机局为项目主持单位，黑龙江八一农垦大学精准农业技术研究中心为技术依托单位，黑龙江省友谊农场为项目实施单位。通过考察、比较和论证，确定友谊农场五分场二队精准农业技术试验示范项目选择美国 CASE IH 公司精准(精细)农业机械设备和美国 Trimble 公司的 GPS 差分地面站设备。为了探求适于黑龙江农垦精准(精细)农业技术装备体系，继友谊农场精准农业项目之后，黑龙江省农垦总局又引进美国 John Deere 公司的精准(精细)农业技术装备在大西江农场进行适用性对比试验。大西江农场的 Deere 精准(精细)农业机械设备采用卫星差分方式，不须投资建地面差分站，但每年要交卫星差分服务费。

黑龙江八一农垦大学精准农业技术研究中心在黑龙江农垦友谊农场精准农业示范项目和大西江农场精准农业示范项目的基础上，2005 年建设了八五二农场和宝泉岭农场精准农业试验示范基地，2007 年建设了红星农场和七星农场精准农业试验示范基地。

8.3.2.1　试验示范基地建设

自 2002 年以来，黑龙江省北大荒股份有限公司友谊分公司(友谊农场)引进了美国 CASE IH 公司生产的 CASE IH 2366 收获机 2 台，橡胶履带式 STX375Q 型拖拉机 2 台，DMI 730B(保护性耕作)复式深松机 2 台，DMI Tiger Mate 复式整地机 2 台，ST820 型大豆、小麦空气输送式变量施肥播种机及与其配套的 2340 型空气输送种肥车 1 台套，ASM1211 型气吸式玉米精量播种机 1 台，SPX3200 型宽幅自走式爱国者变量喷药机 1 台。2004 年配套投资，对五分场二队试验基地农场进行第一期配套建设，使三库一场建设达到试验示范项目要求。2008 年投资进行第二期配套建设，建设精准农业生产指挥调度培训综合楼、农机具停放场、农机具停放库房等。友谊农场、红星农场、七星农场还配备了农场精准农业生产指挥调度中心。

8.3.2.2　示范区 GPS 差分站建设

友谊农场、八五二农场、宝泉岭农场 GPS 差分方式采用地面自主差分方式，一次性投资建站，使用方便，后期运行成本比较低。地面 GPS 差分基准站设备采用美国 Trimble 公司产品，包括 AgGPS214 型卫星定位接收机、GPS 天线、400 MHz 35 W 数传电台等组成，将 GPS 天线和数传电台天线安装在办公楼顶上。根据实际测试结果，35 W 数传电台最大有效传输距离(半径)为 30 km，可以满足精细农业技术示范试验的需要。

8.3.2.3　作物产量监测试验

在收获前先对 CASE IH 2366 收获机的产量监测系统传感器进行标定(包括产量、水分、温度、行驶距离、收获面积等参数)，田间作业图如图 8.19 所示。利用 DGPS 卫星信号定位，采集了 2003 年、2004 年、2005 年大豆和麦类的收获数据信息，绘制出了作物产量分布图、水分分布图等，为分析产量空间变异性分析提供依据。从作物产量图中可以看出，在同一块耕地上，不同地区的产量差异明显。低产区主要是低洼地区、土壤相对贫瘠的地方、杂草多的地方。由此可见，地块内的产量差异较大，有一定的增产潜力和增效潜力。

图 8.19　测产收获实验(王熙等,2003)

8.3.2.4　示范区农业生产环境无线传感器网络系统

项目研制了农业生产环境无线数据采集系统，由传感器采集农业生产环境数据，如空气温度、空气湿度、土壤温度、土壤水分和光照度等参数，送到数据采集器中，然后通过 GPRS 无线数据传输模块送到网络数据库。农业生产管理人员和种植户通过互联网络，可以查阅到当前的农业生产环境参数变化情况，为生产决策提供依据。

8.3.2.5 变量施肥大豆精密播种机研制

从 2002 年开始，进行了变量施肥控制装置系统的研制和试验，2004 年 5 月在友谊农场五分场二队进行了田间变量施肥播种试验，取得了良好的效果。随后与白桦耕作机械有限公司合作研制了机电式大豆变量施肥播种机，2005 年 5 月在八五二农场科研站试验田完成大豆变量施肥播种试验工作，样机达到了预期的试验效果，2007 年 12 月通过黑龙江省科技厅组织的鉴定，样机如图 8.20 所示。国产大豆变量施肥播种机的研制成功，为精细农业的推广应用创造基础条件。

图 8.20 大豆变量施肥精密播种机(王熙等，2004)

8.3.2.6 农机直线作业 GPS 导航系统

示范区研制开发了精细农业农机直线作业 GPS 导航系统，该系统由导航软件和 GPS 导航光靶组成。导航软件用于农机直线行走作业时的 GPS 导航。导航软件可以接收 GPS 接收机的定位信号，在设定导航路径后，根据机组作业幅宽进行自动直线导航。该系统在差分 GPS 的定位下，可对农机田间直线行走作业精确引导，使机组作业不重不漏，并具有作业面积计算统计等功能。特别是对播种机组作业可省去划印器，准确接行，避免衔接行不标准影响后续作业的标准化。

该系统先后在八五二农场、宝泉岭农场、红星农场、七星农场和大西江农场进行了推广应用。八五二农场、宝泉岭农场在 Case 450 型拖拉机(450 马力)上安装了 GPS 导航自动驾驶系统，红星农场、七星农场和大西江农场在 Deere 9520 型拖拉机(450 马力)上安装了 GPS 导航自动驾驶系统，该类型拖拉机除了具有电液控制、操作简便、驾驶舒适、稳定性好的优点外，还配备了卫星导航自动驾驶系统，除地头拐弯外需人工辅助转向，正常直线作业不需人工驾驶。该类型拖拉机牵引大型宽幅变量施肥播种机，取消了容易损坏的悬臂梁式划印器，提高了机组工作的可靠性，拖拉机可以夜间作业，延长机车的作业时间，提高了大型拖拉机作业效率，使引进的大型农业机械发挥了很大作用。同时避免往复线的重播和漏播，提高了作业质量，节省了油料，而且大大减轻了驾驶员的疲劳程度。此外，黑龙江垦区引进了 Case SPX 3200 型自走式喷药机及 Deere 4710、4720 自走式变量喷药机，这些大型自走式变量喷药机也都安装了 GPS 导航自动驾驶系统。GPS 导航自动驾驶系统推广应用效果比较好，得到了基层使用单位的好评。

8.3.2.7 农机作业 GPS 跟踪调度系统

黑龙江八一农垦大学精准农业研究中心为黑龙江省红星农场、七星农场安装了农机作业 GPS 跟踪调度系统。GPS 监控系统基于微软 .net 技术开发而成；采用国产软件地网 GeoBeans 作为底层平台，采用 AJAX 技术实现客户端与服务器之间的数据交互，实现基于 B/S 结构的网络 GPS 车辆监控系统；同时溶入了用户权限管理模式，支持多用户同时在线监控。系统支持海量空间数据，并具有多种数据统计功能，方便用户对比历史数据。同时系统还提供各种报警功能，为车辆监控提供了更智能化的手段。

监控原理为：移动终端中的GPS接收机接收到GPS卫星发射的原始电文，根据从3颗以上不同卫星发来的电文以1 s的刷新间隔提供该农机的状态，包括经度、纬度、高度、时间、速度、航向等数据，然后通过移动终端中的GPRS模块连接互联网，将车辆的状态信息传输到远程监控服务器，这样，用户通过网页浏览器即可对所有工作农机进行实时监控。

8.3.2.8 示范区农业网络地理信息系统

通过遥感影像判读与现场勘校获取示范区空间数据，采集与空间数据对应的种植业生产信息，建立农田时空数据库，开发农田WebGIS(网络地理信息系统)，实现农业信息管理功能和空间信息可视化功能，生成土壤养分氮、磷、钾、pH和有机质专题图，为大豆精准(精细)农业生产服务。目前黑龙江八一农垦大学精准农业研究中心已经开发出友谊农场农田地块地理信息系统、红星农场农田地块地理信息系统、七星农场农田地块地理信息系统。

8.3.2.9 精细农业土壤取样及化验分析

2003年10月在友谊农场五分场二队2号地进行精细农业土壤取样及化验分析，首先确定2号地边缘轮廓地理位置参数，使用Ag132型DGPS接收机，沿2号地边缘行走，手工记录地块4个顶点的地理位置坐标，以便与航拍图比较、校正和计算使用。土壤取样采用网格法，每个单元网格的面积大小应适宜。根据地块的大小、形状，变量作业机组的作业速度、工作幅宽、变量响应速度、每个变量处方图单元格的容量等综合因素考虑确定单元网格的面积，2号地共取99个土样。

利用CASE IH公司提供的AFS(Advanced Farming Systems)软件在网格地图上标记出取样点的经纬度。对要取样的网格进行编号，用于记录。编号的原则要有利于田间行走和取样，格子的编号与格子的土壤上样编号应一致。

土壤取样使用DGPS接收机，按照编号及坐标，在田间使用网格图逐一找到取样格中心，采用棋盘式采样方法，即在格子中心周围(3～30 m)范围内取15个土样进行混合作为此网格的土样，采用四分法将多余的土壤弃去，保留1 kg左右的土样装袋，做好标记，用于土壤化验分析。

根据标有地理位置参数的土壤化验结果，利用AFS的软件形成土壤养分布图。2号地速效氮、速效磷分布如图8.21所示。2号地的土壤养分5项常规值(速效氮、速效磷、速效钾、有机质、pH)的最大值、最小值、平均值、整个样本总体的标准偏差、变异系数见表8.2。由表8.2中的数据可以看出，速效钾的差异最大(13.63%)，其次是速效磷(12.75%)、有机质(9.09%)、速效氮(7.37%)，pH(0.99%)的差异最小。同一块地中的不同点的土壤养分存在着较多的差异，为配方平衡施肥提供了基础数据，为变量施肥的决策提供了依据。

8.3.2.10 精细农业变量施肥处方图生成

2004年4月进行了精细农业大豆播种变量施肥处方图生成工作，栽培模式为平作窄行密植，播后苗前封闭除草，无其他作业程序，以减少土壤压实、降低作业成本、提高生产效率。大豆品种为红丰11，设计每公顷保苗株数为42万株，以百粒重22 g、发芽率95%计算，播种量为97.3 kg/hm^2，实际播种量按100 kg/hm^{2}进行播种。

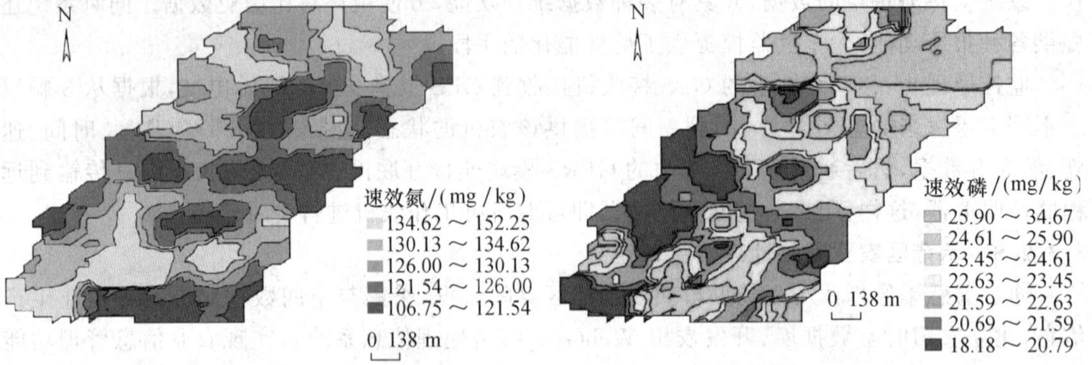

(a)速效氮分布图　　(b)速效磷分布图

图 8.21　速效氮、速效磷分布图(王新忠等,2006)

表 8.2　友谊农场五分场二队 2 号地土壤养分分析

项　目	速效氮/(mg/kg)	速效磷/(mg/kg)	速效钾/(mg/kg)	有机质/%	pH
最大值	162.75	34.67	199.60	5.96	6.62
最小值	106.75	18.18	102.20	3.74	6.24
平均值	128.85	23.43	143.15	5.08	6.40
总体标准偏差	9.50	2.99	19.52	0.46	0.06
变异系数/%	7.37	12.75	13.63	9.09	0.99

氮肥用尿素,含 N 46%;磷肥用磷酸二铵,含 N 18%,P_2O_5 46%;钾肥用氯化钾,含 K_2O 60%。设计施用磷酸二铵 130 kg/hm^2、尿素 38 kg/hm^2、氯化钾 29 kg/hm^2,合计施肥 197 kg/hm^2。

施肥播种作业前首先制作变量施肥处方。土壤采样经化验分析,获得的是农田点信息,经插值运算,得到全田土壤养分的分布图。变量施肥播种处方图需在播种前在计算机上利用 CASE IH 公司的 AFS 软件制作生成,以地块土壤速效氮的分布图为依据进行氮肥配方施肥,制作生成尿素的施肥处方图,如图 8.22a 所示。以地块土壤速效磷的分布图为依据进行磷肥配方施肥,制作生成磷酸二铵和氯化钾的施肥处方图(受播种机结构限制,磷酸二铵和氯化钾必须混合在一个肥箱内),如图 8.22b 所示。生成种肥处方文件(扩展名为 .pre),存入 PCMCIA 数据卡(FLASH 卡容量为 32 M)中。并制作地块名文件(扩展名为 .fld)和标记名文件(扩展名为 .tgd),存入 PCMCIA 数据卡中。

氮肥施肥分为 5 个级别,级别差为 2 kg/hm^2,最大施氮肥量为 42 kg/hm^2,最小施氮肥量为 34 kg/hm^2;磷钾肥施肥也分为 5 个级差,级别差为 7.5 kg/hm^2,最大施磷钾肥量为 175 kg/hm^2,最小施磷钾肥量为 145 kg/hm^2,氮肥和磷钾肥 5 个施肥级别的施肥量及施肥面积如表 8.3 所示。

由表 8.4 中的数据可以看出,地块氮肥施用变量的差异为 8.32%,与地块土壤速效氮的差异(7.37%)相比相差不大;地块磷钾肥施用量的差异为 7.49%,小于地块土壤速效磷的差异(12.75%),主要原因是磷钾肥施用量级差除与土壤化验数据有关外,还与农场长期积累的

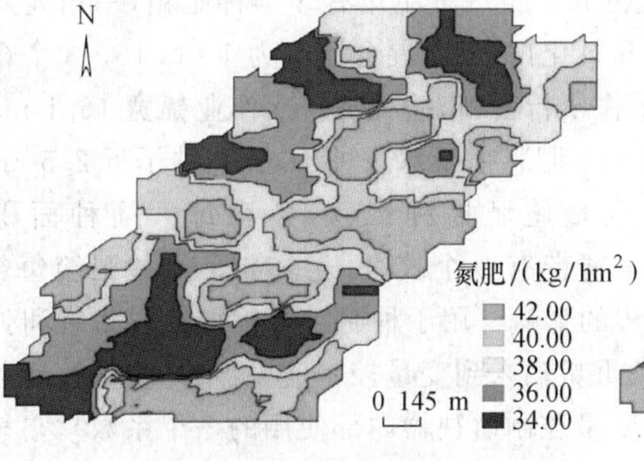

(a) 氮肥施用处方图

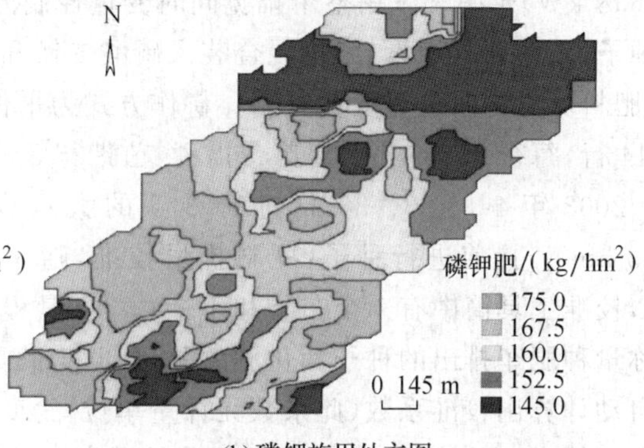

(b) 磷钾施用处方图

图 8.22 友谊农场五分场二队 2 号地氮肥及磷钾肥施用处方图

施肥经验有关。

表 8.3 友谊农场五分场二队 2 号地施肥级别

施肥级别	氮肥		磷钾肥	
	施肥量/(kg/hm²)	施肥面积/hm²	施肥量/(kg/hm²)	施肥面积/hm²
1	42.00	22.18	175.0	20.49
2	40.00	22.08	167.5	24.80
3	38.00	28.81	160.0	26.44
4	36.00	25.91	152.5	23.58
5	34.00	21.84	145.0	25.50

表 8.4 友谊农场五分场二队 2 号地设计施肥量分析

项目	氮肥	磷钾肥
最大值/(kg/hm²)	42	175
最小值/(kg/hm²)	34	145
平均值/(kg/hm²)	38	159
总体标准偏差	3.16	11.91
变异系数/%	8.32	7.49

8.3.2.11 大豆变量施肥播种试验

自动控制变量施肥播种可以根据地块内各局部单元土壤情况、土壤养分差异、谷物产量图、作物品种、当地的气候条件等,通过专用 AFS 软件系统,制定变量施肥图,并将变量数据输入到变量施肥播种机自动控制系统中,实现变量控制。采用变量施肥播种,可在现有农业资源和生产水平的基础上,提高农作物产量,减少化肥施用量,提高农业综合经济效益。

试验地块选择在五分场二队 2 号地,面积为 120.8 hm²,地块长约 1 700 m,宽约 750 m,形状为斜长方形,地块比较平整,海拔高度为 74 m 左右。

试验采用美国 CASE IH 公司生产的 Flexi coil 变量施肥播种机组,该机组由 2340 型空气输送种肥车、ST820 型播种机、75 型镇压器构成,由 STX375Q 型橡胶履带式拖拉机

(275.8 kW)牵引。采用整个幅宽同时变量控制方式。空气种肥车有3个种肥箱，一箱装入大豆种子，二箱装入尿素，三箱混合装入磷酸二铵和氯化钾，二者混合比例为1∶0.16。3个箱种子、肥料可以同时进行变量控制。耕作方式为平作窄行密植，播种机一次作业幅宽16.1 m，共播44行，每行36.6 cm。双苗带播种，苗带宽8 cm，肥料播于双条种子之间，种子下2.5 cm。

2003年4月28—30日进行3 d的大豆变量施肥播种试验，平均每天播种面积为40.3 hm^2。播前进行种子、肥料排量校准，随车携带有3个校准工具筒(3个种肥箱每箱1个)，校准工具筒中有1个布袋和1个20 kg量程的弹簧秤用于种肥排量校准。用布袋和弹簧秤称量种肥车排出的种子和化肥的重量，并将此重量输入到变量控制监视器中，变量控制监视器自动计算出校准系数(此系数无计量单位，为变量控制监视器内部使用的一个系数)，空气种肥车一箱大豆的校准系数为78.5，二箱磷酸二铵和氯化钾的校准系数为100.0，三箱尿素的校准系数为57.4。

播种机行走距离的校准方法是：用钢卷尺量出100 m距离，在100 m两端做出标记，当播种机行驶到100 m时停止，变量控制监视器自动计算出行走距离校准系数为97。

空气流量的校准方法是：采用种子喷泉试验方法，即将播种机上的种子分配器盖打开，种子与肥料在高速空气流的冲击下，向上像喷泉一样冲到空中，高度应在1.5 m左右，然后下落。种肥高度低于1.5 m，说明空气流速过低；种肥高度高于1.5 m，说明空气流速过高。播种采用种、肥分送的双管输送，一箱空气阀门设为6(3/4开度)，二箱空气阀门设为8(全开)，三箱空气阀门设为6(3/4开度)，风机转速为4 500～4 700 r/min。

播种作业速度为6～7 km/h，播种作业效率比较高，在播种作业期间需要加种加肥，所以平均工作效率为6.8 hm^2/h，燃油消耗6～7 L/h。加种加肥采用液压驱动升运器(提升搅龙)加注，加种加肥时间平均为20 min。包括播种机播前调整时间，播种作业延续了3 d时间。大豆变量施肥播种作业现场如图8.23所示。

图8.23 大豆变量施肥播种作业现场(王熙等，2004)

变量施肥播种控制方式有手动和处方图自动控制两种，手动控制可在预先设置的肥量基础上随时进行播量增减，增减幅度可以进行预先设定。本试验采用处方图自动控制方式，此方式需将PCMCIA数据卡插入变量施肥播种机控制器中，在变量控制监视器上选择地块处方文件和种肥箱所对应的控制播种、施肥的处方图。

在播种施肥过程中，变量控制器可以自动记录变量施肥播种信息，把实际的种植者、农场名称、种子或肥料名称、播种量、施肥量，机组行走的路线、播种作业日期、播种作业所需时间、作业面积、GPS定位数据等记录在PCMCIA数据卡中地块的记录文件(文件名为 *.log)中，便于种植者查看实际的变量施肥播种情况并存档。试验地磷钾肥施用记录图因篇幅有限略去，氮肥施用记录如图 8.24 所示。

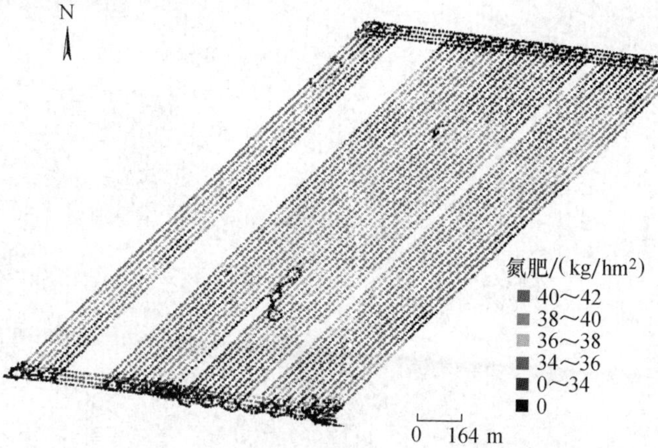

图 8.24　氮肥施用记录图

通过试验记录可以看出，记录作业时间为 12.71 h，记录 GPS 数据 8 043 组，有记录的大豆变量施肥播种作业面积为 86.592 hm^2，由于播种作业过程中记录程序设置操作失误，漏记录面积为 34.208 hm^2。

当年的收获统计资料表明，大豆精准变量施肥种植示范面积为 120.8 hm^2，大豆平均产量为 2 375 kg/hm^2；未采用变量作业管理的地块，大豆平均产量为 2 000 kg/hm^2，精准农业示范地号大豆产量比其他地号相对增产为 18.75%。随着精细农业技术的进一步实施，种植收入将随着产量的增加和生产成本的降低而逐步增加，经济效益将逐年增长。

参考文献

[1] 承继成. 精准农业技术与应用[M]. 北京：科学出版社，2004.
[2] 孟志军. 基于处方图的变量施肥作业系统关键技术研究[D]. 北京：中国农业大学，2007.
[3] 王熙，王智敏，庄卫东，等. CASE 2366 联合收割机产量检测系统设置及校正[J]. 黑龙江八一农垦大学学报，2003，15(3)：44-46.
[4] 王熙，王新忠，王智敏，等. 基于 DGPS 定位的大豆变量施肥播种应用试验[J]. 黑龙江八一农垦大学学报，2004，16(4)：32-35.
[5] 王熙，王新忠. 三种不同变量施肥执行机构的比较研究[J]. 农机化研究，2006，(1)：122-124.
[6] 王新忠，王熙，庄卫东，等. 精准农业变量施肥 GIS 系统研究[J]. 黑龙江八一农垦大学学报，2006，18(3)：49-51.
[7] 张漫. 农田谷物产量空间分布信息采集、处理与系统集成技术研究[D]. 北京：中国农业大学，2003.
[8] 赵军庄，卫东，王熙，等. 基于 GPS 的土壤养分数据的可视化[J]. 农业网络信息，2005，10：80-81.